I0632022

10957

PUBLICATIONS

DE

L'ÉCOLE DES LANGUES ORIENTALES VIVANTES

IIIe Série. — Vol. XII.

CENT-DIX LETTRES GRECQUES

DE

FRANÇOIS FILELFE

CENT-DIX

LETTRES GRECQUES

DE

FRANÇOIS FILELFE

PUBLIÉES INTÉGRALEMENT POUR LA PREMIÈRE FOIS

D'APRÈS LE *CODEX TRIVULZIANUS 873*

AVEC TRADUCTION, NOTES ET COMMENTAIRES

PAR

ÉMILE LEGRAND

PROFESSEUR A L'ÉCOLE NATIONALE DES LANGUES ORIENTALES

> Poésies grecques inédites de François Filelfe et d'Andronic Calliste. Lettres inédites de Guarino de Vérone, Bessarion, Jean Eugénicos, Matthieu Camariote, Georges Scholarius, Georges de Trébizonde, Théodore Gaza, Anne Notaras, Jean Argyropoulos, Démétrius Chalcondyle, Emmanuel Adramyttenus, Janus Lascaris et Sergius Stissus.

PARIS

ERNEST LEROUX, ÉDITEUR

28, RUE BONAPARTE, 28

—

1892

INTRODUCTION

Les lettres grecques de François Filelfe avaient attiré, il y a déjà plus d'un siècle, l'attention d'un illustre helléniste français. Durant son séjour en Italie, Villoison les avait transcrites sur le manuscrit 873 de la bibliothèque Trivulcienne. Assez soigneusement exécutée, sa copie était divisée en trois cahiers, dont le troisième fut acheté par nous en 1886, chez un libraire du Quai Voltaire, à Paris. C'est un in-4° de 48 feuillets, dont 19 seulement sont écrits au recto et au verso, les uns entièrement, les autres en partie. Il mesure 252 millimètres sur 214 et comprend les 34 dernières lettres de la collection. Dans la marge supérieure du premier feuillet, on lit *n° 3*, ce qui indique que les 76 lettres précédentes formaient deux autres cahiers, dont le sort nous est inconnu. Le bas du feuillet 19 v° est occupé par la souscription suivante :

Has Francisci Philelphi, viri doctissimi, græcas epistolas sibi descr. Joh. Bapt. Casp. d'Ansse de Villoison.

La lecture des 34 lettres contenues dans ce cahier nous avait vivement intéressé. Elle nous inspira l'idée de reprendre pour notre compte le projet de publication abandonné par Villoison. Il fallait, pour le mener à bonne fin, nous procurer une copie partielle du *Trivulzianus 873*, ce qui n'était pas sans offrir certaines difficultés.

En effet, bien que possédant un bibliothécaire, le prince

Jean-Jacques Trivulce se réserve de communiquer lui-même, aux personnes qui en font la demande, les manuscrits de sa précieuse collection. Mais ce seigneur ne résidant guère à Milan que durant la saison d'hiver, cette circonstance nous mettait dans l'impossibilité d'aller nous-même exécuter la copie désirée, les devoirs du professorat exigeant alors notre présence à Paris.

N'ayant qu'une médiocre confiance dans plusieurs copistes qui nous furent proposés, nous résolûmes de faire photographier celles des pages du manuscrit où se trouvent des lettres grecques. Un ami du prince Trivulce, M. Charpentier, alors consul de France à Milan, voulut bien négocier cette affaire, dont la conclusion fut d'ailleurs assez laborieuse. Enfin, au mois d'avril 1890, l'autorisation de photographier fut accordée, à la condition que nous fournirions, à nos frais, au prince Trivulce deux épreuves de chaque cliché. Ces épreuves, au nombre de 260, lui ont été expédiées par nos soins, et M. Émile Motta, bibliothécaire de la Trivulcienne, nous en a accusé réception.

Il est de notre devoir d'adresser ici nos meilleurs remerciements au prince Trivulce pour sa libérale communication, à M. Charpentier pour son inépuisable obligeance, et enfin à M. Schefer, administrateur de l'École des langues orientales, qui voulut bien nous recommander à la bienveillance de l'honorable consul.

Une fois en possession des photographies du *Trivulzianus 873*, il nous fut facile de reconnaître que ce splendide manuscrit [1], qui passait pour un autographe de François Filelfe, n'est en réalité qu'une copie vraisemblablement exécutée sous ses yeux.

---

1. Voir Jules Porro, *Catalogo dei codici manoscritti della Trivulziana* (Turin, 1884, in-4°), p. 348.

Nous donnons en tête du présent volume les fac-similés héliogravés d'une lettre latine et d'une lettre grecque. Si l'on compare l'écriture latine à celle de la lettre de Filelfe reproduite plus loin (p. 145) par la phototypie, on pourra très aisément acquérir la certitude qu'il n'y a rien de commun entre elles. D'un autre côté, la copie des lettres grecques, faite postérieurement à celle des lettres latines, dans des blancs laissés à cet effet et qui n'ont pas toujours été calculés avec toute la précision désirable, cette copie, disons-nous, n'est pas davantage de la main de Filelfe. On en peut juger par l'*ex-libris* ci-dessous, emprunté au *Parisinus 2110* de l'ancien fonds grec (f. 128 v°), volume qui provient de la bibliothèque du célèbre humaniste.

D'ailleurs, lors même que nous ne posséderions pas ce terme de comparaison, une simple lecture du texte grec suffirait amplement à nous convaincre que cette copie ne saurait émaner de Filelfe. Elle est, en effet, criblée de fautes de toute nature, qui trahissent un scribe peu familier avec la langue grecque et ne déchiffrant que péniblement les textes qu'il était chargé de transcrire.

Dans le *Trivulzianus 873,* les lettres latines sont écrites à l'encre noire et les lettres grecques à l'encre rouge.

Nous nous sommes efforcé de reproduire le texte du *Trivulzianus* aussi fidèlement que possible, plaçant au bas des pages les leçons erronées de l'original.

— Nous avions songé tout d'abord à nous procurer une copie du *Guelferbytanus 657,* lequel contient la presque totalité
des lettres grecques de Filelfe. Mais, après avoir acquis la
certitude que ce manuscrit ne devait nous rendre à peu près
aucun service pour l'établissement de notre texte, nous
résolûmes de nous en passer. M. le D[r] von Heinemann,
l'aimable et savant bibliothécaire de Wolfenbüttel, s'était
spontanément offert (lettre du 11 février 1890) à nous fournir un apographe de ce manuscrit, tout en nous infor-
mant qu'un professeur du collège de cette ville l'avait
déjà transcrit pour le compte de M. le Dr Louis Stein, de
Zurich.

— J'avais déjà copié les 110 lettres grecques de Filelfe et
j'en avais traduit une cinquantaine, lorsque j'eus connaissance de la publication de M. le Dr Théodore Klette [1]. Je n'ai
pas d'opinion à exprimer ici sur ce livre. Je dois dire toutefois qu'il m'a été agréable d'y rencontrer trois mots oubliés
par le copiste du *Trivulzianus* dans la lettre 18 (voir plus
loin, p. 42), et donnés par celui du *Guelferbytanus.* Il me
faut ajouter encore que, quand j'entrepris mon travail, je
savais, grâce à un renseignement fourni par le prince Trivulce, au dos d'une de ses cartes de visite, que M. le Dr Klette
avait examiné le Trivulzianus. Je conclus de cette communication qu'un simple examen ne pouvait avoir permis à l'érudit allemand de copier intégralement les lettres grecques
contenues dans ce manuscrit. Je ne savais pas que, possédant déjà une copie du manuscrit de Wolfenbüttel, M. Klette
avait pu la collationner et la compléter avec le manuscrit de
Milan. Nous ne pensons pas toutefois que la collation ait dû

---

1. Beitræge zur Geschichte und Litteratur der italienischen Gelehrtenrenais-
sance, t. III. *Die griechischen Briefe des Franciskus Philelphus* (Greifswald,
1890, in-8°).

porter sur chacune des lettres, par exemple sur le n° 98. Cela expliquerait peut-être pourquoi M. le Dr Klette n'a pas publié *in-extenso* l'Épistolaire grec de Filelfe.

A la suite de ces cent dix lettres, on trouvera quatorze pièces de vers grecs du même Filelfe, dont treize adressées à des Grecs et une au sultan Mahomet II. Je dois la copie des n°[s] 6, 12 et 14 à M. Henri Rostagno, conservateur des manuscrits de la bibliothèque Laurentienne ; celle des autres à M. John Schmitt, de Cincinnati. Que ces deux habiles paléographes nous permettent de leur offrir le tribut de notre reconnaissance pour le précieux concours qu'ils nous ont prêté en cette matière.

Aux noms de ces deux savants, je dois joindre celui de M. Thomas-William Allen, qui m'a envoyé de Florence une excellente copie de la pièce de vers d'Andronic Calliste à la louange du livre de Bessarion *In calumniatorem Platonis*.

Mon intention première avait été de publier comme complément à ces lettres de Filelfe environ cent cinquante lettres émanées de savants grecs du xve siècle. Je voulais, en outre, consacrer à chacun d'eux une notice biographique, mais j'ai dû, pour des raisons indépendantes de ma volonté, renoncer à ce projet. J'avais déjà rédigé des notices sur Georges Gémiste (Pléthon), Georges Scholarius, Georges Amiroutzès, Georges de Trébizonde et Jean Argyropoulos, lesquelles formeraient à elles seules un volume, tant sont nombreux les documents que nous avons réunis sur ces personnages. Mais il nous a paru préférable d'en différer la publication plutôt que de les écourter pour les placer en tête du présent volume.

Les quelques lettres qu'on lira à la fin de ce livre donneront une idée de l'intérêt que présenterait une collection dix fois plus considérable.

*
* *

La correspondance échangée entre Bessarion et Guillaume Fichet se trouve en manuscrit à la fin d'un exemplaire imprimé de l'opuscule du cardinal *De bello in Turcas decernendo,* imprimé en Sorbonne, conservé à la Bibliothèque nationale de Paris (Z non porté, Réserve) et paraissant avoir appartenu à Fichet lui-même. Une autre copie de cette correspondance, évidemment faite sur le susdit exemplaire, constitue le manuscrit n° 18591 du fonds latin de la même bibliothèque, et reproduit assez exactement l'original. Nous n'avions pas à nous en préoccuper.

L'importance de cette correspondance n'échappera à personne. Ces lettres nous renseignent admirablement sur les derniers efforts tentés par Bessarion, secondé par Fichet, pour décider les princes de l'Occident à entreprendre une croisade contre les Turcs. L'activité déployée par Fichet en cette circonstance était à peine soupçonnée jusqu'à ce jour. Nous n'en avons pas trouvé trace dans *Le cardinal Bessarion* de M. Henri Vast. On ne lira pas sans un vif intérêt le récit de l'audience accordée par Louis XI à Fichet, lorsque celui-ci remit au Roi un exemplaire enluminé du livre de Bessarion (lettre 10). On verra en quelle singulière estime Louis XI tenait le célèbre cardinal : et ce témoignage d'un contemporain qui possédait (chose rare!) toute la confiance du soupçonneux et rusé monarque, contribuera peut-être à faire enfin justice de la fable ridicule sur la barbe de Bessarion, fable mise en circulation par Brantôme et prise au sérieux par plus d'un grave historien. On verra aussi avec qu'elle ardeur les Français désiraient l'arrivée de Bessarion en qualité de légat pontifical, et combien fut cruel le désappointement des populations quand le bruit courut que le cardinal, empêché par la maladie, ne pourrait se rendre dans notre pays. On admirera enfin la franchise avec laquelle Fichet, dans sa lettre à Sixte IV (n° 13), parle à ce pape de la triste réputation que certains légats avaient laissée en France.

L'historien de l'Université de Paris trouvera, lui aussi, un curieux document dans la lettre 14, adressée par le Recteur à Bessarion, le 4 mai 1472, pour le remercier des deux volumes dont il avait fait hommage à la bibliothèque universitaire par l'entremise de Fichet.

*
* *

a) Les lettres de Jean Eugénicos sont empruntées au *Parisinus 2075* de l'ancien fonds grec. Ce manuscrit en contient d'autres encore qui sont loin d'être dénuées d'intérêt. Nous avons rédigé une notice bio-bibliographique sur Jean Eugénicos, mais elle est trop étendue pour trouver place ici. Elle sera publiée ailleurs.

b) La lettre de Matthieu Camariote nous fournit l'occasion de reproduire une note qui peut servir à établir un point fort controversé de la biographie très peu connue de ce savant. Cette note, qui figure sur une feuille de garde à la fin du *Mutinensis II. A. 10.* (*Arriani dissertationes Epicteteæ,* etc.), est ainsi conçue :

Liber hic scriptus est manu clarissimi viri domini Matthæi Camarioti constantinopolitani : quem mihi dono dedit, anno domini M.CCCC.LXXXIIII, præceptor ille optimus [1].

---

1. Cf. Thomas-William Allen, *Notes on greek manuscripts in italian libra-*

Au-dessous, on lit : Γεωργίου τοῦ Βάλλα ἐστὶ τὸ βιβλίον.

On peut donc désormais considérer Matthieu Camariote comme Constantinopolitain, et ce avec d'autant plus de certitude que la chose nous est affirmée par un élève de cet habile maître, c'est-à-dire par un contemporain bien placé pour être exactement renseigné.

c) Comme la précédente, la lettre de GEORGES SCHOLARIUS est adressée à DÉMÉTRIUS RAOUL CABACÈS. Nous supposons que ce dernier était fils de Manuel Cabacès qui fut envoyé, en 1422, comme ambassadeur à Venise, par le despote de Mistra [1]. Ce qui nous ferait admettre cette hypothèse, c'est que le fils de Démétrius s'appelait aussi Manuel, et que, conformément à une coutume constante chez les Grecs, surtout à cette époque, le petit-fils devait porter le prénom de son aïeul.

Quant à Démétrius, il était depuis longtemps connu, mais quelques particularités nouvelles sont venues récemment s'ajouter à sa biographie [2]. On lui doit la copie de plusieurs manuscrits, notamment celle du *Vat. gr. 1359* (Hérodote), dont la souscription nous apprend que Démétrius l'écrivit l'année même de la prise d'Otrante par les Turcs, c'est-à-dire en 1480, et qu'il résidait alors à Rome depuis vingt-un ans, Nous le voyons encore, en 1482, emprunter un Strabon à la bibliothèque Vaticane [3].

Il eut un fils qui fut archevêque de Monembasie et qui s'acquit une certaine réputation comme poète latin. Il est fort connu, dans l'histoire littéraire, sous le nom de MANILIUS

---

ries (Londres, 1890, in-8°), p. 5. C'est ici le lieu de corriger une grave erreur commise par Gardthausen (*Griechische Palaeographie*, p. 330) qui a dénaturé le nom de Camariotus en CARNANOTUS (!).

1. C. Sathas, *Monumenta hist. hellenicæ*, t. I, p. 126.

2. Voir Pierre de Nolhac, *La bibliothèque de Fulvio Orsini* (Paris, 1887, in-8°), pp. 146 et 147.

3. Voir Müntz et Fabre, *La bibliothèque du Vatican au* xve *siècle* (Paris, 1887, in-8°), p. 288.

(= Manuel) Cabacius Rhallus. Il fit graver sur le tombeau de son père, dans la Basilique des Douze-Apôtres, une épitaphe plusieurs fois publiée d'une façon incorrecte, même par Forcella [1], et dont voici le texte exact :

D. O. M.

DEMETRIO. CABACIO. RALLO.

EQVITI. SPARTANO.

QVI. NVLLVM. CORPORIS. INCOMMODVM. EXPERTVS.

NONAGESIMVM. AETATIS. ANNVM. MENSIBVS. II. DIEBVS. XXII.

SVPERAVIT.

MANILIVS. EX. THOMAIDE. THEODORI. BOCCHALI. FILIA. SVSCEPTVS.

PARENTI. SANCTIS. AC. B. M. SIBI. QVE. POSVIT.

Si, genitor deflende, pivs tibi debita natvs

ivsta sepvltvrae mvnera si apta darem,

conderer hic tecvm, discat ne sera senectvs

cvm genere amissam rem patriamque mihi.

Démétrius-Raoul Cabacès est auteur d'une fort curieuse lettre sur la parenté de sa famille avec celle des Métochites. Ce document, intitulé Δημητρίου Ῥαοὺλ Καβάκη Σπαρτιάτου καὶ Βυζαντίου πρὸς τὸν υἱὸν αὐτοῦ Μανόλιον, a été publié, pour la première fois, par Léon Allatius dans son ouvrage *In Roberti Creightoni Apparatum* (Rome, 1674, in-4°), pp. 616 et suivantes.

d) Nous devons à M. Pierre de Nolhac l'indication de la première lettre de Georges de Trébizonde, et à M. Léon Dorez, membre de l'École française de Rome, la copie de la seconde.

e) Nous aurions désiré, à l'occasion de la publication des lettres de Théodore Gaza, donner un supplément à la notice

1. *Iscrizioni delle chiese e d'altri edificii di Roma*, t. II, p. 230, n° 676.

biographique que nous avons consacrée à ce personnage dans le tome premier de notre *Bibliographie hellénique,* mais le manque de place ne nous le permet pas. — Les lettres de Gaza à Panormita m'ont été indiquées par M. Pierre de Nolhac.

f) Je dois la communication de la courte lettre d'ANNE NOTARAS à l'amitié du R. P. Pierling. Cette lettre fixera définitivement le nom contesté d'un personnage officiel qui fut le familier de cette grande dame byzantine. Il s'appelait en réalité FRANCULIUS SERVOPULUS. Démétrius Paléologue l'avait chargé d'une ambassade près de Charles VII, roi de France, et il était venu dans notre pays, porteur d'une lettre du despote, datée du 12 décembre 1455, dans laquelle on lisait : « Visum mihi est nobilem virum familiarem nostrum Franculium [1] Servopulum, fratrum olim meorum imperatorum cancellarium et Romeorum iudicem generalem, præsentium latorem, ad celsitudinem tuam oratorem mittere, cum res necessariæ christianorum id exigere videantur. Eius igitur verbis quæ meo nomine serenitati tuæ referet, placeat plenam fidem adhibere. »

Du Cange, à qui nous empruntons cette citation [2], ajoute : « Scripsit in eiusdem Servopuli gratiam regi Carolo Callistus pontifex xxiv febr. eodem anno, quem ob utriusque linguæ cognitionem mirifice commendat. »

g-h) Nous n'avons rien de particulier à dire des lettres de JEAN ARGYROPOULOS, ni de celles de DÉMÉTRIUS CHALCONDYLE.

i) Sans nous révéler de nombreuses particularités sur leur auteur, les lettres d'EMMANUEL ADRAMYTTENUS nous le montrent du moins fort lié avec Ange Politien. Elles ne devront pas être négligées par l'historien de cet illustre humaniste.

1. Dans certains exemplaires il y a, par erreur, *Francalium.*
2. *Familiæ byzantinæ,* p. 244.

j) Le volume se termine par une lettre fort intéressante de Janus Lascaris à Sergius Stissus et la réponse de celui-ci. Je dois la copie de l'une et de l'autre à la bonne amitié de M. Th.-W. Allen.

Paris, 8 janvier 1892.

LETTRES GRECQUES

DE

FRANÇOIS FILELFE

1.

FRANÇOIS FILELFE A GUARINO DE VÉRONE

Venise, 21 décembre 1427.

Φραγκίσκος ὁ Φιλέλφος Γαρύνῳ χαίρειν.

Ὁ ἀφικόμενος πρὸς ἐμὲ παρὰ σοῦ εἶπεν ἄλλα μὲν καὶ πολλῆς εὐνοίας μεστά · ἔτι δὲ καὶ τοῦτο ὅτι οἱ Βονωνιεῖς ποθοῦσι γενέσθαι ἡμᾶς παρ' αὐτοῖς · βούλεσθαι γοῦν [1] σε μαθεῖν τὴν ἡμετέραν περὶ τούτου διάνοιαν. Ἔχε τοίνυν τὴν ἐμὴν γνώμην · εἰ μὲν δὴ τοῖς Βονω-νιεῦσι βουλομένοις ἐστὶν ἡμᾶς ἐντίμως παρ' αὐτοῖς διατρίβειν, ἔσται καὶ τοῦτο ἐμοὶ βουλομένῳ. Ἐνταῦθα γὰρ μακρότερον [2] ἡμᾶς ἀποβα-λεῖν χρόνον πάντη ἀδύνατον. Ἔρρωσο.

Ἐξ [3] Οὐενετιῶν, τῇ ιϛ' ἡμέρᾳ πρὸ Ἰανουαρίου [4] καλενδῶν, ἔτει χιλιοστῷ τετρακοσιοστῷ κζ'.

Le messager qui est venu me trouver de ta part m'a dit, après m'avoir comblé de politesses, que les Bolonais désire-raient me posséder chez eux, et que tu voudrais sur ce point pressentir ma pensée [5]. Voici donc quelle est mon intention :

---

1. γοῦν. 2. μακρώτερον. 3. ἐκ. 4. ἰανοαρίου.

5. Guarino était alors à Vérone, mais il entretenait une correspondance active avec plusieurs amis qui habitaient Bologne. Cf. R. Sabbadini, *Guarino Veronese e il suo epistolario edito e inedito* (Salerne, 1885, in-8°), p. 68.

si les Bolonais consentent à me créer dans leur ville une situation honorable, je suis prêt à me rendre à leurs vœux; car il m'est tout à fait impossible de rester davantage ici, où je perds mon temps. Porte-toi bien.

Filelfe quitta Venise le 13 février 1428 [1] et, le 17 du même mois, il était déjà à Bologne [2], où l'avait devancé sa grande réputation de savoir. Son arrivée donna lieu à un immense concours de peuple : ce ne furent pas seulement les professeurs et les élèves de la célèbre université, mais presque tous les citoyens, qui s'empressèrent d'aller lui présenter leurs hommages. Le lendemain, il fut admis à l'audience du cardinal Louis d'Aleman, archevêque d'Arles et légat apostolique. Très flatté de l'accueil honorable qu'il reçut de ce prélat, Filelfe accepta les offres qui lui furent faites. On lui assigna un traitement de 450 écus d'or, dont 300 devaient être fournis par le trésor public et 150 par le légat. Ce dernier lui fit en outre plusieurs cadeaux [3]. « Le séjour de Bologne me plaît beaucoup, écrivait Filelfe ; la ville est agréable et la population polie. On y trouve en abondance toutes les choses nécessaires à la vie, et l'empressement y est général pour l'étude des arts. Ce qui me cause le plus de plaisir, c'est que chacun m'a pris en amitié. Dieu veuille que cette joie soit durable [4] ! » Ce souhait de Filelfe ne devait pas être exaucé. Quinze jours plus tard, il pressentait déjà quelque grave catastrophe [5]. Elle ne tarda pas à éclater. La puissante famille des Cannetoli s'empara du pouvoir et chassa le cardinal légat, dont la maison fut saccagée (août 1428) [6]. Le pape Martin V donna ordre à Dominique Capranica d'assiéger la ville rebelle [7].

1. Sous cette date (ides de février), il écrit à François Barbaro : « Ego, quod fore nunquam putavi, hoc vesperi navim inscendere institui Ferrariam versus navigaturus. Inde Bononiam petam; ubi, si honesta mihi conditio proposita fuerit, eam accipiam ».

2. Une lettre de lui à Ambroise Traversari est datée de Bologne 13 des calendes de mars (17 février) 1428. Voy. Mittarelli, *Bibliotheca codicum mss. monasterii S. Michaelis Venetiarum* (Venise, 1779, f°), col. 887-888.

3. Lettre à Jean Aurispa du 7 avant les calendes de mars (23 février) 1428.

4. Lettre à Antoine de Capanoro du 3 des ides de mai (13 mai) 1428.

5. Lettre à Jean Aurispa du 6 des calendes de juin (27 mai) 1428.

6. Lettre à Pallas Strozzi du 3 des calendes de septembre (30 août) 1428.

7. Lettre au dominicain André de Constantinople, archevêque de Rhodes, des ides de décembre (13 décembre) 1428.

Cet état de choses et la misère qui en fut la conséquence dégoûtèrent Filelfe du séjour de Bologne. Il résolut de quitter cette ville et s'adressa à Pallas Strozzi, noble florentin, qui, à son retour du siège de Brescia, lui avait déjà proposé de venir se fixer à Florence [1]. Filelfe lui écrivit (30 août 1428) qu'il était prêt à s'y rendre, si on lui faisait un parti honnête. Pallas ne tarda pas à l'informer que la République de Florence lui assurait pour cette année 300 écus d'or, avec promesse que ses émoluments seraient augmentés l'année suivante. Filelfe accepta cette proposition, mais à condition qu'il serait payé avec exactitude. Sa réponse, qui est du 19 septembre suivant [2], nous est une preuve que ces négociations ne traînèrent pas en longueur. Il serait parti sur le champ pour Florence, s'il avait pu se procurer les bêtes de somme nécessaires au transport de ses livres et de ses meubles qu'il avait apportés de Constantinople. Il fit part de ce contre temps à Niccolò Niccoli, en le priant de lui louer six mulets à cet effet. Mais, malgré son empressement, il ne put effectuer son départ aussi promptement qu'il l'eût désiré [3]. Le commandant des troupes pontificales s'était ménagé des intelligences dans Bologne par le moyen d'un moine [4], et tant qu'il eût lieu d'espérer que les conjurés lui faciliteraient l'entrée dans la ville, il ne voulut permettre à personne d'en sortir [5]. Pendant que Filelfe se trouvait ainsi arrêté malgré lui, le pape et Nicolas d'Este lui firent proposer une situation [6]; mais il déclina leurs offres, disant qu'il s'était engagé avec les Florentins et qu'il n'avait rien de plus cher que sa parole.

Enfin, las d'attendre, il écrivit, le 13 février 1429, à Léonard Bruni pour l'engager à faire demander par la république de Florence au général romain qu'il eût à lui délivrer un laisser-passer [7].

1. Lettre à Pallas Strozzi du 3 des calendes de septembre (30 août) 1428.
2. Lettre à Pallas Strozzi du 13 des calendes d'octobre (19 septembre) 1428.
3. Lettre à Niccoli de la veille des calendes d'octobre (30 septembre) 1428.
4. Lettre à Léonard Bruni de la veille des nones d'avril (4 avril) 1429.
5. Lettre à Léonard Bruni des ides de février (13 février) 1429.
6. Le pape, par l'intermédiaire du dominicain André de Constantinople, archevêque de Rhodes. Voy. la lettre de Filelfe à ce personnage, en date des ides de décembre (13 décembre) 1428. Nicolas d'Este, par l'entremise de Thomas Parentucelli (le futur pape Nicolas V), alors attaché au cardinal Nicolas Albergati. Voy. la lettre que lui écrivit Filelfe le 14 des calendes de janvier (19 décembre) 1428.
7. Lettre à Léonard Bruni des idées de février (13 février) 1429.

Léonard était son ami et, en sa qualité de chancelier de cette république, il pouvait facilement lui procurer les recommandations qu'il sollicitait. Mais il n'en eut pas besoin. La conspiration qui se tramait dans Bologne fut découverte, les assiégés se tinrent sur leurs gardes afin de n'être point surpris ; et le général, voyant son projet avorté, accorda un passeport à Filelfe [1], qui partit immédiatement pour Florence [2]. Il y fut reçu avec des honneurs infinis, que son amour-propre ne lui a pas permis de taire. Cosme de Médicis l'accueillit d'une façon particulièrement obligeante et lui déclara qu'il ne lui manquerait jamais, si toutefois il était payé de retour [3].

2.

FRANÇOIS FILELFE A AMBROISE TRAVERSARI [4]

Bologne, 7 mars 1428.

Φραγκίσκος ὁ Φιλέλφος Ἀμβροσίῳ τῷ μοναχῷ χαίρειν.

Καὶ πρὸ τοῦ δεδέχθαι [5] με τὴν καλλίστην παρὰ σοῦ ἐπιστολήν, ὦ Ἀμβρόσιε, ἀκηκοὼς ἦν πολλῶν τὰ πάνυ γε πολλὰ περὶ σοῦ διηγησαμένων καὶ θαυμαστά. Διὸ καί, πρὸ τοῦ ἰδεῖν τι [6] ἡμᾶς ἐκ τῶν σῶν, ἐγενόμην [7] ἐραστὴς τῆς σῆς ἀγαθότητος. Νῦν [8] δὲ διὰ πείρας μαθὼν τὴν σὴν περὶ λόγους δύναμίν τε καὶ δεινότητα, πρὸς δὲ τούτοις τὴν πολλὴν εὔνοιαν πρὸς ἐμέ, οὐ ῥᾴδιον ἔχοιμ' ἂν εἰπεῖν ὁπόσος ἐγένετό μοι πόθος καὶ τοῦ θεάσασθαί σε καὶ διαλέγεσθαι μετὰ σοῦ. Ἀλλ' ἐπειδὴ τοῦτό γε οὐκ ἔξεστιν ἡμῖν μηδαμῶς τὸ παρόν, χρεών ἐστι δι' ἐπιστολῶν συγγενέσθαι ἀλλήλοις · διατριβὴ δὲ ἡ τοιαύτη ῥᾴδιός τε καὶ ἀμφοτέροις συμφέρουσα. Ἔρρωσο [9], φίλη κεφαλή.

Ἐκ τῆς Βονωνίας, ταῖς μαρτίου νώναις, ἔτει ἀπὸ τῆς γεννή-

---

1. Lettre à Léonard Bruni de la veille des nones d'avril (4 avril) 1429.
2. Le 7 des ides d'avril (7 avril) 1429 il était déjà à Imola. Voy. sous cette date ses lettres respectivement adressées à François Barbaro, à Léonard Giustiniani et à Marc Lippomano.
3. Lettre à Jean Aurispa de la veille des calendes d'août (31 juillet) 1429.
4. Il faut consulter sur lui la savante étude biographique que Laurent Mehus a mise en tête de son édition des lettres de ce savant religieux.
5. δεδέχθαι. 6. τι. 7. ἐγενόμην. 8. νῦν. 9. ἔρρωσο.

σεως [1] Χριστοῦ χιλιοστῷ τετρακοσιοστῷ εἰκοστῷ ὀγδόῳ. Ἔτει αυκή [2].

Antérieurement à la réception de ta charmante lettre, ô Ambroise, j'avais souvent entendu raconter sur toi monts et merveilles, aussi m'étais-je épris pour ta bonté de la plus tendre affection. Mais aujourd'hui, connaissant par expérience ton habileté consommée dans les choses littéraires et aussi ton extrême bienveillance à mon égard, je ne saurais exprimer combien est vif le désir que j'éprouve de te voir et de converser avec toi. Mais, puisque cela est actuellement impossible, il nous faut y suppléer par un commerce épistolaire. Cet exercice nous sera facile et profitable à tous deux. Porte-toi bien, tête chérie.

3.

FRANÇOIS FILELFE A GEORGES DE TRÉBIZONDE

Bologne, 30 juillet 1428.

Φραγκίσκος ὁ Φιλέλφος Γεωργίῳ Τραπεζουντίῳ χαίρειν.

Ὃν ἐμοὶ λόγον ἀπέστειλας ἀνέγνων τε [3] αὐτὸς κατὰ πᾶσαν προσέχων ἐπιμέλειαν, καὶ τοῖς ἐνταῦθα λογίοις [4] ἀνδράσιν ἔδωκα ἀναγνῶναι · σύ τε γὰρ ἐδόκεις ἡμῖν τούτου καὶ χάριν [5] μάλιστα [6] δεῦρο ἀποστεῖλαι ἵνα καὶ ἄλλοι πολλοὶ ἰδῶσι [7] τὰ γεγραμμένα · κἀγὼ τοῦτ' εἶναι προὔργου ᾠήθην ὅπως, εἴ τι ἐκ τῶν συμβουλευτικῶν λόγων ὄφελος εἴη τοῖς πράγμασιν, ἔχωσιν οἱ ἄρχοντες δυνάμενοι ποιεῖν τὸ καθῆκον, καὶ παρὰ τῶν σῶν λόγων ὕλην λαβεῖν. Ἀνεγνώκασι μὲν οὖν τὸν λόγον ἐνθάδε πολιτευόμενοι καὶ δημηγοροῦντες [8] καὶ ἐπῄνεσαν τά σοι [9] γεγραμμένα. Ταυτὰ [10] γὰρ καὶ αὐτοὶ λέγουσιν ἀντιτακτέον εἶναι τοῖς πολεμίοις καὶ ἀμελητέον μηθέν · ἔργον τε [11] ποιεῖν ῥήτορος δεινοῦ τε καὶ ἀγαθοῦ καὶ ὁμοφύλου καὶ εὔνου ἡγοῦνταί σε πάντες, καὶ ὀφείλειν

---

1. γενήσεως.
2. Publiée pour la première fois par Ange-Théodore Villa dans la *Raccolta Milanese* de l'année 1756, f. 19.
3. ἀνέγνων τε. 4. λαγίοις. 5. χαίριν. 6. μαλίστα. 7. εἰδῶσι. 8. δημηγορῦντες. 9. τὰ σοί. 10. ταυτά. 11. ἔργόν τε.

σε τοιαῦτ' ἄττα νῦν μάλιστα συμβουλεύειν καὶ γράφειν πρὶν Βυζαν-
τίους μὲν κινδυνεύειν, τοὺς δὲ χριστιανοὺς πάμπαν ὀλιγωρεῖν, καὶ
οὐδὲ ἀκούειν ἀνεχομένους τῶν διαπρεσβευομένων ἐκείνων ὑπὲρ
βοηθείας · ἢ οὐκ οἴδαμεν εἰ γένονται Τοῦρκοι Κωνσταντινουπόλεως [1]
ἐγκρατεῖς, θαλασσοκρατήσουσι [2] δήπουθεν, καὶ αὐτοὶ οἱ Οὐενετοὶ καὶ
σὺν αὐτοῖς μετὰ τάχους Ἰταλοὶ πάντες κατὰ κράτος κινδυνεύσουσι
περὶ τῶν ὅλων · νῦν ἄρα καιρός ἐστι μάλιστα τὸ κωλύειν μὴ γενέσθαι [3]
τὸν ἐχθρὸν μέγαν, καὶ ῥᾴδιόν ἐστιν [4]. Εἰ μὲν γὰρ ἐκεῖνος ὁ ἀσεβὴς
πρὸς τῷ ἱππικῷ τε καὶ πεζῷ στρατῷ δυνατὸς γενήσεται καὶ τῷ ναυ-
τικῷ, χαλεπώτατον μὲν ἔσται τὸ ἀντιτάξασθαι, δυσελπίστατον [5] δὲ
τὸ νικῆσαι. Διὸ δέδοικα μὴ οἱ χριστιανοὶ ἀμελήσαντες ταὐτὸν [6]
πάθωσι τοῖς διὰ μοχθηρὰν δίαιταν εἰς ὕδερον ἢ πλευρῖτιν [7] ἀνήκεστον
ἐμπεπτωκόσιν · ἐκείνοις γὰρ πρότερον εὐμαρὲς ὂν ὑγιαίνειν διαίτῃ χρω-
μένοις ὑγιεινῇ, ὕστερον ἀδύνατον [8] δὴ [9] συμβαίνει διὰ τὸ παντελῶς
ὑπὸ τοῦ νοσήματος κεκρατεῖσθαι, καὶ μάτην φαρμακεύεσθαι συμβου-
λεύει ὁ ἰατρός. Εἴ γε τοὺς οὕτω κακῶς ἔχοντας οὐχ ὅπως ὀνίνησιν [10],
ἀλλὰ καὶ βλάπτει τὰ φάρμακα · καὶ οὗτοι δὲ ἀμελοῦντες νῦν Βυζαν-
τίων, εἰ τὸν ἐχθρὸν ἐπὶ μέγα [11] ἐῶσιν αὐξῆναι, κινδυνεύσουσιν
ἀνίατα [12]. Συμβουλεύειν μέντοι γε καὶ πειρᾶσθαι βοήθημα εὑρίσκειν
ἀεὶ τοῖς πράγμασι καλόν τε καὶ δίκαιόν ἐστι · καὶ εἰ μὴ τοῖς ἄρχουσιν
ἐπαχθὲς ἦν, κἂν πολλοὶ ἦσαν οἱ λέγοντες κὰκ τῶν πολλῶν ῥᾷον
συνήγετο τῶν δεόντων ἡ γνῶσις. Νῦν δὲ γνώμῃ ἑνὸς ἅπαντα
οἰκονομεῖται, καὶ μηδὲ [13] ὅτι πράττει [14] τοὺς ἄλλους [15] εἰδέναι ἀξιοῖ.
Σιωπᾶν ἀνάγκη ἡμᾶς [16]. Ἔρρωσο.

Βονωνίαθεν, τῇ γ΄ πρὸ αὐγούστου καλενδῶν, ἔτει ͵αυκή.

J'ai lu moi-même avec le plus grand soin le discours que
tu m'as envoyé et je l'ai donné à lire aux savants de cette ville.
Car tu paraissais me l'avoir surtout communiqué pour que
beaucoup d'autres personnes en prissent connaissance. Et, de
mon côté, j'ai pensé qu'il serait à propos (si tant est que les

---

1. Κωνσταντινοπόλεως. Cette forme, qui se retrouvera encore ailleurs, aurait
pu, à la rigueur, être conservée. 2. θαλασσασοκρατησοῦσι (sic). 3. γενεσθαι, sans
accent. 4. ῥᾴδιόν ἔστιν. 5. δισελπιστατον. 6. ταυτὸν. 7. πλευρίτιν. — 8. ἀδίνατον.
9. δη, sans accent. 10. ὄνησιν. 11. μεγα, sans accent. 12. ἄνιατα. 13. μηδε, sans
accent. 14. πράττοι. 15. ἄλλος. 16. ἡμὰς.

discours du genre délibératif soient susceptibles d'exercer quelque influence sur les affaires) que les princes en situation de faire leur devoir fussent mis à même de s'inspirer de ton écrit.

De simples citoyens, des orateurs publics de Bologne ont lu ton discours et lui ont accordé leur approbation. Eux aussi, ils sont d'avis qu'il faut résister aux ennemis et ne rien négliger. Ils estiment que tu fais œuvre d'habile rhétoricien en même temps que de bon et intelligent patriote; que c'est maintenant surtout qu'il te faut prodiguer conseils et écrits, avant que Byzance soit menacée, avant que les chrétiens, se laissant aller à la dernière indifférence, refusent même d'écouter ceux qui implorent des secours. Ne savons-nous pas que, si les Turcs s'emparent de Constantinople, ils se rendront indubitablement maîtres des mers, de sorte que les Vénitiens et tous les Italiens avec eux seront exposés aux plus graves périls. Il est donc temps d'empêcher l'ennemi de grandir, et c'est chose aisée. Car, si ce mécréant parvient à avoir, outre une cavalerie et une infanterie puissantes, une marine redoutable, il sera fort difficile de se mesurer avec lui et il restera peu d'espoir de le vaincre.

C'est pourquoi je crains que, par leur négligence, les chrétiens n'éprouvent ce qui arrive aux gens qui, par suite d'une mauvaise hygiène, contractent soit une hydropisie, soit une pleurésie incurable. Auparavant, il leur eût été facile de se bien porter en s'astreignant à un bon régime; tandis que, plus tard, cela est impossible, quand ils sont devenus la proie de la maladie; et c'est en vain que le médecin prescrit des remèdes. Si donc, loin de soulager ceux qui se trouvent dans un pareil état de santé, ces remèdes leur sont nuisibles, ceux-là aussi qui négligent aujourd'hui Byzance, s'exposent à d'irréparables calamités, s'ils laissent l'ennemi acquérir des forces. Toutefois, il est bon, il est juste de donner des conseils, de s'efforcer de trouver un remède à cette situation. Si les princes ne l'envisageaient pas avec répugnance, s'il y avait beaucoup de gens à en parler, il se dégagerait de toutes les opinions une ligne de conduite. Mais, au lieu de cela, un seul exprime son avis et encore se soucie-t-il médiocrement que les autres sachent qu'il agit. Il est de toute nécessité que je garde le silence. Porte-toi bien.

Quoique cette lettre ne fournisse pas de données très explicites, il est cependant facile de déterminer quel était le genre de discours que Georges de Trébizonde avait soumis à l'examen de Filelfe. C'était certainement un appel aux princes et aux peuples de l'Europe pour les exhorter à défendre contre les Turcs le peu qui restait alors de l'empire byzantin. Il ressort, en outre, de cette lettre que Georges devait avoir pris à tâche, dans son élucubration, de démontrer aux chrétiens de l'Occident que le souci de leurs plus chers intérêts leur faisait un devoir sacré d'opposer une digue aux envahisseurs musulmans. Parmi les nombreux écrits de Georges de Trébizonde, il en est un dont le titre, que voici, peut s'appliquer au discours en question : *Georgii Trapezuntii pro religione christiana adversus Turcas*. Il s'en trouvait un exemplaire manuscrit, un chartaceus in-quarto, dans la bibliothèque (malheureusement détruite par un incendie) des chanoines réguliers de saint Antoine de Venise [1].

4

FRANÇOIS FILELFE A FRANÇOIS BARBARO

Bologne, 5 août 1428.

Φραγκίσκος ὁ Φιλέλφος Φραγκίσκῳ τῷ Βαρβάρῳ χαίρειν.

Τὰ γράμματά σου, ὦ φιλανθρωπότατε Βάρβαρε, ἃ πρὸς ἡμᾶς νυνὶ πέπομφας πολλῆς τὴν ἡμετέραν ψυχὴν εὐφροσύνης ἐνέπλησε. Τίς γὰρ τῶν εὖ φρονούντων πιστὸς ἐπὶ τούτοις οὐκ εὐφρανθοίη, καὶ μέγα σκιρτήσας[2] οὐ καὶ τὼ χεῖρε κροτήσειεν[3] ὑφ' ἡδονῆς, καὶ ἄλλος ἐξ ἄλλου αὐτίκα γεγένηται; εἴθε μοι γενέσθω τάδ' ἀληθῆ. Πλὴν δέδοικα ἵνα μὴ κενὰ κενῶν καὶ τὰ παρόντα φανήσεται, ὡς καὶ πρότερον τουτὶ συμ-

---

1. Voy. Apostolo Zeno, *Dissertazioni vossiane*, t. II, p. 16.
2. σκυρτήσας. 3. κροτήσιεν.

βέβηκεν. Ἅλις γὰρ τοὐντεῦθέν ἐστι [1] τὰ παρεληλυθότα · τοῖς γάρτοι βαρυνομένοις τῶν πλοίων οὐ δεῖ, κατὰ παροιμίαν, προστιθέναι φορτία. Ἔρρωσο [2].

Βονωνίαθεν, ταῖς νώναις τοῦ αὐγούστου, ἔτει χιλιοστῷ τετρακοσιοστῷ εἰκοστῷ ὀγδόῳ ἀπὸ τῆς Χριστοῦ γεννήσεως.

Ta lettre, que je viens de recevoir, ô très bon Barbaro, a rempli mon âme d'allégresse. Car quel est l'homme sensé qui, confiant dans ce que tu m'écris, pourrait ne pas se réjouir, faire de grands bonds, battre joyeusement des mains et devenir aussitôt hors de lui? Dieu veuille que tu me dises vrai! Mais je crains que ta présente lettre ne soit qu'une phraséologie creuse et vide, comme cela est arrivé antérieurement. Et pourtant le passé suffit bien. Aux navires déjà surchargés, il ne faut pas, dit le proverbe, ajouter encore des fardeaux. Porte-toi bien.

Cette lettre est assez énigmatique. Mais on peut conjecturer, non sans beaucoup de vraisemblance, que François Barbaro devait avoir annoncé à Filelfe l'envoi prochain des manuscrits que celui-ci lui avait prêtés pendant son séjour à Constantinople. Si telle était la promesse de Barbaro, Filelfe n'avait pas tort de se montrer défiant; car, en 1451, Barbaro ne lui avait pas encore rendu les livres, qu'il détenait depuis trente ans [3]. Il mourut même sans les avoir restitués, puisque, trois ans plus tard, nous voyons Filelfe prier le médecin Pierre Tommasi de vouloir bien les réclamer de sa part aux héritiers du noble vénitien [4].

5

FRANÇOIS FILELFE A GEORGES SCHOLARIUS

Florence, 1er mars 1430.

Φραγκίσκος ὁ Φιλέλφος Γεωργίῳ τῷ Σχολαρίῳ χαίρειν.

1. τοὐντεῦθεν ἐστί. 2. ἔρρωσο.
3. Voy. la lettre que Filelfe lui adressait le 11 des calendes de mars (19 février) 1451.
4. Lettre à Pierre Tommasi du 14 des calendes de mars (16 février) 1454.

Ἐδεξάμην [1] σου, ὦ Σχολάριε φίλτατε, τὴν ποθεινοτάτην ἐπιστολήν, δι' ἧς ἥσθην ὑπερβαλλόντως · ἐδόκουν γὰρ οὐ γράμμασιν ἐντυχεῖν, ἀλλ' αὐτὸν ἰδέσθαι [2] σε καὶ περιβαλεῖν, καὶ ἥδιστά τι [3] διαλεγθῆναι · τῆς δὲ τοσοῦτον ἐπηρκούσης(?) ἡμᾶς ἡδονῆς οὐκ οἶδ' εἴ σοι [4] μᾶλλον ἢ [5] Ὀρφεῖ τῷ ποιητῇ δεῖ τὴν χάριν ὁμολογεῖν, ὃν ἐν τοῖς γράμμασι περὶ πλείστου [6] ποιῇ μεταγραφῆναί [7] σοι καὶ πεμφθῆναι, ὃς ἴσθ' ὅτι καὶ σπουδῆς τυγχάνει τῆς δυνατῆς, ὡς ἂν εἰδῶμεν ᾧτινι [8] καὶ ὀφείλομεν. Πλὴν γραφέα ἔχομεν Ἀθηναῖον μὲν, ὀκνηρὸν δὲ τὰ πάντα, πλὴν τοῦ οἴνου καὶ τῶν ὁμοίων.

Πυνθάνῃ δὲ καὶ τὸν ἀριθμὸν τῶν γεγονότων μοι παίδων · τὸν δύο πληροῦσι τοίνυν τὸν ἀριθμὸν παῖς μὲν ἄρρην [9] εἷς, θήλεια δὲ μία. Περὶ δὲ τῶν ἐνταῦθα κατ' ἐμέ σοι πυνθανομένῳ τοῦτο μόνον φημὶ ὡς ἀνδρὶ γε ξένῳ τε [10] καὶ λογίῳ πρὸς τοὺς ἐνταῦθα πολίτας κοινὸν οὐδέν · ὀλίγοις γὰρ πονηροῖς πᾶσα πόλις ὑπείκει · ἐφ' ᾧ καὶ προὔργου [11] μοι σκοπὸς καὶ ἔφεσις ἀπελθεῖν ἀλλαχόσε. Καὶ περὶ μὲν τούτων ἅλις. Θαυμάζω δὲ πῶς μηθὲν γεγραφώς μοι τυγχάνεις οὔτε περὶ τῆς πόλεως [12], οὔτε περὶ τοῦ βασιλέως, ἔτι δὲ οὔτε περὶ τῶν Τούρκων. Ἔρρωτο [13].

Φλωρεντίαθεν, ταῖς τοῦ μαρτίου καλένδαις, ἔτει ἀπὸ τῆς Χριστοῦ γεννήσεως αυλ'.

J'ai reçu ta très aimable lettre, mon bien cher Scholarius, et elle m'a causé une joie extrême. Car il me semblait non pas lire ton écriture, mais te voir toi-même, te serrer dans mes bras et converser très agréablement avec toi. J'ignore pourtant s'il me faut te savoir gré d'un tel bonheur, ou si ce ne serait pas plutôt au poète Orphée, dont tu m'exprimes le vif désir d'avoir une copie. Je cherche avec tout le zèle dont je suis capable le moyen de t'en procurer une. J'ai bien sous la main un copiste, un Athénien, mais c'est un paresseux fieffé, sauf quand il s'agit de vin ou de choses pareilles.

Tu me demandes le nombre de mes enfants; j'en ai deux, un

---

1. ἐδεξάμήν. 2. ἰδέσθαί. 3. γι. 4. εἰ σοί. 5. εἰ. 6. περιπλείστου. 7. μεταγραφῆναι. 8. ᾧτινι. 9. ἄρρήν. 10. τὲ. 11. προυργου, sans acc. 12. πολέως. 13. ἔρρώσο.

garçon [1] et une fille [2]. Puisque tu m'interroges également sur ma situation ici, je me borne à te dire que, entre les citoyens de cette ville et un étranger instruit, il n'y a rien de commun. Florence toute entière obéit à quelques scélérats [3]. Aussi ai-je l'intention et le désir de m'en aller ailleurs. Mais assez sur ce chapitre. Je suis étonné que tu ne m'écrives rien de Constantinople, ni de l'empereur, ni des Turcs. Porte-toi bien.

Le copiste athénien dont il est question dans cette lettre ne saurait être que Antoine le Logothète, dont on connaît deux manuscrits, exécutés l'un et l'autre pour Filelfe, pendant le séjour de celui-ci à Sienne. Le plus ancien est le *Laurentianus 9* du pluteus 69 (Polybe, *Historiarum libri quinque*), à la fin duquel on lit cette souscription [4] :

Ὧδε πέρας λάβεν ἱστοριῶν Πολυβίοιο βίβλος,

ἥνπερ Ἀθηναῖος γεγραφὼς Ἀντώνιός ἐστι

Φιλέλφου δ' ἀναλώμασι τοῦ Φραγκίσκοιο κλῆσιν.

Ἐτελειώθη μηνὶ νοεμβρίου κϛ' ἔτους ἀπὸ τῆς Χριστοῦ γεννήσεως αυλέ, ἐν Σίνη τῆς Τυρρηνίας.

Ce manuscrit a été copié par Antoine sur un membranaceus qui

---

1. Jean-Marius-Jacques, né à Constantinople, le 24 juillet 1426. Dans sa lettre à Léonard Giustiniani, du 5 des ides d'octobre (11 octobre) 1427, Filelfe écrit : « Mihi est uxor annos nata sedecim, et ex ea puer annum natus unum, menses duos, dies septem ac decem, nomine Joannes Marius Jacobus. »

2. Angèle, née en Italie, à une date qu'on ne saurait préciser, mais qui doit se placer entre celle de l'arrivée de ses parents à Venise (10 octobre 1427) et celle de la présente lettre. Angèle était bien la première fille de Filelfe ; il nous l'apprend lui-même dans ses *Satyrarum hecatostichon Decades decem* (livre VI, Sat. 3), où il dit en parlant de sa chère Théodora :

Nec sterilem nobis fecundis gesserat uxor
illa viro peperit quæ quattuor ordine natos ;
nam Marium genuit, genuit Xenophonta ; puellæ
Angela prima patrem norunt, Panthea secunda,
qui mixtim facie referunt vultuque parentes.

3. Allusion à Cosme de Médicis, à Niccolò Niccoli et à Charles Marsuppini, que Filelfe considérait comme ses ennemis jurés. Voy. ses lettres à Marsuppini et à Niccoli, l'une et l'autre des ides d'avril (13 avril) 1433 ; celle à Cosme de Médicis des calendes de mai (1er mai) de la même année ; et enfin celle à Æneas Sylvius Piccolomini du 5 des calendes d'avril (28 mars) 1439.

4. Bandini, *Catalog. codd. græcorum bibliothecæ Laurentianæ*, t. II, col. 628.

appartenait jadis aux Bénédictins de Sainte-Marie de Florence [1] (aujourd'hui à la Laurentienne). Montfaucon, qui put examiner ce volume, reproduit [2] la note mise en tête par Antoine. La voici :

Ἀντώνιος ὁ Ἀθηναῖος, ὁ καὶ λεγόμενος Λογοθέτης, ταύτην τὴν βίβλον εἶχα ἀντιβόλεον καὶ ἀντέγραψα ὅμοιον ταύτης, ἔτους ἀπὸ τοῦ Χριστοῦ ᾳυλέ, γραφὲν εἰς τὴν πόλιν Σιένα.

Le second manuscrit est le *Laurentianus* 7 du pluteus 55 (Plutarque, *Apophthegmata*), dont le colophon est ainsi conçu [3] :

Ἠθῶν ἐστι τέλος Πλουτάρχου σώφρονος ὧδε,
ὅνπερ Ἀθηναῖος γεγραφὼς Ἀντώνιός ἐστι
Φραγκίσκου δ' ἀναλώμασι σπουδῇ τε Φιλέλφου.

Ἐτελειώθη ἐν Σήνη τῇ τῆς Τυρρηνίας, ἔτει ἀπὸ Χριστοῦ γεννήσεως ᾳυλς', φεβ. ά.

6.

FRANÇOIS FILELFE A DÉMÉTRIUS HYALÉAS

Florence, 29 septembre 1430.

Φραγκίσκος ὁ Φιλέλφος Δημητρίῳ Ὑαλέᾳ χαίρειν.

Ἧκε δὴ χρονιώτερα πρὸς ἡμᾶς, ὦ φίλτατέ μοι Ὑαλέα, ἅπερ ἐποθοῦμεν λαβεῖν γράμματα παρὰ σοῦ, καὶ μεγίστης γε χαρᾶς εἶχεν ἡμᾶς καιρὸς κατασχεῖν, τὸ μὲν ὅτι [4] ταυτὶ ποθεινά, τὸ δ' ὅτι χάριτος γέμοντα τῆς μεγίστης. Ἀλλ' ἡμεῖς οὔτε τοῖς οὖσιν ἐνταυθοῖ πάνυ [5] συνδιατρίβομεν, καὶ τοῦ ψεύδους, ὡς οἶσθα [6], ἐχθροί, οὔτε τοὺς τὰ τοιαῦτα καθ' ἡμῶν προφέροντας [7] ἐπαινοῦμεν, καὶ τῆς ἀληθείας ἐρασταί. Τοιγαροῦν τὰ ὑπεσχημένα πρὸς σὲ γράφοντες πληροῦμεν ἡμεῖς · τὸ δὲ μὴ τῶν ἴσων παρὰ σοῦ τυγχάνειν ἡμᾶς, τοῦτο ἡμῖν μάλα σφόδρα ἀνιαρόν [8]. Οὔτε γὰρ σὸν οἶδα τὸ σιωπᾶν ὑπάρχειν, οὔτε ἡμῖν ἀνεκτὸν τὸ μὴ παρὰ φίλου ἀδικεῖσθαι ἐν ψόγου μερίδι τιθέναι.

---

1. A la fin de ce manuscrit on lit : Ἐτελειώθη τὸ παρὸν βιβλίον χειρὶ Στεφάνου ἱερομονάχου καὶ σκευοφύλακος τοῦ τιμίου Προδρόμου τῆς εὐλογημένης Πέτρας, μηνὶ ὀκτωβρίῳ ϛ', ἰνδ. ι, τοῦ 6925 ἔτους (1416 de notre ère, et non 1417, comme l'a imprimé Montfaucon, *Palæographia Græca*, p. 77).

2. *Palæographia Græca*, pp. 76-77.

3. Bandini, *Catalogus codd. græcorum bibliothecæ Laurentianæ*, tome II, col. 304-305.

4. οὔτι. 5. πάνη. 6. οἶσθαι. 7. προσφέροντας. 8. ἀνιαρόν.

Ἠδίκημαι γὰρ, οὐθὲν ἄλλο παρὰ σοῦ εἰ μὴ τὰ παρόντα καὶ μόνα δεξάμενος παρὰ τοῦ σοῦ · σὸν δ' εἴρηκα τὸν τῆς ἐπιστολῆς διακομιστὴν Θεόδωρον τὸν καλὸν, ἐν οἷς ἔγνων αὐτὸν [1] μαχόμενον ὑπὲρ σοῦ · τοῦτον δὲ ἐρῶ καὶ ἐμὸν, ἐπείπερ οὑτωσὶ σός, ὃν ὡς κοινὸν ἐμοί τε καὶ σοι [2] τῶν ἡμετέρων λόγων ἐμπλήσεις, ὧν μᾶλλον ἐπιθυμεῖ, καὶ ταχὺ μείζω δύνασθαι δείξεις [3] πολλῶν τῶν ὑπὲρ μείζω οἰόμενον [4] εἰδέναι ὧν αὐτὸς λεγόντων οὐκ ἐπαΐω. Ἔρρωσο [5].

Φλωρεντίαθεν [6], τῇ τρίτῃ ἡμέρᾳ [7] πρὸ καλενδῶν ὀκτωβρίου, ἔτει ἀπὸ Χριστοῦ γεννήσεως ͵αυλʹ.

Ta lettre, que j'ai reçue tardivement, m'a causé un double plaisir, d'abord parce que je la désirais fort, ensuite parce qu'elle est remplie de charme [8]. Je ne fréquente guère les Florentins; car, étant ami de la vérité, je déteste le mensonge et ne saurais louer les gens qui l'emploient contre moi. En t'écrivant, je m'acquitte de la promesse que je t'ai faite; mais, comme tu ne me rends pas la pareille, cela me chagrine beaucoup. Je suis, en outre, lésé, car je n'ai reçu de toi que la lettre à laquelle je réponds, et qui m'a été apportée par un homme nommé Théodore. Porte-toi bien [9].

7.

FRANÇOIS FILELFE A JEAN AURISPA [10].

Florence, 9 janvier 1431.

Φραγκίσκος ὁ Φιλέλφος Ἰωάννῃ Αὐρίσπᾳ χαίρειν.

Ἐκ τῆς τοῦ ἡμετέρου κοινοῦ φίλου Τουσκανέλλα ἐπιστολῆς ἔμαθον ὅτι μάλα σφόδρα τοῦ ἐμοῦ Δίωνος τοῦ χρυσοστόμου ἐπιθυμεῖς · οὕτω γὰρ προσαγορεύουσιν αὐτὸν, ὡς οἶσθα, διὰ τῆς φράσεως τὸ φιλόκαλον. Περὶ δὲ τῆς τε εὐνοίας σου καὶ τῆς φιλοστοργίας πρὸς ἐμὲ, ἣν

---

1. αὐτόν. 2. καὶ σοί. 3. δείξεις. 4. οἰομενόν. 5. ἔρρωσο. 6. φλωρεντίαθεν. 7. ἡμέρᾳ.
8. Voy. aussi la lettre onzième de la présente Collection.
9. Traduction abrégée.
10. Voir sur lui Tiraboschi, *Storia della letteratura italiana* (Milan, 1824, 8°), t. VI, pp. 1468 et suiv.; R. Sabbadini, dans le *Giornale storico della letteratura italiana*, (1885, 8°), t. VI, p. 169.

δι' ἐκείνου σημαίνεις, τοῦτό ¹ γ' ἐμοὶ πάλαι δὴ καὶ πρόδηλον πάνυ, διὸ καὐτός σοι μεγίστην οἶδα τὴν χάριν. Νῦν δὲ πρὸς τὸ πρᾶγμα διὰ βραχέων. Λέγεις τοίνυν τοῦ ἐμοῦ Δίωνος ἐπιθυμεῖν οὕτως ², ὥστε σὸν γενέσθαι αὐτὸν κατ' ἀλλαγῆς νόμον · βούλεσθαι γὰρ πέμψαι ἡμῖν ἀντὶ τουτουὶ Διογένην Λαέρτιον. Ἔξεστι μέντοι βουλομένῳ σοι τὸν Δίωνα κτήσασθαι, ἐὰν πέμψῃς ἡμῖν Στράβωνα τὸν ³ περὶ γεωγραφίας, καὶ γὰρ οὐ δέομαι Λαερτίου, ἔστι μοι γὰρ αὐτός · ἀλλὰ Στράβων οὐκ ἔστιν. Ἔρρωσο ⁴.

Φλωρεντίαθεν, τῇ πέμπτῃ ἡμέρᾳ πρὸ τῶν Ἰανουαρίου ⁵ εἰδῶν, ἔτει χιλιοστῷ τετρακοσιοστῷ τριακοστῷ πρώτῳ.

J'ai appris par la lettre de notre commun ami Toscanella que tu désires extrêmement mon Dion Chrysostome (on appelle ainsi cet auteur, comme tu le sais, à cause de l'élégance de son style). Quant à tes sentiments de bienveillance et d'affection à mon égard, dont tu charges Toscanella de se faire l'interprète, ils me sont connus de vieille date et je t'en sais le plus grand gré. Maintenant, un mot de l'affaire. Tu affirmes désirer tellement mon Dion que tu voudrais l'acquérir par voie d'échange et me donner en place un Diogène Laerce. Tu peux, si tu le veux, devenir propriétaire de mon Dion, en m'envoyant la *Géographie* de Strabon. En effet, je n'ai nul besoin du Diogène Laerce, dont je possède déjà un exemplaire, tandis que je n'ai pas de Strabon. Porte-toi bien.

Durant son séjour à Constantinople, Filelfe avait fait exécuter à ses frais une copie de la *Géographie* de Strabon, qui se trouve aujourd'hui à la bibliothèque de l'Escurial, sous la cote T. II. 7. C'est un fort joli membranaceus in-folio, calligraphié avec élégance, en l'année 1423, par Georges Chrysococcès. « Il est recouvert d'une sévère et belle reliure en veau brun-marron, ouvragée à froid sur toute la surface des plats et du dos; parmi les motifs les plus caractéristiques, on remarque un oiseau à deux longs cous enfermé dans un carré enjolivé lui-même tout autour, et, au dos, dans des cercles, des lions passants; enfin, les plats

1. τοῦτο. 2. οὗτος. 3. τῶν. 4. ἔρρωσο. 5. ἰανοαρίου.

sont parsemés de vires et de quintefeuilles, de sortes de trè-
fles déformés et à longues feuilles ovales, d'alérions dans de
petits triangles[1]. » A la fin du volume, on lit la souscription suivante :

Ἐτελειώθη ἐν μηνὶ αὐγούστῳ ιϛ′, ἰνδ. ά, ἔτους ϛΘλά, χειρὶ μὲν γραφεῖσα
διακόνου Γεωργίου τοῦ Χρυσοκόκκη, ἀναλώμασι δὲ καὶ δαπάναις Φραγκίσκου
τοῦ Φιλέλφου ἴδιον κτῆμα τὴν βίβλον ποιησαμένου.

      Ὧδε γεωγραφίη λάγε Στράβωνος τέλος ἤδη,
     ἣν Χρυσοκόκκης γράψε Γεώργιος χερσὶν ἑῆσι ·
     Φραγκίσκου Φιλέλφοιο πόροντος διφθέρας καὶ τἆλλα
     ἀναλώματα · ποιησαμένου ἑὸν κτῆμα
     πυκτίδα ἀρίστην ἄγαν ἠδὲ σοφίας πλήρη[2].

Mais ce manuscrit n'était plus, depuis longtemps déjà, entre les
mains de Filelfe. C'est lui-même qui nous l'apprend par une lettre du 3 des nones d'août (3 août) 1448, adressée à Guarino de
Vérone : « Strabonem geographum, quem ab me petis commodato, darem ad te quam primum, si penes me foret. Sed eum ab
usque Constantinopoli cum aliis meis permultis libris misi ad
Leonardum Justinianum, virum clarissimum et tibi æque amicis-
simum atque ipsi mihi, ea scilicet lege ut mihi cum primum in
Italiam revertissem, bona fide restitueret. Nunc, illo vita functo,
libri omnes apud ejus filium Bernardum, virum optimum patrique simillimum. Tu rem tenes. »

Désespérant de rentrer en possession de son Strabon, Filelfe
essaya maintes et maintes fois de s'en procurer un autre exemplaire, mais ne put, croyons-nous, jamais y parvenir.

Quant au Dion Chrysostome qu'il faisait prier Filelfe de lui
céder, Jean Aurispa le détenait déjà depuis huit années à titre de
prêt. Et ce qu'il y a de piquant dans cette histoire, ce qui est
bien dans les mœurs de l'époque, c'est que, ne voyant pas l'affaire
se conclure dans les conditions qu'il proposait, Aurispa eut l'au-
dace de prétendre avoir reçu le Dion Chrysostome à titre de

1. Charles Graux, *Essai sur les origines du fonds grec de l'Escurial* (Paris
1880, in-8º), p. 124.
1. Emmanuel Miller, *Catalogue des manuscrits grecs de la bibliothèque de
l'Escurial* (Paris, 1848, in-4º), pp. 126-127.

cadeau. En présence d'une pareille affirmation, Filelfe ne put se
contenir et écrivit la lettre suivante en réponse à celle d'Aurispa :

« Moverunt mihi risum litteræ tuæ, quibus Macrobium atque
Dionem, quos commodato acceperas, repetenti responderis eos
me tibi dedisse dono, quo tempore Constantinopoli sum profectus
ad regem Romanorum Sigismundum [1]. Et ita niteris oratione
mihi probare tuum commentum ut nisi juvenis admodum essem,
me putarem oblitum mei. At vereor, quum senectutem attigeris,
ne ipse obliviosus sis factus : nam sunt qui senectuti imbecillita-
tem memoriæ ascribant. Ego enim memoriter memini, cum essem
triremem prope inscensurus, petiisse te ut duos illos codices ad
reditum usque meum ex Pannonia tuæ fidei commendarem ; tutius
enim eos apud te futuros quam domi. Cum vero Constantinopolim
revertissem, tu aberas in Italia [2]. Quod si, posteaquam in Italiam
redii, illos serius repeto, nolo ob id putes me esse oblitum mei.
Quare te rogo ut eos te jure postliminii uti sinas. Quod tum feceris, cum liberi ad me reverterint [3]. »

Il est probable que, après avoir lu cette verte épître, Aurispa
s'empressa de restituer les volumes qu'il voulait s'approprier.
Cela ne l'empêcha pas, huit ans plus tard, de solliciter de nouveau le prêt de ce Dion Chrysostome, ni Filelfe, tout en bougon-
nant, de lui en promettre l'envoi : « Tu semper aliquid petis, inservis
autem raro. Quid hominis sis ignoro. Petis a me Diona Prusaien-
sem, quem equidem dabo ad te propediem ea lege ut eum aliquando patiaris ad nos redire. Ibit enim codex ille ad te mutuo,

---

1. Manuel et Jean Paléologue, qui régnaient alors conjointement, députè-
rent Filelfe à Sigismond, dans les derniers mois de l'année 1423. Après s'être
acquitté de sa mission auprès de ce monarque, il fut invité, en qualité d'ambassadeur impérial, par Ladislas IV, roi de Pologne, à assister à son mariage et
au couronnement de la reine son épouse. Il se rendit à Cracovie et y pro-
nonça un discours le jour de la cérémonie, laquelle eut lieu, selon Martin
Cromer (*Polonia sive de origine et rebus gestis Polonorum*, Cologne, 1589, f°,
livre 19, p. 292), le 12 février 1424. Filelfe a parlé de ce voyage dans sa lettre
à Jacques Piccolomini, cardinal de Pavie, du 5 avant les calendes de février
(23 janvier) 1464.

2. Aurispa dut quitter Constantinople fort peu de temps après Filelfe. On
sait, en effet, qu'il partit en compagnie de l'empereur Jean Paléologue, lequel
arriva à Venise le 15 décembre 1423, comme l'atteste Marino Sanuto (Voir
Muratori, *Scriptores rerum italicarum*, tome 22, p. 971).

3. Lettre de la veille des ides de septembre (12 septembre) 1431.

non dono. Quamobrem facito ut ex commodo tuo nihil mihi tandem incommodes [1]. »

L'exemplaire de Dion Chrysostome, objet des justes réclamations de son propriétaire, est aujourd'hui le *Laurentianus* n° 22 du pluteus 59. C'est un bombycin in-8° du XIV° siècle, comprenant 460 feuillets et fort bien conservé. On y lit les notes suivantes : ἡ βίβλος αὕτη Φραγκίσκου τοῦ εὐθείου (?) Φιλέλφου ἐστίν. — Νῦν δὲ γέγονε Πέτρου τοῦ Λαυρεντίου τοῦ ἐκ Μεδικέων οἰκίας [2].

8.

FRANÇOIS FILELFE A CYRIAQUE D'ANCONE

Florence, 7 mars 1481.

Φραγκίσκος ὁ Φιλέλφος Κυριακῷ χαίρειν.

Ἐγώ σου τὴν περὶ λόγους δύναμιν καὶ πάλαι θαυμάζων, νῦν οὐκ ἔχ' ὅπως ἂν τοῦτο δράσαιμι [3] προσηκόντως [4] · οὕτω με τὸ τῶν σῶν ἐπιστολῶν κατὰ τὴν ἑλληνικὴν γεγραμμένων φωνὴν ἐξέπληξε κάλλος, καί σε οὐκ ἐν τῇ Κωνσταντίνου ποτὲ [5] τοὺς λόγους μαθεῖν, ἀλλ' ἐν Ἀθήναις ἐκείναις περιφανῶς ἐμήνυεν. Ἡ γὰρ ἐνοῦσά [6] σοι χάρις ἐν τῷ λέγειν, ἐκεῖθεν. Ἐγὼ μὲν οὖν οἶμαι τὴν τῶν Μουσῶν πρώτην, εἴπερ ἂν αὐτῇ σωματικῶς ξυνέβαινεν ἐντυχεῖν σοι, διαπορουμένην τε [7] καί σου τὸ ἐπαφρόδιτον τῶν λόγων θαυμάζουσαν, τὸ ὁμηρικὸν ἐκεῖνο ἐρέσθαι ·

τίς πόθεν εἶς ἀνδρῶν ; πόθι τοι πόλις ἠδὲ τοκῆες ;
καὶ γὰρ ἐρῶ σ' ἄγη μ' ἔχει ὡς ὑπὸ θνητοῦ τόσσον
νικῶμαι πασάων θεάων ὑπερτάτη [8].

Ὑγίαινε τοιγαροῦν ὡς ἂν ἡμᾶς τε καὶ τοὺς πρὸς τὴν σὴν ἀρετὴν ἡμῖν ὁμοίως διακειμένους, τῇ θεόθεν ἐνούσῃ σοι εὐμουσίᾳ καὶ μᾶλλον εὐφραίνειν ἔχοις. Ἐγὼ δέ σοι ἐπὶ τούτοις καὶ τὸ τοῦ Νέστορος γῆρας ἐπεύχομαι, ὡς οὐ μόνον τοῖς καθ' ἡμᾶς ἐπὶ σοφίᾳ, ἀλλ' ἤδη καὶ τοῖς πάλαι διαπρέψασι [9], μηδ' [10] ὁπωσοῦν τῶν πρωτείων παρα-

1. Lettre du 5 des ides de décembre (9 décembre) 1439.
2. Bandini, *Catalog. mss. græcorum biblioth. Laurentianæ*, tome II, col. 538-540.
3. δράσαιμί. 4. προσηκόντως. 5. ποτε. 6. ἐνοῦσα. 7. τε 8. ὑπέρτατος. 9. διατρέ-ψασι. 10. μήδ'.

χωρήσαντι. Ἔρρωσο [1], τῶν Μουσῶν τέμενος, καὶ τὸν σὸν Φιλέλφον φίλει, ὡς εἴωθας, ὃς ὑπὲρ σοῦ [2] καὶ τῶν σοι [3] συνοισόντων κἂν εἰς πῦρ ἄλοιτο [4], τὸ τοῦ λόγου, προθύμως.

Φλωρεντίαθεν, ταῖς νώναις μαρτίου, ἔτει ͵αυλά ἀπὸ Χριστοῦ γεννήσεως.

J'admire depuis longtemps la puissance de style que tu possèdes; mais aujourd'hui je ne sais comment exprimer ce que j'éprouve, tant m'a frappé la beauté de tes lettres grecques. Plutôt que de les croire émanées d'un homme ayant fréquenté les écoles de Constantinople, on serait tenté d'y voir l'œuvre de quelqu'un qui aurait étudié à Athènes, car elles respirent une grâce toute attique. Je suis d'avis que, s'il arrivait jamais à la première des Muses de se rencontrer avec toi, elle éprouverait de l'embarras et serait ravie du charme de ton langage. A toi, qui ne le cèdes en rien, sous le rapport des connaissances, ni à tes contemporains, ni aux anciens, je souhaite une bonne santé et la vieillesse de Nestor, afin que tous ceux qui t'estiment, puissent longtemps profiter de cette culture intellectuelle qui te vient de Dieu. Porte-toi bien, sanctuaire des Muses, et continue d'aimer ton Filelfe, qui se précipiterait de grand cœur dans le feu pour toi et tes intérêts [5].

Cyriaque d'Ancône n'avait commencé que fort tardivement l'étude du grec, en 1426, à l'âge d'environ trente-cinq ans [6]. On se demande s'il n'y a pas une certaine dose d'exagération dans les éloges que Filelfe lui prodigue. Pogge affirme, au contraire, que Cyriaque mêlait les mots grecs avec les mots latins et avait un style inculte et barbare [7]. Il ne faut pas oublier pourtant que

---

1. ἔρρωσο. 2. ὑπέρ σου. 3. σοί. 4. ἄλοιτο.
5. Traduction abrégée.
6. Voy. Tiraboschi, *Storia della letteratura italiana* (Milan, 1824, in-8°), t. VI, pp. 273-274.
7. Poggii Florentini oratoris et philosophi *Opera* (Bâle, 1538, in-f°), p. 330, dans une lettre à Léonard Bruni d'Arezzo.

μεσ́ιανος δ᾽ ἐ[ς] τὸ αὐτὸ, μεταξὺ μυρίνης κỳ κύμης, ὅτι ζα τοσαύτ[α] δ᾽ ποίητω
ίεροσέρ[γ]εια εὐ[α]ἰς τῶ[ς] μειρῶέω λίθω ἵης τούτω, μετίφοες κỳ κανίσοις
γράμμασὶ παλαιοτέ[ρ]οδε ὑπὶ γράμμα, έρωκ≈ω

ΑΓΟΛΛΩΝΙ. ΧΡΗΣΤΗΡΙΩΙ.

ΦΙΛΕΤΑΙΡΟΣ. ΑΤΤΑΛΟΥ.

le fameux auteur des *Facéties* était une fort méchante langue [1], qu'il en voulait à Cyriaque [2], que, dans une lettre écrite à une date antérieure [3], il l'avait proclamé un homme docte et ami des gens studieux. Cependant, si l'on considère le détestable latin de Cyriaque, on a peine à croire que son grec fût de meilleur aloi. Nous ne savons s'il existe en cette·langue un document qui puisse être attribué d'une façon certaine à Cyriaque. Il est toutefois très vraisemblable qu'il a copié le *Parisinus* grec n° 1394 de l'ancien fonds (*Géographie de Strabon*) et que la note qui se trouve dans la marge inférieure du f. 295 verso a été rédigée par lui. Voici cette note [4] (le fac-similé que nous en donnons ci-contre permettra peut-être à d'autres personnes de trancher la question d'authenticité) :

Κυριακὸς δ' ἐγὼ αὐτὸς μεταξὺ Μυρίνης καὶ Κύμης, ἐς τὰ τοῦ αὐτοῦ Ἀπόλλωνος ἱεροῦ ἐρείπια, ἐν τῷ ὑπερκειμένῳ λίθῳ τῆς πύλης, μεγίστοις καὶ καλλίστοις γράμμασι παλαιοῖς τόδε ἐπίγραμμα εὗρον ·

ΑΠΟΛΛΩΝΙ · ΧΡΗΣΤΗΡΙΩΙ ·
ΦΙΛΕΤΑΙΡΟΣ · ΑΤΤΑΛΟΥ.

Il nous semble impossible d'admettre que la note qui se trouve au f. 175 verso du *Mutinensis ii. E. 11* soit réellement de Cyriaque d'Ancône, tant l'orthographe en est défectueuse. La voici : τοῦ ἀγκονιτάνου κυριακοῦ οἰκηόχειρεῖ ἀμφώταιρα [5].

9.

FRANÇOIS FILELFE A GEORGES DE TRÉBIZONDE

Florence, 28 juillet 1431.

Φραγκίσκος ὁ Φιλέλφος Γεωργίῳ Τραπεζουντίῳ χαίρειν.

Πρὸ πολλοῦ τὰ ἐμὰ δεξάμενος γράμματα, ὅτι ἀντιγράψαι οὐκ

---

1. Il s'est moqué de Cyriaque même dans ses *Facéties*. Voy. celle qui porte le n° 82 dans l'édition Liseux (Paris, 1878, in-18), t. I, p. 172 et dans les *Opera*, éd. de Bâle, p. 442.

2. Dans une discussion entre Pogge et Guarino de Vérone, Cyriaque avait pris parti pour ce dernier. *Inde iræ*. Voy. Tiraboschi, *Op. laud.*, t. VI, p. 293.

3. Voir *Opera*, éd. de Bâle, p. 328.

4. Nous en devons l'indication à l'amitié de M. Henri Omont.

5. Thomas William Allen, *Notes on greek manuscripts in italian libraries* (Londres, 1890, in-8°), p. 16.

οἷός ¹ τε ᾖς ἀσθενῶν βαρέως, μετὰ λύπης ἀκήκοα, οὐκ ἀγνοῶν ὡς
αὐτόθι ἀὴρ καὶ πᾶσι βλαβερός ἐστι, σοὶ δὲ καὶ μᾶλλον ἀσθενεστέρῳ
ὄντι, καὶ θᾶττον ² τρεπομένῳ ὑπὸ τῆς αὐτοῦ δυσκρασίας. Μήποτ' οὖν
ἀνάγκης θεσμὸς εἰς Μαντύαν σε τελευτήσοντα ἤγαγεν · οὐδὲ γὰρ ἐν
τῷ παρόντι δίχα πυρετοῦ καὶ ὀδύνης μεγάλης εἶναί ³ σε λέγουσιν ⁴.
Ἀλλὰ ταῦτα μὲν ἔσται ᾗ τῷ θεῷ φίλον · ἐλπίδ' ἔχων ⁵ ἀγαθὴν, οὐχ
ἁμαρτήσῃ. Τὰ δ' εἰρημένα περὶ Αὐρίσπα ⁶ τοῦ κοινοῦ φίλου γελᾶν
με ἐκίνησε · δι' ἃ καὶ γράψω ἱκανῶς καὶ καθάψομαι τοῦ ἀνδρὸς, ὡς
χρεὼν, ἐν καιρῷ · νῦν γὰρ παίζειν οὐ χρή. Σοὶ δὲ χάριν οἶδα ὧν
ὑπὲρ ἐμοῦ προθυμῇ, καὶ γένοιτο τυχεῖν τῶν προσφόρων ἐκείνων οἷς
ἂν δυνηθείην ποιῆσαι ἅπερ σύ τε ποθεῖς, κἀμοὶ πρὸς ὠφέλειαν ἔοικεν
ἔσεσθαι. Τὰ δὲ μετὰ τὰ φυσικὰ, ἐπειδὴ μεταγράψαι οὐκ ἐδυνήθης διὰ
τὴν ἀρρωστίαν, ἀπόπεμψόν μοι, εἰ οὐ χρῄζεις αὐτῶν. Ἔρρωσο, καὶ
τὸν καλὸν κἀγαθὸν Οὐϊκτορῖνον ⁷ ἄσπασαι ὡς φίλτατα.

Φλωρεντίαθεν, έ πρὸ καλενδῶν αὐγούστου ⁸, ἔτει ἀπὸ Χριστοῦ
γεννήσεως αυλά ⁹.

J'ai appris que si tu n'as pas répondu à ma lettre, bien que
tu l'aies depuis longtemps reçue, c'est que tu étais gravement
malade. Le climat de Mantoue, préjudiciable à tout le monde,
doit l'être surtout pour toi, dont la santé est si délicate. Une
loi fatale t'aurait-elle donc conduit dans cette ville pour t'y
faire mourir? Car on ne dit pas que tu sois actuellement
débarrassé de la fièvre et que tu n'éprouves plus de vives dou-
leurs. Il arrivera ce qu'il plaira à Dieu.

Ce que tu me transmets concernant Aurispa, notre commun
ami, a excité mon hilarité ¹⁰. Quand le temps en sera venu,
j'écrirai à cet homme et je le traiterai comme il convient. Je
te remercie, et je souhaite pouvoir t'être utile. Je te prie
d'abord de me renvoyer, si toutefois tu n'en as pas besoin, la

---

1. οἷός. 2. θᾶττον. 3. εἶναι. 4. λεγουσίν. 5. ἐσχὼν. 6. αὐρίσπα. 7. οὐικτορῖνων (*sic*)
8. αυγουστου.

9. Dans cette date le copiste a oublié le λ.

10. Il s'agit peut-être ici des manuscrits de Macrobe et de Dion Chrysostome
que Filelfe avait prêtés à Aurispa et que celui-ci prétendait garder. Voir
ci-dessus, pp. 15-17.

Métaphysique, dont ta maladie t'a empêché de prendre copie, et ensuite de faire agréer à l'excellent Victorin de Feltre [1] mes affectueuses salutations [2].

10.

FRANÇOIS FILELFE A LAPO LE FLORENTIN [3]

Florence, 13 août 1433.

Φραγκίσκος ὁ Φιλέλφος Λάπῳ Φλωρεντίνῳ χαίρειν.

"Ότι οὐκ ἀνέφερες [4] μηδαμῶς ὅ σοι ἀνέθηκα, οὔ με λέληθας. Ἀνὴρ γὰρ φρόνιμος ὢν καὶ φίλος πάντα ποιῶν ἀεὶ σπουδάζεις, ὡς δεῖ. Διὸ τὴν ὑπερβάλλουσαν ἀγάπην σου πρὸς ἐμὲ καὶ τὴν ἐκ ταύτης σπουδήν τε καὶ ἐπιμέλειαν πολλάκις ἔκπαλαι πέπεισμαι. Αὐτὸς δὲ (εἰ καί τινές σε, κακῶς ποιοῦντες καὶ ψευδόμενοι, τὸν ἄγγελον διάβολον ἔλεξαν), ὡς λόγον εἰπεῖν, τὰ τῶν διαβόλων καὶ τῶν πανούργων οὐκ οἶσθα · ἐμὲ δὲ ὥσπερ τἆλλα [5] πολλὰ ἔτι καὶ νῦν τοῦτο δὴ διαβάλλουσιν οἱ περὶ τὸν Κῶσμον καὶ οἱ τοῦ Κώσμου ἑταῖροι [6] ἀκριβῶς νοῆσαι [7] ποῦ κρατεῖ διάβολος τὴν οὐρὰν αὐτοῦ [8]. Τούτου γοῦν χάριν ἀσμένως ἀπο-δέχομαι, ἵνα μὴ ἐν τῷ παρόντι πονῇς, ὅτι τὸ ὑπὲρ ἡμῶν σοι φιλού-μενον καὶ σπουδαζόμενον οὐδέποτε τέλους τεύξεται, ἔστ᾽ ἄν [9] παχυν-θῶσιν οἱ σύες. Δέδοικα δὲ μὴ ἕως τότε οἱ γαμβροὶ λεπτυνθῶσι, τοῦτο

---

1. Victorin de Feltre enseignait alors à Mantoue. Il avait été appelé dans cette ville, en 1425, par le marquis Jean-François de Gonzague, qui voulait lui confier l'éducation intellectuelle et morale de ses enfants. Il avait eu pour maître de grec Guarino de Vérone. Son école fut, à cette époque, la plus fameuse de l'Italie : la renommée de cet admirable professeur lui attirait des élèves de France, d'Allemagne et même de Grèce. Sur Victorin de Feltre, on peut consulter : Rosmini, *Idea dell' ottimo precettore nella vita e disciplina di Vittorino da Feltre e de' suoi discepoli* (Bassano, 1801, in-8°); S. Davari, *Noti-zie storiche intorno allo studio pubblico ed ai maestri del secolo XV et XVI che tennero scuola in Mantova, tratte dall' archivio storico Gonzaga di Mantova* (Mantoue, 1876, in-8°); A. Morlet, *Victorin de Feltre et la Maison Joyeuse, ou un lycée modèle au XV° siècle en Italie* (le Hâvre, 1880, in-8°).

2. Traduction abrégée.

3. Dans une lettre latine de Filelfe à Lapo, datée de Sienne le 5 des ides de septembre (9 septembre) 1438 et publiée par Rosmini *(Vita di Francesco Filelfo,* t. I, p. 131), on lit : « Si me audire volueris, non Castelliunculum te posthac ab obscuro nescio quo municipio, sed eadem ratione Florentinum appellabis qua Lysias in Sicilia natus Atheniensem dici se maluit. »

4. ἀνεφερές. 5. τἆλλα. 6. ἑπαῖροι. 7. νωῆσαι. 8. αὐτοῦ. 9. ἔστ᾽ ἄν,

δὴ τὸ λεγόμενον. Ἀλλὰ σὺ, ὦ φίλτατέ μου Λᾶπε, ποίει καὶ διὰ
πάσης σου φροντίδος μὴ ὁ μέγας τὴν πλευρὰν, μαθὼν τὴν ὑπὲρ ἐμοῦ
σοῦ σπουδὴν, ἀφορισμὸν ¹ ἐξενέγκῃ κατὰ σοῦ. Ἔρρωσο.

Ἐν Φλωρεντίᾳ, κατὰ τὰς αὐγούστου εἰδοὺς, ἔτει ἀπὸ γεννήσεως
Χριστοῦ χιλιοστῷ τετρακοσιοστῷ τριακοστῷ τρίτῳ.

Je sais que tu n'as rien raconté de ce que je t'avais confié.
Car étant un homme sensé et un ami d'une complaisance
sans bornes, tu prends à cœur de toujours agir comme il
convient. Aussi ai-je depuis longtemps et souvent pu me
convaincre de ton extrême affection pour moi, ainsi que du
zèle et de la sollicitude qui en découlent. Bien que quelques
personnes t'aient à tort et mensongèrement appelé l'ange
calomniateur, tu ignores, pour ainsi dire, les pratiques des
calomniateurs et des criminels. Quant à moi, Cosme de Médicis et ses acolytes continuent de m'accuser. Ils prétendent
que je sais parfaitement où le diable tient sa queue. Cela me
fait volontiers admettre, afin de ne pas te contrister dans les
circonstances présentes, que ton amitié et ton dévouement
pour moi n'auront pas de fin tant que les cochons s'engrais-
seront. Et je crains bien que, jusqu'alors, *les gendres ne mai-
grissent,* comme dit le proverbe. Quant à toi, mon très cher
Lapo, évite avec soin que l'homme aux grandes côtes, venant
à apprendre ton affection pour moi, ne te frappe de bannis-
sement. Porte-toi bien.

Je ne suis pas sûr d'avoir bien saisi le sens de cette lettre.
Elle contient des allusions à des faits qu'il est impossible de
préciser en toute rigueur; mais elle a certainement trait aux
démêlés de Filelfe avec Cosme de Médicis, Niccolò Niccoli et
Charles Marsuppini ², démêlés qui s'envenimèrent à un tel point

1. αφορισμόν.
2. On était monté contre Filelfe à un tel diapason, qu'on le menaçait de
mort et qu'il fut même victime d'une tentative d'assassinat. En présence de
ces excès, Filelfe prit le parti de faire son cours chez lui. On trouve dans le
Laurentianus latin n° 34 du plut. sup. 90 (aux ff. 7 et suiv.) un discours ainsi
intitulé : *Francisci Philelphi oratio habita in principio publicæ lectionis, quam*

que Filelfe se vit obligé de quitter Florence, où sa vie était en danger [1].

.*.* Lapo de Castiglionchio, le destinataire de la présente lettre, appartenait à une honnête famille et était le neveu de Lapo l'Ancien, ami de Pétrarque. Il avait déjà vingt-cinq ans, lorsqu'il se mit à l'étude; mais il s'y livra avec tant d'ardeur qu'il fit de rapides progrès dans les langues grecque et latine. Il eut pour maîtres François Filelfe, Charles Marsuppini et Georges de Tré-bizonde. A l'époque où les affaires du concile de Florence obligeaient la cour pontificale à résider dans cette ville, Lapo traduisit plusieurs ouvrages de Lucien et de Plutarque. Comme il possédait un style d'une parfaite élégance, il acquit une certaine réputation, et le pape Eugène IV le nomma secrétaire apostolique. Lapo entretenait des relations avec Léonard Bruni et Gianozzo Manetti. Il dédia à ce dernier sa version du *De longævis* de Lucien. Aimé des cardinaux et autres prélats, il serait parvenu, s'il eût vécu davantage, à une dignité plus haute que celle dont il était revêtu. Il mourut de la peste à Ferrare[2], où il avait accompagné Eugène IV. Lapo était un homme de taille moyenne, d'un caractère mélancolique et taciturne, de mœurs irréprochables. Comme il était peu favorisé de la fortune, il copia de sa main un certain nombre de manuscrits grecs et latins [3].

Il consulta parfois Filelfe sur des questions d'interprétation, notamment sur le sens de ce vers d'Homère :

Βούλομ' ἐγὼ λαὸν σόον ἔμμεναι ἢ ἀπολέσθαι [4].

Ambroise Traversari traduisait : *Volo ego populum salvum esse*

---

domi legere aggressus est, quum per invidos publice nequiret (avec cette date) : *Florentiæ, X cal. novembres 1431.* Voy. Bandini, *Catalogus. codd. latinorum biblioth. Laurentianæ*, t. III, col. 295 et 495.

1. Voir sur cette affaire une lettre de lui à Niccolò Niccoli et une autre à Charles Marsuppini, datées toutes deux des ides d'avril (13 avril) 1433; sa lettre à Cosme de Médicis des calendes de mai (1ᵉʳ mai) de la même année; et celle à Léonard Bruni du 3 des ides d'avril (11 avril) 1436.

2. Il n'avait que trente-trois ans. Cf. P.-A. Spera, *De nobilitate professorum grammaticæ et humanitatis* (Naples, 1641, in-4°), p. 422.

3. Vespasiano da Bisticci, *Vite di uomini illustri del secolo XV* (Florence, 1839, in-8°), pp. 509-510.

4. *Iliade*, premier chant, vers 117.

aut populum perire, et Charles Marsuppini : *Volo ego populum salvum esse aut me ipsum perire*. Filelfe déclare avec juste raison ces deux versions erronées et donne celle-ci, qui est exacte : Respondet Agamemnon *velle se populi salutem et non perniciem atque interitum* [1].

Lapo de Castiglionchio traduisit un certain nombre de *Vies* de Plutarque :

1) *Vie de Thésée.*

2) *Vie de Romulus.*

3) *Vie de Lycurgue.*

4) *Vie de Numa Pompilius.*

5) *Vie de Solon*, avec une épître dédicatoire au pape Eugène IV.

6) *Vie de Valerius Publicola*, avec une épître dédicatoire au cardinal Jourdain Orsini.

7) *Vie de Thémistocle*, avec une épître dédicatoire à Cosme de Médicis.

8) *Vie de Camille.*

9) *Vie de Périclès*, avec une épître dédicatoire à Jean Vitelli, patriarche d'Alexandrie et archevêque de Florence.

10) *Vie de Phocion.*

11) *Vie de Caton le jeune.*

12) *Vie d'Artaxerxès*, avec une épître dédicatoire *ad illustrissimum principem Eufridum, Glaucestrix ducem et Pembrochix comitem*. Dans l'épître dédicatoire de cette *Vie* il est question de Zanon de Castillon [2], évêque de Bayeux (*Zanonus, episcopus Baiucensis, vir cum summa doctrina, integritate ac religione præditus, etc.*).

13) *Vie d'Aratus*, avec une épître déd. au card. Julien Cesarini.

La traduction de ces treize Vies a été plusieurs fois imprimée [3],

---

1. Voy. la lettre latine de Filelfe à Lapo, de la veille des nones de septembre (4 septembre) 1437.

2. Ce fut très probablement à Florence que Lapo fit la connaissance de Zanon, qui assistait au concile. On conserve encore aujourd'hui à Bayeux l'expédition de l'Acte d'union des églises grecque et latine, qui fut faite pour ce prélat. Voy. Henri Omont, *Catalogue des manuscrits grecs des départements* (Paris, Plon, 1886, in-8°), pp. 10 et 11.

3. Notamment en 1478, in-folio, à Venise, chez Nicolas Jenson, dans le volume décrit par Hoffmann, *Lexicon bibliographicum*, t. III, p. 365, seconde colonne.

mais sans les épîtres dédicatoires, qui sont de précieux documents d'histoire littéraire.

On doit encore à Lapo les traductions suivantes :

14) Xénophon, *Præfectus equitum,* avec une épître dédicatoire à un certain Gaspar [*Villanovensis, civis Tudertinus,* d'après le *Parisinus* latin 1616, f. 198 rᵒ.]

15) Lucien, *De calumnia,* avec une épître dédicatoire à Jean Reatinus.

16) Lucien, *De longævis* [1].

16 a) Lucien, *De somnio* (dans le *Parisinus* latin 1616, ff. 163 rᵒ et suiv. [2]).

17) Lucien, *De sacrificiis,* avec une épître déd. à Baptiste Alberti.

18) Lucien, *De tyranno* [3].

19) Lucien, *Demonactis philosophi vita,* avec une épître dédicatoire à *Aloysius, episcopus Trauriensis.*

20) Lucien, *Patriæ laudatio* [4].

21) Lucien, *De fletu,* avec une épître dédicatoire à Eugène IV.

22) Théophraste, *De impressionibus* (les Caractères).

23) Démosthène, *Oratio funebris,* avec une épître dédicatoire à Jacques Rachi.

24) Isocrate, *Oratio ad Demonicum,* avec une épître dédicatoire au cardinal Prosper Colonna.

24 a) Isocrate, *Nicocles* (dans le *Parisinus* latin 1616, ff. 176 rᵒ et suiv.).

24 b) Isocrate, *De regno ad Nicoclem* (dans le *Parisinus* latin 1616, ff. 182 vᵒ et suiv.).

24 c) Josèphe, *Machabæorum liber,* avec une épître dédicatoire *ad clementissimum virum d. Johannem tituli sancti Laurentii in Lucinia sacrosanctæ romanæ ecclesiæ presbyterum cardinalem* (dans le *Parisinus* latin 1616, ff. 1 rᵒ et suiv.).

Enfin les ouvrages ci-après que Lapo composa lui-même :

---

1. Dans le *Parisinus* latin 1616, cet opuscule et la *Patriæ laudatio* se suivent et sont dédiés à Grégoire Corraro, protonotaire apostolique (ff. 20 vᵒ et suiv.).

2. Dans le *Parisinus* latin 1616, cet opuscule et le *De sacrificiis* se suivent et sont dédiés au pape Eugène IV (ff. 163 rᵒ et suiv.).

3. Dans le *Parisinus* latin 1616, cet opuscule vient à la suite du précédent et est également dédié à Baptiste Alberti (ff. 41 rᵒ et suiv.).

4. Dans le *Parisinus* latin 1616, cet ouvrage est dédié à François de Padoue, camérier du pape (ff. 33 rᵒ et suiv.).

25) *Oratio habita in suo legendi initio* [A l'université de Bologne].

26) *Oratio brevis.*

27) *Oratio de laudibus philosophiæ.*

28) *Actio gratiarum.*

29) *Alia actio gratiarum.*

30) *Comparatio inter rem militarem et studia litterarum,* avec une épître dédicatoire à Grégoire Corraro, protonotaire apostolique (dans le *Parisinus* latin 1616, ff. 58 r° et suiv.).

31) *De commodis curiæ romanæ* (dans le *Parisinus* latin 1616, ff. 137 r° et suiv.).

32) *Lettre à Siméon Lamberti* (dans le *Parisinus* latin 1616, ff. 187 v° et suiv.).

33) *Descriptio cujusdam pompæ summi pontificis in Florentia* (dans le *Parisinus* latin 1616, ff. 275 v° et suiv.).

Les treize premiers numéros des ouvrages ci-dessus sont imprimés (voir p. 26, note 3). Les numéros suivants, pour lesquels il n'est pas donné d'indication, se trouvent dans le *Laurentianus 13* du pluteus 89 inf. et le *Laurentianus 30* du pluteus 63 [1].

11.

FRANÇOIS FILELFE A DÉMÉTRIUS HYALÉAS

Sienne, 4 octobre 1436.

Φραγκίσκος ὁ Φιλέλφος Δημητρίῳ τῷ Ὑαλέᾳ χαίρειν.

Ὧν ἤδη ἐκ πολλοῦ ἐπεθύμουν, ἧκεν ἐκ Βασιλείας γράμματα παρὰ σοῦ · δεξάμενος δὲ ταῦτα καὶ εἰς χεῖρας λαβών, τοσοῦτον ἥσθην ὥστε τῆς ἡμετέρας ἐκείνης τῆς ἐν Βυζαντίῳ [2] ἐμπλησθῆναι εὐδαιμονίας. Ἐδόκουν μὲν οὖν παρεῖναι σαυτὸν ἐν τῇ ἐπιστολῇ καὶ λέγειν τί μοι καὶ ἀκούειν ἐμοῦ. Σὺ τοίνυν παλαιὸς ἐραστὴς καὶ ῥήτωρ ἐν πρώτοις δεξιός · ἐγὼ δὲ, εἰ καὶ ἄμουσος ὤν, οὐ παύσομαι γράφων ὡς ἂν καὶ ἀπείπωμεν, καὶ γράφων ἐγὼ, κἀνοχλούμενος σύ. Οὕτω γὰρ ἀνάγκη ἀποδοῦναι καί σε [3] τὰς ὑποσχέσεις, τουτέστι θεραπεύειν [4] ἡμᾶς διὰ λόγων μακρῶν τε καὶ πυκνῶν. Καὶ γὰρ ἐπίσταμαί σε εἰδέναι σαφῶς

---

1. Bandini, *Catalog. codd. latinorum bibliothecæ Laurentianæ.* t. II, col. 699-700, et t. III, col. 359 et suiv.

2. βιζαντίῳ. 3. καὶ σὲ. 4. τοῦτ' ἐστει θεραπζύειν (*sic*).

ὁπόσην [1] εἴωθα λαβεῖν ἡδονὴν [2] ταῖς σαῖς ἐντυγχάνων ἐπιστολαῖς. Παρ' ἡμῖν γενόμενος ἐθεράπευες τῇ γλώττῃ παρών · νῦν δὲ ἀπὼν οὐ ποιήσεις τῷ γράφειν ταὐτό. Οὐ μὴν ἀλλὰ καὶ τῶν ἵππων λέγουσι τοὺς ἀρίστους, ἐπειδὰν [3] εἰς ἀγῶνα ἔλθωσιν, εἶναι τὰ τελευταῖα βελτίους ἢ τὰ πρῶτα τῶν δρόμων. Οὐ δὴ καὶ σὺ παρομοίως φιλοτιμότερον [4] ποιήσεις σαυτὸν ἐν τοῖς πόνοις νῦν μᾶλλον ἢ πάλαι; Πρὸς τούτοις πέπεισμαι ἀτεχνῶς νομίζειν σε δι' ἐπιθυμίας εἶναι ἡμῖν θεάσασθαί σε καὶ ὑφ' ὑμῶν θεαθῆναι · τοῦτο δὲ, ὦ φίλτατε, οὐκ ἐπ' ἐμοί, ἀλλ' ἐφ' ὑμῖν.

Καθὼς [5] παρῄνεις, γέγραφα πρὸς Ἰουλιανὸν καρδινάλιον Καισαρῖνον, τὸν ἀποστολικὸν πρεσβευτήν. Γράφω καὶ πρὸς τὴν ἱεροαγίαν σύνοδον · ἐπιμελήσομαι καὶ ἐνταῦθα τὰ προσήκοντά [6] μοι. Ἄσπασαι τὸν καλὸν Νικηφόρον τὸν Ἀσάνην. Τὰ περὶ [7] ἡμᾶς ἔχει καλῶς. Ἔρρωσο [8].

Ἐκ τῆς Σήνης, μετὰ τάχους, τῇ δ' πρὸ νωνῶν ὀκτωβρίου [9], ἔτει [10] ἀπὸ τῆς Χριστοῦ γεννήσεως χιλιοστῷ τετρακοσιοστῷ τριακοστῷ ἕκτῳ [11].

J'ai enfin reçu de Bâle cette lettre de toi que je désirais depuis si longtemps. Quand je l'ai tenue entre mes mains, ma joie a été telle que je me suis senti inondé d'un bonheur pareil à celui dont nous jouissions à Byzance. Il me semblait que tu étais présent dans cette lettre, que tu me parlais, que tu m'écoutais. Tu es un vieil ami des Muses, un orateur de premier ordre ; je ne suis, moi, qu'un homme sans éducation, mais je ne cesserai d'écrire que lorsque je serai fatigué de tenir la plume, et toi, las d'être importuné. De la sorte, je t'obligerai à remplir tes promesses, c'est-à-dire à me consoler par de longs et fréquents discours. Tu n'ignores pas quel immense plaisir me procurent tes lettres. Présent, tu m'adressais verbalement de paternelles consolations; pourquoi, absent, n'agirais-tu pas de même en m'écrivant? J'ai le plus vif désir de te voir, mais c'est de toi, non de moi, que cela dépend.

1. ὁπόσης. 2. ἡδονῆς. 3. ἔπειδ' ἄν. 4. φιλοτιμώτερον. 5. καθὼς. 6. προσήκοντα. 7. περ'. 8. ἔρρωσο. 9. οκτωβρίου. 10. ἔτει. 11. ἔκτῳ.

Sur ton conseil, j'ai écrit au cardinal Julien Cesarini [1], légat apostolique. J'ai également écrit au sacrosaint concile de Bâle [2]. Je te prie de saluer de ma part Nicéphore Asan. Porte-toi bien [3].

On voit que Démétrius Hyaléas se trouvait à Bâle, quand il écrivit à Filelfe la lettre dont la présente est la réponse. Il devait être au nombre des Grecs que l'empereur Jean Paléologue avait députés pour le représenter au concile [4]. Je n'ai pu trouver nulle part de renseignements sur ce personnage, pour lequel Filelfe paraît avoir ressenti une vive amitié [5]. Peut-être était-il de Thessalonique, comme le copiste Constantin Hyaléas ou Hiyaléas, à qui l'on doit le manuscrit n° 49 du fonds Burney, au Musée britannique; peut-être aussi existait-il entre eux quelque lien de parenté [6]. Ils étaient du moins contemporains, comme en fait foi la souscription suivante, qui se lit, en minuscules rouges, au fol. 319 et dernier du susdit manuscrit : Ἐτελειώθη ἐν μηνὶ μαρτίῳ, ἰνδ. ἡ, ἔτος ἀπὸ τοῦ Ἀδὰμ ϛϠλή [7], διὰ χειρὸς Κωνσταντίνου Ὑαλέα τοῦ ἀπὸ Θεσσαλονίκης τῆς μεγαλοπόλεως ὄντος, διὰ κόπου

---

1. Sur ce prélat, voir Vespasiano da Bisticci, *Vite di uomini illustri del secolo XV* (Florence, 1859, in-8°), pp. 126-140.

2. Les lettres à Cesarini et au concile de Bâle ne figurent dans aucun recueil imprimé des lettres de Filelfe. Mais la première a été publiée par Rosmini, *Vita di Francesco Filelfo*, t. I, pp. 146-147, d'après le cod. *Trivulzianus*. Elle est datée de Sienne, le 3 des calendes de mars 1436.

3. Traduction abrégée.

4. Le concile de Bâle s'ouvrit le 23 juillet 1431. Les Grecs qui y prirent part ne se rembarquèrent qu'au mois de septembre 1437, sur des vaisseaux fournis par le pape. Voy. J. Zhishman, *Die Unionsverhandlungen zwischen der orientalischen und römischen Kirche seit dem Anfange des fünfzehnten Jahrhundert bis zum Concil von Ferrara* (Vienne, 1858, in-8°), pp. 215, 218 et suiv.

5. Voy. aussi la lettre sixième de la présente Collection.

6. On ne saurait conclure de la légère différence orthographique Ὑαλέας, Ὑαλέας, que les deux personnages n'appartenaient pas à une seule et même famille. A toutes les époques, on rencontre, chez les Grecs, des exemples analogues. Ainsi l'illustre famille Μπότζαρης s'appelle Βότσαρης depuis une cinquantaine d'années ; et il est certain que, à un moment donné, les membres de cette famille ont signé les uns d'une façon, les autres d'une autre. L'orthographe Ὑαλέας, employée par Filelfe, est régulière et conforme à l'étymologie. Ce nom est synonyme du grec vulgaire actuel ὑαλᾶς, qui signifie *verrier*.

7. C'est-à-dire en l'année 1430 de l'ère chrétienne.

καὶ ἐξόδου τοῦ πανιερωτάτου μητροπολίτου Κερκύρας κυροῦ Εὐσταθίου τοῦ Λεωνάρδου [1]. (Ce prélat ne figure pas dans l'*Oriens christianus*.)

12.

FRANÇOIS FILELFE A GEORGES SCHOLARIUS

Bologne, 29 mars 1439.

Φραγκίσκος ὁ Φιλέλφος Γεωργίῳ Σχολαρίῳ χαίρειν.

Μετιόντι μοι τὰ σαυτοῦ γράμματα ἡδονῆς ἅμα καὶ λύπης ἐμφορεῖσθαι συνέπιπτεν, ἐκεῖνο μὲν Ἀριστοτέλει σε τῷ θείῳ πεφωρακότι προσκείμενον καὶ τοῖς συκοφαντοῦσιν αὐτὸν οὐ πάνυ τοι ῥαδίως τιθέμενον. Αὐτός τε γὰρ τοῖς ἐκείνου οὐ πρόσκειμαι μόνον ἐν τῷ παρόντι, ἀλλὰ καὶ προστέτηκα, τοῖς τε προσκειμένοις αὐτῷ τὰ μάλιστα χαίρω καὶ τῆς ἀληθείας συνηγόρους ἡγοῦμαι, ὡς ταὐτὸν ὂν Ἀριστοτέλει τε [2] καὶ τῇ ἀληθείᾳ συνηγορεῖν. Ἡνιάθην δ' αὖ μὴ δυνάμενος ἐξαρκέσαι σοι περὶ ὧν ζητεῖς · τῷ γὰρ περὶ τῶν ἀρεσκόντων τοῖς φιλοσόφοις Ἀριστοτέλει ποιηθέντι βιβλίῳ οὔπω καὶ τήμερον ἐντετύχηκα · πλείστοις γὰρ καὶ ἄλλοις τῶν ἐκείνῳ συγγεγραμμένων, εἴ τι δεῖ τῷ Διογένει Λαερτίῳ προσέχειν, οὔπω προστυχὴς ἐγενόμην, ἤτοι τὸ παράπαν ἀπολεσθεῖσιν, ἢ καὶ παρά τισι τῶν ἀμαθῶν κατορωρυγμένοις, οὔτ' ἐκείνους ὠφελεῖν οὐδ' ὁπωσοῦν [3] δυναμένοις. Τί γὰρ ἂν ὄναιτο [4] πίθακος τῆς Ἀχιλλέως πανοπλίας, ἢ τῶν Ἡρακλέους τόξων Θερσίτης, μήτ' ἄλλον οὐδεντινοῦν; κατακέκλεισται γὰρ τοῖς κιβωτίοις ἀσφαλῶς, καθάπερ ὑπὸ τῶν φειδωλῶν κατακεκλεῖσθαι συμβαίνει τοὺς πολυπίτους [5] τῶν θησαυρῶν. Ἐκείνῳ τε [6] οὖν οὔπω προστυχὴς ἐγενόμην μέχρι τοῦ νῦν, ἐξ ὧν τε ἐν τοῖς ἠθικοῖς κἂν τοῖς μετὰ τὰ φυσικὰ πρὸς Πλάτωνα ἀντιλέγει, οὐ ῥάδιον τὴν ἐκείνου φωρᾶσαι δόξαν. Δοκεῖ μὲν γὰρ τὰ ἐπιχειρήματα πάντα πρὸς Πλάτωνα τείνειν, τῇ δ' ἀληθείᾳ πρὸς διαφόρους περὶ ἰδεῶν [7] δόξας τὴν ἀντιλογίαν πεποίηται [8], ὡς ἄλλοι τε [9] τῶν ὑπομνηματιστῶν, καὶ Σιμπλίκιος ἐν τοῖς εἰς τὴν φυσι-

---

1. Henri Omont, *Notes sur les manuscrits grecs du British Museum* (Paris, 1884, in-8°), p. 27.

2. τὲ. 3. οὐδοποσοῦν. 4. ὄλαιτο.

5. Ce mot paraît corrompu. Nous avons pensé d'abord à πολυπύστους, mais il serait peut-être préférable de lire πολυπίπας, avec un sens passif.

6. τὲ. 7. εἰδεῶν. 8. πεποίητα. 9. τὲ.

κὴν ἀκρόασιν ὑπομνήμασιν ἐφιστάνει. Ὅτι δὲ πολλαὶ περὶ ἰδεῶν [1]
τοῖς παλαιτέροις ἐγένοντο δόξαι, Πορφύριός τε καὶ ὁ Σιμπλίκιος αὐτὸς
δείκνυτον, καὶ πρὸ αὐτῶν Πλάτων. Ὅπου γε καὶ τῶν κατὰ Πλάτωνα
τιθεμένων τὰ εἴδη, πολλὰς ἄν τις κατίδη διαφοράς · οἱ μὲν γὰρ πρὸ
τοῦ προσεχῶς ποιητικοῦ τοῦδε τοῦ οὐρανοῦ ταῦτα τίθενται ὃν ὁ Πλάτων δημιουργὸν ἐν τῷ Τιμαίῳ καλεῖ · οἱ δὲ σὺν αὐτῷ καὶ διακεκρί-
σθαι γε ταῦτα ἀλλήλων τε [2] καὶ τοῦ δημιουργοῦ οἱ μὲν λόγῳ μόνῳ
φασίν, οἱ δὲ καὶ πράγματι. Τοσαύτης οὖν οὔσης παρὰ τοῖς ἀρχαίοις
περὶ τοῦ ζητήματος τουτουὶ διαφορᾶς, ὦ Σχολάριε, οὐ ῥᾴδιον τανῦν [3]
ἀκριβέστερον περὶ τούτου διορίσασθαι τὴν Ἀριστοτέλους ἀποφήνα-
σθαι δόξαν, οὐδ᾽ ἄλλο [4] τι περὶ τῶν τοιούτων ἀποκρίνασθαι, πλὴν
ὅσα νῦν [5] ἐπιτροχάδην τε καὶ ἐπιπολαιότερον [6] εἴρηταί [7] μοι. Αὐτὸς
δὲ ὑγιαίνετε, καὶ Ἀριστοτέλει προσκείμενος ἴσθι, καὶ αὐτόν με φιλῶν
διατέλει. Ἔρρωσο [8].

Βονωνίαθεν, τῇ δ᾽ ἡμέρᾳ πρὸ ἀπριλίου καλενδῶν, ἔτει ἀπὸ τῆς
Χριστοῦ γεννήσεως αυλθ΄.

J'ai éprouvé du plaisir et de la peine en lisant ta lettre. J'ai
été heureux de constater que tu t'y déclarais partisan du
divin Aristote, et étais loin de partager le sentiment de ceux
qui calomnient ce philosophe. J'ai depuis longtemps embrassé
la doctrine du Stagirite; j'aime ses disciples et les défenseurs
de la vérité. Défendre Aristote et la vérité, c'est à mes yeux
une seule et même chose.

Mais, d'un autre côté, j'ai été fort contrarié de ne pouvoir
te procurer le livre que tu me demandes. Car j'ai vainement
cherché jusqu'à ce jour l'ouvrage d'Aristote *Sur les doctrines des philosophes,* de même que beaucoup d'autres écrits du
même auteur. Or, il n'est pas aisé de dégager l'opinion personnelle d'Aristote des objections qu'il adresse à Platon dans
son *Éthique* et sa *Métaphysique*. En effet, bien que tous ses
arguments paraissent dirigés contre Platon, il réfute en réalité la doctrine de divers autres : comme le font observer plu-

---

1. εἰδεῶν. 2. τὲ. 3. τὰ νῦν. 4. ἄλλό. 5. νυν. 6. ἐπιπολεώτερον. 7. εἴρηται. 8. ἔρρώσο.

sieurs de ses commentateurs, notamment Simplicius dans
son commentaire sur le *De physica auscultatione*. Qu'il exis-
tât dans l'antiquité différentes opinions concernant les idées,
c'est ce qu'ont démontré Porphyre, Simplicius et avant eux
Platon. Les anciens étaient très partagés sur cette question.
Il n'est donc pas facile aujourd'hui de préciser la doctrine
d'Aristote sur cette matière et d'en dire autre chose que ce
que je viens d'en effleurer. Porte-toi bien.

La lettre de Georges Scholarius, dont la présente est la réponse,
fut très probablement écrite, comme celle-ci, au mois de mars
1439. Les Grecs se trouvaient encore à Florence, car le concile ne
prit fin que le 5 juillet 1439, par l'acte fameux où les deux parties
arrêtèrent les conditions de l'union des églises [1]. Bien que Scholarius n'ait pas apposé sa signature au bas de ce document, on
ne saurait en conclure qu'il eût quitté Florence, comme plusieurs
autres de ses compatriotes, attendu que les laïques (et il était alors
de ce nombre) n'avaient que voix consultative aux séances et ne
souscrivirent pas le décret [2]. La lettre de Filelfe nous fournit, en
outre, la preuve péremptoire que Georges Pléthon avait déjà composé son traité *Sur les différences entre les doctrines d'Aristote et
celles de Platon* [3]. Elle nous apprend aussi que Scholarius, quoiqu'il ait déclaré que cet opuscule était venu tardivement entre ses
mains [4], en connaissait dès lors l'existence et savait dans quel
esprit il était conçu. Pléthon l'avait rédigé à Florence sur la
demande de plusieurs personnes, dont probablement Cosme de

---

1. Les Grecs ne quittèrent définitivement l'Italie que trois mois plus tard.
Ils s'embarquèrent à Venise en octobre 1439, relâchèrent en route et ne par-
vinrent à Constantinople que le 1er février 1440. Voy. Ducas, ch. 31, dans Migne,
Patrol. gr., t. CLVII, col. 1013.

2. Le texte du décret d'union a été publié en latin et en grec, d'après l'exemplaire de la bibliothèque Laurentienne et avec éclaircissements, par M. Gaétan
Milanesi, dans le *Giornale storico degli archivi toscani* (Florence, 1857, in-8°),
t. Ier, pp. 196 et suiv.

3. Περὶ ὧν Ἀριστοτέλης πρὸς Πλάτωνα διαφέρεται. A été plusieurs fois publié.
Nous en parlons dans la notice consacrée à Pléthon.

4. Ἐπειδὴ τὸ βιβλίον τῶν κατ' Ἀριστοτέλους βλασφημιῶν καὶ εἰς ἡμᾶς ὀψὲ περιῆλ-
θεν. Voy. Pléthon, *Traité des lois*, éd. C. Alexandre (Paris, 1858, in-8°), Append.,
p. 292.

Médicis [1] ; mais il ne lui avait peut-être pas donné une publicité bien étendue. On voit pourtant que, dès les premiers mois de 1439, Scholarius songeait à son plaidoyer en faveur du Stagirite. Ce qui dut l'empêcher de le mettre plus tôt au jour, ce fut sans doute l'impossibilité où il se trouvait de se procurer en Italie les livres dont il avait besoin pour établir sa thèse.

13.

FRANÇOIS FILELFE A ANTOINE CASSARINO

Milan, 28 septembre 1440.

Φραγκίσκος ὁ Φιλέλφος Ἀντωνίῳ τῷ Κασαρίνῳ χαίρειν.

Νικόλαος Φραιγώσιος ὁ καλός τε καὶ ἀγαθὸς νεανίσκος ἐποίησέ με νῦν καὶ φίλον σοι καὶ τῆς σῆς ἀρετῆς ἐραστήν, οὐκ ὄντα πρότερον. Ἡ μὲν γὰρ περὶ τῆς σῆς λογιότητος φήμη οὐκ ἤδη πρόπαλαι εἰς τὰς ἡμετέρας ἀφίκετο ἀκοάς · ἰδὼν δὲ τὸν τοῦ Πλάτωνος περὶ πλούτου λόγον, λεγόμενον μέν, οὐκ ὄντα δὲ (τυγχάνει γὰρ ὢν οὑτοσὶ ἐν τοῖς Πλάτωνος λόγοις οὐ γνήσιος οὐδαμῶς, ἀλλά, ὡς λόγον εἰπεῖν, νοθογέννητος), τοῦτον μὲν οὖν αὐτὸς ἰδὼν ἀκριβῶς παρὰ Νικολάῳ τουτωὶ εἰς τῶν Λατίνων τὴν γλῶτταν παρὰ σοῦ τῇ ἀνθηρᾷ φράσει κομιδῇ κομισθέντα, καὶ συνηδόμην οὐ σμικρὸν τῇ σῇ δεξιότητι καὶ παιδεύσει, καὶ συνέχαιρον ἐμαυτῷ τῆς φιλίας · καὶ γὰρ ἤδη σε [2] φίλον οἶμαί [3] μοι. Ἀσπάζομαι γοῦν σε ὡς ἄνδρα εὐδαίμονα τὴν ἀληθεστάτην εὐδαιμονίαν · φασὶ γὰρ τὴν μὲν ἐπιστήμην εὐδαιμονίας [4], τὴν δὲ ἄγνοιαν κακοδαιμονίας αἰτίαν εἶναι. Ἀλλὰ σὺ καὶ τῇ ἐπιστήμῃ τοῦ καλοῦ καὶ τῷ καλῷ αὐτῷ δοκεῖς μοι ἀνθεῖν. Πρὸς τούτοις, ἐπιθυμῶ σε καὶ μετὰ τὴν φήμην καὶ τῇ πείρᾳ μαθεῖν διὰ τῆς παρὰ σοῦ πρὸς ἡμᾶς ποθεινοτάτης ἐπιστολῆς · διὸ καὶ τὰ πολλὰ ἐφε-

---

1. Οὐ γὰρ οὐδὲ πάνυ σπουδάσασιν ἐκεῖνα συνεγράφη, ἀλλὰ νοσήσασιν ἐν Φλωρεντίᾳ, ὡς καὶ αὐτὸς οἶσθα, καὶ ἔκ τε τῆς οἰκίας ἐν ᾗ ἐσκηνοῦμεν συχνῶν ἡμερῶν οὐ προϊοῦσι, καὶ κατὰ τὸ εἰκὸς ἀλύουσιν ἅμα μὲν καὶ ἡμᾶς αὐτοὺς ἐς τὴν ἀλύην παραμυθουμένοις, ἅμα δὲ καὶ τοῖς Πλάτωνι προσκειμένοις χαριζομένοις συνεγράφη (Georges Gémiste, Πρὸς τὰς ὑπὲρ τοῦ Ἀριστοτέλους Γεωργίου τοῦ Σχολαρίου ἀντιλήψεις, éd. W. Gass, dans *Gennadius und Pletho*, Zweite Abtheilung, Breslau, 1844, in-8°, p. 113).

2. σὲ. 3. οἶμαι. 4. εὐδαιμονίας.

ξῆς χαρισόμενος εἰσαιεί, χαρίζοιο ἂν καὶ ἐν τοῖς μάλιστά μοι κατὰ τάχος γράψας ἡμῖν ἤ τι φίλιον ἢ ἀξιόλογον. Ἔρρωσο.

Ἐκ Μεδιολάνου, τῇ πρὸ καλενδῶν ὀκτωβρίου δ΄, ἔτει ᾳυμ΄.

Nicolas Fregoso, jeune homme probe et honnête, vient de faire de moi ton ami et l'admirateur passionné de ta vertu, ce que je n'étais pas auparavant : car le bruit de ton savoir n'était pas encore parvenu jusqu'à mes oreilles. Mais, ayant vu le traité *Des richesses* attribué à Platon, bien qu'il ne soit pas de lui (il figure parmi les écrits de ce philosophe, mais c'est une œuvre supposée et entièrement dépourvue d'authenticité), ayant donc vu ce traité soigneusement traduit par toi dans un latin élégant, je n'ai pas peu admiré ton habileté et ton érudition, et je me suis félicité de t'avoir pour ami : car je me considère comme possédant déjà ton amitié. Je salue en toi un homme véritablement heureux, puisque le savoir est, dit-on, une cause de bonheur et l'ignorance une cause de malheur. Mais, avec la science du bien, tu me parais posséder aussi le bien lui-même. Je voudrais, en outre, après t'avoir connu de réputation, te connaître encore par expérience, c'est-à-dire par une lettre dont j'ai le plus vif désir. Aussi, sans préjudice des égards que tu pourras me témoigner par la suite, tu me ferais un sensible plaisir de m'écrire sans retard une lettre soit amicale, soit d'un intérêt plus relevé. Porte-toi bien [1].

1. Sur Antoine Cassarino, voy. Voigt, *Wiederbelebung*, t. II, p. 177, note; et surtout P. de Nolhac, *La bibliothèque de Fulvio Orsini* (Paris, 1887, in-8°); p. 221. Consulter aussi les lettres latines de Filelfe à Nicolas Ceba et à Pierre Perleone du 1er janvier 1449, où il prie ses deux amis de faire leur possible pour lui acheter un manuscrit de Platon ayant appartenu à Cassarino, *qui* (est-il dit dans la lettre à Ceba) *proximis annis Genuæ periit.*

14.

FRANÇOIS FILELFE A LÉONARD GIUSTINIANI

Milan, 29 septembre 1440.

Φραγκίσκος ὁ Φιλέλφος Λεονάρδῳ [1] τῷ Ἰουστινιανῷ χαίρειν.

Ἐπίσταμαι τὸν λεγόμενον Ἰουστινιανὸν καὶ δίκαιον εἶναι · ὅτι δὲ μὴ ἀποδοὺς τὰς ἐμὰς βίβλους, ἃς διὰ πίστεως καὶ φιλίας ἐν παρακα-ταθήκη παρέδωκά σοι, ἀδικεῖς με, μάλα σφόδρα θαυμάζω. Οὔτε γὰρ κατὰ σὲ [2] ποιεῖς, οὔτε κατὰ φιλίας τὸν νόμον · ἀνιῶ τοίνυν καὶ διὰ σὲ καὶ δι᾽ ἐμὲ ἐμέ τε καὶ σε [3]. Καὶ γὰρ ἐμοὶ τῶν ἀκριβεστάτων βίβλων ἀποστέρησις γίνεται, σοὶ δὲ τῆς δικαιοσύνης καὶ πίστεως · καὶ τὰ ἀμφότερα ταῦτα διὰ σοῦ. Ἔρρωσο [4].

Ἐκ Μεδιολάνου, τῇ πρὸ καλενδῶν ὀκτωβρίου γ΄, ἔτει αυμ΄.

Le nommé Giustiniani est un homme juste, je le sais. C'est pourquoi je suis grandement étonné que tu me fasses tort en ne me rendant pas les livres que, mu par un sentiment de confiance et d'affection, j'ai mis chez toi en dépôt. Une pareille conduite de ta part est en opposition avec toi-même et avec les lois de l'amitié. Elle nous est dommageable à tous deux : à moi, en me privant de livres fort chers ; à toi, en te dépouil-lant de la justice et de la bonne foi. Et ce double préjudice, c'est toi qui en es la cause. Porte-toi bien.

Digne émule de François Barbaro son compatriote [5], Léonard Giustiniani mourut sans avoir restitué les manuscrits que Filelfe lui avait confiés. Il poussa même l'indélicatesse jusqu'à inscrire son nom sur les volumes, comme en fait foi le *codex Palatinus n° 282* (à la Vaticane), sur lequel on lit : ἡ βίβλος αὕτη *Leonardi Iustiniani Veneti* ἔστιν, ἔτι δὲ καὶ τῶν φίλων αὐτοῦ : *Francisci Philelphi* [6]. Après

---

1. Λεωνάρδῳ. 2. κατά σε. 3. καὶ σὲ. 4. ἔρρωσο.

5. Voir ci-dessus la lettre n° 4.

6. Ce manuscrit est un membranaceus in-folio de 292 feuillets, copié aux XIII° et XIV° siècles, et contenant les discours de Libanius. Cf. H. Stevenson senior, *Codd. mss. palatini græci bibliothecæ Vaticanæ* (Rome, 1885, in-4°), n° 282.

le décès de Léonard, ce fut à Bernard son fils que Filelfe s'adressa
pour récupérer ses livres, tantôt directement, tantôt par l'intermédiaire du médecin Pierre Tommasi [1].

15.

FRANÇOIS FILELFE A SON FILS JEAN-MARIUS

Milan, 7 octobre 1440.

Φραγκίσκος ὁ Φιλέλφος Ἰωάννῃ Μαρίῳ τῷ υἱῷ χαίρειν.

Ἐν Βυζαντίῳ σε ἤδη ἐνιαυτὸν διατρίβοντα τοῦ ἑλληνίζειν χάριν,
εἰδέναι χρὴ τὰ τῶν Ἑλλήνων εὖ καὶ καλῶς, ἄλλως [2] τε ὅτι οὐδὲ ἄμοιρος πάμπαν τῶν μουσῶν καὶ τῆς ἑλληνικῆς εὐεπίας, ἀλλὰ πολλῷ
μᾶλλον καὶ σχεδὸν δὴ λόγιος ἀπῆλθες ἀφ' ἡμῶν. Ὅτι μὲν τοίνυν
οὐδὲν ἐπέστειλάς [3] μοι καθ' ἑλληνικῆς σοφίας τὸν τύπον τε [4] καὶ
χαρακτῆρα, πάνυ σφόδρα θαυμάζω. Τί γὰρ ποιεῖς, ὦ παῖ; τί σοι
πολιτεύεται; τί σιωπᾷς; τάχα τὴν τῶν πυθαγορείων ἀσπάζῃ [5] σιγήν;
Ἀλλὰ καὶ, κατὰ Πυθαγόραν, ἡ μὲν γλῶττα ἐν σιωπῇ ἐτύγχανεν
οὖσα, ἡ δὲ χεὶρ διηκονεῖτο τῇ διανοίᾳ. Εἰδὼς οὖν καὶ αὐτὸς ὅτι
τοσαύτην παρὰ σοὶ σιωπὴν μακρότερον φέρειν ἤδη χρόνον οὐκ ἔχομεν οὐδαμῶς [6], λῦσόν [7] μοι, ὦ ποθεινότατε υἱέ, τῷ πατρὶ ταχέως
αὐτήν, ἵνα τὴν ἡδίστην ἐς χεῖρας λαβὼν ἐπιστολὴν παρὰ σοῦ ὥσπερ
ἂν ἔνθους ὑφ' ἡδονῆς εἶναι δόξω [8], καὶ οὐκ ἔξω ὅ,τι καὶ γένωμαι ὑπὸ
τῆς ὑπερβαλλούσης χαρᾶς. Καὶ, ἐπεὶ μία χελιδὼν ἔαρ, φασίν, οὐ
ποιεῖ, οὐ μίαν μόνον ἐπιστολὴν, ἀλλὰ καὶ πολλὰς καὶ μακρὰς πέμψον
ἡμῖν, γράψας τὰ περὶ σοῦ ἅπαντα ἀκριβῶς. Καὶ περὶ τούτων ἅλις.
Ἔπεμψά σοι τὸν ἐπιτάφιον λόγον ὃν περὶ καλοῦ τε καὶ μεγάλου ἀνδρὸς
Στεφάνου Φρεδερίχου τοῦ καὶ Θωδεσχίνου, κατὰ τὰς νῦν ἡμέρας, ἐπὶ
τῷ αὐτοῦ τάφῳ εἴχομεν δημοσίως. Ἔρρωσο, παῖ φίλτατε, καὶ διὰ
ἡμετέρου ὀνόματος τὸν ἄριστον ἡμῶν βασιλέα καὶ μέγιστον αὐτοκρά-
τορα προσκύνησον εὐσεβέστατα καὶ μάλα δουλικῶς · τοὺς δὲ προσή-
κοντας ἡμῖν καὶ φίλους ἄσπασαι ὡς ἥδιστα.

---

1. Voir notamment la lettre de Filelfe à Bernard Giustiniani du 7 des ides de
novembre (7 novembre) 1450, et celle à Pierre Tommasi de la veille des nones
de mai (6 mai) 1453.
2. ἄλλος. 3. ἐπέστειλας. 4. τὲ. 5. ἀσπαζῃ. 6. οὐδαμῶς. 7. λῦσον. 8. δώξω.

Ἐκ Μεδιολάνου, κατὰ τὰς ὀκτωβρίου νώνας, ἔτει αυμ′ [1].

Depuis un an que tu es à Byzance pour t'initier à la culture grecque, tu dois connaître excellemment les choses helléniques ; d'autant plus que, lorsque tu m'as quitté tu n'étais pas tout à fait étranger aux Muses et au beau langage grec, mais déjà presque un savant. Aussi, suis-je fort étonné que tu ne m'aies rien écrit selon le type et le caractère de la sagesse hellénique. Que fais-tu donc, mon enfant? Quelle conduite mènes-tu ? Pourquoi gardes-tu le silence? Aurais-tu, par hasard, embrassé la doctrine pythagoricienne? Mais si, selon les préceptes de Pythagore, la langue observait le silence, la main prêtait son aide à la pensée. Sache donc que je ne puis supporter plus longtemps un tel silence de ta part. Je t'invite à le rompre, ô mon bien aimé fils, et à écrire à ton père, afin que, quand je recevrai ta très douce lettre, je paraisse comme ravi de plaisir et que je ne sache quoi devenir dans le débordement de ma joie. Et puisque, dit-on, une hirondelle ne fait pas le printemps, ne m'écris pas seulement une lettre, mais un grand nombre, où tu me raconteras par le menu et avec précision tout ce qui te concerne. Assez sur ce sujet.

Je t'ai envoyé l'oraison funèbre que j'ai prononcée publiquement, ces jours-ci, sur la tombe du bon et grand citoyen Étienne Federigo Thodeschini.

Porte-toi bien, mon très cher enfant. Présente de ma part mes hommages les plus respectueux et les plus humbles à notre excellent souverain et très grand Empereur. Salue aussi avec beaucoup d'affection nos parents et nos amis.

Jean Paléologue, alors à Florence, avait engagé Filelfe à lui confier son fils Marius. Très flatté de la gracieuse proposition du monarque byzantin, Filelfe lui écrivit, le 12 des calendes de septembre (21 août) 1438, une lettre où nous lisons : « Quod hortaris

---

1. Publiée pour la première fois par Ange-Théodore Villa, dans la *Raccolta Milanese* de l'année 1756, f. 19,

Joannem Marium filium ad te mittam, faciam id quidem nequaquam invitus. Quid enim mihi optatius cedere possit quam meum
dilectissimum filium vel hospitio tuo, vel disciplina uti, qui
omnium christianorum principum et dignitate sis maximus et virtute primarius? » L'empereur grec s'embarqua à Venise le 11 octobre 1439 et arriva à Constantinople le 1ᵉʳ février 1440. Il est très
probable que Marius, alors âgé de quatorze ans et demi, quitta
l'Italie en même temps que lui. Au moment donc où Filelfe écrivait cette lettre, il pouvait y avoir environ un an qu'il s'était séparé
de son fils. Il avait d'abord eu la pensée de confier cette missive
aux soins de Cyriaque d'Ancône, mais un long retard que subit la
réponse de celui-ci ne permit pas à Filelfe d'user des facilités que
son ami aurait pu lui procurer. Voy. les lettres latines de Filelfe
à Cyriaque du 5 des ides de juillet (11 juillet) 1440, 4 des calendes
d'octobre (28 septembre) 1440, et du 14 des calendes de novembre
(19 octobre) 1440.

L'oraison funèbre d'Étienne Federigo Thodeschini, dont il est
question dans cette lettre, a été publiée parmi les *Orationes Philelphi* (Venise, 1491, in-4°), ff. 31 rº à 33 vº. Elle est intitulée :
*Francisci Philelphi oratio funebris pro magnifico equite aurato
ducalique senatore Stefano Frederico Thodeschino.* Filelfe la pro-
nonça à Milan, *in templo divi Ambrosii, 1440.*

16.

FRANÇOIS FILELFE A LAMPUGNINO BIRAGO

Milan, 13 octobre 1440.

Φραγκίσκος ὁ Φιλέλφος Λαμπουγνίνῳ τῷ Βυράγῳ χαίρειν.

Καὶ τίς ἂν πιστεύσειεν οὐκ ἂν εἶναί [1] μοι δυνατὸν λόγῳ δηλοῦν
ὅση ἐμαυτὸν ἔλαβεν ἡ χαρὰ τὴν παρὰ σοῦ ἀνδρὸς φιλτάτου ἐπιστολὴν
κατὰ χεῖρας λαβόντα; Καὶ γὰρ ταύτῃ ἐντυγχάνων ἐγὼ νυνὶ ἐδόκουν
τῷ [2] ὄντι καὶ βλέπειν σε παρόντα καὶ συνδιαλέγεσθαί σοι · αὐτῇ μὲν
γὰρ ὅλην σου τὴν χάριν ἐνέθηκας · ἔγνων δὲ ὅσην ἠδίκεις με ἀδικίαν
τοσοῦτον ἤδη χρόνον σιγήσας. Οὐ γὰρ λανθάνει σε φρόνιμόν τε ὄντα
καὶ φίλον ὅσον αἰεὶ τῶν σῶν [3] γραμμάτων ἐπιθυμῶ. Διὸ οὐ χρὴ βρα-

----

1. εἶναι. 2. τῷ. 3. σῶν.

δύν σε φαίνεσθαι εἰς ἐπιστέλλειν, ἀλλὰ τοὐναντίον καὶ μάλα [1] ὀχληρόν. Εἶεν δή, Λαμπουγνῖνε. Ὅτι δὲ τὴν Λακεδαιμονίων πολιτείαν αἰτεῖς, ἐπὶ σοὶ [2] ἔστι · πέμψω ταύτην σοι βουλομένῳ ἔσαιεί · πλὴν ἡ παρ' ἡμῶν εἰς τὴν ἡμετέραν γλῶτταν μεταχθεῖσα οὐκ ἔστι μοι οὐδόλως [3]. Γράψον οὖν διὰ τάχους τό σοι [4] περὶ τούτου δοκοῦν τε καὶ προσφιλές. Ἔρρωσο.

Ἐκ Μεδιολάνου, τῇ πρὸ εἰδῶν ὀκτωβρίου γ΄, ἔτει αυμ΄.

Qui croirait que je suis impuissant à exprimer par la parole la joie qui s'est emparée de moi, lorsque j'ai reçu ta lettre, mon bien cher ami? En la lisant, il me semblait te voir réellement présent et parler avec toi ; car dans cette missive tu as mis toute ta grâce. Aussi ai-je compris combien est grand le préjudice que tu me causes, en gardant si longtemps le silence. Car toi qui es sensé et, de plus, mon ami, tu n'ignores pas que je ne cesse de désirer de tes nouvelles. C'est pourquoi, Lampugnino, il ne faut pas te montrer paresseux à m'écrire, mais au contraire m'accabler de lettres. Tu me demandes le traité *De la République des Lacédémoniens,* il est à ta disposition, et je te l'enverrai à titre de cadeau, si tu le désires ; mais je ne possède pas la traduction latine que j'en ai faite. Hâte-toi donc de me faire savoir ton opinion et ton bon plaisir à ce sujet. Porte-toi bien.

17.

FRANÇOIS FILELFE A THÉODORE GAZA

Milan, 19 octobre 1440.

Φραγκίσκος ὁ Φιλέλφος Θεοδώρῳ τῷ Γαζῇ χαίρειν.

Κάτων Σάκκος ὁ νομοδιδάσκαλος, καλὸς κἀγαθὸς ἀνήρ, καὶ μάλιστα πάντων φίλος ἡμῖν, ἐπέστειλέ μοι περὶ σοῦ καὶ ὅτι λόγιος δοκεῖς αὐτῷ εἶναι καὶ τὰ κάλλιστα πεπαιδευμένος ὑπάρχων ἀνήρ. Διὸ καὶ αὐτὸς ἀσπάζομαί σε τῆς ἀρετῆς καὶ φιλῶ ἀτεγνῶς · ἐπαινῶ δὲ οὐχ ἥκιστα

1. μαλὰ. 2. ἐπί σοι. 3. οὐδ' ὅλως. 4. τὸ σοι.

ὅτι φιλοσοφίας καὶ μαθήσεως χάριν ἐνταῦθα παρ' ἡμῖν διατρίβεις ·
οὕτω γὰρ ὁ Κάτων αὐτὸς γέγραφέ μοι. Εἰ γοῦν διὰ τὴν ἡμετέραν
φιλίαν βούλει τι ἀφ' ἡμῶν ἢ βοηθεῖν σοι ἢ ὀνόματος ἕνεκα, γράψον
ἡμῖν τά σοι ¹ προσφιλῆ · ποιήσομεν γὰρ τὰ πάντα ποθεινά σοι εὖ καὶ
καλῶς · ἔτι δὲ ἂν ἔχῃς ² τι περὶ τοῦ ἡμετέρου παιδὸς Μαρίου, ἀκοῦσαί ³
σου λίαν ἐπιθυμῶ καὶ πῶς σπουδάζει τῷ ἑλληνίζειν καὶ τὰ περὶ ἑαυτοῦ
ἅπαντα · ἐν πρώτοις δὲ τὰ περὶ τοῦ ἀρίστου ἡμῶν βασιλέως καὶ
μεγίστου Ῥωμαίων αὐτοκράτορος. Ἔρρωσο.

Ἐκ Μεδιολάνου, τῇ πρὸ νοεμβρίου ⁴ καλενδῶν ιδ´, ἔτει αυμ´.

Le jurisconsulte Caton Sacco ⁵, qui est un homme de bien
et un de mes meilleurs amis, m'a écrit que tu lui parais
savant et pourvu d'une excellente instruction ; aussi ton mérite
m'inspire-t-il pour toi une franche et sincère affection. Je
t'approuve surtout de te fixer parmi nous par amour de la
philosophie et de la science, ainsi que Caton me l'a écrit. Si
donc, considérant l'amitié que je te porte, tu désires de moi
soit un service, soit une recommandation, informe-moi de
ce qui te serait agréable et je ne négligerai rien pour te
satisfaire. Si tu possèdes quelques renseignements sur mon
fils Marius, j'aurai plaisir à apprendre de toi comment il étu-
die la langue grecque et à savoir tout ce qui le concerne. Je
te prie, en outre, de me donner des nouvelles de notre excellent souverain, le très grand empereur des Grecs ⁶. Porte-toi
bien.

1. τά σοι. 2. ἔχεις. 3. ἀκοῦσαι. 4. νουεμβρίου.

5. Sur Caton Sacco, on peut consulter : [G. d'Adda,] *Indagini sulla libreria
Visconteo-Sforzesca del castello di Pavia*, Appendice (Milan, 1879, in-8º), pp. 119
et suiv. et les *Memorie e documenti per la storia dell' università di Pavia*
(Pavie, 1878, in-8º), p. 36.

6. Jean Paléologue (1425-1447).

18.

FRANÇOIS FILELFE A THÉODORE GAZA

Milan, 24 octobre 1440.

Φραγκίσκος ὁ Φιλέλφος Θεοδώρῳ τῷ Γαζῇ χαίρειν.

Ἤδη σοι γράψας τῷ ἐπιθυμοῦντι, ὡς φαίνῃ, ἡδέως τε καὶ μάλιστα φιλίως δεχθῆναι τὰ γράμματα διὰ τῆς σῆς ἀνθηρᾶς καὶ πάνυ λογίου ἐπιστολῆς κατέμαθον. Ἄγαμαί σε γοῦν καὶ τῆς λογιότητος καὶ [1] τῆς φύσεως · καὶ γὰρ ἄνδρα φιλάνθρωπον καὶ τῷ ὄντι [2] ἐπιεικῆ ἰδοὺ καὶ παρὰ τῆς ἐπιστολῆς αὐτῆς μαρτυρούμενον [3] σαφῶς ἑωράκαμεν [4]· τὴν δὲ χατέραν [5] ἐκείνην ἥν μοι γεγραφὼς τυγχάνεις ἐπιστολὴν οὐδεὶς ἀπέδωκέ μοι · ἠδίκησε τοίνυν ὁ αὐτὴν κομισάμενος καὶ σε [6] τῆς ἐλπίδος, κἀμὲ τῆς ἡδονῆς. Εἶεν, ὦ φίλτατε.

Καὶ τὰ τοῦ ἡμετέρου βασιλέως, τὰ κατὰ τὴν εἰμαρμένην [7], ἤκουσα, ὡς χρή, συμπαθῶς, καὶ τὰ ἐμοῦ παιδὸς Μαρίου ὡς γλύκιστα. Εἰληφέναι δέ σε τὰς παρ' ἡμῶν ἐπαγγελίας πράως τε καὶ μάλα φιλανθρώπως, πλείστη σοι χάρις · οὐ γὰρ διδόναι σοι χάριτας δοκῶ, τό γε γεγραμμένον, ποιησάμενος τοιούτῳ ἀνδρὶ τὸν τρόπον, ἀλλὰ καὶ πολλῷ μᾶλλον λαβεῖν παρὰ σοῦ. Διὸ καὶ συνδραμεῖν ἡμᾶς ἐφ' ἣν βοήθειαν ὡρμησάμην αὐτομάτως αὐτός, μηθὲν ἡμῖν τὸ πρᾶγμα βαρύ, ἢ πολὺ μᾶλλον καὶ σφόδρα γε ποθεινόν. Τὸ δὲ περὶ τούτων κατὰ μέρος ἔχεις μαθεῖν παρὰ τοῦ κοινοῦ ἡμῶν φίλου Κάτωνος Σάκκου · καὶ γὰρ ἐπέστειλα δὴ αὐτῷ περὶ τῶν γεγονότων λίαν ἀκριβῶς. Ἔρρωσο, φίλη κεφαλή.

Ἐκ Μεδιολάνου, τῇ πρὸ νοεμβρίου καλενδῶν θ', ἔτει αυμ'.

J'ai appris par ton élégante et savante lettre que la mienne avait trouvé près de toi un accueil plein de douceur et d'affection. J'admire ton érudition et ton caractère, car je vois dans ta missive la preuve évidente que tu es réellement un homme · indulgent et bon. Quant à ta lettre précédente, je ne l'ai pas

---

1. Ces trois derniers mots figurent dans le *Guelferbytanus,* mais manquent dans le *Trivulzianus.*
2. τώοντι. 3. μαρτυνούμενον. 4. ἑωράκαμεν. 5. χ' ἀτέραν. 6. καὶ σὲ. 7. ειμαρμένην.

reçue. Les nouvelles relatives à l'Empereur m'ont ému, et
celles concernant mon fils Marius m'ont causé une vive satisfaction. Je te remercie cordialement d'avoir accueilli mes
déclarations avec bienveillance. Je trouverai toujours plaisir
à t'obliger. Caton Sacco te renseignera, d'ailleurs, à ce sujet,
car je lui ai écrit fort exactement tout ce qui s'est passé [1].
Porte-toi bien.

19

FRANÇOIS FILELFE A THÉODORE GAZA

Milan, 15 novembre 1440

Φραγκίσκος ὁ Φιλέλφος Θεοδώρῳ τῷ Γαζῇ χαίρειν.

Ὅτι μὲν οὐκ ἠτύχησα τῆς φιλίας σου, ἥδομαι κομιδῇ · ὅτι δὲ πρὸς
ἡμᾶς γεγραφὼς ἡμῶν πέρι [2] τῆς ἀληθείας ὑπερβάλλεις τὸ μέτρον,
λυποῦμαι μηθέν. Καὶ γὰρ τοσοῦτον ἐπαινέσας διὰ τῶν σῶν λογιωτά-
των καὶ καλλίστων γραμμάτων τόν τε τρόπον ἡμῶν καὶ τὴν ἑλληνικὴν παιδείαν, γέγραφας σύ γε, ὦ βέλτιστε, φιλίως μὲν πάμπαν, ἀληθῶς
δὲ οὐχί. Οὐ γὰρ οὕτως ἔγωγε οἶδα ἠλίθιον ἐμαυτὸν ὥστε νομίζειν
τὸ πάντη ἀδύνατον δύνασθαί με. Πῶς μὲν γὰρ αὐτὸς Λατῖνος ὢν Ἑλλήνων φωνῇ χρῆσθαι οὕτως εὖ καὶ καλῶς ἐπ' ἀδείας ἂν ἔχοιμι, ὥστε
εὐμελῶς ἀξιοῦσθαι τοῦ παρὰ σοῦ ἐπαινεῖσθαι; Νομίζεις μὲν οὖν τὰ
ἡμέτερα πάνυ μείζω τῶν ὄντων · καὶ τοῦτό [3] γε τῆς σῆς πραότητός
τε καὶ εὐνοίας ἔργον ἐστίν · ἐπαινετέος σὺ τοίνυν μάλιστα πάντων
τῆς τε δεξιότητος καὶ τῆς ἀρετῆς, διὰ τοῦτο ἐπαίνων ἡμᾶς ἀξίους
πεποίηκας ὑπὸ σοῦ ἐπαινουμένους. Περὶ δὲ τῶν σοι ἐντεῦθεν ποθουμέ-
νων Κάτωνι ἔγραψα. Πλὴν σύ, ὦ ἄριστε, εἰ καὶ ἀμουσία τὸ πλέον
μέτρον ἐν βροτοῖσιν, ἀλλ' ὅμως τοιοῦτος ἂν τὴν χρηστότητα καὶ τοῦ
παντὸς ἄξιος ἐπαίνου, καλῶς ἔλπιζε κατὰ πόδας βάσιν, ὥς φασι, διάγων τὸ [4] νῦν αὐτός · κατὰ πῆχυν τὸ τέλος ἐπιδώσῃ · καὶ γὰρ ἐπεὶ
τοὺς ἀγαθοὺς φιλεῖ ὁ θεός, εὐτυχήσεις καὶ σύ, οὕτως ὢν ἀγαθός. Οὐ
μὲν οὖν ἀναιρεῖν σε χρὴ τὸ τῆς ἐλπίδος ἡδύ · ἐγὼ δὲ καὶ μέμνημαί

1.Traduction abrégée.
περί. 3. τοῦτο. 4. τό.

σου, καὶ σπεύδω ἀεὶ ὑπὲρ τῶν περὶ σέ. Πρὸς τούτοις πρᾶγμα ποιήσεις μοι μάλα ποθεινὸν τῶν παρὰ σοὶ βίβλων τὰ ὀνόματα ἐπιστέλλων. Ἔρρωσο, φίλων φίλτατε.

Ἐκ Μεδιολάνου, τῇ πρὸ δεκεμβρίου καλενδῶν ιζ΄, ἔτει αυμ΄.

Je me réjouis d'avoir acquis ton amitié; mais, toi, dans les éloges que tu me prodigues, tu dépasses la mesure de la vérité. Comment, moi, qui suis un Latin, pourrais-je manier la langue grecque avec assez d'habileté pour mériter tes suffrages? Mon mérite est en réalité bien au-dessous de l'opinion que tu t'en es formée. J'ai écrit à Caton Sacco relativement à ce que tu désires. Je t'engage à avoir bon espoir, car je ne t'oublie pas. Je te prie de me communiquer les titres des livres que tu possèdes [1].

20

FRANÇOIS FILELFE A THÉODORE GAZA

Milan, 11 décembre 1440.

Φραγκίσκος ὁ Φιλέλφος Θεοδώρῳ τῷ Γαζῇ χαίρειν.

Ἰδὼν ἐγὼ καὶ κατὰ μέρος ἀναγνοὺς τὴν ἡδίστην σου ἐπιστολὴν πρὸς τὸν ἡμέτερον πάνυ φίλον Πεσσίναν, ἠσπασάμην σε τῆς φρονήσεως καὶ τῆς φιλοφροσύνης. Ἔστι γὰρ οὑτοσὶ καὶ καλὸς νεανίσκος καὶ τῶν καλῶν κἀγαθῶν ἀνδρῶν ἐραστής. Τὰ μὲν οὖν παρὰ σοῦ γεγραμμένα οὐκ ἀμελήσομεν, ἀλλὰ καὶ λόγῳ καὶ ἔργῳ ποιησόμεθα τὰ κατὰ δύναμιν ἅπαντα · οὐ γὰρ τύχη εὔριπος παρ' ἡμῖν, ὡς ἐν παροιμίᾳ, ἀλλὰ τὸ τῆς φιλίας ἅμα καὶ τῆς ἀρετῆς βέβαιον ἐξανθεῖ. Τοῦτο δὲ τῆς φιλίας τοὔνομα πεποίηκε δὴ ὥστε καὶ περὶ ἄλλου τινός [2] τὴν ἐρώτησιν γενέσθαι ἡμῖν. Γεγραφὼς μὲν γὰρ σύ, ὦ φίλτατε, πρὸς Πεσσίναν καὶ ἄλλα τινὰ [3], ἄλλως τε καὶ περὶ τῶν πάλαι μάλιστα φίλων Πυλάδου τε καὶ Θησέως μέμνησαι. Θαυμάζω γοῦν τὰ λεγόμενά σοι · οὐ γάρ, ὥς γ' ἐμοὶ δοκεῖ, κατὰ τὸν αὐτὸν χρόνον τόν τε Θησέα καὶ τὸν Πυλάδην γεγονέναι φασίν, ἀλλὰ οὔτε φίλους ἀλλήλοις.

1. Traduction abrégée.
2. ἄλλού τινος. 3. ἄλλά τινα.

Γράψον τοίνυν ἡμῖν τὴν σὴν περὶ τούτου δόξαν · ἔτι δὲ καὶ τοὺς περι-
φανεστάτους παρ' Ἕλλησι φίλους ἅπαντας, ἵνα καὶ μάθωμεν τὸ δοκοῦν
σοι (καὶ γὰρ λόγιος αὐτὸς ὢν καὶ τὰ κάλλιστα πεπαιδευμένος[1] ἀνὴρ
μηθὲν μάτην γέγραφας) πρὸς τούτοις, καὶ τὴν Ἐπικούρου δόξαν περὶ
τῶν ἀρχῶν, καὶ ἂν ἀποφαίνεται πάντη ταὐτὰ τῷ σοφῷ Δημοκρίτῳ ·
πάλιν δὲ τί ἂν αἰνίττεται ἡ Ἀπόλλωνος ὀργὴ παρ' Ὁμήρῳ, ὅτι τοὺς
οὐδὲν αἰτίους Ἕλληνας οἱ μάτην ἀφεθέντες ὄιστοὶ παρανάλωσαν, καὶ
οὕτως ἄδικός ἐστιν ἡ τούτου μῆνις, ὥσθ' ὁ μὲν ὑβρίσας Χρύσην Ἀγα-
μέμνων οὐδὲν ἐξαίρετον ἔπαθεν, ὀφείλων, εἴπερ ἠδίκει, κολασθῆναι ·
οἱ δ' ἐπιβοήσαντες « αἰδεῖσθαί θ' ἱερῆα καὶ ἀγλαὰ δέχθαι ἄποινα »,
τῆς ἀγνωμοσύνης τοῦ μὴ πεπεισμένου γεγόνασι παρανάλωμα. Χρὴ
μὲν οὖν, ὦ βέλτιστε, ταῦτα καὶ τὰ παρόμοια πρὸς ἀλλήλους ἀνεξετά-
ζειν[2] ἡμᾶς, τούς τε ὄντας σοφοὺς καὶ τοὺς βουλομένους σοφίας μετα-
λαβεῖν. Τῶν παρὰ σοὶ βίβλων ἑλληνικῶν ἐπιστείλας ἡμῖν τὰ ὀνόματα,
παρέξεις καὶ ἡδονὴν οὐ σμικράν · καὶ γὰρ τὰ τῶν φίλων κοινά. Ἔρρωσο.

Ἐκ Μεδιολάνου[3], τῇ πρὸ δεκεμβρίου νωνῶν τρίτῃ, ἔτει αυμ'.

J'ai lu ta lettre à notre commun ami Antoine Pessina.
Rien ne sera négligé pour t'être agréable, tu peux compter
sur mon amitié. Et, puisque le mot *amitié* se rencontre sous
ma plume, j'en profite pour t'adresser une question. Tu men-
tionnes dans ta lettre à Pessina l'affection qui unissait Pylade
à Thésée. Je m'en étonne; car ces deux personnages n'étaient
pas contemporains, et il n'est dit nulle part qu'ils furent
amis. Je te prie de m'écrire ton opinion à ce sujet et de
m'énumérer ceux que l'amitié a rendus célèbres chez les
Grecs. Dis-moi quelle était la doctrine d'Épicure sur les
principes et si elle était conforme à celle de Démocrite. Je
voudrais aussi avoir l'explication de la colère d'Apollon dans
Homère. Enfin, tu auras la bonté de m'envoyer la liste des
ouvrages que tu possèdes. Porte-toi bien[4].

1. πεπαιευμένος. 2. ἀνζεξετάζειν.
3. Ces deux mots figurent plus loin entre le quantième du mois et le millésime.
4. Traduction abrégée.

21

FRANÇOIS FILELFE A FRANÇOIS BARBARO

Milan, 13 février 1441.

Φραγκίσκος ὁ Φιλέλφος Φραγκίσκῳ τῷ Βαρβάρῳ χαίρειν.

Ὁσάκις ἐγὼ ἢν ἐμοὶ ἄρτι ἡδίστην ἀπέστειλας ἐπιστολῇ ἑκὼν ἐν τυγχάνω [1], αὐτῇ προσγελῶ, καὶ τῇ διανοίᾳ ἀφικνοῦμαι πρὸς σέ · καὶ γάρ σαυτοῦ ἀκούειν δοκῶ τὰ φίλτατα λέγοντος, καὶ οὐκ ὀλίγα λέγειν πρὸς σέ. Εἰ μὲν οὖν τοσοῦτον χάριτος ἔχει τὰ γράμματά σου παρ' ἐμοί, πρέπει σοι τῷ σοφῷ τε καὶ φίλῳ φθέγγεσθαι συνεχέστερον πρὸς ἐμέ. Λέγουσι γὰρ τοὺς ἀγαθοὺς τῶν ἀνδρῶν μὴ τὸ προσῆκον ποιοῦν-τας παράδειγμα πρόκεισθαι τοῖς σπουδαζομένοις πλημμελεῖν · ἀπόντι [2] δὲ φίλῳ τί πράττων ἄν τις χαρίσαιτο ἥδιον ἢ καθ' ἡμέραν δι' ἐπι-στολῶν προσκρούων τὰς θύρας καὶ τὰ περὶ πρὸς ἀλλήλους φιλίας διη-γούμενος ἐν αὐταῖς; Τοῖς γὰρ παρὰ σοῦ γράμμασιν ἐντυχὼν παρόντα σε βλέπειν τε καὶ προσειπεῖν οἴομαι · σὺ τοίνυν οὐ γράφειν ὀκνῶν [3] θεράπευσον αἰεὶ τῆς ἀπουσίας τὸν πόθον καὶ ὡς δεινὸς ἦσθά τις [4] καὶ τοὺς μὴ σοφοὺς ἐν σοφίας [5] μέρει τεθεικέναι, καὶ τοὺς μικροὺς ποιῆσαι μεγάλους, καὶ τοὺς ἀνιῶντας ἡδονῆς ἐμφορεῖσθαι · οὕτως ἄρα καὶ δέ-ομαι τῆς παρὰ σοῦ εὐεργεσίας. Ἔρρωσο.

Μεδιολάνοθεν, ταῖς εἰδοῖς φεβρουαρίου, ἔτει ͵αυμά.

Toutes les fois qu'il m'arrive de relire la très aimable let-tre que tu m'as récemment adressée, je lui souris et je me transporte près de toi par la pensée. Et il me semble t'en-tendre me parler amicalement et avoir avec toi de longues conversations. Si donc tes missives ont pour moi tant de charme, toi qui es un sage et qui m'aimes, tu devrais m'é-crire plus fréquemment. Car on dit que les honnêtes gens qui négligent leurs devoirs donnent ainsi l'exemple à ceux qui ne s'étudient qu'à se mal conduire. Quelqu'un pourrait-il faire à son ami absent une chose plus agréable que d'envoyer chaque jour heurter à sa porte des lettres où il l'entretien=

1. ἐντυγχάνων. 2. ἄποντι. 3. ὀκρῶν. 4. ἦσθα τίς. 5. σοφίος,

drait de leur mutuelle affection? Quand je lis les tiennes,
je crois te voir présent et t'adresser la parole. Adoucis donc,
en m'écrivant souvent, l'amertume de ton absence. Et toi, si
habile à placer au rang des sages ceux qui ne le sont pas, à
grandir les petits, à combler de joie les affligés, fais-moi, je
t'en prie, éprouver tes faveurs. Porte-toi bien [1].

22

FRANÇOIS FILELFE A MATTHIEU ASAN

Milan, 1er mars 1441.

Φραγκίσκος ὁ Φιλέλφος Ματθαίῳ Ἀσάνῃ χαίρειν.

Ὅτι οὖν ὑπάρχεις ἄλλος τις [2] πρὸς ἡμᾶς ἢ οἷον εἶναί σε [3] χρή,
ἥδομαι ἀτεχνῶς. Καὶ γὰρ φιλτάτων μοι καὶ τὰ μάλιστα εὐεργετῶν
γονέων παῖς ὤν, κληρονομίαν ἀπαιτεῖς τὴν καλλίστην. Σεμνότερον
γὰρ φίλους καλοὺς κληρονομεῖν ἢ καὶ τοὺς Κροίσου θησαυρούς. Ἐγὼ
μὲν τοίνυν χάριν σοι τὴν μεγίστην · ὅτι δὲ οὐδέν εἰμι ὑποδεέστερός
σου τῷ φιλεῖν, μαθήσῃ σαφῶς ἐξ Ἀθανασίου λογιωτάτου καὶ μεγίστου ἀνδρός. Ἔρρωσο, ποθεινοτάτη μοι κεφαλή.

Μεδιολάνοθεν [4], ταῖς μαρτίου καλένδαις, ἔτει ͵αυμά.

Je me réjouis sincèrement de te savoir à mon égard tel
que tu dois être. Fils de parents que j'aime tendrement et
qui m'ont comblé de bienfaits, tu réclames le meilleur des
héritages. Car de bons amis sont un héritage plus glorieux à
recueillir que les trésors de Crésus. Je te suis donc infiniment
reconnaissant. Mon affection n'est pas d'ailleurs inférieure à
la tienne, comme tu l'apprendras clairement d'Athanase, ce
très grand et très savant homme. Porte-toi bien, ô tête qui
m'es si chère.

1. La lettre de François Barbaro dont celle-ci est la réponse n'a pas dû
parvenir jusqu'à nous. On n'en trouve du moins aucune trace dans le livre
de R. Sabbadini : *Centotrenta lettere inédite di Francesco Barbaro precedute
dall' ordinamento critico cronologico dell' intero suo epistolario* (Salerne,
1884, in-8°).
2. ἄλλός. 3. εἶναι σὲ. 4. μεδιολάνωθεν.

23

FRANÇOIS FILELFE A GEORGES GÉMISTE

Milan, 1er mars 1441.

Φραγκίσκος ὁ Φιλέλφος Γεωργίῳ Γεμιστῷ [1] χαίρειν.

Ποιήσας ἡμᾶς ἤδη κατὰ Βονωνίαν ἐραστὰς τῆς σῆς ἀρετῆς τε καὶ σοφίας, ποιεῖς καὶ τῷ ἀπαιτεῖν γράμματα νῦν παρὰ σοῦ τολμηρούς · ἐπιθυμεῖν γὰρ τούτων οὐ [2] παύομαι, καὶ οὐδὲ παράδοξον τὸ ἐμόν. Εἰ γὰρ καὶ τῶν μὴ ὄντων μὲν, γεγονότων δὲ ἐπὶ δόξης θαυμασίων ἀνδρῶν ἐρᾷ ἡ καλοῦ ἀνθρώπου ψυχὴ, ὅσον μᾶλλον ἡμᾶς τοιοῦτόν [3] σε τά τε [4] ἤθη καὶ τὴν διάνοιαν καὶ φιλεῖν δέον καὶ τιμᾶν; Ποιήσεις μοι τοίνυν ποθεινοτάτην εὐεργεσίαν γράψας τι κατὰ τάχος τῆς τε σῆς εὐδαιμονίας καὶ τῆς ἐμῆς ἐφέσεως ἄξιον. Καὶ γὰρ παρόντα σε βλέπειν καὶ προσδιαλέγεσθαι φανοῦμαι ἐμαυτῷ, τοῖς ἀνθηροῖς παρὰ σοῦ γράμμασιν ἐντυχών. Διὸ δὴ βουλόμενος καὶ τοῦ ἐπιστέλλειν ὕλην σοι παρασχεῖν, ζητεῖν οὐκ ὀκνῶ πῶς οἱ παλαιοὶ τῶν Ἑλλήνων ἐν χρήσει οὐκ ἔχουσιν οὐδαμῶς τὸ παραγόμενον εὐθὺς ἀπὸ ἀρετῆς ὄνομα, ἤγουν ἀρεταῖος · ἐνάρετος γὰρ οὐδὲ παρὰ τοῖς ῥήτορσιν, οὐδὲ παρὰ φιλοσόφοις τοῖς δοκιμωτάτοις ῥᾴδιον ἔχεις εὑρεῖν. Τὸ δὲ αὐτὸ τυγγάνει ὂν καὶ παρὰ Λατίνοις · ἡ γὰρ οὔρτους τὴν ἀρετὴν σημαίνουσα οὐδὲν σχηματίζει ὄνομα, καὶ γὰρ οὔρτουώσους παρὰ σοφοῖς οὐκ ἔστιν εὑρεῖν [5], λέγω δὲ παρὰ τοῖς ἀρχαίοις. Ἔρρωσο [6], πάτερ.

Μεδιολάνοθεν, ταῖς μαρτίου καλένδαις, ἔτει αυμά.

Tu m'as déjà inspiré, à Bologne, l'amour de ta vertu et de ton savoir. Tu m'inspires aujourd'hui la hardiesse de te prier de m'écrire : car je ne cesse de désirer une lettre de toi, et cela n'a de ma part rien d'extraordinaire. En effet, si l'âme de l'homme de bien se passionne pour ceux qui ne sont plus, mais qui furent célèbres par leur gloire, combien plus ne dois-je pas t'aimer, toi si illustre par les mœurs et par l'intelligence? Tu m'accorderas donc une faveur des plus agréables, en m'écrivant promptement quelque chose qui soit digne de

---

1. γεμυστῷ. 2. οὐ. 3. τοιοῦτον. 4. τὲ. 5. ἑθρεῖν. 6. ἔρρωσο.

ton heureuse nature et de mon désir. Il me semblera te voir
présent et m'entretenir avec toi, quand je lirai ta lettre fleurie. C'est pourquoi, voulant te fournir un sujet de missive, je
n'hésite pas à te demander pour quelle raison le dérivé immé-
diat d'ἀρετὴ, c'est-à-dire ἀρεταῖος, n'était pas en usage chez les
anciens Grecs. Car tu ne trouverais pas aisément ἐνάρετος dans
les orateurs, ni dans les philosophes les plus estimés. Le même
phénomène s'est produit chez les Latins. En effet, *virtus,* qui
est synonyme d'ἀρετὴ, ne forme pas de dérivé; car l'expression *virtuosus* n'a pas été employée par les savants, j'entends
ceux de l'antiquité. Porte-toi bien, mon père.

Les relations de Filelfe avec Pléthon remontent au moins à 1439.
En effet, sur le premier feuillet de garde d'un exemplaire que je
possède du Traité de Gémiste Περὶ ὧν Ἀριστοτέλης πρὸς Πλάτωνα διαφέρεται (Paris, 1541, in-8°), on lit les vers suivants, d'une écriture
du seizième siècle :

ΦΓ. Ο ΦΙΛΕΛΦΟΣ ΓΕΩΡΓΙῼ Τῼ ΓΕΜΙΣΤῼ

Κοίρανε δῖε σοφῶν, ἀρετῆς ἔμψυχον ἄγαλμα,
ὃς λάμπεις πινυτῇ Δαναοῖς ἐν ἅπασι μαθήσει,
ὡς ἡ νυκτιπλανὴς ἄστροις ἐν ἐλάττοσι μήνη [1],
ὁ Ψυχῆς πέρι Φραγκίσκος μετέγραψε Φιλέλφος,
βιβλίδιον λάβε. Λιτότατον, νὴ τὸν Δία, δῶρον ·
κοὐδὲν θαῦμα, πάτερ · τὰ τύχης γὰρ πτωχὸς ὑπάρχω.
αὐγούστου 16, ἔτ. 1439.

Il est permis de conjecturer que c'était peut-être en tête d'une
copie exécutée par lui du *Traité de l'Ame* d'Aristote que Filelfe
avait placé ces vers.

1. Réminiscence d'Horace, *Odes,* I, xii, 46-48.

4

24

FRANÇOIS FILELFE AU PAPAS JEAN ARGYROPOULOS, PRÊTRE ET JUGE DU TRÉSOR PUBLIC.

Milan, 13 avril 1441.

Φραγκίσκος ὁ Φιλέλφος παπᾷ Ἰωάννῃ τῷ Ἀργυροπούλῳ, ἱερεῖ [1] τε καὶ κριτῇ τοῦ δημοσίου, χαίρειν.

Κομισάμενός σου τὴν ἐπιστολὴν, ὦ θαυμάσιε, ἥσθην κατ' ἄμφω, τοῦτο μέν μοι καὶ ὡς ἤκουσαν παρὰ σοῦ [2], ἀνδρὸς ἄντικρυς τὰ πρῶτα φέροντος τῶν ἐν τῇ Ἑλλάδι σοφῶν · τοῦτο δὲ ὡς οὕτω φράσεως ἔχου-σαν ὡς καὶ δοκεῖν ἀκριβῶς ὑπό τινος τῶν Μουσῶν ἐξειργάσθαι · καὶ δή σου τὸ τῆς φύσεως εὐφυές τε καὶ περιδέξιον ἐπιεικῶς ἐμακάρισα, ὅτι περ οὕτως ἐν ἀμφοτέροις ἐξαρκεῖς τοῖς λόγοις, τῷ τε τῶν ῥητόρων καὶ τῷ τῶν φιλοσόφων, ὡς οὐδ' ἄν τις ἕτερος περὶ θάτερον ἤδη χωρίς. Ὦ Μοῦσαι καὶ Ἑρμᾶ [3] καὶ Ἄπολλον, οἵους, οἵους ἡμῖν τροφίμους ἀπεργάζεσθε! Καὶ γὰρ ἐγὼ τοῖς σοῖς γράμμασιν ἐντυχὼν, ὦ μακάριε, πάνυ γε δὴ ἐδόκουν τινὶ τῶν πάλαι ἐκείνων τοῖς ἑλληνικοῖς μάλιστα προσδιατετροφότων [4] λόγοις συνεῖναι, οὕτω καθάπαξ ἑλληνίζουσα ἦν κατ' ἀκρίβειαν ἡ καλὴ παρὰ σοῦ πρὸς ἡμᾶς ἐπιστολὴ ἢ μᾶλλον, ὡς εἰπεῖν, ἀττικίζουσα, καθάπερ τινὸς [5] οὖσα τῶν Ἀθήνησι τοὺς λόγους καὶ τὴν φιλοσοφίαν παιδευθέντων.

Τῆς μέντοι γε διαθέσεως ἣν πρὸς ἡμᾶς ἔχειν φῂς, πολλὴν οἶδά [6] σοι χάριν, καί σοι πολλὰ πρὸς θεοῦ ἀγαθὰ γένοιτο! Πιστεύω δέ σε οὕτω διακεῖσθαι πρὸς ἡμᾶς, ὅτι περ καὶ ἡμεῖς οὕτως ἔχομεν περὶ σέ · οὐ γὰρ ἂν τὸν ἐμὸν παῖδα Μάριον παρὰ σοὶ φοιτᾶν ἐβουλόμην, μή τινος καὶ πρὸς τῇ τῶν σῶν ἠθῶν εὐκοσμίᾳ προηγησαμένης σχέσεως ψυχῆς, εἰ καὶ ταχέως ὁ Μάριος, ὡς ἤνεγκεν ἡ φήμη ἡμῖν, τὸ τῆς διδασκαλίας ζυγὸν ἀποσεισάμενος, τὸν ἄνετον βίον ἠγάπησε, τῆς πα-τρικῆς σου καὶ γλυκείας ἐπιστασίας ἀποστάς · ᾧ καὶ συνέφερεν ἂν, ὡς ἔμοιγε δοκεῖ, καὶ πολλῷ μᾶλλον ἐνταῦθα μένειν παρ' ἡμῖν ἢ αὐτόθι παρεῖναι ἐρήμῳ γε οὕτως ὄντι προστάτου. Οὐ γὰρ δὴ μόνον οἷς εἶχεν οὐ προσέθηκεν, ἀλλὰ καὶ ἅπερ αὐτόσε ἦλθεν ἔχων ἀφ' ἡμῶν προσα-

1: αργυροπούλῳ ἱερεῖ. 2. παρά σου. 3. ἑρμᾶν, 4: προσδιατετριφότων. 5. καθάπέρ τινος. 6: οἶδα:

φήρηται. Τί γὰρ ἄν τις οὐ λέγοι τἀληθῆ πρὸς σὲ φίλον γε πάλαι ὄντα
καὶ ἄνδρα καλὸν κἀγαθόν; Ἀλλὰ περὶ τούτων ἅλις.

Διάγει αὐτόθι παρὰ τῷ τῶν Ἐνετῶν λεγομένῳ βαΐλῳ Πέτρος τις ὁ
Περλέων, νεανίσκος τὴν ἀρετὴν ἐν τοῖς μάλιστα ἀσπαζόμενος, ὃν καὶ
τοῖς ἡμετέροις υἱέσιν εἰκότως συναριθμῶ · καὶ γὰρ οὐ μόνον ἐμὸς
ἐγένετο μαθητής, ἀλλὰ καὶ πλεῖστα ἡμᾶς ἀγαπᾷ τε καὶ φιλεῖ, μᾶλλον,
ὡς λόγον εἰπεῖν, ἢ τὸν ἑαυτοῦ πατέρα, ὥστε, κἀμοῦ κελεύοντος [1],
ἕτοιμος οὗτος κἂν εἰς πῦρ, κατὰ παροιμίαν, ἐμβῆναι [2] · καὶ ὡς οἶμαί [3]
γε εὖ τε καὶ καλῶς οὕτως ἔχει · ὁ μὲν γὰρ τὴν ὕλην οἰονεὶ μόνην
δέδωκεν αὐτῷ τοῦ εἶναι, ἡμεῖς δὲ τὸ εἶδος, τιμιώτερον δὲ πολλῷ τὸ
εἶδος, ὡς οἶσθα, τῆς ὕλης · εἴπερ ἐκείνη μὲν ἐφίεσθαι δοκεῖ τοῦ εἴδους,
μᾶλλον τοῦτο δὲ ἐκείνης ἧττον [4] · τιμιώτερος οὖν νομισθείη ἂν τῷ
Πέτρῳ ὁ τό γε κρεῖττον αὐτῷ καὶ τιμιώτερον παρεσχηκώς, καὶ κατὰ
τὸ εἰκὸς ἄρα ἤδη καὶ φίλτερος. Τοῦτον τοίνυν συνίστημί σοι, ὦ φίλτατε, ὡς ἐμὸν φίλον τε [5] καὶ υἱόν, ἐμοὶ μὲν ὄντα, σαυτῷ δὲ ἐσόμενον, εἴπερ καὶ σὺ τῷ ἐμῷ χρώμενος παραδείγματι διδάξῃς αὐτόν.
Διατρίβει γὰρ παρ' ὑμῖν τῆς ἑλληνικῆς μαθήσεως εἵνεκεν, οὐκ ἄμοιρος [6] ἐλθὼν τῶν μουσῶν. Ἔρρωσο [7].

Μεδιολάνοθεν, ταῖς εἰδοῖς ἀπριλίου, ἔτει ἀπὸ τῆς Χριστοῦ γεννήσεως χιλιοστῷ τετρακοσιοστῷ τεσσαρακοστῷ πρώτῳ.

Lorsque j'ai reçu ta lettre, ô admirable savant, je me suis
doublement réjoui : d'abord parce qu'elle venait de toi, c'est-
à-dire d'un homme qui occupe sans contredit le premier rang
parmi les sages de la Grèce ; ensuite parce qu'elle était conçue dans un style tel qu'on l'aurait vraiment crue l'œuvre
d'une des Muses. Aussi ai-je exalté avec raison le talent et
l'habileté de ta nature, grâce auxquels, tant en éloquence qu'en
philosophie, tu atteins à un degré où personne ne s'est encore
élevé dans l'une ou l'autre de ces facultés prises séparément.
O Muses, ô Hermès, ô Apollon, quels élèves vous nous for-
mez ! En lisant ta lettre, ô bienheureux mortel, je croyais
converser avec un de ces anciens maîtres nourris dans les lettres helléniques, tant était parfaitement grecque ou plutòt

---

1. καλεύοντος. 2. εμβῆναι. 3. οἶμαι. 4. ἧττον. 5. τὲ. 6. ἄμειρος. 7. ἐρρῶσο.

attique cette jolie missive qu'on eût dit émanée d'un de ceux qui ont étudié à Athènes la littérature et la philosophie.

Quant à la sympathie que tu dis éprouver pour moi, je t'en sais beaucoup de gré. Que Dieu te comble de ses biens! Tes sentiments à mon égard sont identiques, je crois, à ceux dont je suis moi-même animé vis-à-vis de toi. Car je n'aurais pas voulu que mon fils Marius fréquentât tes leçons, si, indépendamment de la décence de tes mœurs, il n'avait pas existé entre nous des relations cordiales; bien que Marius, comme la renommée me l'a appris, ait promptement secoué le joug de son professeur pour mener une vie insouciante, loin de ta douce et paternelle surveillance. Il lui eût été beaucoup plus profitable, à mon avis, de rester auprès de moi que de se trouver à Constantinople ainsi dépourvu de protecteur. En effet, non seulement il n'a pas élargi le cercle de ses connaissances, mais il a perdu ce qu'il savait déjà, quand il me quitta pour se rendre là-bas. Car pourquoi dissimuler la vérité à un homme de bien, à un vieil ami tel que toi? Mais assez sur ce sujet.

Il y a à Constantinople, chez le baïle de Venise, un vertueux jeune homme nommé Pierre Perleone, que je considère comme un de mes fils; car non seulement il a été mon élève, mais encore il m'aime et me chérit pour ainsi dire plus que son père; de façon que, sur un ordre de moi, il se jetterait dans le feu, comme dit le proverbe. Et, à mon avis, les choses sont de la sorte dans l'ordre qu'il convient. Car son père ne lui a, pour ainsi dire, donné que la matière de l'être, tandis que, moi, je lui ai donné la forme, laquelle est, comme tu le sais, beaucoup plus précieuse que la matière. Celle-ci, en effet, semble avoir plus besoin de la forme, que la forme n'a besoin de la matière. C'est donc à juste titre que Pierre considérerait comme supérieur et aimerait davantage celui dont il tiendrait la meilleure et la plus précieuse portion de lui-même. Je te le recommande, ô très cher Argyropoulos, comme mon ami, comme mon fils: ce qu'il sera, d'ailleurs, pour toi-même, si, imitant mon exemple, tu l'admets à tes leçons. Car, déjà initié au culte des Muses avant de partir, il réside parmi vous pour apprendre le grec. Porte-toi bien.

25

FRANÇOIS FILELFE AU CARDINAL BESSARION

Milan, 1er août 1449.

Φραγκίσκος ὁ Φιλέλφος τῷ καρδιναλίῳ νικαεῖ Βησσαρίωνι χαίρειν.

Τί δὴ βούλει μέ σοι ἐπιστέλλειν, ὦ πάτερ αἰδεσιμώτατε [1], ἐν τοσούτῳ κλύδωνι [2] πραγμάτων; ἢ οὐκ οἶσθα τὰ ἐνταῦθα πάντα ἐν ναυαγίῳ ; οὔτε τοίνυν περὶ ἐμοῦ, οὔτε περὶ τῶν δημοσίων ταραχῶν ἔχω τι γράψαι σοι. Ἔρρωσο [3], γλυκεῖά [4] μοι καὶ ἱερὰ κεφαλή.

Μεδιολάνοθεν, κατὰ τὰς αὐγούστου καλένδας, ἔτει αυμθ'.

Que veux-tu que je t'écrive au milieu d'un état de choses si furieusement agité, ô très vénérable père? Ne sais-tu pas que tout ici s'en va à la dérive? Je n'ai donc rien à te communiquer ni sur moi-même, ni touchant les troubles publics. Porte-toi bien, mon doux et auguste ami.

26

FRANÇOIS FILELFE A FRANÇOIS BARBARO

Milan, 1er juin 1450.

Φραγκίσκος ὁ Φιλέλφος Φραγκίσκῳ τῷ Βαρβάρῳ χαίρειν.

Καὶ προσηγορίᾳ τινὶ κατ' ἔπαινον τῇ πάνυ γε ἀρχαίᾳ λεγόμενος Βάρβαρος, μάλιστα πάντων φιλάνθρωπος εἶ · καὶ τῷ ὄντι φιλάνθρωπος πρὸς τοὺς καλοὺς κἀγαθοὺς ἄνδρας σὺ διακείμενος, οὐ πάμπαν δοκεῖς παρ' ἐμοὶ [5] φιλανθρωπίαν ἀσπάζεσθαι. Καὶ γὰρ τί δὴ τοσοῦτον αἰεὶ σιωπᾷς; εἰδὼς γὰρ σαφῶς ἡμᾶς σοι φίλους ὑπάρχοντας οὐδὲν ἀξιοῖς [6] τῶν παρὰ σοῦ ἡδίστων τε [7] καὶ διὰ πολλοῦ ποθεινοτάτων γραμ-

---

1. αἰδεσιμώτατε. 2. κλύδονι. 3. ἔρρωσο. 4. γλυκεῖα. 5. ἐμοί. 6. ἀξιεῖς. 7. τὲ.

μάτων ἐντυχεῖν. Ἡ τοίνυν γράψον ἡμῖν ἐν τῷ δέοντι, ἢ τὴν προση-
γορίαν σου ἐπιτηρήσας ἐντίμως, ἢ σιωπῶν μετάβαλε ταύτην, φιλάν-
θρωπόν σε μᾶλλον οὐκ ὢν ὀνομάσας[1] ἢ ἐπὶ φιλανθρωπίας βάρβαρον .
Ἔρρωσο[2].

Μεδιολάνοθεν, ταῖς ἰουνίου καλένδαις, ἔτει ͵αυν΄[3].

Tu es réputé pour la bonté dont tu fais preuve à l'égard des
gens probes et honnêtes. Pourquoi ne me traites-tu pas de la
même façon? Pourquoi ne m'écris-tu pas plus souvent? Tu
sais pourtant combien je désire tes lettres et combien elles me
sont agréables! Porte-toi bien[4].

27

FRANÇOIS FILELFE A ANDRÉ ALAMANNI

Milan, 13 octobre 1450.

Φραγκίσκος ὁ Φιλέλφος Ἀνδρέᾳ τῷ Ἀλαμάννῳ χαίρειν.

Ἄγγελος ὁ Ἀκτίολος, εὐγενής τε[5] ἀνὴρ καὶ πάνυ γε φιλάνθρωπος, ἔλαβεν παρ' ἐμοῦ ἐνταῦθα διάγων πρεσβευτὴς παρὰ τῷ ἄρχοντι
Σφορτίᾳ τρεῖς ἐμοὺς ἕνεκα τοῦ ἰδεῖν λόγους. Λήθῃ δὲ, κατὰ τὴν ἐμὴν
δόξαν, ἔνοχος ὢν, τούτους φέρων ἀφίκετο πρὸς ὑμᾶς. Διὸ δὴ ἐμοὶ
χαρισάμενος λέγε πρὸς αὐτὸν περὶ τούτου, καὶ σπεῦσον πάσῃ ἐπιμελείᾳ οὕτως, ὥστε σὺν τάχει τοὺς ἐμοὺς[6] λόγους ἐπανελθεῖν οἴκαδε.
Ἔρρωσο[7], ποθεινοτάτη μοι κεφαλή.

Μεδιολάνοθεν, ταῖς εἰδοῖς ὀκτωβρίου, ἔτει ͵αυν΄[8].

---

1. ὀνομάσας. 2. ἔρρωσο.
3. L'original porte ͵αυμ΄, mais la place qu'occupe cette lettre entre celle de
la veille des calendes de juin (janvier, par erreur, dans le ms. et dans les
imprimés) 1450, adressée à Bernard Giustiniani, et celle des calendes de juin
1450, adressée aux secrétaires du duc de Milan, ne laisse subsister aucun
doute sur le millésime. Ajoutons que la confusion paléographique du ν avec
le μ est fréquente.
4. Traduction abrégée.
5. τε. 6. ἐμούς. 7. ἔρρωσο.
8. Il y a dans l'original ͵αυμ΄, mais cette lettre vient immédiatement après
deux lettres datées de la veille des ides d'octobre 1450, et est suivie d'une autre
des ides d'octobre 1450. La correction paraît donc certaine.

Lorsque Ange Acciaiuoli [1], homme noble et bon, résidait ici en qualité d'ambassadeur auprès du duc Sforce, il reçut de moi pour les examiner trois de mes discours. Mais étant, à mon avis, sujet à l'oubli, il les emporta avec lui en retournant à Florence. Fais-moi donc le plaisir de lui parler de cette affaire et de la conduire avec tant de soin et d'activité que mes discours rentrent promptement au logis. Porte-toi bien, très cher ami.

28

FRANÇOIS FILELFE A GUARINO DE VÉRONE

Pavie, 22 novembre 1451.

Φραγκίσκος ὁ Φιλέλφος Γαρύνῳ Οὐηρωναίῳ χαίρειν.

Οἶδα μὲν ἔγωγε μάλα καὶ πάλαι σε [2] μάλιστα πάντων ἡμῖν φίλον ὄντα τυγχάνειν · τοῦτο δὲ καὶ χρεών · τῶν αὐτῶν γὰρ διδασκάλων τε καὶ μαθημάτων τοῖς τετυχηκόσι πρέπειν οἶμαι καὶ τὴν ποθεινοτάτην ἀλλήλοις εὔνοιαν τρέφειν. Τούτου δὴ χάριν, καὶ τῇ Ἑλλήνων παροιμίᾳ τὰ τῶν φίλων κοινὰ ὡς νόμῳ [3] τινὶ δικαιοτάτῳ χρησάμενος, ἀπαιτεῖν σου οὐ δέδοικα τὰ παρὰ σοὶ προσφιλῆ ὄντα ἐν θησαυροῖς · καὶ γὰρ ὑπάρχειν σοι ἤκουσα καὶ τὰ τοῦ Στράβωνος Γεωγραφικὰ καὶ τὰ τοῦ Ἀριστοτέλους Ἠθικὰ τοὔνομα Μεγάλα. Τούτων τοίνυν ἐγὼ τῶν ἑκατέρων ἐν τοῖς μάλιστα ἐπιθυμῶ. Σὺ γοῦν [4] ἐμοὶ καὶ τὰ μέγιστα πολλάκις χαρισάμενος, ἤδη καὶ τοῦτο μὴ ὄκνει ποιῶν · ἢ πέμψον μοι ταῦτα μεταγράψαντι, ἢ σὺ μεταγράφου φροντίδα λαβὼν παρ' ὑμῖν τῷπαιτοῦντι φίλῳ χαρίζου. Ἔρρωσο [5], φιλτάτη μοι κεφαλή.

Τικίνοθεν, τῇ ί πρὸ καλενδῶν δεκεμβρίου, [ἔτει αυνά] [6].

Tu es un de mes meilleurs amis, je le sais de vieille date,

---

1. Voy. sur ce personnage : Vespasiano da Bisticci, *Vite di uomini illustri del secolo XV* (Florence, 1859, in-8°), pp. 351-365.

2. σὲ. 3. νομῷ. 4. γοῦν. 5. ἔρρωσο.

6. Sans millésime dans le manuscrit, mais précédée d'une lettre à Pierre Tommasi, du 12 des calendes de décembre 1451, et suivie d'une autre lettre à Cicco Simonetta, du 5 des calendes de décembre 1451.

et il faut qu'il en soit ainsi. Car ceux qui ont eu les mêmes maîtres [1] et suivi les mêmes leçons, doivent, à mon avis, nourrir l'un pour l'autre la plus tendre affection. C'est pour ce motif et en vertu du proverbe grec *Entre amis tout est commun,* dont je m'autorise comme d'une très juste loi, que je ne crains pas de te demander tes plus chers trésors. J'ai appris, en effet, que tu possèdes la *Géographie* de Strabon [2] et la *Grande Morale* d'Aristote. Je désire extrêmement ces deux ouvrages. Toi donc qui as tant de fois saisi l'occasion de m'être agréable, n'hésite pas à m'accorder une nouvelle faveur : envoie-moi ces écrits, afin que je les copie, ou aie l'amabilité de prendre toi-même le soin de les faire copier à mon intention. Porte-toi bien, mon très cher ami.

A défaut de commentaire, nous croyons devoir insérer ici deux lettres de Guarino, adressées l'une et l'autre à Jean Tortelli d'Arezzo [3], bibliothécaire de Nicolas V. Ces deux lettres sont inédites et publiées d'après les originaux qui faisaient partie de la collection d'autographes de feu le marquis de Saint-Hilaire, vendue aux enchères, à Paris, les 5 et 6 janvier 1891, à l'Hôtel des commissaires-priseurs [4]. Elles figurent au catalogue sous les n°s 112 et 113, et appartiennent aujourd'hui à M. le prince Georges Maurocordato.

1. Guarino de Vérone étudia le grec, comme Filelfe, à l'école de Jean Chrysoloras. Il ne saurait être question de Manuel Chrysoloras, car Filelfe ne put pas être son élève.

2. On peut conclure d'une lettre latine de Filelfe, du 3 des nones d'août (3 août) 1448, adressée à Guarino de Vérone, que celui-ci avait, à cette date, probablement déjà mis la main à sa traduction de la *Géographie* de Strabon. En septembre 1453, il envoyait à Jean Tortelli la version du quatrième livre de cet ouvrage ; et, en 1455, il en avait traduit une autre notable portion (Cf. R. Sabbadini, *Guarino Veronese e il suo epistolario*, p. 78). L'édition princeps de cette traduction (10 premiers livres) fut imprimée à Rome, sous le pontificat de Paul II, par Conrad Sweynheym et Arnold Pannartz, et par les soins de Jean-André de Bussi, évêque d'Aleria. Ce savant prélat compléta la traduction de Guarino par celle des sept derniers livres due à Grégoire de Tiferno (Cf. Hoffmann, *Lexicon bibliograph.*, t. III, pp. 643-644).

3. Voir sur lui la lettre 80 de la présente Collection.

4. *Catalogue de l'importante collection de lettres autographes composant le cabinet de feu M. le marquis de Queux de Saint-Hilaire,* etc., etc. Paris, Étienne Charavay, [1890], in-8°,

Nous ferons observer que les lettres autographes de Guarino sont d'une insigne rareté. R. Sabbadini, l'homme d'Italie qui connaît le mieux tout ce qui concerne Guarino, n'en mentionne qu'une seule, datée du 12 janvier 1456, et conservée aux archives d'État de Modène [1].

> *Venerabili ac sapientissimo viro*
> *domino Ioanni Arretino*
> *sancti domini nostri subdiacono*
> *amico meo honor.*
> *Romae.*

Guarinus Veronensis c. v. ac vener. d. Ioanni Arretino salutem pl. d. Quibus verbis et qua dicendi copia tuis in me officiis et magnificæ de me prædicationi tuæ respondeam, nescio : ut d. Manuel [2] filius testis ad me rediit. Quibus quidem in rebus vim sane et bonitatis tuæ et amoris declarasti, ut μικροδύναμον tantopere extollens, pontificis maximi iudicio comprobandum tuo feceris testimonio.

> Καὶ γὰρ ἔρωτι
> πολλάκις, ὦ Πολύφαμε, τὰ μὴ καλὰ καλὰ πέφανται,

ut inquit Theocritus [3]. Præterea τῆς καλοκαγαθίας ἔργον ἐστὶν οἷος ἂν ὁ εὐάνδρος γένοιτο, τοιοῦσδε τοὺς ἑαυτοῦ εἶναι ἂν εὔξαιτο. Tibi igitur, pro sapientis more, præmium sit virtus tua et mens sibi conscia recti, quæ benefactori iocundissima est. De his ἅλις.

Ut primum liber ad nos relatus fuerit quem nosti, qui, ut ad sanctum dominum nostrum scripsi, foris erat hospes, rem bonis, ut aiunt, avibus aggrediar. Conabor ne tui in me beneficii pigeat. Vale, et sancti domini nostri pedibus me filiumque humiliter commendes, obsecro.

Ferrariæ, xxiiii aprilis.

---

1. Cf. *Guarino Veronese e il suo epistolario*, p. 26, n° 239, et p. 54.
2. Manuel, deuxième fils de Guarino de Vérone (ainsi appelé par son père en souvenir de son illustre maître Chrysoloras), avait embrassé l'état ecclésiastique et étudiait à Rome le droit pontifical. Voy. sur lui Rosmini, *Vita e disciplina di Guarino Veronese e de' suoi discepoli* (Brescia, 1806, in-8°), t. II, pp. 117 et suiv.
3. *Idylles*, VI, vers 18-19.

Venerabili ac sapientissimo domino
Ioanni Arretino
romanae ecclesiae subdiacono
dignissimo maiori hon.
Romae, in palatio apostolico.

Guarinus Veronensis salutem plurimam dicit ven. domino
Ioanni Arretino. Peccasse in tuam R. mihi ipsi videor quod
non sponte mea crebriores ad te litteras dederim : cum sic tuam
P. visere et me ipsum oblectare debuerim. Quid quod tuis caritate ac mansuetudine redundantibus excitatus et quidem
binis fuerim, in quibus cum tuam præ te feras diligentiam,
subinde portantium negligentiam sopitamque socordiam ostendunt? Nam posteriores datæ Romæ xiii ianuarii redditæ mihi
fuere v martii. Ceterum ad rescribendum lentiorem me reddidit τοῦ Στράβωνος expectatio : quem per medicos mitti abs te
nuntias. Volebam autem adventum eius nuntiare. Sed cum len-
tius adventare librum videam, constitui ultra non tardare, ne
simul negligens appaream. Quod me pro tua benignitate summo
pontifici commendes, non modo gratum habeo, sed etiam glo-
rior. Talis namque viri testimonium omnis præfecturæ superat
insignia : quæ sæpenumero ad indignos perveniunt. A viro autem
doctissimo sapientissimo optimo commendationes assequi virtus
ipsa solet.

Ad Strabonem vero ut redeam, mirum est dictu quam cadat
interdum ingenium simul et industria, cum incohato plerumque
sermonis capiti pedes ipsi succiduntur, et media mutescat oratio.
Tamen ire pergo, sperans aliunde supplere quod intercipitur.
Ardeo vero aviditate ut siti potius incredibili hac in re pontificis
maximi Sanctitati morem gerere : ubi tanto splendori nomen
meum promiscuum faciens, immortalitatem induturus mihi
videor. Si autem alteri nostrum subire dabitur hospitium, quasdam obducere cicatrices conatus, quampiam, degustationis gratia, particulam prius ad te mittam, ut, si dignam tantæ maiestatis
aspectu iudicaveris, tuo ductu et ὁδηγίᾳ secura proserpat. Quod
si ne reijciatur exoraverit, satis habebo. Ea mihi merces, id mihi
præmium, id pro labore hostimentum abunde fuerit. Bene vale,

Mecenas et decus meum, et pontificis sanctissimi pedibus Manuelem filium patremque commenda [1].

E Ferraria, vii martii 1453.

29

FRANÇOIS FILELFE A PHILIPPE FERROFINO

Pavie, 1er décembre 1451.

Φραγκίσκος ὁ Φιλέλφος Φιλίππῳ τῷ Φερροφίνῳ [2] χαίρειν.

Σήμερον δεξάμενος ἐγὼ τὰ παρὰ τοῦ κοινοῦ ἡμῶν καὶ φιλτάτου πατρὸς Ἰωάννου γράμματα καὶ ταῦτα κατ' ἀκρίβειαν ἀναγνοὺς, εὐφράνθην τὰ μέγιστα. Ἐδήλου γὰρ τὰ περὶ ὑμᾶς κατὰ Γενόαν ὄντα καλῶς, ἐν πρώτοις [3] δὲ τὴν πολλὴν ἔφεσίν τε καὶ εὔνοιαν ὑμῶν πρὸς ἐμέ. Τὰ ἑκάτερα μὲν οὖν τούτων ἔτερψέ [4] μοι τὰς ἀκοάς · καὶ γὰρ, ὡς ἐν παροιμίᾳ, τὰ τῶν φίλων κοινά. Ὅτι δὲ τῶν ἐνθάδε πραγμάτων ὑμᾶς ἔχει ὁ φόβος, οὐδέν ἐστιν ἤδη φοβερόν · ὁ γὰρ λοιμὸς ἀπῆλθεν εἰς κόρακας, τἄλλα [5] δὲ πάντα ἐν εὐδίᾳ πολλῇ · διὸ συμβουλεύομαί [6] σοι τὸ κατὰ τάχος ἐλθεῖν ὡς ἡμᾶς . Ἡ γὰρ ἀκαδημία ἡμῶν λυπεῖται τῇ σῇ ἀπουσίᾳ · ἐλθὲ γοῦν [7] σὺν θεῷ μὴ βραδέως, τὰ ἡμῶν καὶ Συμπόσια συγκομίσας. Πρὸς τούτοις ἐπῆλθέ [8] μοι πόθος τῶν ὑαλίνων λεγομένων ὀφθαλμῶν ἢ [9] καὶ κρυσταλλίνων [10] · τούτους τοίνυν λαβὼν παρὰ σοῦ, ἔξω σοι χάριν. Ἄσπασαι τὸν κοινὸν πατέρα καὶ ἔρρωσο [11].

Παπίαθεν, τῇ δεκεμβρίου πρώτῃ [12], [ἔτει ͵αυνά [13]].

La lettre de Jean, notre commun et bien-aimé père, que j'ai reçue aujourd'hui et lue avec attention, m'a causé la plus grande joie. Elle m'informait, en effet, que vos affaires de Gênes sont dans une situation florissante ; elle me disait surtout la vive affection et la bienveillance que vous avez pour

1. Je tiens à déclarer que les petites irrégularités qui se remarquent dans cette lettre ne doivent pas être attribuées à des fautes typographiques, mais existent bien dans l'original.

2. φερρόφίνῳ. 3. πρῴ τοῖς. 4. ἔθερψέ *(sic)*. 5. τάλλα. 6. συμβουλεύομαι. 7. γοῦν. 8. ἐπῆλθε. 9. ἤ. 10. κρυσταλίνων. 11. ἔρρωσο. 12. πρωτῃ.

13. Sans millésime dans le manuscrit, mais placée entre une lettre à Cicco Simonetta du 5 des calendes de décembre (27 novembre) 1451 et une lettre à Nicolas Varrone des ides de décembre (13 décembre) 1451.

moi. Ces deux nouvelles m'ont fait éprouver un vrai plaisir; car, comme dit le proverbe, entre amis tout est commun. Vous craignez l'état de choses qui règne à Pavie? mais il n'y a plus rien à redouter. La peste est allée au diable et le calme a partout reparu. C'est pourquoi je te conseille de revenir vers nous au plus vite. Notre académie pleure ton absence. Accours donc, et rapporte-moi mes *Convivia*. Je désirerais aussi avoir des lunettes ; si tu m'en apportes une paire, je t'en serai reconnaissant. Salue notre commun père et porte-toi bien [1].

30

FRANÇOIS FILELFE A PIERRE PERLEONE

Milan, 2 avril 1453.

Φραγκίσκος ὁ Φιλέλφος Πέτρῳ τῷ Περλέωνι χαίρειν.

Ὅσον ἐπέστειλά σοι τῇ πρὸ τῶν εἰδῶν μαρτίου ἡμέρᾳ οἶμαί [2] σε μεμαθηκότα καλῶς, εἰ καὶ κατὰ Θρᾳκῶν γλῶτταν ἔγραψα, τοῦτο δηλονότι πεποιηκὼς διὰ τὸ μὴ νοεῖν τοὺς παρατυγχάνοντας τὰ ἡμέτερα. Ἀπελευσόμενος γὰρ πρὸς τὸν Ἀλφόνσον βασιλέα, πολλῶν εἰμι [3] ἐνδεής, βουλόμενός γε τοῦτο κατ' ἀξίαν ποιεῖν. Διὸ χαρισόμενός μοι τὰ μέγιστα μὴ ὄκνει [4], ἀλλὰ σὺν τάχει διατέλεσον τὰ ἡμῖν ποθεινά. Ἔρρωσο [5].

Μεδιολάνοθεν, τῇ πρὸ νωνῶν ἀπριλίου τετάρτῃ, [ἔτει ϛυνγ' [6]].

Tu as parfaitement compris, je pense, ma lettre du 14 mars, bien que je l'aie écrite dans la langue des Thraces, et ce pour mettre nos affaires à l'abri des indiscrétions du premier venu.

---

1. Nous ne possédons aucun renseignement concernant Philippe Ferrofino. Il était peut-être parent de Jean Ferrofino, *iurisconsultus et ducalis iusticiæ consiliarius*, auquel sont adressées deux lettres latines de Filelfe, l'une du 3 des ides de novembre (11 novembre) 1439, l'autre du 18 des calendes de septembre (15 août 1447). Nous trouvons enfin un certain Dominique Ferrofino comme interlocuteur des *Convivia* de Filelfe. Voir *Conviviorum Francisci Philelphi libri II eruditi ac varii* (Paris, *auspiliis Hedmondi Fabri bibliopole parrhysiensis*, s. d., in-4°), ff. 5 verso et suiv.

2. οἶμαι. 3. εἰμί. 4. ὄκνει. 5. ἔρρωσο.

6. Sans millésime dans le manuscrit, mais placée après une lettre à André Alamanni du 4 des nones d'avril 1453.

Devant me rendre auprès du roi Alphonse, j'ai besoin d'une
foule de choses; car je veux que ma visite soit convenable.
Tu me feras donc le plus grand plaisir de ne pas différer ce
que je désire, mais de l'exécuter au plus vite. Porte-toi
bien.

Fuyant sans doute les dissensions civiles qui faisaient alors de
Gênes la plus agitée des cités italiennes, Pierre Perleone venait
d'abandonner la chaire qu'il occupait dans cette ville et s'était
retiré à Rimini sa patrie [1]. Une lettre latine que Filelfe lui adressa
la veille des ides de mars (14 mars) 1453 débute ainsi : « Quid
volo istic agas meo nomine, græce ad te scripsi. Fac, si me amas,
ut quamprimum adeas Sigismundum principem, cui diligenter
expone quod tibi vides in commentariis datum. » Cette lettre grecque, écrite le même jour et qui nous aurait révélé pour quel motif
Filelfe sollicitait l'intervention de Perleone auprès de Sigismond
Malatesta, est malheureusement perdue [2].

31.

FRANÇOIS FILELFE A THÉODORE GAZA

Milan, 26 février 1454.

Φραγκίσκος ὁ Φιλέλφος Θεοδώρῳ τῷ Γαζῇ χαίρειν.

Ξενοφῶν ὁ ἐμὸς παῖς ἀποδιδούς σοι τὴν ἐπιστολὴν ἄλλα [3] τε διη-
γήσεται παρ' ἐμοῦ, κἀκεῖνο ἐμφανῶς τὸ λίαν ἡμᾶς ἐπιθυμεῖν τῶν
λεγομένων λακεδαιμονίων ἀποφθεγμάτων. Ἔγραψε γὰρ ταῦτα παρὰ
τοῖς Ἕλλησιν, ὡς οἶσθα, ὁ σοφὸς Πλούταρχος, ἡρμήνευσε δὲ ὁ σὸς
Φιλέλφος χαρισάμενος τοῖς Λατίνοις. Εὑρὼν δὲ τὸ ἑλληνικὸν, γραφέως ἀγνοίᾳ, κατὰ τόπους τινὰς ἡμαρτημένον, ἀναγκάζομαι χρήσασθαι τῇ σῇ βοηθείᾳ πρὸς τὸ μεταγράψαι μοι ὅμοιόν τι κείμενον, εἴπερ
δὴ ἐστι [4] παρ' ὑμῖν τοιοῦτόν τι καὶ ὀρθόν [5]. Ἔρρωσο [6].

---

1. Lettre latine de Filelfe à Perleone du 5 des calendes de mars (25 février)
1453.

2. Dans la lettre latine de Filelfe à Perleone du 15 des calendes de mai
(17 avril 1453), il est question d'une autre lettre grecque également perdue.

3. ἄλλα. 4. δὴ ἐστι. 5. ὀρθόν. 6. ἔρρωσο.

Μεδιολάνοθεν, τετάρτη ἡμέρα πρὸ μαρτίου καλενδῶν, [ἔτει ᾳυνδ' ¹].

Mon fils Xénophon, porteur de la présente, te fera de ma part différentes communications ; il te dira notamment que je désire beaucoup les *Apophtegmes lacédémoniens.* C'est, comme tu le sais, le sage Plutarque qui a doté les Grecs de cet ouvrage, et ton Filelfe l'a traduit en faveur des Latins. Mais, ayant trouvé l'original fautif en certains endroits, par suite de l'ignorance du scribe, je suis obligé de recourir à ton assistance pour me procurer une autre copie de ce même texte, si toutefois tu en possèdes un exemplaire et qu'il soit correct. Porte-toi bien.

La traduction des *Apophtegmes* fut imprimée du vivant même de Filelfe, en 1471. En voici la description bibliographique aussi exacte que possible.

AD magnanimum et illustrissimum principē Philippum Mariam anglum inclitum Mediolanesium ducem Francisci Philelphi praefatio in Plutarchi cheronēsis Apophthegmata ad Traianum Caesarem prima pars.

Cet intitulé figure en tête du premier f. r°. Au f. 37 r°, on lit :

FRANCISCI prefatio ad nicolaum quītum summū pontificē in plutarchi cheronensis apophthegmata laconica.

Et à la fin :

M. CCCC. LXXI.
Impressum formis iustoq; nitore coruscans
Hoc Vindelinus condidit artis opus.

In-4° de 80 feuillets non chiffrés (dont les trois derniers blancs), sans titre, ni signatures, ni réclames. Caractères romains. 32 li-

1. Sans millésime dans le manuscrit, mais placée entre une lettre à d'Avalos du 3 des calendes de mars 1454 et une autre à Nicolas Ceba du 4 des ides de mars 1454.

gnes à la page pleine. Ayant été assez heureux pour trouver un
exemplaire de ce livre absolument non rogné et dans un carton-
nage ancien, nous pouvons donner le détail des dix cahiers dont il
est formé : Cahier 1, 8 feuillets ; cahier 2, 10 feuillets ; cahier 3,
8 feuillets ; cahier 4, 10 feuillets (la première partie finit avec ce
cahier) ; cahier 5, 8 feuillets ; cahier 6, 8 feuillets ; cahier 7, 6 feuillets ; cahier 8, 10 feuillets ; cahier 9, 4 feuillets ; cahier 10, 8 feuillets.

L'exemplaire de notre Bibliothèque nationale ne possède que
79 feuillets ; celui qui suit le 79ᵉ appartient à la garde.

32.

FRANÇOIS FILELFE A MAHOMET, GRAND SEIGNEUR ET ÉMIR
DES TURCS, FILS DU GRAND MOURAD

Milan, 11 mars 1454.

Φραγκίσκος ὁ Φιλέλφος τῷ τῶν Τούρκων μεγάλῳ αὐθέντῃ τε [1] καὶ
ἀμυρᾷ, τῷ τοῦ μεγάλου Ἀμοράτου υἱῷ Μαομέτῳ, εὖ πράττειν.

Ἀκούσας ἐγὼ καθ' ἡμέραν μᾶλλον πολλὰ περὶ τῆς σῆς ἀρετῆς καὶ
θαυμαστὰ κατορθώματα, ἔπαθον ἀκριβῶς ὅπερ εἰώθασι φύσει οἱ πο-
θοῦντες τὰ ἀγαθά. Ἐγενόμην γὰρ ἐραστὴς τῆς σῆς εὐτυχίας, ἣν παρέχει σοι ὁ θεὸς διὰ τὴν σὴν ἐσθλότητα. Οὗτος μὲν γὰρ αἰεὶ βοηθεῖ
τοῖς ἀρίστοις · τοὺς δὲ πονηροὺς ἐν καιρῷ κεκολακὼς τυγχάνει. Καὶ
γὰρ ὢν αὐτὸς ἐν ἐκείνων ἀριθμῷ, οἳ τοὺς κατὰ φύσιν θνητοὺς ἐκποιοῦσι
διὰ τὰς καλὰς πράξεις ἀθανάτους τῇ δόξῃ ἣν πορίζει ὁ λόγος, οὐ σμικρὰν ὕλην ἐδόκουν κτήσασθαι πρὸς τῆς καλλιεπείας τὸ ἔργον. Διὸ
ἠρξάμην περὶ σοῦ γράφειν ἀσμένως ἀσπασάμενος τὴν εὐδαιμονίαν τὴν
σήν · μόνος γὰρ εὐδαίμων, ὡς ἔμοιγε [2] δοκεῖ, ὁ πᾶν αἰσχρὸν [3] πεφευ-
γώς, τῷ καλῷ ἀκολουθήσας διὰ παντός. Οὐδὲ ἤλπιζον ἔγωγε ταῦτα
ποιῶν μισθόν τινα τῆς σπουδῆς, ἅλις ἔχων τὸ τηρῆσαι [4] τἀληθὲς ἐν
τῷ λόγῳ. Ἀλλ' οὐδὲν ἀγαθὸν τὸ θεῖον βούλεται ἄμοιρον γενέσθαι
μισθοῦ, πολλὰς εἰς τοῦτον ὁδοὺς παρασχών [5] · ὅπερ καὶ πάλαι μὲν
πολλάκις ἐν ἄλλοις πολλοῖς, νῦν δὲ ἐν ἐμαυτῷ ἑωρακὼς εἰμι.

Ἡ γὰρ ἁμαρτία [6] Ῥωμαίων παρέδωκε τῇ σῇ καλοκαγαθίᾳ τὴν

---

1. τὲ. 2. ὄμοιγε. 3. ἐσχρὸν. 4. τειρῆσαι. 5. παρασχὸν. 6. ἁμαρτύα.

Κωνσταντινούπολιν [1] εἰς παίδευσιν, οἶμαι, τῶν ἀδικούντων · ἀλλὰ καὶ οἱ δίκαιοι [2] ἔστιν ὅτε σὺν τοῖς ἀδίκοις δικαιοῦνται θεία τινὶ ἐπιφρονήσει [3]. Ἡ γὰρ ἐμὴ πενθερὰ Μανφρεδῖνα Χρυσολωρίνα, γυνὴ σώφρων καὶ ἁγία, μετὰ καὶ δύω θυγατέρων ἀρίστων, οὐδὲ εἰς τὸν θεὸν ἥμαρτεν, ὡς λόγον εἰπεῖν, οὐδὲ εἰς τὴν σὴν ἐνδοξότητα. Ὅμως καὶ αὐτὴ εὐγενεστάτη οὖσα δουλεύει · καὶ τίσιν [4]; Ἑβραίοις τοῖς αἰεὶ δούλοις, τοῖς φιλαργύροις, τοῖς μικροψύχοις, τοῖς τῶν θνητῶν ἀπάντων μοχθηροῖς καὶ οὐδενὸς ἀξίοις.

Ἔρχομαι τοίνυν, ὦ μέγιστε ἀμυρᾶ, ὃν ἕνα πέμπει θεὸς τοῖς μὴ εὖ πάσχουσιν εὐεργέτην, τὴν παρὰ σοῦ βοήθειαν ἀξιῶν. Τὴν ἐμὴν αἰτῶ πενθερὰν καὶ τὰς αὐτῆς θυγατέρας, τὰ λύτρα ὑπὲρ αὐτῶν ἀποδώσων, οὐχ ὅσα ἡ τῶν βαρβάρων Ἑβραίων ἀπληστία ἐπιζητεῖ, ἀλλ' ὅσα τὸ πρέπον καὶ τὸ ἐμοὶ δυνατόν. Περὶ δὲ τούτου ὁ σὸς γραμματεὺς Κυρίζις [5] κατὰ μέρος ἀνοίσει παρών.

Πρὸς τούτοις βούλομαί σε [6] μὴ λαθεῖν τὸν πρῶτον ἐν τοῖς Λατίνοις τὰ στρατηγικὰ καὶ τὴν ἐν τοῖς ὅπλοις εὐτυχίαν ὑπάρχειν Μεδιολάνου τὸν ἡγεμόνα τοὔνομα Φραγκίσκον Σφορτίαν, ἀνδρειότατον αὐθέντην καὶ τὰ πάντα θαυμάσιον. Οὗτος δὲ τῆς σῆς ἀποδοχῆς [7] ὑπερβαλλόντως ἐπιθυμεῖ, τῶν Ἑνετῶν ἐχθρὸς ὢν καὶ σοὶ [8] φίλος ἐν πρώτοις. Ἔρρωσο [9], θεία κεφαλή, καὶ τὴν μεγαλοπρέπειαν ἄσκει · αὕτη γὰρ ἡ τιμιωτάτη [10] καὶ πρώτη ἀρετὴ τῶν κρατούντων [11].

Μεδιολάνοθεν, τῇ ε΄ πρὸ μαρτίου εἰδῶν, ἔτει ἀπὸ Χριστοῦ γεννήσεως ᾳυνδ΄ [12].

A force d'entendre chaque jour vanter ton mérite et tes

---

1. κονσταντινόπολιν. 2. δίκαιοι. 3. ἐπιφρονήσι. 4. τισιν. 5. Il faut probablement lire Κυρίτζις. 6. βούλομαι σὲ. 7. ἀποδυχῆς. 8. καὶ σοὶ. 9. ἔρρωσο. 10. τιμιωταύτη. 11. γρατούντων.

12. Déjà publiée par Rosmini, *Vita di Francesco Filelfo*, t. II, pp. 305-307; et reproduite par Philippe Dethier dans les *Monumenta Hungariæ historica*, t. XXI, première partie, pp. 703-708. Dethier parle dans ses notes de deux copies de cette lettre, qu'il appelle l'une ἡ ἀπόγραφος Βωννένσις et l'autre ἡ ἀπόγραφος Κοινιγσβεργένσις. Nous ne savons si ces deux copies se trouvent dans les bibliothèques de Bonn et de Kœnigsberg. Mais nous inclinons à croire que, pour la seconde, il pourrait se faire qu'il s'agit simplement d'une copie exécutée par feu Charles Hopf (soit sur le ms. de Milan, soit sur celui de Wolfenbüttel), car cet érudit avait fourni à Dethier des documents pour sa publication. [Sur les tomes XXI et XXII des *Monumenta Hungariæ historica*, voir ce que nous disons plus loin, p. 68, note 3.]

admirables exploits, j'ai éprouvé exactement ce qu'éprouvent d'ordinaire les gens qui veulent le bien : je me suis épris des succès dont Dieu a récompensé ta bonté ; car si, lorsque l'heure de sévir est venue, il châtie les méchants, jamais il ne refuse son assistance aux bons. Or étant de ceux qui, en dispensant la gloire que procure l'art d'écrire, immortalisent à cause de leurs belles actions des hommes mortels par nature, je crus avoir trouvé en toi une ample matière à exercer ma verve. Je me mis donc à l'œuvre, tant ta félicité me sollicitait (car, à mon avis, celui-là seul est heureux qui fuit toute action honteuse et ne s'écarte jamais du bien). Je n'espérais, en écrivant, recueillir d'autre profit que la satisfaction de rendre hommage à la vérité. Mais Dieu a donné à l'homme mille moyens d'acquérir la récompense réservée à chaque bonne action : c'est une chose que j'ai pu constater jadis chez d'autres, et dont j'ai fait moi-même aujourd'hui l'expérience.

Les fautes des Grecs t'ont livré Constantinople pour la punition des coupables ; mais, comme cela arrive parfois, la divine providence a permis que les justes fussent éprouvés avec les méchants. Ainsi Manfredina Chrysoloras, ma belle-mère, femme chaste, sainte et de naissance illustre, qui n'a pour ainsi dire offensé ni Dieu ni ta glorieuse personne, a été réduite en esclavage avec ses deux excellentes filles. Et par qui ? Par les éternels esclaves, les Juifs, ces avares, ces pusillanimes. les plus vils et les plus scélérats des mortels !

Je viens donc à toi, ô très grand émir, à toi que Dieu a envoyé pour être le bienfaiteur des malheureux, je viens implorer ton assistance. Je réclame ma belle-mère et ses filles, prêt à payer pour leur rançon, non ce qu'exige l'avidité des Juifs barbares, mais ce qui est équitable et dans la mesure de mes moyens. Ton secrétaire Kyritzis t'exposera verbalement le détail de cette affaire.

En outre, je ne veux pas te laisser ignorer que le plus habile parmi les Latins dans l'art militaire comme le plus heureux sur les champs de bataille est François Sforce, duc de Milan, mon très vaillant et très admirable seigneur. Il désire extrêmement mériter ta bienveillance, étant ennemi des Vénitiens et un de tes meilleurs amis. Porte-toi bien, tête divine ; pratique la magnanimité, c'est la première et la plus précieuse vertu des monarques.

En même temps que la présente lettre, François Filelfe adressait à Mahomet II l'ode publiée plus loin sous le n° 11. Dans une autre lettre, écrite longtemps après à Leodisio Cribelli et datée du 1er août 1465, il donne à ce sujet quelques détails complémentaires qu'il est indispensable de reproduire :

« Nec illud mihi certe vitio dandum est quod ad Mahometum, tyrannum amyramque Turcorum, et epistolam olim et carmen dederim, et id quidem non inscio sapientissimo et innocentissimo principe meo Francisco Sphortia, qui, cum vellet aliquid explorare de apparatu insidiisque Turcorum in christianos, audiretque honestissimam feminam, socrum meam, Manfredinam, uxorem illius splendidissimi Chrysoloræ, et ipsam et duas filias ex præda et direptione Constantinopolitana captivas servire apud illam barbariam, permisit ut, illarum redimendarum obtentu, duo quidam iuvenes callidi et ad rem strenui, nomine meo et cum meis item litteris, proficiscerentur ad Mahometum. »

Filelfe semble avoir appris relativement assez tard que sa belle-mère et ses deux belles-sœurs avaient été réduites en esclavage, lors de la prise de Constantinople. La première fois qu'il mentionne ce fait, c'est dans une lettre à son ami le médecin Pierre Tommasi, datée du 10 des calendes de février (23 janvier) 1454. Jusqu'à ce jour, écrit-il, je n'avais pas éprouvé de peine plus cruelle que celle que me cause la prise de la nouvelle Rome. S'il en était autrement, je me considérerais comme le plus ingrat des hommes, « non solum quod et socrum mihi carissimam Manfredinam Auriam, nobilissimam et prudentissimam feminam, ac duas eius et socri mei Johannis Chrysoloræ, præstantissimi equitis aurati et eruditissimi viri, filias, meorum quatuor filiorum materteras, in obscuram servitutem a barbaris et teterrimis Turcis actas audio, sed eo magis quod ea urbe etiam matre sum usus et altrice educatriceque iuventæ studiorumque meorum. »

Peu de temps après, Filelfe reçut des nouvelles directes de Manfredina, comme en témoigne la lettre qu'il écrivit, la veille des ides de mars (14 mars) 1434, à un certain André de Ferrare : « Etsi mihi es incognitus, tuæ te tamen litterarum notæ, quibus in ea es usus inscriptione quam socrus meæ Manfredinæ Chrysolorinæ litteris adiecisti, non mediocriter notum faciunt. Gaudeo igitur te istic esse qui et res magnas videris et visurus etiam sis. Tuum autem fuerit ut ad nos aliquid scribas diligentius, quo te non minus intus quam in cute perspiciamus. Vale, et si quid ad liberationem socrus meæ eiusque filiarum afferre vales, peto ne negligas. Hoc erit et mihi gratissimum et tibi honorificum. »

Les détails nous manquent sur la façon dont s'opéra la délivrance de Manfredina et de ses deux filles. Ce qu'il y a de certain, c'est que la lettre et l'ode de Filelfe produisirent l'effet qu'il en espérait sur l'esprit de Mahomet II. Le conquérant fit mettre en liberté les trois captives, qui passèrent en Crète et se fixèrent dans la ville de Candie. Manfredina y mourut, dans une extrême vieillesse, en 1464 ; peut-être même une de ses filles l'avait-elle déjà précédée dans la tombe, car il n'est plus alors question que d'une seule, nommée Zambia. Voici en quels termes Filelfe écrit à son fils Xénophon : « De socrus obitu quod scribis, eo fero æquiore animo quam quod antea significaras de tua matertera Zambia, quod ea ut decrepita intempestivæ naturæ concessit. Quare te plurimum hortor ut eius orbitati quam accuratissime consulas. Quod eo tibi faciundum est maiore studio quod eius ætas est adhuc opportuna contumeliæ. Est Candace (nam quam urbem Veneti in Cretensibus Candidam nunc vocant, ea et a doctis et a priscis viris Candax nominatur) est, inquam, Candace vir nobilis mihique amicissimus Laurus Quirinus, cui ut te notum facias et materteræ rem commendes, non erit inutile [1] ».

Zambia vivait à Candie dans une situation très voisine de la misère. Filelfe avait chargé son fils Xénophon de ramener sa tante en Italie. Nous ne savons ce qu'il advint d'elle par la suite. Les deux dernières mentions que nous en trouvions dans les lettres de Filelfe sont de l'année 1466. « Scire cupio, écrit-il à Lauro Quirini, quid secutum sit de illustri femina Zambia, sorore uxoris

---

1. Lettre de Filelfe à son fils Xénophon, datée du 18 avant les calendes de février (15 janvier) 1465.

illius meæ Theodoræ Chrysolorinæ. Nam socrum Manfredinam diem obiisse iampridem accepi. Mandaram autem Xenophonti filio, qui propediem Rhagusio est ad nos rediturus ut eam istinc Rhagusium advectam secum ad nos ageret. Quid vero egerit nondum didici [1]. » Le lendemain, il écrit à Xénophon : « Scio litteras tuas non fuisse redditas tuæ materteræ. Nam peregrinorum triremis non attigit Creten. Doleo eius vicem. Cupiebam enim illi benefacere : id quod præstare mihi non licere ægre fero, ut par est [2].»

.*. Il n'est peut-être pas trop invraisemblable de supposer que le Kyritzis dont il est fait mention dans la présente lettre, était Cyriaque d'Ancône, puisque nous savons, par le témoignage formel d'un contemporain, qu'il avait gagné les bonnes grâces de Mahomet II et remplissait un emploi au palais. Zorzo Dolfin déclare, en effet, que le Grand Seigneur *ogni dí se fa lezer historie romane et de altri, da uno compagno d°* CHIRIACO D'ANCONA *et da uno altro Italo etc.* [3]. Il est vrai que le Vénitien Antoine de Leonardo affirme, dans une lettre écrite en 1457 à Félix Feliciano, que Cyriaque *superioribus annis vitæ suæ finem fecit* [4]; mais cette expression vague n'implique pas nécessairement que le fameux voyageur italien fût déjà mort en 1454.

1. Lettre du 12 des calendes de mars 1466.
2. Lettre du 11 des calendes de mars 1466.
3. Zorzo Dolfin, *Assedio e presa di Costantinopoli nell' anno 1453*, éd. de Philippe Dethier, dans les *Monumenta Hungariæ historica,* tome XXII, première partie, p. 982. [Nous devons faire observer ici que les tomes XXI et XXII de cette Collection (qui ne comprennent que des documents relatifs à la prise de Constantinople par les Turcs), bien qu'imprimés depuis une vingtaine d'années, n'ont pas été publiés et ne le seront jamais, pour des raisons dont il est aisé de se rendre compte, quand on a les volumes entre les mains. Nous possédons un exemplaire de cette publication, don précieux de l'Académie hongroise des Sciences.]
4. Tiraboschi, *Storia della litteratura italiana* (Milan, 1824, in-8°), t. VI, p. 291.

33

FRANÇOIS FILELFE A SON FILS JEAN-MARIUS

Milan, 4 juin 1454.

Φραγκίσκος ὁ Φιλέλφος Ἰωάννῃ Μαρίῳ τῷ υἱῷ χαίρειν.

Ὁ ταύτην σοι τὴν ἐπιστολὴν ἀποδοὺς Δρομοκάτης ὁ Χρυσολωρᾶς ἐν κηδείας νόμῳ ἡμῖν ὢν τυγχάνει, ἀπὸ τοῦ τῆς σῆς μητρὸς γένους. Ἔστι δὲ καλὸς κἀγαθὸς [1] ἀνήρ, λυπηρὸν μέρος τῆς ἄρτι γενομένης κατὰ τὴν νέαν Ῥώμην δυστυχίας. Δεῖξον οὖν τῷ ἀνδρὶ φίλῳ καὶ συγγενεῖ τὸ κατὰ παροιμίαν ᾀδόμενον, τὰ τῶν φίλων εἶναι [2] κοινά. Ἔρρωσο [3].

Μεδιολάνοθεν, τῇ πρὸ νωνῶν Ἰουνίου, ἔτει ͵αυνδ΄.

Le porteur de cette lettre, Dromocatès Chrysoloras, nous est uni par des liens de parenté, car il appartient à la famille de ta mère. C'est un honnête homme qui a eu sa triste part des calamités dont la nouvelle Rome a récemment été victime. Prouve donc à cet ami, à ce parent, que, comme dit le proverbe, entre amis tout est commun. Porte-toi bien.

En quittant Milan, Michel Dromocatès Chrysoloras se rendit certainement à Turin, où résidait alors Marius Filelfe [4]. De cette ville, il gagna peut-être la France pour aller, comme tant d'autres de ses compatriotes, implorer la générosité du roi. Quoiqu'il en soit, nous le retrouvons seize mois plus tard, en Italie. En effet, le 13 octobre 1455, François Filelfe recommande Michel et deux autres nobles Grecs au marquis de Mantoue, par la lettre suivante, qu'il n'est pas inutile de reproduire :

Franciscus Philelfus Ludovico Mantuæ marchioni salutem. Etsi non ignorabam eo te esse ingenio atque animi magnitudine ut etiam sine ulla mea commendatione quam liberalissime munificentissimeque excepturum arbitrarer virum illustrem Michaelem

1. κἀγαθός. 2. εἶναι. 3. ἔρρωσο.
4. Voy. Guillaume Favre, *Mélanges d'histoire littéraire* (Genève, 1856, in-8°), t. I, p. 64.

Dromocatem Chrysoloram, Manuelis illius Chrysoloræ necessarium, qui extincta bonarum artium studia in lucem ad Latinos
revocavit ; itemque viros nobiles Demetrium et Michaelem Assa-
nes, mei tamen existimavi esse officii ut te certiorem facerem
cuiusmodi viri essent. Sunt enim, ut intelligis, honestissimo
nati genere et iidem omnes Constantinopolitani, quique penes
Turcum immanem illum et impium Mahometum quam miser-
rimam serviunt servitutem. Itaque peto abs te ut ea in hos
tres benignitate uti velis, qua in omnes consuesti, cum intelligas
idem quoque et ab hoc nostro principe et ab aliis plerisque et
principibus et regibus esse factitatum, quibus te omnino cedere
sit indignum. Vale, princeps optime.

Ex Mediolano, 3 idus octobres M. CCCC. LV.

34

FRANÇOIS FILELFE A ANDRÉ ALAMANNI

Milan, 26 juillet 1454.

Φραγκίσκος ὁ Φιλέλφος Ἀνδρέᾳ τῷ Ἀλαμάννῳ τὸ μὴ σιωπᾶν.

Ἐπέστειλα πρότερον Βαρθολομαίῳ τῷ σῷ κατὰ νόμον φιλίας αἰτῶν
παρ᾽ αὐτοῦ παῖδα ἐκ τῶν παρ᾽ ὑμῖν τινα [1] τὸ γράφειν οὐκ ἄμουσον.
Αὐτὸς δὲ, οἶμαι, πυθαγόρειος ὢν τῆς ἐχεμυθίας ἐρᾷ. Διὸ τῇ σῇ πρὸς
τοῦτο σπουδῇ τε καὶ εὐνοίᾳ χρήσασθαι ἀναγκασθείς, ἀξιῶ ἵνα χαρι-
σάμενός μοι πολλάκις πολλὰ, ἔτι καὶ νῦν οὐκ ἀπειπὼν ἐνταῦθα δοκῇς.
Ποιήσω δὲ τῷ γραφεῖ ὅσα καὶ Βαρθολομαίῳ ἔγραψα, φιλανθρώπως τε
καὶ μετὰ πάσης φιλοφροσύνης. Ἔρρωσο [2], φίλτατε.

Μεδιολάνοθεν, τῇ ζ΄ πρὸ αὐγούστου καλενδῶν, [ἔτει ͵αυνδ΄ [3]].

J'ai écrit précédemment à ton Barthélemy [4] pour lui deman-

---

1. τινά. 2. ἔρρωσο.

3. Sans millésime dans le manuscrit, mais placée entre une lettre à Nicolas
Arcimboldi du 11 des calendes d'août 1454 et une à Barthélemy Bucini de la
veille des calendes d'août 1454.

4. Filelfe avait écrit à Barthélemy Bucini une lettre datée du 15 avant les
calendes de juin (18 mai) 1454, dans laquelle on lit : « Mihi domi opus est aliquo adolescente librario, non omnino rudi imperitoque litterarum. Hunc ego
tractabo non humaniter solum, sed etiam liberaliter. Delector autem iis littera-

der, en vertu des lois de l'amitié, un de vos jeunes gens qui
soit un habile calligraphe. Mais Barthélemy, étant, je pense,
pythagoricien aime le silence [1]. C'est pourquoi, forcé de recourir en cette affaire à ton zèle et à ton affection, je te prie,
après tous les bons offices dont je te suis déjà redevable, de
ne pas me refuser aujourd'hui encore un nouveau service. Je
traiterai le copiste comme je l'ai écrit à Barthélemy, avec
bienveillance et toutes sortes d'égards. Porte-toi bien, très
cher ami.

35

FRANÇOIS FILELFE A ANDRÉ ALAMANNI

Milan, 13 août 1454.

Φραγκίσκος ὁ Φιλέλφος Ἀνδρέᾳ τῷ Ἀλαμάννῳ χαίρειν.

Ἰδού σοι πάλιν γράμματα παρ' ἡμῶν τὸ αὐτὸ ἀπαιτοῦντα · νεανίσκου δέομαι γραφέως. Σὺ δὲ τὸ εἰωθὸς σιωπᾷς καὶ περὶ τούτου
φθέγγῃ οὐδὲν, οὐκ εἰδὼς, ὡς ἐμοὶ δοκεῖς, ὅτι ἀνιαρὸν αἰεὶ τὸ προσδοκᾶν, μάλιστά γε ὅτι, ὁσάκις τοῖς σοῖς γράμμασιν ἐντυγχάνω, ἰδεῖν
σε παρόντα δοκῶ. Διὸ οὐκ ὀκνῶν τοῦ ἐπιστέλλειν συνεχέστερόν μοι
παρέξεις τὸ ἥδεσθαι. Ἔρρωσο [2].

Μεδιολάνοθεν, ταῖς αὐγούστου εἰδοῖς, [ἔτει ͵αυνδ´ [3]].

Me voici avec une nouvelle lettre pour t'adresser la même
prière : j'ai besoin d'un jeune copiste. Mais, toi, te renfer-
mant dans ton silence habituel, tu ne me réponds rien à ce
sujet. Tu ignores, ce me semble, combien une attente conti-

---

rum notis quæ ad atticas quam proxime accedant. Nam quibus opifices taber-
nariique utuntur ac reliquum vulgus indoctum, eæ nullum sint apud me pon-
dus habituræ. ».

1. Filelfe ne reçut une réponse de Bucini que la veille des calendes d'août
(31 juillet) 1454. Ce même jour, il lui récrivit une lettre où il dit : « De librario
vero quod antea abs te petii, ut matures, te etiam atque etiam rogo. »

2. ἔρρωσο.

3. Sans millésime dans le manuscrit, mais placée entre une lettre à Nicodème
Tranchedini des ides d'août (13 août) 1454 et une à Christophe Marliani du 16
avant les calendes de septembre (17 août) 1454.

nuelle est pénible pour moi, qui crois te voir présent toutes les fois que je lis tes lettres. C'est pourquoi, en ne négligeant pas de m'écrire, tu me fourniras de plus fréquentes occasions de me réjouir. Porte-toi bien.

36

FRANÇOIS FILELFE A ANDRÉ ALAMANNI

Milan, 1er septembre 1454.

Φραγκίσκος ὁ Φιλέλφος Ἀνδρέᾳ τῷ Ἀλαμάννῳ χαίρειν.

Ὅσον ἡμεῖς φθεγγόμεθα συνεχέστερον, τοσοῦτον καὶ σοὶ [1], ὦ φίλτατε, σεσιώπηται σπουδαιότερον. Τί δὴ τοῦτο; Εὔμουσος ὢν πῶς οὐ μούσης ἐρᾷς καὶ φθέγγῃ πάμπαν οὐδέν; Καὶ γὰρ, οἶμαι, φιλεῖς [2] ἐν τοῖς μάλιστα ἡμᾶς καὶ φιλοῦντας οὐκ ἀγνοεῖς [3]. Διὸ οὔτε λήθην κρατῆσαί [4] σου, οὔτε ἀμέλειαν νομιστέον [5] · ἢ γράφον τοίνυν βραχυλογίᾳ μὴ χρησάμενος, ἢ λόγον ἀπόδος τῆς παρὰ σοῦ σιωπῆς. Ἔρρωσο [6].

Μεδιολάνοθεν, κατὰ σεπτεμβρίου καλένδας, ἔτει ͵αυνδʹ.

Mon très cher ami, plus je t'interpelle souvent, plus tu t'obstines à garder le silence. Qu'est-ce que cela signifie? Comment, toi qui es un esprit cultivé, n'as-tu pas l'amour des Muses et ne me réponds-tu absolument rien? Je crois cependant que tu as pour moi une grande affection, et tu n'ignores pas que je te paye de retour. C'est pourquoi je ne saurais t'accuser d'oubli ni de négligence. Écris-moi donc une longue lettre ou rends-moi raison de ton silence. Porte-toi bien.

---

1. καὶ σοί. 2. φιλεῖς. 3. ἀγνοεῖς. 4. κρατῆσαι. 5. νομιστέον. 6. ἔρρωσο.

37

FRANÇOIS FILELFE A THOMAS DE CORON, MÉDECIN

Milan, 23 octobre 1454.

Φραγκίσκος ὁ Φιλέλφος Θωμᾷ τῷ Κορωναίῳ ἰατρῷ χαίρειν.

Ὁ ἀποδούς σοι [1] τὴν ἐπιστολὴν Ἰωάννης ὁ Γαυρᾶς, νεανίσκος τὸ μὲν γένος Ῥωμαῖός ἐστι [2] κατὰ τὴν νέαν δηλονότι Ῥώμην, τὴν δὲ δυστυχίαν ἐν τοῖς πρώτοις ἐλεεινός. Καὶ γὰρ ἐλεύθερος εἶναι δοκῶν δουλεύει τοῖς Τούρκοις τὴν οἰκτροτάτην αἰχμαλωσίαν · ἔχει γὰρ παρὰ τοῖς ἀσεβεστάτοις ἐκείνοις τοὺς αὐτοῦ [3] γονεῖς ἐν δεσμοῖς. Διὸ συνί-στημί σοι τὸν παῖδα, ἵνα πάσῃ βουλῇ τε καὶ σπουδῇ ποιήσῃς [4] τὸν μέγιστον Φράγκων βασιλέα Κάρολον πρὸς τοῦτον οὐ φιλάνθρωπον γενέσθαι μόνον, ἀλλὰ καὶ κατὰ τὸ αὐτῷ εἰωθὸς μεγαλοπρεπῆ. Ἔρ-ρωσο [5].

Μεδιολάνοθεν, τῇ δεκάτῃ πρὸ νοεμβρίου καλενδῶν, ἔτει ͵αυνδ΄.

Le porteur de la présente lettre, Jean Gavras, est un jeune Grec de la nouvelle Rome. Son infortune est des plus dignes de pitié : car, bien qu'il paraisse libre, il est esclave et subit chez les Turcs la plus lamentable servitude. Ces mécréants détiennent ses parents en captivité. C'est pourquoi je re-commande cet adolescent, afin que, par tes conseils et tes ins-tances, tu décides le très grand roi de France Charles VII à se montrer envers lui non seulement humain, mais encore à lui donner une marque de sa magnificence habituelle. Porte-toi bien.

Nous n'avons recueilli que peu de détails sur Thomas Francos de Coron. Ce personnage devait signer en grec : Θωμᾶς Φράγκος [6]. Quant à l'ethnique ajouté à son prénom en tête de cette lettre

---

1. ἀποδοὺς σοί. 2. ῥωμαῖος ἐστί. 3. αὐτοῦ. 4. ποίησῃς. 5. ἔρρωσο.
6. Ce nom propre n'est pas rare chez les Grecs. Il a été porté notamment au xvᵉ siècle par un certain Démétrius Francos, auquel on doit une Relation des faits et gestes de Scanderbeg. Voy. Pompilio Rodotà, *Rito greco in Italia*, t. III (Rome, 1763, in-4º), p. 25.

grecque et de plusieurs lettres latines, il désigne la ville où il était né, ou dont il tirait son origine. Filelfe qualifie Thomas de *philosophus medicusque regius* [1].

La plus ancienne mention que nous possédions de Thomas Francos nous est fournie par la présente missive de Filelfe ; mais les termes mêmes dans lesquels elle est conçue nous autorisent à croire que ce n'était pas la première que lui écrivait le célèbre humaniste italien. Huit lettres latines de Filelfe à Thomas Francos ont été publiées.

La première est datée du 9 des calendes d'août (24 juillet) 1455. Filelfe lui recommande deux nobles Grecs de Constantinople, Nicolas Trachaniote et Alexandre Cananus [2], qui allaient de ville en ville, quêtant la rançon de leurs parents captifs en Turquie. On y lit cette phrase : *Nosti enim quam pium sit opus benefacere indigentibus*, ET PRÆSERTIM SUIS. A défaut d'autres arguments, ces trois derniers mots suffiraient à prouver que Thomas était Grec. Filelfe l'appelle une fois seulement *Thomas Græcus*, et ce dans sa lettre à Étienne Cornelius, secrétaire de Charles VII, datée des ides de novembre (13 novembre) 1455. Lancelot, dans ses *Mémoires pour la vie de François Philelphe* [3], se demande si *Græcus* n'est pas, dans ce passage, une faute d'impression pour *Francus*. Nous pouvons affirmer qu'il n'en est rien. Le codex *Trivulzianus* donne la même leçon que les imprimés.

La seconde lettre est datée de la veille des calendes d'août (31 juillet) 1455. Filelfe y confirme à Thomas l'envoi de deux lettres précédentes ; l'une d'elles est sans doute celle du 24 juillet 1455, mais l'autre ne nous a pas été conservée. Filelfe écrit qu'il profite de l'occasion que lui offre un messager, le prêtre Hugues, pour récapituler *en grec* à Thomas ce qu'il lui a écrit précédemment plus en détail. Cette lettre grecque a également disparu.

La troisième lettre est du 7 avant les calendes de novembre (26 octobre) 1455. Filelfe informe Thomas qu'il se propose de ·

---

1. Intitulé de sa lettre du 6 des ides de juin (8 juin) 1456.

2. Ce Cananus pourrait bien être celui-là même qui a écrit un curieux itinéraire publié par Spiridion Lambros dans le Παρνασσός (Athènes, 1881, in-8º), t. V, pp. 706-707.

3. Dans les *Mémoires de Littérature* publiés par l'Académie des Inscriptions, t. X, p. 719.

dédier à Charles VII un recueil de vers. Il envoie au médecin grec la première pièce de cette collection [1].

La quatrième lettre porte la date de la veille des calendes de janvier (31 décembre) 1455. Filelfe a appris par Nicolas Trachaniote et Alexandre Cananus, à leur retour de France, que Thomas lui a écrit ; mais il n'a pas reçu la lettre de son ami et il le prie de lui écrire de nouveau.

La cinquième lettre est du 10 des calendes de mars (20 février) 1456. Filelfe accuse réception de deux lettres à son adresse et d'une troisième destinée à son fils Marius, celle-ci écrite *ex oppido Eduorum Monte Coclerio*. C'est dans cette lettre que Filelfe désigne pour la première fois son correspondant par le nom de *Francus*, tandis que, dans les précédentes, il le qualifie simplement de *Coronæus*.

La sixième lettre est des ides de mars (15 mars) 1456. Filelfe a reçu des lettres de Thomas par l'intermédiaire de l'ambassadeur du duc de Milan. Il demande à son ami s'il approuverait son intention d'aller lui-même offrir ses poésies à Charles VII.

La septième lettre est du 15 des calendes de juin (18 mai) 1456. Filelfe recommande Jean Argyropoulos, qui se rend en France auprès de Charles VII.

La huitième lettre est datée du 6 des ides de juin (8 juin) 1456. Filelfe s'excuse de ne pas s'être déjà rendu près du roi de France. Il recommande Thomas Tebaldi, ambassadeur du duc de Milan. Il conjure Thomas Francos de faire tout son possible pour que la mission de l'envoyé de François Sforce soit couronnée de succès.

Thomas de Coron ne put hélas ! rendre à Filelfe le service que celui-ci demandait. En effet, Tebaldi n'arriva près de Charles VII qu'à la fin de novembre 1456, comme en fait foi une lettre de lui datée de Lyon, le 7 décembre 1456. Il y annonce à son maître que, arrivé depuis dix jours, il a immédiatement obtenu une audience du roi ; il l'informe, en outre, que maître Thomas le Grec a succombé, deux mois auparavant, à une attaque de paralysie. Nous lui laissons la parole :

« Maestro Thomaso Greco za duj mesi passati, venendo il Re a

---

1. Voir sur le même sujet la lettre latine de Filelfe à Guillaume Jouvenel des Ursins, écrite à la date des ides de novembre (13 novembre) 1455.

Lione, ha finito i zorni soj. Cascogli la cozola e se perdete da uno canto insieme con la favela. E cussì steti sei zorni cum pena. Il Re ha facto gran demostratione che 'l gli sia doluta la sua morte, e factolo portare qui a Lione e sepelire cum grande honore. E ha facto alcuni commissarj ale sue cosse mobile e immobile, li quali le governano a posta del figliolo. Puocho mobile se trovato da libri in fora. Dapoj il figliolo è venuto novamente, e vole il Re che 'l habia tutto [1]. »

Environ deux mois plus tard, le 14 février 1457, Tebaldi écrit à François Sforce qu'il a remis à Charles VII les livres dont il était chargé de lui faire hommage. Nous apprenons par sa lettre que Thomas de Coron avait informé le duc de Milan (probablement par l'intermédiaire de Filelfe) qu'un pareil cadeau serait agréable au roi de France. Voici en quels termes s'exprime Thomas Tebaldi : « Ali tri del presente (févr. 1457) gionsi a Lione, e passati duj zorni andai dala Maestà del Re, al quale fece la recommendatione como la Excellentia Vostra m'havea imposto e presentagli li libri como... Thomaso Greco havea facto avisare la Signoria Vostra che dicti libri seriano grati a la sua Maestà; et per questo la Signoria Vostra li havea facto scrivere per mandare al dicto maestro Thomaso, non parendoli nè degno, nè conveniente mandare si picola cosa ala Maestà sua. Ma non essendoli più la dicto maestro Thomaso, che la Vostra Signoria tali quali erano gli mandava a segurtà pregandola non guardasse ala piccola cosa, ma al animo e desiderio vostro, il quale era sempre de fare ogni cosa che voi cognoscesti essere de piacere e grato ala Maestà sua; et qui me sforzaj con bone parole e bono modo fare due cosse : prima mostrargli come il presente non era stato ordenato dala Signoria Vostra per mandare directamente ala Maestà sua, come cosa che non ne parea degna, nè conveniente a quela; l'altro de mostrarli la reverentia e affectione che gli portati e il bono volere vostro. Me respuose il Re molto gratiosamente, prima che 'l non se recordava che maestro Thomaso gli havesse maj parlato de dicti libri, ma che 'l era ben contentissimo che 'l havesse facto tale opera,

1. [G. d'Adda,] *Indagini storiche, artistiche e bibliografiche sulla Libreria Visconteo-Sforzesca del castello di Pavia* (Milan, 1875, in-8°), *Appendice* (paru en 1879), p. 29.

perchè li videva voluntera et haveali molto cari, e ne regratiava grandemente la Signoria Vostra, etc., etc. [1] ».

38

FRANÇOIS FILELFE A THÉODORE GAZA

Milan, 5 novembre 1454.

Φραγκίσκος ὁ Φιλέλφος Θεοδώρῳ τῷ Γαζῇ χαίρειν.

Τὰ περὶ σὲ μαθεῖν πολὺς [2] ἡμῖν ἐγένετο πόθος · ἤδη γὰρ ἐκ πολλοῦ χρόνου οὔτε σὺ ἐφθέγξω τι [3] πρὸς ἡμᾶς, οὔτε παρὰ τῶν ἄλλων τινὸς ἀκούομεν μηδὲν περὶ σοῦ. Οὐ μὴν ἀλλὰ τὸ τοῦ ἔρωτος αἰεὶ μεριμνᾷ · διὸ ἐρῶν καὶ αὐτὸς κατὰ τῆς ἀληθεστάτης νόμον φιλίας, γράψον τι ὡς τάχιστα ἡμῖν [4], ἀξιῶ, ἵνα μαθόντες τὰ περὶ ἑκάτερον ἅπαντα, ἐκδήλως δὲ τὰ περὶ εὐτυχίαν, ταύτης γὰρ ἡ εὐχὴ, συγχαίρωμεν [5] καὶ ἀλλήλοις. Τὰ γὰρ ἡμέτερα [6] δηλώσει παρών σοι [7] ὁ ἐμὸς καὶ σὸς Ξενοφῶν. Ἔρρωσο [8], φίλτατε.

Μεδιολάνοθεν, ταῖς νοεμβρίου νώναις, ἔτει ͵αυνδ'.

J'ai le plus grand désir d'avoir de tes nouvelles, car voilà déjà longtemps que tu ne m'as adressé le plus petit mot, et personne ne m'a donné sur toi le moindre renseignement. Cependant le propre de l'amour est d'être sans cesse en éveil. C'est pourquoi, toi qui aimes conformément aux lois de la plus sincère amitié, écris-moi vite, je t'en prie, afin que, possédant l'un sur l'autre des informations complètes, mais principalement sur la question du bonheur, cet objet de nos vœux, nous nous adressions de mutuelles félicitations. Xénophon, mon fils et le tien, t'instruira verbalement de ce qui me concerne. Porte-toi bien.

1. [G. d'Adda,] *Op. laud.*, Appendice, pp. 30 et 31.
2. πολοὺς. 3. τί. 4. τί ὡστάχιστα ἡμῖν. 5. σὺ χαίρωμεν. 6. ἡμέτερα. 7. παρὼν σοί.
8. ἔρρωσο.

39

FRANÇOIS FILELFE A BARTHÉLEMY COLLE

Milan, 19 septembre 1455.

Φραγκίσκος ὁ Φιλέλφος Βαρθολομαίῳ τῷ Κολλεῖ χαίρειν.

Σὺ μὲν, ὡς ἔμοιγε δοκεῖ, περὶ τὴν Ἀφροδίτην διατρίβων τυγχά-νεις, καὶ γὰρ τὰ τῶν Μουσῶν ἀμελῇ. Ἀλλὰ πρόσεχε σαυτῷ, ὦ φίλ-τατε. Οἴδαμεν γὰρ τὸν Ἔρωτα γενέσθαι τυφλόν · ἐγὼ δέ σε [1] πολυ-όφθαλμον νομίζεσθαί [2] τε καὶ εἶναι βούλομαι. Ἔρρωσο [3].

Μεδιολάνοθεν, τῇ ιγ΄ πρὸ καλενδῶν δεκεμβρίου, ἔτει αυνέ.

Je te soupçonne d'avoir abandonné le culte des Muses pour servir Aphrodite. Mais tiens-toi sur tes gardes, bien cher ami. Nous savons, en effet, que l'Amour est aveugle, et moi je veux que tu passes pour un homme très clairvoyant et le sois en réalité. Porte-toi bien.

40

FRANÇOIS FILELFE A THÉODORE GAZA

Milan, 12 février 1456.

Φραγκίσκος ὁ Φιλέλφος Θεοδώρῳ τῷ Γαζῇ χαίρειν.

Ὅτι μὲν Νεάπολιν ἰδόντα, μᾶλλον δὲ ἐνοικοῦντα ἤδη οὐχ ἕτερός σε [4] μετήλλαξε τρόπος, μάλα σφόδρα ἐπαινῶ · ὁ γὰρ ἔπαινος οὐ σμικρός σοι [5] ἀπόκειται τῷ ἐν τῇ Σειρήνων οἰκίᾳ διατρίβοντι ἀβλαβεῖ, ἐπεὶ ἡ τοιούτων ἡδονὴ ἐμποιεῖται λήθην τῶν ἀπόντων τῶν φίλων · οἶδα τοίνυν σοι [6] χάριν, ὦ φίλτατε, γράψαντι πρὸς ἡμᾶς τήν τε [7] περὶ σὲ οὖσαν εὐπραγίας ἐλπίδα, οὔπω γὰρ ἂν λέγοιμι εὐπραγίαν, καὶ τὰ περὶ τοῦ καλοῦ κἀγαθοῦ ἀνδρὸς ἡμετέρου Ἰωάννου Ἀνδρέου ἀκριβῶς. Εὔχομαι γοῦν [8] οὕτω συνεργεῖν σοι ἢ τὰς Μούσας ἢ τὴν λεγομένην Εἱμαρμένην, ὥστε πάντα τῇ ἀρχῇ συμφωνεῖν ἐφεξῆς. Αἱ γὰρ τῶν βασιλέων διάνοιαι οὐχ ὑπάρχειν ἀεὶ εἰώθασιν αἱ αὐταί ·

---

1. δὲ σὲ. 2. νομίζασθαί. 3. ἔρρωσο. 4. ἕτερος σὲ. 5. σμικρὸς σοί. 6. σοί. 7. τὲ. 8. γοῦν.

μετακινοῦνται γὰρ κατὰ φορὰν τῶν παθῶν. Σὺ μὲν οὖν οὐκ ἀγνοῶν
σεαυτὸν ¹, ἐπειδὴ ², κατ' Εὐριπίδην, ὁ δ' ὄλβος ³ οὐ βέβαιος ⁴ ἀλλ'
ἐφήμερος, κατὰ τοῦ σοφοῦ τὸ ἀπόφθεγμα, γνῶθι καὶ τὸν καιρόν · ἐγὼ
μέντοι κατὰ μὲν τὸ παρὸν συνήδομαί σοι τοῦ ὁρμητηρίου ἐν τοσούτῳ
κλύδωνι ⁵, ἐπὶ δὲ τὸ ἐπιὸν τὸν λιμένα συνεύχομαι καὶ γαλήνην ⁶.
Φεῦ τῶν καλῶν, ἡ λυπηρὰ τελευτὴ ἐκείνου τοῦ εὐσεβεστάτου ⁷ καὶ
σοφωτάτου πατρὸς Νικολάου τοῖς σοφοῖς ἅπασιν ἐγένετο τελευτή.
Ἀλλὰ παρέξει κατὰ τάχος, οἶμαι, θεὸς ὅπερ οἰκεῖον ἡμᾶς ἐστιν εὔχε-
σθαί τε καὶ φρονεῖν, τέλος τι τῷ τοιούτῳ κακῷ. Καὶ περὶ μὲν τούτων
δὴ ταῦτα. Τὰ δὲ τοῦ κοινοῦ ἡμῖν φίλου Ἰωάννου Ἀνδρέου γίνεταί μοι
σὺν πάσῃ ἐπιμελείᾳ · ἐλπίζω δὲ καὶ πάνυ γε καλῶς ἀποβήσεσθαι. Τὴν
τοῦ Στράβωνος γενέσθαι μοι γεωγραφίαν διὰ πολλῆς ἐπιθυμίας ⁸
ποθῶ · πυνθάνομαι δὲ παρεῖναί ⁹ σοι τήν τε ¹⁰ Ἀσίαν αὐτοῦ καὶ τὴν
Ἀφρικήν ¹¹ · ἀξιῶ τοίνυν ταύτας γενέσθαι μοι ἢ παρὰ σοῦ ἢ διὰ σοῦ ·
σὺ δὲ ἢ τιμὴν λήψῃ παρ' ἡμῶν τήν σοι ¹² δοκοῦσαν, ἢ ἀντὶ χάριτος
χάριν οὐκ ἄχαριν. Ἔρρωσο ¹³.

Μεδιολάνοθεν, τῇ πρὸ τῶν εἰδῶν φεβρουαρίου ¹⁴ ἡμέρᾳ, [ἔτει
αυνς' ¹⁵].

Tu as vu Naples, bien plus tu l'habites déjà, et rien n'est
changé dans tes mœurs. Je t'en félicite chaudement. Car il ne
mérite pas un mince éloge, celui qui reste indemne dans la
demeure des Sirènes, puisque le charme de ces divinités inspire l'oubli des amis absents. Je te suis donc reconnaissant,
très cher ami, de m'avoir fait part de ton espoir de réussir
(car je ne voudrais pas dire de ta réussite) et de m'avoir donné
des nouvelles précises de notre bon et excellent ami Jean-
André ¹⁶. Je te souhaite l'assistance soit des Muses, soit du

---

1. σὲ αὐτὸν. 2. ἐπειδή. 3. ὄλβος. 4. βεβαίος. 5. κλυδῶνι. 6. καλήνην. 7. εὐσεβεστάτου. 8. ἐπιμυθίας. 9. παρεῖναι. 10. τὲ. 11. Ce mot est répété deux fois, la
seconde sans accent. 12. τὴν σοί. 13. ἔρρωσο. 14. φεβροαρίου.

15. Sans millésime dans le manuscrit, mais placée entre une lettre à Jean-
André [de Bussi] de la veille des ides de février (12 février) 1456, et une à Jean-
Marius Filelfe des ides de février (13 février) 1456.

16. Jean-André de Bussi, évêque d'Aleria. Voir sur lui : Tiraboschi, *Storia
della letteratura italiana* (Milan, 1824, in-8°), tome VI, pp. 214, 240 et suivantes.

Destin, afin que par la suite tout ressemble au début. Car les sentiments des rois sont soumis à mille variations ; ils changent avec l'entraînement des passions. Tu te connais déjà toi-même, eh bien ! puisque, suivant Euripide, le bonheur n'est pas solide, mais éphémère, n'oublie pas la parole du Sage : épie le moment opportun. Je me réjouis de te savoir présentement dans un lieu de refuge au milieu d'une pareille tempête. Je te souhaite pour l'avenir un port et du calme. Hélas ! la mort de ce très pieux et très savant pontife Nicolas V en a été une autre pour tous les gens de lettres. Mais Dieu nous accordera bientôt ce qu'il nous appartient d'appeler de tous nos vœux : la cessation d'un si funeste état de choses. Mais, assez sur ce sujet.

Je m'occupe avec tout le soin dont je suis capable des affaires de notre commun ami Jean-André, et j'espère obtenir un résultat des plus favorables.

Je désire extrêmement me procurer la *Géographie* de Strabon. Or, sachant que tu en possèdes deux parties, l'*Asie* et l'*Afrique*, je te prie de me les copier ou faire copier. Tu recevras de moi pour ce service la rétribution que tu jugeras convenable, ou, si tu me le rends à titre gracieux, un cadeau qui n'aura rien de désagréable. Porte-toi bien.

41

FRANÇOIS FILELFE A ANDRONIC DE GALLIPOLI

Milan, 23 mai 1456.

Φραγκίσκος ὁ Φιλέλφος Ἀνδρονίκῳ τῷ Καλλιπολίτῃ χαίρειν.

Ἐν Τικίνῳ σοι τῆς ἡμετέρας παιδεύσεως χάριν διατρίβοντι αἰεὶ πρέπειν οἶμαι, ὦ Ἀνδρόνικε, ἀσμένως ἀποδέχεσθαι τῶν φίλων τοὺς λόγους, μάλιστα δὲ καὶ τοῦ σοῦ Φιλέλφου · δι' εὐνοίας γὰρ παραινέσει πρὸς σὲ χρησάμενοι, κατ' ἀλήθειαν οὐδενὸς ἐγκλήματος παρὰ σοὶ πεποιήκαμεν ἀξίους ἡμᾶς. Σὺ δὲ ὡς βαρέως φέρειν δοκῶν τὴν παρ' ἡμῶν[1] νουθεσίαν, οὐ φιλογράφεις, ἀλλ' ἀντιγράφεις · καὶ ὅτι

1. ἡμων.

μὲν τὸ περὶ ῥητορικῆς ἐπιγέγραφας ἡμῖν συμφωνῶν, εὖ ποιεῖς, ἐπεὶ
οὐκ αὐτὸς ἥμαρτες, ἀλλὰ ἡ δεξιὰ ἐν τῷ γράφειν · τὸ δὲ νοὸς βάρος
οὐδαμῶς συγχωρῶ οὐδὲ σαυτῷ, οὐδὲ τῷ σῷ Λεκαπηνῷ, οὐδὲ ἄλλῳ
τινὶ μὴ ἐκ τῶν ἀρχαίων ὑπάρχοντι [1] · καὶ γὰρ ὁ Λεκαπηνὸς ἐκεῖνος
οὐδὲν δέδοκται, μὰ Δία, οὔτε Δημοσθένει ὅμοιος, οὔτε Πλάτωνι, οὔτε
Θουκυδίδῃ, οὔτε ἄλλῳ τῶν εὐδοκίμων τινί, ἢ φιλοσόφῳ ἢ ῥήτορι ἢ
συγγραφεῖ. Λατινίζει μὲν γὰρ ἐκεῖνος, ὡς [2] λόγον εἰπεῖν, οὐχ ἑλλη-
νίζει, ἐπιστέλλων νοὸς βάρος, νοῦ δεινότητα, ὡς ἔμοιγε δοκεῖ, ση-
μαίνειν βουλόμενος · ἣν γὰρ ἡμεῖς gravitatem, δεινότητα οἱ Ἕλληνες ὀνομάζουσιν, οὐ βάρος. Σὺ τοίνυν, ὦ φίλτατε, τότε γε οὐχ
ἁμαρτήσῃ τῆς ὁδοῦ τὸ παράπαν, ὅταν τοῖς τῷ ὄντι ἐλλογίμοις [3] τῶν
Ἑλλήνων ἀκολουθήσας οὐδὲν καταχρηστικῶς ἐν τοῖς λόγοις τολμή-
σεις ἐπιχειρεῖν [4]. Καὶ περὶ τούτων δὴ τάδε.

Ὁ τὴν ἐπιστολὴν ἀποδιδούς σοι Βόνος Ἀκκούρσιος ὁ Πισᾶνος ἡμῖν
ὢν τυγχάνει ἐν τοῖς μάλιστα φίλοις · διὸ καὶ τοιοῦτος ἂν εἰκότως ὢν
παρὰ σοὶ νομίζοιτο [5]. Συνίστημί σοι γοῦν [6] τὸν καλὸν νεανίσκον, μαθεῖν μὲν βουλόμενον ἑλληνικὰ γράμματα, χρήματα δὲ οὐκ ἔχοντα,
ἀλλ' ὅμως μέτριον ὄντα καὶ τῆς σῆς καλοκαγαθίας σαλπιγκτὴν ἐν
πρώτοις. Ἔρρωσο [7].

Μεδιολάνοθεν, τῇ ί πρὸ ἰουνίου καλενδῶν, [ἔτει αυνς' [8]].

Étant à Pavie pour notre enseignement, il te siérait, à mon
avis, de ne pas accueillir avec mauvaise humeur les observa-
tions que t'adressent tes amis, et surtout celles de ton Filelfe.
En te donnant des conseils, je ne t'ai causé aucun préjudice.
Je ne saurais pourtant te passer l'expression νοὸς βάρος, pas
plus qu'à ton Lécapène [9], ni à aucun autre écrivain n'appar-
tenant point à l'antiquité. Car Lécapène ne ressemble en rien
à Démosthène, ni à Platon, ni à Thucydide, ni à nul autre
auteur estimé. Il parle latin et non grec, quand, au lieu de

---

1. ὑπάρχοντι. 2. ὡς. 3. ἐκλογίμοις. 4. ἐπιχειρεῖν. 5. νομίζοιτω. 6. γοῦν. 7. ἔρρώσο.
8. Sans millésime dans le manuscrit, mais placée après une lettre datée du
10 des calendes de juin (23 mai) 1456, et avant une autre de la veille des
calendes de juin (31 mai) 1456.
9. Sur Georges Lécapène, voy. Allatius, *de Georgiis*, dans la *Bibliotheca græca*
de Fabricius, éd. Harlès, t. XII, pp. 59-61; K. Krumbacher, *Geschichte der
byzantinischen Litteratur* (Munich, 1891, in-8°), p. 283.

νοῦ δεινότης, il emploie l'expression νοὸς βάρος, car ce que les Latins appellent *gravitas*, les Grecs le nomment δεινότης et non βάρος.

Le porteur de la présente, Buonaccorsi de Pise [1], est un de mes meilleurs amis. Je te le recommande comme désireux d'apprendre le grec, mais dénué de ressources pécuniaires. C'est, d'ailleurs, un jeune homme modeste et qui ne cesse de chanter tes louanges [2].

42

FRANÇOIS FILELFE A ANDRÉ ALAMANNI

Milan, 31 mai 1456.

Φραγκίσκος ὁ Φιλέλφος Ἀνδρέᾳ τῷ Ἀλαμάννῳ χαίρειν.

Τὸ καρνήριον παρ' ὑμῖν λεγόμενον ἰδοὺ δὴ ἀπαιτῶ · ὑπεσχέθης [3] γὰρ ἄρτι ἐνταῦθα παραγενόμενος τοῦτο ἡμῖν. Σὺ τοίνυν οὐκ ἐλευθερίως μόνον ἀλλὰ καὶ δικαίως πως, ὡς εἰπεῖν λόγον, μέλλεις ποιεῖν πέμψας μοι αὐτὸ διὰ τοῦ κοινοῦ ἡμῖν φίλου Ἀντωνίου Ἀυερλίνου. Βουλόμενος δέ τι καὶ σὺ παρ' ἐμοῦ, τοῦτο δηλώσας οὐχ ἁμαρτήσῃ τῆς ἐλπίδος. Ἔρρωσο [4].

Μεδιολάνοθεν, τῇ πρὸ ἰουνίου καλενδῶν ἡμέρᾳ, ἔτει ͵αυνϛʹ.

Je viens te réclamer le *carniero* (comme on dit à Florence) que tu m'as promis dernièrement lorsque tu te trouvais ici. Tu agiras donc non seulement avec libéralité, mais en quelque sorte avec justice en me l'envoyant par notre commun ami Antoine Averulino [5]. Si, de ton côté, tu désires quelque chose

---

1. Voir sur lui : Argelati, *Bibliotheca scriptorum Mediolanensium* (Milan, 1745, in-fº), t. I, col. 163 et suiv.

2. Traduction abrégée.

3. ὑπερσχέθης. 4. ἔρρώσο.

5. Statuaire et architecte. Voir aussi la lettre 70 de la présente Collection. Sur Averulino on peut consulter : G. Vasari, *Le vite de' pittori... con annotazioni di Gaetano Milanesi*, tome II (Florence, 1878, in-8º), pp. 453 et suiv. ; Wolfgang von OEttingen, *Der Bildhauer-Architekt Antonio Averlino genannt Filarete*, Marbourg, 1888, in-8º.

de moi, donne m'en avis et tu ne seras pas trompé dans ton
espérance. Porte-toi bien.

43

FRANÇOIS FILELFE A ANDRONIC DE GALLIPOLI

Milan, 31 mai 1456.

Φραγκίσκος ὁ Φιλέλφος Ἀνδρονίκῳ τῷ Καλλιπολίτῃ [1] χαίρειν.

Ἡμεῖς δὴ, ὦ φίλτατε, τοῦ σοῦ Λεκαπηνοῦ οὔτε ἀνίαν [2] μὲν κατη-
γοροῦμεν οὐδαμῶς, οὔτε ἄνοιαν, ἄγνοιαν δὲ ἴσως οὐ πάμπαν ἄδικον,
ὅστις ἀττικίζειν καυχώμενος λατινικῷ χρῆται σχήματι, τὰ τῶν
Λατίνων καλῶς οὐκ εἰδώς · ἀλλὰ οὐδὲ τῷ σῷ μαγίστρῳ γε συγχωρῶ
τὸ νοῦ βάρος νοῆσαί [3] γε βουλομένῳ διανοίας δεινότητα [4] · τὰ
τοιαῦτα [5] γὰρ φρονεῖ οὐδὲν τῆς ἀρχαίας ἐκείνης καλλιεπείας, πολλοῦ
δεῖ · ἀλλ' ἔγωγε τοὺς ἀρχαίους ἀσπάζομαι, τούς τε γραμματικοὺς
καὶ φιλοσόφους καὶ ῥήτορας καὶ τοὺς ἐφ' ἱστορίας θαυμαζομένους ·
παρὰ τούτοις δὲ τί τοιοῦτον ἂν εὕροις; Ὅταν οὖν παράδειγμά τι περὶ
λεγομένου σοι βάρους νοὸς παρ' ἐκείνων ἀποφανῇ μοι, συννοήσω σοι
μάλα σφόδρα συντρέχων. Καὶ ταῦτα ἐγὼ οὐκ ἐπανορθοῦν σε βουλόμενος ὄντα καὶ λόγιον, ἀλλ' εὐνοίας [6] ἕνεκα, γέγραφα. Καὶ περὶ
τούτων [7] ἅλις.

Ἀκούω μὲν παρεῖναί [8] σοι τὸν γραμματικὸν Ἀπολλώνιον · οὐκ
ἀγνοεῖς δὲ τὸ σοφὸν τῆς παροιμίας ἀπόφθεγμα [9], τὰ τῶν φίλων κοινά ·
βούλομαι γοῦν γενέσθαι [10] μοι τοῦτον παρὰ σοῦ ἢ δανείῳ ἢ διὰ
πράσεως · ἡ δὲ τούτοιν αἵρεσις ἐπὶ σοί · ἔτι [11] δὲ καὶ ἐπὶ [12] σοὶ οὐχ
ἁμαρτεῖν ἡμᾶς τῆς ἐλπίδος. Πρὸς τούτοις αὖ ἐν τῇ [13] τοῦ ἡμετέρου
ἄρχοντος αὐτόθι ἀκροπόλει [14] διασῴζεσθαι λέγουσιν ἅπασαν Πλάτωνος περὶ φιλοσοφίας πραγματείαν · ἔστι μοι τοίνυν διὰ πόθου
πολλοῦ ἡ ἔφεσις μαθεῖν διὰ σοῦ τἀληθὲς περὶ τούτου, μάλιστα δὲ
περὶ τῶν Νόμων · τούτους γὰρ ἔγωγε βουλοίμην ἂν γενέσθαι μοι

---

1. καλλιπολίτῃ. 2. ἀνίαν. 3. νοῆσαι. 4. La place que doit occuper la diphtongue
ει de ce mot est en blanc dans ma photographie et sans doute aussi dans le
manuscrit. 5. τοιαῦτα. 6. εὐνοίας. 7. τούτων. 8. παρεῖναι. 9. ἀπόφθεγμα. 10. γοῦν
γενέσθαι. 11. ἔτι. 12. ἐπὶ. 13. τῇ. 14. ἀκροπόλει.

διὰ τῆς σῆς καλλιγράφου χειρὸς μισθὸν ληψομένου οὐκ ἀπρεπῆ.
Ἔρρωσο ¹.

Μεδιολάνοθεν, τῇ πρὸ τοῦ ἰουνίου καλενδῶν ἡμέρᾳ, ἔτει ͵αυνς΄.

Je n'ai pas tout à fait tort de blâmer l'ignorance de ton
Lécapène, qui se vante de son atticisme et emploie une forme
latine. Je ne puis tolérer l'expression νοῦ βάρος au lieu de
διανοίας δεινότης. Une telle manière de dire est bien éloignée
de l'élégance du langage antique. On ne peut rien trouver de
pareil chez les auteurs anciens : grammairiens, philosophes,
orateurs ou historiens. Si tu m'apportes un exemple de βάρος
νοὸς qui leur soit emprunté, je me ferai un devoir de partager
ton opinion. Je ne t'écris pas ce qui précède dans l'intention
de te corriger, toi qui es un savant, mais mu par un sentiment
de bienveillance à ton égard. Assez sur ce chapitre.

J'ai appris que tu possèdes un exemplaire de l'ouvrage
grammatical d'Apollonius Dyscole. Je te prie de me le prêter
ou de me le vendre. J'ai, en outre, entendu dire que la bibliothèque ducale du château de Pavie possède les œuvres
complètes de Platon : je désirerais savoir la vérité à cet égard,
surtout en ce qui concerne les *Lois* ², dont je voudrais avoir
une copie calligraphiée de ta main, moyennant une rétribution
convenable. Porte-toi bien ³.

---

1. ἔρρωσο.

2. Les *Lois* de Platon ne sont pas désignées dans l'inventaire, fait en 1426,
de la bibliothèque du château de Pavie. Voir [G. d' Adda], *Indagini storiche,
artistiche e bibliografiche sulla libreria Visconteo-Sforzesca del castello di
Pavia*, parte prima (Milan, 1875, in-8°), p. 12 (nᵒˢ 120 et 121) et p. 15 (nᵒ 148). Il
faut dire toutefois que nous ignorons ce que pouvait contenir le nᵒ 120, ainsi
libellé : *Plato in greco voluminis satis grossi copertus corio albo et est in lingua
greca*. En revanche, nous trouvons les *Lois* mentionnées dans un inventaire
de la susdite bibliothèque, dressé, en 1459, par Facino de Fabriano. Voir
Giornale storico della litteratura italiana, t. I, (1883, in-8°), p. 49.

3. Traduction abrégée.

44

FRANÇOIS FILELFE A ANDRONIC DE GALLIPOLI

Milan, 16 juin 1456.

Φραγκίσκος ὁ Φιλέλφος Ἀνδρονίκῳ τῷ Καλλιπολίτῃ χαίρειν.

Πάνυ μοι φαίνῃ τόν τε [1] τρόπον χρηστὸς καὶ τὸν λόγον εὐφυής · διὸ οὐδὲ σοῦ κατηγορῶ φιλονεικίαν, ἐπεὶ οὐδὲ σὺ κατηγορεῖς ἡμῶν τὴν ἀλήθειαν [2] · οὐδὲ τὸ κρύβδην σκώπτειν ἐπαινῶ λίαν, καὶ γὰρ ἐπὶ φιλίας πάντα σαφῆ. Σὺ τοίνυν [3] τῶν καλῶν μαθημάτων μνήμην μὲν ἔχειν δοκεῖς, τούτοις δὲ χρήσασθαι πάμπαν δεῖ καὶ ἀεί · οὔκουν [4] ἑνὶ ἐν τῷ λέγειν κομψῶς σχήματι χρηστέον ἔμοιγε δοκεῖ, ἀλλὰ πολλοῖς τε καὶ ποικίλοις · ἐπειδὴ καὶ ἡ φράσις σεμνοτέρα πέφυκεν εἶναι, ἡ μὴ τοὺς αὐτοὺς αἰεί, ἀλλ' ἄλλους τε [5] καὶ ἄλλους ἀξιοῦσα τρόπους τε [6] καὶ συντάξεις. Καὶ ταῦτα πρὸς τὴν σὴν διάνοιαν [7] λέγοιμ' ἄν. Πρὸς τούτοις ἔοικας φέρειν χαλεπῶς [8] τὸ ἡμῖν γεγραμμένον περὶ τοῦ σε [9] μεταγράψαι μοι τοὺς [10] πλατωνικοὺς Νόμους · ἀλλὰ μὴ ἀνιῶ ὅτι τοιοῦτόν [11] τι φίλος ὢν παρὰ φίλου ἀνδρὸς αἰτῶ, ἢ οὐκ ἀσπάζῃ πάντα τοῖς φίλοις κοινά, πλὴν τῆς γεγραμμένης σοι νόσου ὀσημέραι δεινῆς καὶ τῆς κεφαλῆς τοῦ ἐπιτεινομένου κακοῦ; τὰ τοιαῦτα γὰρ ἀσμένως ἂν βουλοίμην σοι [12] μὲν παραχρῆμα ἀπεῖναι μακράν, ἐμοὶ δὲ παρεῖναι οὐδέποτε [13] οὐδαμῶς. Ἀλλ' οὖν τοῦτο δὴ ἔξεστί σοι γράψαι ἡμῖν ἢ καὶ εἰσὶν [14] οἱ Πλάτωνος λόγοι περὶ νόμων, ἢ οὐχί. Ἔρρωσο [15].

Μεδιολάνοθεν, τῇ ἕκτῃ καὶ δεκάτῃ πρὸ ἰουλίου καλενδῶν, ἔτει ͵αυνϛ'.

Tu me parais avoir un bon caractère et être un homme intelligent. C'est pourquoi je ne blâme point tes chicanes, puisque tu n'incrimines pas mes vérités. Je n'aime guère les railleries secrètes, car dans l'amitié tout doit s'étaler au grand jour. Tu sembles garder mémoire des bons enseignements, il faut les mettre constamment en pratique. Tu ne dois pas, à mon avis, te borner à une seule façon de dire les choses,

---

1. τὸν τὲ. 2. ἀληθειαν. 3. τοινυν. 4. οὐκοῦν. 5. τὲ. 6. τὲ. 7. δίανοιαν. 8. κ*α*λεπῶς. 9. σὲ. 10. τοὺς. 11. τοιοῦτον. 12. σοὶ. 13. οὐδέποτε. 14. καὶ εἰσὶν. 15. ἔρρωσο.

mais varier les tours et les constructions ; la phrase présente ainsi plus de gravité.

Je regrette que la demande que je t'ai adressée de me copier les *Lois* de Platon ait pu te contrarier. Dis-moi au moins si cet ouvrage existe ou non dans la bibliothèque du château de Pavie. Porte-toi bien [1].

45

FRANÇOIS FILELFE A THÉODORE GAZA

Milan, 22 juin 1456.

Φραγκίσκος ὁ Φιλέλφος Θεοδώρῳ τῷ Γαζῇ χαίρειν.

Ἔτι μακρὸν ἤδη χρόνον σιωπῶντος τοῦ λογιωτάτου Γαζῆ, ὁ Φιλέλφος τὰς σιδηρᾶς αὐτοῦ διὰ γραμμάτων ἀκοὰς ἐνοχλεῖ, οὐ τοῖν πεπνυμένοιν γ' ἐκείνοιν καὶ ἄμφοιν ἐσθλοῖν ἀγορηταῖν Οὐκαλέγοντί τε καὶ Ἀντήνορι, ἀλλὰ τοῖς τῷ ὄντι τεττίγεσσιν ἐοικώς, οἵ τε καθ' ὕλην δενδρέω ἑζόμενοι ὄπα λειριόεσσαν, μᾶλλον δὲ λιριόεσσαν, ἱεῖσι. Σὺ δὴ, ὦ φίλτατε, γενόμενος, ὡς δοκεῖς, πυθαγόρειος ἀσπάζῃ σιγήν · ἀλλὰ καὶ τῷ σοφῷ Πυθαγόρᾳ ταύτης ὥριστο χρόνος, οὐ γὰρ διὰ παντὸς ἐσιώπα · ἀλλὰ τῇ μὲν γλώττῃ [2] σιγὴν ἐπιτάττων, οὐκ ἀφείλετο τῇ χειρὶ τὴν τοῦ σεμνῶς γράφειν ἐλευθερίαν · σὺ δὲ οὕτως ἤδη ζηλοῖς τὸ σιγᾶν ὥστε οὐδὲ φθέγγεσθαι γρῦ, τὸ τοῦ κωμικοῦ · πεποίηκας τοίνυν πρᾶγμα δεινόν, οὐ λύσας τῆς φιλίας τὸ χρέος [3] κατ' ἀμοιβὴν τοῦ ἐπιστέλλειν · οὐκ ἀγνοεῖς γὰρ τὴν ἐν τοῖς γράμμασιν ὁμιλίαν καὶ τῶν ἡδίστων συνουσιῶν οὐδὲν πολὺ διαφέρειν. Καὶ γὰρ παρ' ἐμοῦ πρὸς σὲ ὁσημέραι πέμπεται [4] γράμματα · παρὰ σοῦ δὲ πρὸς ἡμᾶς ἤδη χρόνον πολὺν οὐδὲ μία πάμπαν ἥκει ἐπιστολή · μεῖζόν με ἄρα λυπεῖς σιωπῶν. Διὸ τῆς φιλίας χρῆσθαι νόμῳ βουλόμενος, μὴ ἀφαιροῦμαι [5] τῇ μεγίστῃ ἡδονῇ ἐντυγχάνειν, ἣν πάλαι ἔλαβον ἀεὶ διὰ τῶν σῶν ἐμοὶ ποθεινοτάτων ἐπιστολῶν.

Τὰ τοῦ ἡμετέρου Ἰωάννου Ἀνδρέου περὶ ὧν μοι γεγραφὼς ἔτυχες, μέχρι τοῦ νῦν τέλος μὲν οὐκ ἔχει · ἡ ἐλπὶς δὲ καλή. Διὰ τοῦ κοι-

---

1. Traduction abrégée.
2. γλύττῃ. 3. χρέος. 4. πέμπεται. 5. ἀφαιροῦμε.

νοῦ ¹ φίλου τούτου ἐπέστειλά σοι καὶ πρότερον, τὰ περὶ σοῦ μαθεῖν
ἐπιθυμῶν παρὰ σοῦ · τὰ γὰρ αὐτόθι οὐ πάνυ γε βέβαια πέφυκεν εἶναι, εἰ καὶ ἦλθε νῦν δεῦρο παρὰ Λεύκου Δεκεμβρίου ἐπιστολὴ, δι’
ἧς ² γράφει ὁ πλάστης χρυσεῖα .χ. γενέσθαι αὐτῷ κατ’ ἔτος μετὰ
καὶ μεγίστης τιμῆς παρὰ τῷ βασιλεῖ Ἀλφόνσῳ, καυχία, οἶμαι, πω-
λῶν κατὰ τὸν βυζάντιον λόγον, ψευματιανά. Περὶ τούτου αὖ γράψον
μοι τἀληθές · ἐκεῖνος γὰρ οὐ ῥᾳδίως εἴωθεν ἀληθεύειν.

Καὶ, ἵνα μή σε λάθῃ τὰ παρ’ ἡμῖν ἄρτι γεγονότα, ὅ,τε ³ Πορκέλ-
λιος Νεαπολίτης καὶ ὁ Γρηγόριος Τυφερνᾶς μισθὸν ἔχουσι τεταγμέ-
νον παρὰ τοῦ ἄρχοντος τουτουΐ δι’ ⁴ ἐμοῦ οὐκ ἀνάξιον τοῦ αὐτῶν
ἐπιτηδεύματος · βουλομένῳ δὲ καὶ σαυτῷ σπουδάσω γενέσθαι τιμὴν
εὐπρεπῆ. Ἔρρωσο ⁵.

Μεδιολάνοθεν, τῇ δεκάτῃ πρὸ ἰουλίου καλενδῶν, ἔτει ͵αυνς΄.

Tu gardes depuis si longtemps le silence que je me décide
à t'écrire, et je t'adjure de répondre aux nombreuses lettres
que je t'ai adressées.

L'affaire de Jean-André ⁶, dont tu m'avais entretenu, n'a
pas encore abouti, mais on a bon espoir. Je t'ai écrit par l'intermédiaire de cet ami commun, car je désirais avoir de tes
nouvelles. Nous ne sommes pas très bien renseignés sur ce
qui se passe à Naples, quoique l'on ait reçu à Milan une lettre
de Candido Decembrio ⁷, dans laquelle cet imposteur assure
qu'il est en grand honneur à la cour du roi Alphonse et reçoit
de ce prince un traitement annuel de six cents ducats. Je voudrais savoir de toi la vérité à ce sujet, car Decembrio n'a
guère pour habitude de la dire.

Porcellio de Naples ⁸ et Grégoire de Tiferno ⁹ ont, par mon
entremise, obtenu du duc de Milan un traitement en rapport

1. κοινου. 2. δὴ ἧσ. 3. ὁ τὲ. 4. τούτου ἴδ. 5. ἔρρωσο.
6. Jean-André de Bussi, évêque d'Aleria. Voir la lettre 40 de la présente Collection.
7. Sur Pierre Candido Decembrio (+ 12 nov. 1477) voir Zeno, *Dissertazioni
Vossiane*, t. I, pp. 202 et suiv.
8. Sur Porcello ou Porcellio, voir Zeno, *Op. cit.*, t. I, pp. 15 et suiv.
9. Sur Grégoire de Tiferno (Città-di-Castello), voir Tiraboschi, *Storia della
letteratura italiana* (Milan, 1824, in-8°), t. VI, pp. 1220 et suiv.

avec leur profession. Si tu le désires, je m'efforcerai de te faire avoir aussi un poste convenable. Porte-toi bien [1].

46

FRANÇOIS FILELFE A ANDRÉ ALAMANNI

Milan, 22 juin 1456.

Φραγκίσκος ὁ Φιλέλφος Ἀνδρέᾳ τῷ Ἀλαμάννῳ χαίρειν.

Διογένης ὁ κύων τῷ γνωρίμῳ Κράτητι παραινεῖ καὶ τοὺς ἐν τῇ ἀγορᾷ ἀνδριάντας προσιόντα αἰτεῖν τὰ ἐπιτήδεια, καλήν που εἶναι νομίζων τὴν τοιαύτην μελέτην. Τί γοῦν [2] αὐτὸς οὐκ ἂν αἰτήσαιμι [3] τόν τε [4] φίλον καὶ λόγιον Ἀνδρέαν πέμψαι ἡμῖν τὰ ἐνταῦθα μὴ ὄντα πρὸς βοήθειαν φύσεως ἀναγκαῖα [5], τῶν τοιούτων ὑμῶν μάλιστα εὐπορούντων [6]. Καρνίριον τοίνυν ᾔτησα πρότερον · νῦν δὲ καὶ ὑαλίνους ὀφθαλμούς · καὶ γὰρ ἄνδρα σοφὸν παρά τισι [7] νομιζόμενον καὶ πολυόφθαλμον [8] φανῆναι χρεών · τὸ μὲν οὖν τῆς ἡλικίας ἤδη εἰσελθὼν βάρος, καὶ ἐπικούρων ἐφίεται ὀφθαλμῶν. Ἔρρωσο [9].

Μεδιολάνοθεν, τῇ πρὸ ἰουλίου καλενδῶν ἡμέρᾳ δεκάτῃ, ἔτει ͵αυνϛ΄.

Diogène le Cynique conseillait à son disciple Cratès d'aller demander l'aumône aux statues de l'agora, tant il était convaincu de l'excellence d'un pareil exercice. Pourquoi donc ne prierais-je pas aussi mon savant ami André de m'envoyer les objets propres à seconder la nature que nous ne trouvons pas à Milan, tandis qu'ils foisonnent à Florence? Je t'ai demandé antérieurement un carnier, aujourd'hui ce sont des yeux de verre (des lunettes) que je désire. Car un homme qui passe pour savant auprès de certaines gens, doit paraître aussi très clairvoyant. Celui-là donc qui est déjà courbé sous le faix des ans, a besoin d'avoir des yeux auxiliaires. Porte-toi bien.

---

1. Traduction abrégée.
2. γοῦν. 3. αἰτησαιμι. 4. τὰ. 5. ἀναγκαια. 6. εὐπορύντων. 7. παρὰ τισι. 8. πολυόφθαλμο. 9. ἐρρῶσο.

47

FRANÇOIS FILELFE A ANDRÉ ALAMANNI

Milan, 20 mai 1457.

Φραγκίσκος ὁ Φιλέλφος Ἀνδρέᾳ τῷ Ἀλαμάννῳ χαίρειν.

Τὸ παρὰ σοῦ καρνίριον πρὸς ἡμᾶς χρῆσθαι δοκεῖ τῆς χελώνης τῇ
βάσει · ἀφίξεται γοῦν [1] κατὰ τὴν λεγομένην κόσμου συντέλειαν.
Ἀλλὰ δὴ καὶ οὕτως [2] ἀλαζών γε φαίνῃ γενόμενος, ὥστε οὐδὲ φθέγγεσθαι γρῦ πρὸς τὰ γεγραμμένα ἡμῖν καθ᾽ ἡμέραν; Διὸ καὶ τὰ μέγιστα ἀδικεῖς, ὦ φίλτατε · ἢ οὐκ οἶσθα ὅτι, κατὰ καὶ τὴν παροιμίαν,
τὰ τῶν φίλων κοινά. Ἢ τὸ καρνίριον τοίνυν, ἢ τὴν ἐπιστολὴν ἤδη
πέμψον, ἢ μᾶλλόν [3] γε τὸ ἑκάτερον. Ἔρρωσο [4], καὶ τὸν σοφώτατον
ἄνδρα καὶ φιλόσοφον λογιώτατον Ἰωάννην Ἀργυρόπουλον ἄσπασαι
ὡς ἥδιστα [5].

Μεδιολάνοθεν, τῇ τρίτῃ καὶ δεκάτῃ πρὸ τοῦ ἰουνίου καλενδῶν, [ἔτει
αυνζ´ [6]].

Le carnier que tu dois m'envoyer me paraît marcher comme
la tortue : il m'arrivera à la fin du monde. Serais-tu donc devenu fier au point de ne pas répondre un mot aux lettres que
je t'écris chaque jour? Tu me causes le plus grand préjudice,
très cher ami ; ne sais-tu pas que, selon le proverbe, entre
amis tout est commun? Envoie-moi donc le carnier ou une
lettre, ou plutôt l'un et l'autre. Porte-toi bien, et salue affectueusement de ma part le très sage et très savant philosophe
Jean Argyropoulos.

1. γοῦν. 2. οὕτος. 3. μᾶλλον. 4. ἔρρωσο. 5. ὡσήδιστα.
6. Sans millésime dans le manuscrit, mais placée immédiatement après une
lettre à Pierre de Médicis et avant une à Nicolas Canale, datées toutes deux
du 13 des calendes de juin (20 mai) 1457.

48

FRANÇOIS FILELFE A JEAN ARGYROPOULOS

Milan, 5 novembre 1457.

Φραγκίσκος ὁ Φιλέλφος Ἰωάννῃ τῷ Ἀργυροπούλῳ χαίρειν.

Βουλόμενος ἔγωγε καὶ τοῖς τῶν Ἑλλήνων μέλεσιν ἄλλοις τε καὶ ἄλλοις κατὰ τὰς λυρικὰς ἡμετέρας [1] χρῆσθαι ᾠδὰς, γέγραφά σοι διὰ στίχων, ὡς οἶσθα, τὸ παρὸν ἐλεγεῖον, τὴν ἡμετέραν δηλονότι φιλίαν πᾶσιν ἀνθρώποις ἐναργῆ [2] ποιησόμενος. Μὴ θαύμαζε δὲ μουσικώτατος ὢν τὴν ἐμὴν ἀμουσίαν · λατῖνος γὰρ ὑπάρχων αὐτὸς, οὐ δὴ πάμπαν δύναμαι ἑλληνίζειν. Ἅλις δὲ ἡμῖν τοῦ ἐπαίνου ὅτι ἔξεστιν ἐν τοῖς ἡμετέροις τολμᾶν καί τι [3] τὸ μὴ ὂν πάντῃ κοινὸν τοῖς πολλοῖς. Σὺ μὲν οὖν, ὦ φίλτατε, ποιήσεις πρᾶγμά [4] μοι ποθεινὸν, τήν σου [5] διάνοιαν περὶ τούτου δηλώσων · τὰ γὰρ φαινόμενά σοι γενήσεταί μοι χρησμὸς δελφικός. Ἔρρωσο [6].

Μεδιολάνοθεν, ταῖς νώναις νοεμβρίου [7], ἔτει ͵αυνζ'.

Désireux d'employer dans mes poésies lyriques différentes sortes de mètres grecs, j'ai versifié à ton adresse, comme tu le sais, la présente élégie, destinée à rendre manifeste aux yeux de tous l'amitié que je te porte [8]. Mais toi qui connais les secrets de l'harmonie, ne t'étonne pas de la rudesse de mon style ; car, étant Latin, je ne puis savoir à fond la langue grecque. Le seul éloge que j'ambitionne, c'est qu'il me soit permis d'oser dans mes essais quelque chose qui dépasse le niveau accessible au commun des mortels. Quant à toi, très cher ami, tu me rendras un service des plus agréables en me faisant connaître ton sentiment à cet égard. Car ton opinion sera pour moi un oracle de Delphes. Porte-toi bien.

---

1. ἡμετέρας. 2. ἐνεργῆ. 3. καὶ τί. 4. πρᾶγμα. 5. τὴν σοῦ. 5. ἔρρωσο. 7. νουεμβρίου.
8. Filelfe a composé en l'honneur d'Argyropoulos deux pièces de vers élégiaques : celles qui figurent plus loin sous les nᵒˢ 3 et 14. Nous ne savons de laquelle il est ici question.

49

FRANÇOIS FILELFE A THÉODORE GAZA

Milan, 13 novembre 1457.

Φραγκίσκος ὁ Φιλέλφος Θεοδώρῳ τῷ Γαζῇ χαίρειν.

Βραδεῖάν [1] σοι ἐλθεῖν τὴν ἡμετέραν ἐπιστολὴν μηδὲν θαύμαζε · τὸ αἴτιον γὰρ τὸ αὐτὸ ἡμῖν ἦν ὅπερ καὶ σοί γε. Μὴ γοῦν [2] κατηγόρησόν μου [3] ἀμέλειαν, ἐπιμελείας ἀδίκως ἐπαινεῖσθαι βουλόμενος · ταὐτὸ μὲν ἦν τὸ ἔγκλημά [4] γε ἀμφοτέροις ἡμῖν πρὸς ἀλλήλους [5] · ποιοῦμεν δὲ οὐκ ὀρθῶς · φίλοις γὰρ οὖσιν οὐκ ἀπουσία πρέπει, ἀλλὰ παρουσία τοῦ λόγου · καὶ τοῦτον δὴ τί ἄλλο παρασχεῖν ἢ τὰ γράμματα [6] δύναται; Γράψον τοίνυν, ὦ φίλτατε, συνεχέστερον, καὶ τὸν ἐπιστέλλειν ὀκνοῦντα παρακαλέσας τῷ παραδείγματι, σὲ οὐ μόνον τῆς εὐστομίας, ἀλλὰ καὶ πολλῷ μᾶλλον τῆς εὐνοίας ἀπόδειξον ἡμῖν ἡγεμόνα. Καὶ νῦν τούτων ἅλις [7].

Ἔγραψα [8] ἐλεγεῖόν [9] τι κατὰ γλῶτταν Ἑλλήνων Ἀλφόνσῳ τῷ βασιλεῖ, βουλόμενος αὐτὸν καὶ παρ' ἐμοῦ οὐ [10] τῇ λατινικῇ μόνον, ἀλλὰ καὶ τῇ ἑλληνικῇ [11] τοῖς ἐσομένοις δηλοῦσθαι διαλέκτῳ. Καὶ γὰρ ἠρξάμην καὶ δι' ἐπῶν μιμεῖσθαι τοὺς σοφοὺς ὑμετέρους · οὐκ ἀγνοῶ δὲ τὰς φθονεράς τινων [12] διανοίας · διὸ σὺ παρὼν ὑπὲρ [13] νόμον φιλίας ποίει σπουδήν, ὥστε τὴν ἀλήθειαν οὐκ ἐν σκότει γενέσθαι. Ἔρρωσο [14].

Μεδιολάνοθεν, ταῖς εἰδοῖς νοεμβρίου, ἔτει ͵αυνζʹ.

Si ma lettre ne te parvient pas plus tôt, n'en sois nullement étonné : ce retard a chez moi la même cause que chez toi. Ne m'accuse donc pas de négligence, si tu ambitionnes à tort d'être loué comme soigneux. Nous sommes coupables de la même faute l'un vis-à-vis de l'autre; mais nous n'agissons pas judicieusement. Car, étant amis, il ne nous convient pas de garder le silence, mais d'user de la parole; et comment converser ensemble sinon par un échange de lettres? Donne-

---

1. βραδεῖαν. 2. γοῦν. 3. μοῦ. 4. ἐγκλημά. 5. ἀλλήλους. 6. γράμματα. 7. ἅλις. 8. Dans ce mot, le scribe a oublié l'ε et mis l'accentuation sur le γ. 9. ἐλεγεῖον. 10. οὖ. 11. ἑλληνικῇ. 12. τινῶν. 13. ὕπερ. 14. ἔρρώσο.

moi donc plus souvent de tes nouvelles, très cher ami, et par ton exemple stimulant ma paresse à écrire, montre-toi à moi non seulement un maître de beau langage, mais surtout un maître d'affectueux sentiments.

J'ai composé dans la langue des Hellènes une élégie à la louange du roi Alphonse ; car ce n'est pas seulement en latin, c'est encore en grec que je veux le faire connaître aux générations futures. J'ai commencé, en effet, à versifier aussi à l'imitation de vos savants. Je n'ignore pas toutefois la jalousie dont sont animées certaines gens. C'est pourquoi je te prie, toi qui es sur les lieux, d'avoir soin, au nom des lois de l'amitié, que la vérité ne demeure pas dans les ténèbres. Porte-toi bien.

La présente lettre nous fournit l'indication de la date à laquelle fut composée l'élégie de Filelfe en l'honneur du roi de Naples. Cette élégie, qui comprend vingt-neuf distiques, a été intégralement publiée par Bandini [1], d'après le codex *Laurentianus* n° 15 du pluteus 58, d'où sont tirées les quatorze pièces de vers que nous donnons ci-après. En voici le début :

> Ἄστρον ἐν ἀνθρώποις, ὦ πάντων φέγγος ἀνάκτων,
> εἶ κλέος ἡμετέρων καὶ μέγα θαῦμα χρόνων.
> Τὰς πράξεις, Ἀλφόνσε, λίην πολλάς τε καλάς τε
> νῦν σέο βουλόμενος ᾆσαι ἐμοῖς μέλεσιν,
> οὐδὲν ἔχω γε λαβεῖν πέρας, οὐδὲν μέτρον ἐπαίνων,
> οἷς σε θεὸς κοσμεῖ σὴν διὰ τὴν ἀρετήν.

50

FRANÇOIS FILELFE A JEAN ARGYROPOULOS

Milan, 13 novembre 1457.

Φραγκίσκος ὁ Φιλέλφος Ἰωάννῃ τῷ Ἀργυροπούλῳ χαίρειν.

Ἐπέστειλά σοι μὲν καὶ πρότερον, οὔθ' ἅλις δέ, οὔτε πρὸς τὰ ἔμοιγε ἀναγκαῖα ἐπέστειλα · ἀλλὰ οὔτ' ἔτι πρὸς τά σοι [2]. Οἶσθα μὲν οὖν ὅτι

---

1. *Catal. codd. græcorum biblioth. Laurentianæ*, t. II, col. 452-453.
2. τὰ σοί.

ἀπελθόντι σοι ἀφ' ἡμῶν τέτταρα ὑπάρχειν εἶπον ἐγὼ ἅπερ ἂν χαρι-
σάμενός μοι πρᾶγμα ἐποίεις ἐν τοῖς μάλιστα ποθεινὸν, τὴν ἅπασαν
δηλονότι περὶ τῶν πέντε διαλέκτων γραμματικὴν πραγματείαν, ἐν
πρώτοις δὲ τὴν αἰολικήν · καὶ δεύτερον περὶ ποσότητος συλλαβῶν ¹ ·
καὶ τρίτον περὶ προσῳδιῶν · τὸ τελευταῖον δὲ περὶ συντάξεως. Ταῦτα
γὰρ ἔφης παρεῖναι πάντα γε, ἄλλα ² μέν σοι ³, ἄλλα ⁴ δὲ φίλοις τισί.
Σπούδασον τοίνυν, ὦ φίλων ἄριστε, γενέσθαι μοι αὐτὰ ὅσον δύνασαι
τάχιστα. Καὶ ταῦτα μὲν ἐμά ⁵.

Νῦν δὲ περὶ σοῦ ἄκουσον διὰ βραχέων. Ἐρωτήσαντι πάνυ γε πολλάκις ἐμοὶ περὶ τῶν σῶν πραγμάτων ἀπαγγέλλουσιν ἅπαντα κατὰ τὴν
ἐπιθυμίαν ἐμὴν ⁶, καὶ ὅτι ἔχεις εὖ καὶ καλῶς κατὰ σῶμα, καὶ ὅτι παρὰ
πᾶσί τε ⁷ καὶ ἐν πᾶσιν εὐδοκιμεῖς. Ἅπερ δὴ κἀκούων αὐτὸς καθ' ὑπερβολὴν ἥδομαι · ἓν δὲ καὶ μόνον λυπεῖ ⁸ οὐκ ὀλίγους, ὅτι τὰ τοῦ καλοῦ
κἀγαθοῦ ἀνδρὸς ἐκείνου Λεονάρδου ⁹ τοῦ Ἀρρητίνου ¹⁰ γεγραμμένα
ἀποδοκιμάζων διάγεις · ἀλλὰ μὴ ποίει τοῦτο σύ, ὦ φίλτατε ἄνερ ¹¹ ·
μᾶλλον δὲ ἐπαινεῖσθαι βουλόμενος, ἐπαίνει καὶ αὐτὸς σοφὸς ὤν. Ὁ
ἀνὴρ ¹² γὰρ ἐκεῖνος τοιοῦτος τὴν φήμην παρὰ Λατίνοις ἐγένετο ἅπασιν, ὥστε καὶ, καθ' Ὅμηρον, τὸ κλέος οὐρανὸν ἥκει. Ἐν δὲ αὐτὸς ὁμολογεῖν τοῦτο οὐκ ὀκνῶ ὅτι οὐδεὶς ἐκείνου μέχρι τοῦ νῦν παρὰ τοῖς
ἡμετέροις ἐφάνη ἐν τοῖς λογίοις ¹³ ὠφελιμώτερος ἀνήρ. Καὶ ταῦτά ¹⁴
σοι παρ' ἡμῶν κατὰ νόμον φιλίας. Ἔρρωσο ¹⁵.

Μεδιολάνοθεν, ταῖς εἰδοῖς νοεμβρίου, ἔτει αυνζ΄.

Je t'ai déjà écrit, mais pas suffisamment pour ce qui nous
est nécessaire à l'un et à l'autre. Tu sais que, quand tu me
quittas¹⁶, je te dis qu'il y avait quatre ouvrages que tu me ferais
le plus sensible plaisir de me donner : 1° la grammaire complète des cinq dialectes, surtout celle de l'éolien ; 2° le traité

---

1. συλλαβῆς. 2. ἀλλά. 3. μέν σοι. 4. ἀλλά. 5. εμά. 6. εμήν. 7. πᾶσί τε. 8. λυπεῖν.
9. λεωνάρδου. 10. ἀρρήτίνου. 11. ἔνερ. 12. ἀνήρ. 13. λογίοις, sans accent et avec
le premier ι en surcharge. 14. ταῦτα. 15. ἔρρωσο.

16. Argyropoulos était passé par Milan en 1456 (très probablement au mois
de mai). Il se rendait en France, et Filelfe lui avait alors donné pour Thomas
de Coron, médecin de Charles VII, une lettre de recommandation datée du
15 des calendes de juin (17 mai), et la veille des calendes du même mois
(31 mai), il écrivait à Donato Acciaiuoli : « Ioannem Argyropulum quem mihi
diligentissime commendaras, et vidi libentissime, etc. »

de la quantités des syllabes ; le traité d'accentuation ; 4° la syntaxe [1]. Tu m'affirmas que tous ces écrits étaient les uns en ta possession, les autres chez tes amis. Occupe-toi donc de me les faire avoir le plus tôt possible [2]. Voilà pour ce qui me concerne.

Quant à ce qui te regarde, le voici en peu de mots. J'ai souvent demandé de tes nouvelles, et je n'en ai appris que de conformes à mon désir : à savoir que tu jouis d'une excellente santé et que tu réussis en toutes choses et auprès de tout le monde. Cela me cause la plus extrême satisfaction. Une seule chose chagrine bon nombre de gens, c'est que tu blâmes les écrits de cet excellent Léonard d'Arezzo [3]. Cesse donc de le critiquer, très cher ami, et voulant être loué, loue aussi toi-même, si tu es sage. Car Léonard jouit parmi tous les Latins d'une réputation telle que, pour parler comme Homère, sa gloire s'élève jusqu'au ciel. Il est un fait que je n'hésite pas à reconnaître, c'est que, jusqu'à ce jour, il ne s'est pas montré chez nous, parmi les savants, un homme qui ait rendu plus

1. Filelfe recherchait depuis fort longtemps les ouvrages que lui avait promis Argyropoulos. Lorsqu'il se trouvait à Constantinople, il s'était déjà, mais vainement, efforcé de se les procurer, comme il nous l'apprend lui-même dans le passage suivant d'une lettre à Pierre Perleone, en date des ides d'avril (13 avril) 1441 : « Cum istic (à CP.) essem diu multumque studui, quæsivique diligenter comparare aliquid mihi ex Apollonii Herodianique iis operibus, quæ ab illis de arte grammatica copiose fuerant et accurate scripta. Nihil usquam potui odorari. Nam a magistris ludi quæ publice docentur, plena sunt nugarum omnia. Itaque neque de constructione grammatica orationis, neque de syllabarum quantitate, neque de accentu quicquam aut perfecti aut certi ex istorum præceptis haberi potest. Nam lingua æolica, quam et Homerus et Callimachus in suis operibus potissimum sunt secuti, ignoratur istic prorsus. Quæ autem nos de huiusmodi rationibus didicimus, studio nostro diligentiaque didicimus, quamvis minime negarim nos ex Chrysolora socero adiumenta nonnulla accepisse. » Pour compléter les renseignements qui précèdent, nous devons dire que Filelfe finit par se procurer Hérodien et plusieurs autres traités de grammaire aujourd'hui conservés à la Laurentienne (Plut. 58, cod. 19). Dans ce volume, un chartaceus in-8° de 211 feuillets, un certain nombre de pages sont copiées de la main même de Filelfe. Cf. Bandini, *Catal. codd. græc. biblioth. Laurent.*, t. II, col. 458-459.

2. Voy. aussi la lettre 53 de la présente Collection.

3. Léonard Bruni.

de services que Léonard. Voilà ce que les lois de l'amitié
m'obligent à te dire. Porte-toi bien.

51

FRANÇOIS FILELFE AU CARDINAL BESSARION

Milan, 19 décembre 1457.

Φραγκίσκος ὁ Φιλέλφος Βησσαρίωνι, τῷ καρδιναλίῳ [1] νικαεῖ,
χαίρειν.

Λαμπουγνῖνος Βιρᾶγος ὁ καὶ μεδιολανεὺς φίλος ἐμοὶ ἐκ πολλοῦ ὢν
τυγχάνει. Οὗτος οὖν, κατὰ νόμον φιλίας, τοῖς ἡμετέροις ὡς καὶ ἰδίοις
ἐχρῆτο ἅπασιν. Ἔχων τοίνυν παρ' ἑαυτῷ σύμπασαν τὴν ἐμὴν κατὰ
Πλούταρχον πραγματείαν ἱστορικὴν, ἤγουν τὰ λεγόμενα Παράλληλα,
βιβλίον τι ἀξιόλογον, ἐδάνεισε [2] τοῦτο, ὡς αὐτός γε λέγει, τῷ ἄκρῳ
ἐκείνῳ καὶ σοφωτάτῳ ἀρχιερεῖ Νικολάῳ. Ἀποθανόντος δὲ τούτου,
συναπέθανεν αὐτῷ, ὡς δοκεῖ, καὶ τὸ ἐμὸν βιβλίον · οὐδεὶς γὰρ οἶδε
τἀληθὲς περὶ τούτου. Δέομαι γοῦν [3] τῆς σῆς ἱερᾶς κεφαλῆς [4] ἵνα γράψῃς [5] μοι τὸ ὂν περὶ τοῦ τοιούτου βιβλίου. Νοήσας γὰρ καὶ αὐτὸς τὴν
ἀλήθειαν, βουλῇ χρήσομαι τῇ ἁρμοδίᾳ. Ἔρρωσο [6], πάτερ αἰδεσιμώτατε.

Μεδιολάνοθεν, τῇ ιδ' ἡμέρᾳ πρὸ ἰανουαρίου [7] καλενδῶν, ἔτει αυνζ'.

Lampugnino Birago de Milan est un de mes vieux amis.
S'autorisant des lois de l'amitié, il usait de tout ce qui m'appartient comme de son propre bien. Ayant donc par devers
lui mon exemplaire complet de l'ouvrage historique de Plutarque intitulé *Vies parallèles,* livre d'un intérêt considérable, il le prêta, assure-t-il, au très savant pape Nicolas. Ce
pontife étant mort [7], mon livre a dû le suivre dans la tombe ;
car personne ne possède à son égard le moindre renseignement positif. Je te prie donc, tête auguste, de m'écrire ce qu'il

---

1. καδιναλίῳ. 2. ἐδάνισε. 3. γοῦν. 4. Indépendamment du périspomène, ces
deux derniers mots ont encore un accent grave sur leur dernière syllabe.
5. γράψῇς. 6. ἔρρῶσο. 7. ἰανοαρίου.
   7. Le 14 mars 1455.

en est. Quand je saurai la vérité, je verrai quel parti il conviendra de prendre. Porte-toi bien, très vénérable père.

Cette lettre semble être le premier cri d'alarme poussé par Filelfe, lorsqu'il eut appris la disparition de son précieux manuscrit des *Vies parallèles* de Plutarque. Il ne s'accordera plus dès lors ni repos ni trève, qu'il ne soit rentré en possession de son bien. Le 14 des calendes de mars (16 février) 1458, il s'adresse à son ancien élève, le cardinal Æneas Sylvius Piccolomini : « Audio codicem illum etiam post obitum summi pontificis Nicolai quinti visum esse apud cardinalem Ruthenum [1]. Modo quod in re verum sit non ignoremus, facile futurum spero ut nobilissimus codex ille ad dominum redeat aut pace aut bello, quamvis bello pacem anteponam. » Et, le même jour, il écrit à Bessarion : « Nec est aliud quicquam quod tantopere in præsentia abs te cupiam quam ut me facias certiorem quid de codice meo sentias, num spei quicquid sit reliquum, an perierit omnino. Immortali me affeceris beneficio si hac in re mihi morem gesseris. » Et, cinq jours plus tard, au même Bessarion [2] : « Redditæ mihi sunt hodierno hoc hodie perhumanæ atque benignæ litteræ tuæ quibus quod scire desiderabam non obscure intellexi. Itaque habeo tibi gratias immortales quod vel in summis occupationibus tuis nihil quod mea interest negligere voluisti. Reliquum est ut mihi quid ea in re faciendum sit consulas vel epistola, vel nuncio. Nuncium vero alium velim neminem quam prudentissimum iurisconsultum Othonem Carretum [3], qui istic huius principis nomine oratorem gerit. Is enim quod abs te acceperit, mihi quam primum significabit. Præterea, si quid certius habendum iudicas, id quod mihi quoque videri debet, habes archidiaconum datarium qui, quum τῇ βιβλιοθήκῃ præest, ut audio, rem omnem poterit quam primum optimeque inquirere. »

Cet archidiacre devait être parfaitement en mesure de fournir des renseignements précis sur le manuscrit de Filelfe. C'était, en effet, Cosme de Montserrat, celui-là même qui avait dressé l'inventaire de la bibliothèque de Nicolas V, après le décès de ce pon-

1. Le cardinal Isidore de Russie.
2. Lettre du 9 des calendes de mars (21 février) 1458.
3. Othon de Carreto, ambassadeur du duc de Milan près la Cour de Rome.

tife. Si l'on consulte ce document [1], on est d'autant plus tenté d'y chercher les *Vies parallèles* parmi les manuscrits désignés comme ayant été prêtés au cardinal Isidore [2] que, dans le passage ci-dessus reproduit de sa lettre à Piccolomini, Filelfe affirme que son Plutarque a été vu entre les mains du vieux prélat grec. On trouve en réalité dans cette partie de l'inventaire deux manuscrits de Plutarque [3], mais la description sommaire de ces volumes indique suffisamment qu'aucun d'eux n'est le *nobilissimus codex* recherché par Filelfe [4]. On le reconnaît sans peine, au contraire, dans la mention suivante [5] : *Item unum volumen magnum de pergameno copertum corio rubeo et intitulatur* PLUTARCHI PARALLELA [6].

Le 23 mars 1458, Filelfe écrit encore [7] pour demander des nouvelles ; mais il sait déjà que son livre est dans la bibliothèque Vaticane [8], quand il adresse à l'excellent cardinal de Nicée la pièce de vers publiée plus loin, sous le n° 8. Il ne demande plus alors qu'on fasse des recherches, il interpelle le pape, il le supplie en termes émus. « O Callixte, s'écrie-t-il, ô toi qui occupes le trône et la dignité de Pierre, la divine justice implore ton assistance. O souverain père, rends-moi mon trésor : Bessarion te l'indiquera verbalement. Si tu me le rends, je t'en saurai le plus grand gré.

---

1. Publié par E. Müntz et P. Fabre dans *La Bibliothèque du Vatican au* XVe *siècle* (Paris, 1887, in-8°), pp. 316 à 344.

2. Pages 339 à 341 de l'Inventaire.

3. E. Müntz et P. Fabre, *Op. cit.*, pp. 340 et 341.

4. Dans l'élégie à Bessarion publiée ci-après sous le n° 8, il l'appelle à deux reprises un *trésor* (vers 18 et 41), et dans la lettre 55 de la présente Collection une *fortune*.

5. E. Müntz et P. Fabre, *Op. cit.*, p. 335.

6. On connaît un certain nombre de manuscrits ayant fait partie de la bibliothèque de Filelfe ; les uns portent son ex-libris, d'autres sont ornés de ses armoiries ; mais j'ai vainement cherché un manuscrit des *Vies parallèles* qui présentât l'une ou l'autre de ces marques de provenance. Le seul manuscrit de cet ouvrage qui réponde au signalement du volume inventorié par Cosme de Montserrat est, à notre connaissance, le *cod. Laurentianus* n° 1 du pluteus 69. C'est un superbe membranaceus in-folio de 419 feuillets et ainsi souscrit : Ἐγράφη καὶ ἐτελειώθη ἡ βίβλος ἥδε κατὰ τὴν Ἰταλίαν ἐν τῇ πόλει Μάντουᾳ κατὰ μηνὸς μαΐου δευτέρης, ἡμέρᾳ τετάρτῃ, ἰνδικτιῶνος ὀγδόης τοῦ ϛϡλθ' ἔτους, κατὰ δὲ τῆς ἐνσάρκου οἰκονομίας τοῦ Χριστοῦ αυκθ', ταῖν χεροῖν Γηράρδου ἐκ Πατρῶν παλαιῶν (Cf. Bandini, *Catal. codd. græcorum biblioth. Laurentianæ*, t. II, col. 621-622).

7. Voir la lettre 55 de la présente Collection.

8. Cela ressort, à notre avis, du passage cité plus haut de sa lettre à Bessarion, en date du 9 des calendes de mars (24 février) 1458.

Comment hésiterais-tu à restituer le bien d'autrui, ô toi qui juges toutes choses avec équité? Hâte-toi donc de le rendre[1]! » Callixte III avait en tête de trop graves soucis pour que les doléances d'un humaniste réclamant un livre eussent quelque chance de l'émouvoir. Il mourut (6 août 1458) sans avoir exaucé la prière de Filelfe. Celui-ci se réjouit à la nouvelle de la mort de ce vieux pontife[2], qu'il a si injustement traité de monstre et de scélérat[3].

Dans ses lettres à Bessarion et à Æneas Sylvius Piccolomini, datées l'une et l'autre des ides d'août (13 août) 1458, Filelfe n'a garde d'oublier la question de son manuscrit. Enfin, le cardinal Piccolomini, devenu le pape Pie II (19 août 1458), ordonne la restitution des *Vies parallèles,* objet de tant de lamentations. C'est Bessarion qui se charge d'en informer Filelfe. La réponse de ce dernier ne dut pas se faire longtemps attendre : « Vix dici queat, écrit-il, quam gratus mihi, quamque periucundus fuerit nuncius tuus de recuperato Plutarcho ; quem quum amiseram, me a summo pontifice Pio secundo, tuo interventu, dono accipere in non mediocrem felicitatis partem mihi ascribo, etc.[4] » Et à Pie II[5] : « Quantam mihi quamque singularem voluptatem attulisti nobilissimo ipso Plutarchi codice, etc. » Comme on le sait, Filelfe se rendit à Rome pour remercier le pape, qui lui avait accordé une pension de deux cents ducats. Il y arriva le 12 janvier 1459[6], et revint à Milan au mois de février suivant[7], rapportant sans doute avec lui son manuscrit de Plutarque.

---

1. Pièce de vers n° 8, vers 36-46.

2. Pridie idus augustas renunciatum est Mediolani Callistum, ecclesiæ romanæ pontificem, ad octavum idus sextiles animam tandem efflasse in maxima omnium lœticia, etc. *Lettre à Bessarion des ides d'août (13 août) 1458.*

3. Voir plus loin la pièce de vers n° 10, vers 23 et 24.

4. Lettre à Bessarion des calendes de novembre (1er novembre) 1458.

5. Lettre des cal. de nov. (1er novembre) 1458.

6. Voir sa lettre *Gaspari Mercato, Valentiæ comiti,* du 14 des calendes de février (19 janvier) 1459, où il passe en revue toutes les étapes de son voyage. Il avait quitté Milan le 19 décembre 1458.

7. Il y était déjà le 9 des calendes de mars (21 février) 1459. Voir la lettre latine qu'il écrivit à cette date à Sigismond Malatesta.

52

FRANÇOIS FILELFE A DÉMÉTRIUS CASTRENUS

Milan, 21 janvier 1458.

Φραγκίσκος ὁ Φιλέλφος Δημητρίῳ τῷ Καστρηνῷ χαίρειν.

Εἰ καὶ οὐκ εἰδώς σε τὸ πρότερον ἦν, ἀλλ' ὅμως ἡ σὴ παροῦσα ἐπιστολὴ πρὸς ἡμᾶς τὰ περὶ σὲ δεδήλωκε κατ' ἀκρίβειαν [1] ἅπαντα · διὸ καὶ ἀσπάζομαι ἤδη σε [2] φίλον ὄντα διὰ τὴν [3] σὴν ἀρετὴν, καὶ βούλομαι τῶν ἡμετέρων [4] πάντων μετασχεῖν ὡς [5] ἰδίων. Δεῦρο τοίνυν ἐλθόντι πρῶτον μὲν ἐξέσται [6] σοι χρῆσθαι τοῖς ἡμετέροις κατὰ φιλίας τὸν νόμον · ἔπειτα δὲ σπουδάσομεν παρὰ τῷ ἄρχοντι τουτωὶ γενέσθαι σοι ὃ ζητεῖς καὶ ἀξίως · καὶ γὰρ παρουσία ἀνδρὸς ἀγαθοῦ [7] καὶ τοῖς μὴ τοιούτοις ἐμποιεῖται αἰδῶ. Ἀλλ' ἔστιν οὗτος [8] ὁ ἄρχων τῶν ἀγαθῶν ἐραστής τε καὶ ἐπαινέτης, ἔτι δὲ καὶ εὐεργέτης · ὑπάρχει γὰρ τῇ φύσει πρὸς ἄνδρας σοφοὺς [9] οὐκ ἐλευθέριος [10] μόνον, ἀλλὰ καὶ ἐν τοῖς πρώτοις μεγαλοπρεπής. Ἐλθὲ γοῦν [11], ὦ φίλτατε, καὶ σπεύδων παντὶ σθένει σὺν ταῖς μούσαις αὐταῖς τῶν Ἑλλήνων, γενησόμενος κάτοχος τῶν Λατίνων ταῖς χάρισιν ἑκατέρας καὶ γλώττης ἁρμονίαν ἀσκῶν. Ἔρρωσο [12].

Μεδιολάνοθεν, τῇ πρὸ καλενδῶν φεβρουαρίου [13] ιϛ', ἔτει ͵αυνή.

Je ne te connaissais pas précédemment; mais la lettre que tu m'as écrite m'a renseigné sur ton compte avec la dernière exactitude. Je te salue donc comme un ami, à cause de ta vertu, et je t'offre la participation à tout ce que je possède. Quand tu viendras à Milan, tu useras d'abord, en vertu des lois de l'amitié, de ce qui m'appartient; après quoi je m'emploierai auprès du duc à obtenir ce que tu sollicites avec raison : car la présence d'un honnête homme inspire du respect à ceux-là mêmes qui ne lui ressemblent pas. Mais le duc aime, loue et protège les gens de bien; et vis-à-vis des savants il ne se montre pas seulement libéral, il les traite

---

1. ἀκρίβειαν. 2. σὲ. 3. τὴν. 4. ἡμετέρων. 5. ὡς. 6. ἐξέσται. 7. ἀγαθοῦ. 8. οὗτὸς. 9. σοφοὺς. 10. οὐκ ἐλευθέρειος. 11. γοῦν. 12. ἔρρωσο. 13. φεβροαρίου.

avec magnificence. Empresse-toi donc d'arriver. Porte-toi bien [1].

53

FRANÇOIS FILELFE A JEAN ARGYROPOULOS

Milan, 26 février 1458.

Φραγκίσκος ὁ Φιλέλφος Ἰωάννῃ [2] Ἀργυροπούλῳ χαίρειν.

Ἰάκωβος Ἀκτίολος ὁ τὴν παρ' ἐμοῦ [3] ἀποδιδούς σοι ἐπιστολὴν νεανίσκος ἐστὶν ἐν τοῖς πρώτοις καλὸς τά τε [4] ἤθη καὶ τὴν περὶ λογιότητα σπουδήν. Τοῦτον τοίνυν ὄντα ἐμὸν, ἔτι δὲ καὶ σὸν γενέσθαι βουλόμενον, συνίστημί σοι παντὶ τοῦ κοινοῦ ἡμῖν καθήκοντος σθένει. Ἐν πάσῃ πόλει καὶ δήμῳ ἀγαθῶν γε δεῖ φίλων, μάλιστα δὲ ἐν τῇ δημοκρατίᾳ· αὐτόθι γὰρ αἰεὶ μεταβολὴ τῶν πραγμάτων πέφυκεν εἶναι καὶ πάντα μεστὰ ταραχῆς. Ἐγὼ μὲν οὖν [5] μέχρι τοῦ νῦν μίαν καὶ μόνην τυγχάνω λαβὼν παρὰ σοῦ ἐπιστολήν, καὶ ταύτην μὲν ἐπαινοῦσαν [6] ἡμᾶς οὐ κατ' ἀλήθειάν γε, ἀλλὰ κατ' εὔνοιαν, οὐδὲν δὲ περὶ τῶν τῇ ἐμῇ ἐφέσει συντεινόντων ἀναγγέλλουσαν. Ἐπέστειλα γάρ σοι αἰτῶν ἂν ἔχῃς [7] τι οὐ κοινὸν τοῖς πολλοῖς περὶ ποσότητος συλλαβῶν [8] καὶ περὶ προσῳδιῶν, ἔτι δὲ καὶ περὶ λόγου συντάξεως καὶ περὶ τῶν πέντε διαλέκτων διαφορᾶς [9], μάλιστα δὲ περὶ τῆς αἰολικῆς· πρὸς ταῦτα γοῦν [10] γράψας τὸ ἀκριβὲς [11], πρᾶγμα ποιήσεις ἡμῖν οὐκ ἀναγκαιότατον μόνον, ἀλλὰ καὶ ὡς ἥδιστον. Ἔρρωσο [12].

Μεδιολάνοθεν, τῇ δ' ἡμέρᾳ πρὸ μαρτίου καλενδῶν, ἔτει ͵αυνή.

Acciaiuoli, le porteur de cette lettre, est un jeune homme de bonnes mœurs et passionné pour l'étude. Je te le recommande. Car si l'on a partout besoin de bons amis, ils sont surtout nécessaires dans une république démocratique. Je n'ai reçu, jusqu'à ce jour, qu'une seule lettre de toi, lettre remplie d'éloges plus bienveillants que conformes à la vérité, mais qui ne répondait pas aux différentes questions que je t'avais

1. Traduction abrégée.
2. ἰωάννη. 3. ἐμου. 4. τὰ τὲ. 5. οὖν. 6. ἐπαινοῦσάν. 7. ἔχεις. 8. συλλαβῆς. 9. διαφόρας. 10. γοῦν. 11. ἀκρηβὲς. 12. ὡσήδιστον ἔρρωσο.

posées [1]. Je t'avais demandé si tu possédais quelque chose de
rare sur la quantité des syllabes, sur l'accentuation, sur la
syntaxe, sur la différence des cinq dialectes et principalement
sur l'éolien. Si tu veux bien répondre exactement à ces questions, non seulement tu m'obligeras beaucoup, mais tu me
feras le plus vif plaisir. Porte-toi bien [2].

54

FRANÇOIS FILELFE A DÉMÉTRIUS CASTRENUS

Milan, 1er mars 1458.

Φραγκίσκος ὁ Φιλέλφος Δημητρίῳ τῷ Καστρηνῷ χαίρειν.

Ἐκ τῶν ἡμετέρων ἄρτι πρὸς σὲ γραμμάτων ἦν σοι οὐκ ἐν σκότει
καταμαθεῖν τὴν [3] ἡμῶν διάθεσίν τε καὶ εὔνοιαν πρὸς σαυτόν · διὸ ἔξεστιν ἤδη σοι οὐ βραδύναντι πεῖραν ποιῆσαι τῶν λεγομένων. Παραγενόμενος γὰρ ἐνταῦθα ἕξεις ἡμᾶς φίλους τε καὶ εὐεργέτας · οὐ μόνον
γὰρ ἡμᾶς [4] σοι παρέξομεν βοηθοὺς παρὰ τῷ ἄρχοντι τουτωΐ, ἀλλὰ
καὶ ἀπὸ τῶν ἰδίων πραγμάτων καὶ περιουσίας [5] ἡμῶν βοηθήσομεν.
Ἢ γοῦν [6] κατὰ τάχος ἐλθὲ, ἢ τῷ καλῷ κἀγαθῷ ἀνδρὶ Λοδοβήχῳ
Κασέλλᾳ τὴν σὴν δὸς ἐπιστολὴν εἰς ἐμὲ τὴν διάνοιάν σου δηλοῦσαν
ὡς ἀκριβῶς. Ἔρρωσο [7].

Μεδιολάνοθεν, κατὰ τὰς μαρτίου καλένδας [8], ἔτει ͵αυνή.

La lettre que je t'ai récemment adressée t'a fait connaître,
on ne peut plus clairement, quelles bienveillantes et affectueuses dispositions je nourris à ton égard. Tu peux venir
sans retard faire l'expérience de ce que je t'ai dit. Une fois à
Milan, tu trouveras en moi un ami et un défenseur. Non seulement je me ferai auprès du duc ton protecteur zélé, mais je
t'aiderai de ma fortune personnelle. Hâte-toi donc de venir,
sinon remets à Ludovic Casella une lettre pour moi où tu
m'exposeras avec précision tes intentions. Porte-toi bien.

1. Voir ci-dessus la lettre 50.
2. Traduction abrégée.
3. τήν. 4. ἡμᾶς. 5. περιουσίας. 6. γοῦν. 7. ὡσακριβῶς ἔρρωσο. 8. καλενδας.

55

FRANÇOIS FILELFE AU CARDINAL BESSARION

Milan, 23 mars 1458.

Φραγκίσκος ὁ Φιλέλφος Βησσαρίωνι, τῷ νικαεῖ καρδιναλίῳ, χαίρειν.

Ἔτι καὶ νῦν δέομαί σου, πάτερ [1] αἰδεσιμώτατε, ἵνα διὰ τὴν φιλοφροσύνην σου πρὸς ἐμὲ καὶ διὰ τὴν σὴν θείαν μεγαλοψυχίαν ἴδῃς [2]
πάσῃ σπουδῇ ὅπερ καὶ πρότερον ἄρτι ἐπέστειλά σοι περὶ τῶν ἐμῶν
κατὰ Πλούταρχον Παραλλήλων · πρᾶγμα ποιήσεις [3] ἡμῖν ὡς ἥδιστον [4]
γράψας περὶ τούτων τἀληθὲς πρὸς τὴν αὐτῶν ἀνάκτησιν · οὐ γὰρ δύναμαι οὐ βαρέως φέρειν τοιούτου πλούτου πρὸς βαρβάρους ἀποβολήν.
Ἔρρωσο [5].

Μεδιολάνοθεν, τῇ πρὸ καλενδῶν ἀπριλίου δεκάτῃ ἡμέρᾳ, ἔτει ͵αυνή.

Je viens aujourd'hui te prier, très vénérable père, de me
donner une nouvelle preuve de ta bienveillance et de ta divine
magnanimité en apportant tous tes soins à ce dont je t'ai
récemment entretenu par lettre [6], c'est-à-dire à l'affaire de
mes *Vies parallèles* de Plutarque. Tu me feras le plus sensible plaisir, si tu veux bien m'écrire à ce sujet quelque chose
de positif, qui me permette de recouvrer cet ouvrage. Car je
ne puis supporter sans une vive contrariété qu'un pareil trésor aille se perdre en des mains barbares. Porte-toi bien.

56

FRANÇOIS FILELFE AU CARDINAL BESSARION

Milan, 23 août 1458.

Φραγκίσκος ὁ Φιλέλφος Βησσαρίωνι, τῷ νικαεῖ καρδιναλίῳ, χαίρειν.

Ἐν βραχέσι γέγραφά σοι, ὦ πάτερ αἰδεσιμώτατε · οὕτω γὰρ ἀπῄ-
τει ὁ καιρὸς πρὸς τοῦ γραμματοφόρου τῷ τάχει. Ὁ Αἰνείας μὲν πρότερον, νῦν δὲ καὶ εὐσεβής, ἀπὸ τῶν πάλαι ἐτῶν ἔχει πρὸς ἐμὲ φίλ-

---

1. πάτὲρ. 2. μεγαλόψυχίαν ἴδῇς. 3. ποιήσεις. 4. ὡσήδιστον. 5. ἔρρώσο.
6. Voir ci-dessus la lettre 51 de la présente Collection.

τατα · διὸ δὴ οὔ γε [1] διὰ σμικρᾶς ἐγενόμην ἐλπίδος ἔσεσθαί μοι [2]
παρ' αὐτοῦ τιμήν τε [3] καὶ ὠφέλειαν πάνυ πολλήν [4]. Δέομαι τοίνυν τῆς
σῆς εὐμενείας ἵνα ποιήσῃς περὶ τούτου καὶ λόγον πρὸς τὴν ἁγιότητα
αὐτοῦ · καὶ γράψον ἐμοὶ ὡς τάχιστα καὶ τὴν αὐτοῦ ἀπόκρισιν [5] καὶ τὸ
δοκοῦν σοι, ἐν πρώτοις δὲ ἂν ἐπαινῇς [6] τὸ ἐλθεῖν ἐμὲ ὡς ὑμᾶς · γράψον
δὲ δι' ἑλληνικῶν γραμμάτων ἵνα μὴ εὐθὺς [7] ἡ ἐμὴ [8] διάνοια ἔνδηλος
γένηται τοῖς πολλοῖς. Ἔγραψα καὶ αὐτὸς διὰ βραχέων τῷ ἄκρῳ ἀρχιερεῖ Πίῳ · ἀλλὰ πᾶσα ἐλπὶς ἐπὶ σοί. Ἔρρωσο [9].

Μεδιολάνοθεν, τῇ ι ἡμέρᾳ πρὸ σεπτεμβρίου καλενδῶν, ἔτει ͵αυνή.

Le départ précipité du courrier m'oblige à ne t'écrire que
quelques mots, ô très vénérable père. Æneas, devenu aujour-
d'hui le *pius Æneas,* me porte depuis de longues années une
vive amitié. C'est pourquoi j'ai la plus grande espérance qu'il
me comblera d'honneurs et de profits. Je te prie donc d'avoir
la bonté de parler de cette question à sa Sainteté et de me faire
savoir le plus tôt possible, avec sa réponse, ton opinion personnelle à ce sujet. Dis-moi en premier lieu si tu approuverais
que j'allasse à Rome. Écris-moi en grec, afin que mon projet
ne vienne pas immédiatement à la connaissance du grand
nombre. J'ai écrit une courte lettre au souverain pontife
Pie II [10], mais tout mon espoir repose sur toi. Porte-toi bien.

57

FRANÇOIS FILELFE A JEAN ARGYROPOULOS

Milan, 4 octobre 1458.

Φραγκίσκος ὁ Φιλέλφος Ἰωάννῃ τῷ Ἀργυροπούλῳ χαίρειν.
Ὁ ἀποδιδούς σοι τὴν ἐπιστολὴν Γεώργιος Ἀλεξανδρινὸς ἐγένετο [11]

1. οὐ γὲ. 2. ἔσεσθαι μοί. 3. τιμὴν τὲ. 4. πολλην. 5. ἀποκρισιν. 6. ἐπαινεῖς. 7. εὐθὶς.
8. ἐμη. 9. ἐρρῶσο.

10. Elle ne se trouve pas dans les recueils imprimés des lettres de Filelfe.
Celui-ci y fait allusion, dans une lettre latine à Bessarion de la veille des ides
de septembre (12 septembre) 1458, laquelle débute ainsi : « Ad decimum kalendas septembres dedi ad te litteras unas *et simul cum tuis alteras ad pontificem Pium.* Eas autem utrasque tibi redditas ab Otthone Carreto iurisconsulto,
qui istic pro meo hoc principe Francisco Sphortia legati fungitur munere,
non dubito. »

11. ἐγένετο.

ἡμῖν μαθητής · ἔστι δὲ νεανίσκος καλὸς καὶ οὐκ ἄμοιρος τῶν μουσῶν.
Οὗτος οὖν τῆς σῆς ἐρῶν ἀρετῆς [1] τε καὶ σοφίας ἔρχεται εἰς Φλωρεντίαν · συνίστημί σοι τὸν ἄνθρωπον ὡς ἐμὸν μαθητὴν γεγονότα πρότερον, ἤδη καὶ σὸν γενησόμενον. Ἡμεῖς γὰρ ἄλλα [2] δὴ πράττομεν.
Ἔρρωσο [3], φίλη κεφαλή.

Τῇ [4] πρὸ τῶν ὀκτωβρίου [5] νωνῶν τετάρτῃ, ἔτει ͵αυνή.

Le porteur de cette lettre, Georges Alexandrin, a été mon
élève. C'est un brave jeune homme qui n'est pas étranger aux
Muses. Séduit par ta vertu et ton savoir, il se rend à Florence.
Je te le recommande donc comme un de mes anciens élèves,
qui sera désormais le tien. Car je fais enfin autre chose.
Porte-toi bien, tête chérie.

58

FRANÇOIS FILELFE AU CARDINAL BESSARION

Milan, 13 juin 1459.

Φραγκίσκος ὁ Φιλέλφος Βησσαρίωνι, τῷ νικαεῖ καρδιναλίῳ, χαίρειν.
Ὅτι χρονιωτέρᾳ ἐχρώμην πρὸς σὲ σιωπῇ, ὦ πάτερ αἰδεσιμώτατε, αἴτιός μοι σκληρὸς ἐγένετο πυρετός, ἐκεῖνος δὲ τριταῖος. Οὗ δὴ
καὶ λυτρωθεὶς εὐεργεσίᾳ θεοῦ, ἰδοὺ καί, οὐκέτι [6] πάμπαν ἰσχυροῦντος [7]
τοῦ σώματος, κατὰ μικρὸν ἔρχομαι ἀποδιδοὺς [8] τὸ ἐμὸν ὀφειλόμενόν
σοί τε [9] καὶ τῷ ἁγιωτάτῳ πατρὶ Πίῳ, ἤγουν ἀντὶ χρημάτων ἄσματα.
Ὅσον μὲν οὖν ὑμεῖς ποιήσετέ με [10] πλουσιώτερον, τοσοῦτον κἀγὼ [11]
τὰς θείας ἀκοὰς ὑμετέρας οὐ μετὰ Σαπφοῦς καὶ Ἀδώνιδος μόνον, ἀλλὰ
καὶ σὺν ἄλλοις παμπλείστοις τῶν ἀρχαίων ἐποποιῶν, ἢ τέρψω διὰ
ᾠδῶν ἢ ἐνοχλήσω. Ἔρρωσο [12].

Μεδιολάνοθεν, ταῖς εἰδοῖς [13] ἰουνίου, ἔτει ͵αυνθ΄.

Si j'ai si longtemps gardé le silence, très vénérable père,
c'est que j'ai cruellement souffert d'une fièvre tierce. En étant
enfin délivré, grâce à Dieu, bien que je n'aie pas encore entiè-

---

1. ἀρέτης. 2. ἀλλά. 3. πράττόμεν. ἔρρώσο. 4. τῇ. 5. ὀκτωβρίου. 6. οὐκ ἔτι. 7. ἰσχε-
ροῦντος. 8. ἀποδιδούς. 9. ὀφειλόμενον σοί τὲ. 10. ποιήσετε μὲ. 11. κ'ἀγώ. 12. ἔρρωσο.
13. εἰδοῖς.

rement recouvré mes forces corporelles, je viens peu à peu payer ce que je dois à toi et à sa Sainteté Pie II, c'est-à-dire des vers en échange d'espèces sonnantes [1]. Plus donc vous me ferez riche, plus je charmerai ou j'étourdirai vos divines oreilles par mes chants, et ce non seulement dans les mètres de Sapho et d'Adonis, mais dans tous ceux des anciens poètes épiques. Porte-toi bien.

59

FRANÇOIS FILELFE A JÉROME CASTELLI, PHILOSOPHE ET MÉDECIN [2].

Milan, 15 octobre 1459.

Φραγκίσκος ὁ Φιλέλφος Ἱερωνύμῳ τῷ Καστέλλῳ, φιλοσόφῳ τε καὶ ἰατρῷ [3], χαίρειν.

Εἰ καὶ σιωπῶντος ἐμοῦ οἶδά [4] σε οὐδὲν τῶν ἐμῶν ἀμελοῦντα [5] πραγμάτων. Διενοήθην ὅμως μηθὲν πάρεργον ποιησόμενόν με τῷ ἐπιστέλλειν σοι διὰ βραχέων τὸ νῦν ἀναγκαῖον. Ἔγραψα μὲν οὖν [6], κατὰ τὸ καθῆκον, ἅπαντα πρὸς τὸν κοινὸν ἡμῖν φίλον Καστέλλαν. Οὗτος δὲ πυθαγόρειος γεγονέναι δοκεῖ, ἀγνοῶν γε ἴσως οὐ τῆς χειρὸς, ἀλλὰ

---

1. On peut voir ici une allusion à l'anecdote d'après laquelle Pie II se faisant lire des vers en son honneur, dont les auteurs demandaient tous une récompense, se serait écrié :

> *Discite pro numeris numeros sperare, poetæ ;*
> *mutare est animus carmina, non emere.*

Filelfe prétendit que le pape était trop généreux pour avoir composé ce distique et qu'il avait dû dire :

> *Discite pro numeris nummos sperare, poetæ ;*
> *mutare est animus carmina muneribus.*

Cf. Rosmini, *Vita di Francesco Filelfo*, t. II, p. 114.

2. Jérôme Castelli, élève de Guarino de Vérone, professa la médecine à Ferrare et fut médecin de Lionel et de Borso. Voir sur lui : Rosmini, *Vita e disciplina di Guarino Veronese* (Brescia, 1806, in-8°), t. III, pp. 128-131. Lire aussi la très intéressante lettre latine que Filelfe lui adressa, à la date du 7 des ides d'avril (7 avril) 1458. Nous avons trouvé au verso du dernier feuillet (en parchemin) du *Monacensis gr. 321* une épigramme à la louange de Jérôme Castelli traduite du latin en grec par Emmanuel Adramyttenus. Elle sera reproduite plus loin, à la suite des lettres de ce Grec.

3. ἰατρῶ. 4. οἶδα. 5. ἀμιλοῦντα. 6. οὖν.

τῆς γλώττης Πυθαγόραν σιγὴν ἀσπασάμενον. Σὺ τοίνυν εἰδὼς τἀληθὲς γράψον [1] μοι κατὰ τάχος τὰ περὶ ἐμοῦ σύμπαντα · ταῦτα δὲ καταμαθεῖν οὐκ ἔργον πολὺ ἢ παρὰ τοῦ Κασέλλα αὐτοῦ, ἢ παρὰ τοῦ ἡγεμόνος, ᾧ καὶ κατὰ πᾶσαν εὐσέβειαν προσκυνῶ. Ἄσπασαι δὲ τὸν καλὸν
κἀγαθὸν Λαυρέντιον τὸν Στρόζαν. [Ἔρρωσο [2].]

Μεδιολάνοθεν, τῇ ιζʹ πρὸ καλενδῶν νοεμβρίου, ἔτει ͵αυνθʹ.

Si même je garde le silence, je sais que tu ne négliges
aucune de mes affaires. Je ne crois cependant pas superflu de
te notifier par une courte lettre ce dont j'ai actuellement
besoin. J'ai tout écrit, comme c'est mon devoir, à notre commun ami Casella [3]. Mais celui-ci paraît s'être fait pythagoricien, sans se douter peut-être que ce n'était pas le silence de
la main, mais celui de la langue que Pythagore observait. Si
donc tu connais la vérité, écris-moi vite ce qui me concerne.
La chose n'est pas, d'ailleurs, très difficile à apprendre soit
de Casella lui-même, soit du prince [4], auquel je présente tous
mes respects. Salue de ma part cet excellent Laurent Strozzi.
Porte-toi bien [5].

60

FRANÇOIS FILELFE AU CARDINAL BESSARION

Milan, 23 décembre 1463.

Φραγκίσκος ὁ Φιλέλφος Βησσαρίωνι, τῷ καρδιναλίῳ τε [6] νικαεῖ καὶ
πατριάρχῃ κωνσταντινουπολίτῃ [7], χαίρειν.

Ἧκεν ἤδη μόλις ποτὲ παρὰ τῆς εὐμενείας σου, ὦ αἰδεσιμώτατε
πάτερ Βησσάριον, ἡ ποθεινοτάτη μοι ἐπιςολή, ἥνπερ αὐτὸς κατ' ἀκρί-

1. γράψον.
2. Manque dans le manuscrit.
3. Ludovic Casella fut successivement ministre de Nicolas, Lionel et Borso,
ducs de Ferrare. Il se montra constamment zélé protecteur des études. Voir sur
lui : Tiraboschi, *Storia della letteratura italiana* (Milan, 1824, in-8°), t. VI,
pp. 46 et suiv.
4. Le duc Borso d'Este.
5. Voy. aussi les lettres 84 et 91 de la présente Collection.
6. τὲ. 7. κωνστανοπολίτη (sic).

θειαν ἀναγνοὺς τοσοῦτον [1] ηὐφράνθην ὥστε ὑφ᾽ ἡδονῆς ἀναθορῆσαι [2] · σαυτὸν γὰρ σχεδὸν ἐδόκουν ἰδεῖν ἐν τοῖς γράμμασι φιλανθρώπως τε [3] καὶ εὐνοϊκῶς [4] ὑπὲρ τῆς ἐμῆς ὠφελείας τε [5] καὶ τιμῆς οὐ συλλογίσασθαι μόνον, ἀλλὰ καὶ ἀτεχνῶς ἀγωνίσασθαι. Διὸ χάριν οἶδά [6] σοι τὴν μεγίστην, ἣν [7] δὴ ἀποδοῦναι οὐκ ἔχων τὸ νῦν, ἔξω ταύτην κατὰ τὴν ἐμὴν ψυχὴν ἀϊδίως. Ἀποκρινόμενος τοίνυν διὰ βραχέων πρὸς ταῦτα, βούλομαί σε τέσσαρά τινα πρὸς τὸ πρᾶγμα εἰδέναι περὶ οὗ μοι καὶ ἔγραφες. Πρῶτον μὲν, ὡς ἐγὼ πάνυ γε ἀσμένως ἀκούσας τυγχάνω τὴν τῶν Ἐνετῶν ἀριστοκρατίαν πρόνοιαν περὶ ἡμῶν πεποιηκέναι · καὶ γὰρ ὢν ἐγὼ ἤδη πάλαι κοινῇ αὐτῶν εὐεργεσίᾳ πολίτης, ἀχάριστος [8] εἴην ἂν, εἰ ἄλλο τι ἐβουλόμην ἢ Ἐνετὸς ὑπάρχειν τε [9] παρὰ πᾶσι καὶ φαίνεσθαι. Πλὴν αἱ Μοῦσαι τῇ τοῦ καιροῦ δυστυχίᾳ ἐν πενίᾳ διάγουσιν · ὁ γὰρ μοχθηρὸς Ἄρης πανταχοῦ βασιλεύει, καὶ ταῖς Μούσαις ἢ οὐδεμία [10] ἢ πάνυ γε ὀλίγη τιμὴ πρόκειται · οὗτος γὰρ τῆς ἀρετῆς ἐχθρὸς μέγιστος. Βουλομένοις τοίνυν τοῖς Ἐνετοῖς τὸν Φιλέλφον ἀνακαλεῖν πρὸς αὑτοὺς ἔξεστι κατὰ νόμον · ὁ δὲ νόμος ἐστὶ τὸ δίκαιον · ποιησάντων ἄρα ἡμῖν αὐτῶν τὸ ἁρμόδιον γέρας, ἐλεύσομαι πρὸς αὐτοὺς πανοικί · καὶ τί ἁρμόδιον γέρας; οὐδὲν τῇ ἀρετῇ ἴσον, ἀλλὰ μὴν διδόντων ἡμῖν κατ᾽ ἔτος τῶν Ἐνετῶν χρυσοῦς δύω καὶ χιλίους, ἀσπάσομαι τὸ ταττόμενον.

Τὸ δεύτερον δ᾽ ἔστιν ὅτι μὴ συγχωροῦντος τοῦ ἡγεμόνος τουτουί, οὐδαμῶς Μεδιολάνοθεν ἀπελεύσομαι · ἀλλ᾽ αἰτούντων Ἐνετῶν, οἶμαι, οὐκ ἀρνήσεται · φιλεῖ γὰρ αὐτοὺς καὶ περὶ πλείστου ποιεῖται.

Μετὰ δὲ ταῦτα ἄκουσόν μου καὶ τὸ τρίτον. Συνέγραψα, ὡς οἶσθα, τὰς πράξεις τουτουὶ τοῦ ἄρχοντος, καὶ μάλα ἀληθῶς, ὡς νομίζω · τὸν Φιλέλφον ἐναντία συγγράφειν ἑαυτῷ ἀδύνατον · καὶ περὶ τούτου μὴ ὄκνει, δέομαί [11] σου, λόγον ποιῆσαι ἔκδηλον.

Λείπεται τὸ τέταρτον, ὅπερ τοιοῦτόν ἐστι [12]. Τὸ μὴ ἀληθεύειν ἐν παντὶ πράγματι ἡγοῦμαι ἀνδρὸς ὑπάρχειν οὐδὲν φρονοῦντος τὸ θεῖον. Καὶ γὰρ ὁ θεὸς ἀλήθεια. Οὐ βούλομαι γοῦν εἰς χάριν, οὐδὲ Κροίσου ἐσόμενος ἐκείνου ὀλβιώτερος, συγγράφειν τινά [13]. Περὶ μὲν τούτου σὺ τοίνυν σὺν ἐπιμελείᾳ διαλογισάμενος, πρᾶγμα ποιήσεις μοι ὡς ἥδιστον [14] καὶ τῆς σοῦ ἁγιότητος ἄξιον. Περὶ τούτων ἤδη πολλά.

---

1. τὸ σοῦτον. 2. ἀνθορῆσαι. 3. τὲ. 4. εὐνοϊκῶς. 5. τὲ. 6. οἶδα. 7. ἢν. 8. ἀχαριστος. 9. τὲ. 10. οὐδὲ μία. 11. δεομαί. 12. τοιοῦτον ἐστί. 13. συγγράφειν τινα. 14. ὠσήδιστον.

Ἐγένου σὺ πρεσβευτής, πάτερ σοφώτατε, παρὰ τοῦ ἄκρου λεγομένου ἀρχιερέως, ὡς πρόνοιαν ἔξων παρὰ τοῖς Ἐνετοῖς περὶ τῆς κατὰ
Τούρκων παρασκευῆς · ἀλλ' ἐγὼ κατ' ἐμαυτὸν ἔννοιαν ἔχων περὶ τῶν
σου πραγμάτων, εἰδέναι δοκῶ ὅτι ἀλλαχόσε ¹ συντείνει ἡ ἀλώπεκος
πανουργία · καὶ γάρ, παρόντος σου τοιούτου τε καὶ τοσούτου ἐν συνε-
δρίῳ τῶν καρδιναλίων, ἀξιώματος οὐ τολμᾷ οὐδαμῶς πράττειν τι
ἀνάξιον ἑαυτοῦ · ἀπόντος δὲ, ἀπάξει τὰ πρόβατα ² ἐπὶ τοὺς λύκους
ἀναμφιβόλως. Ἔρρωσο ³.

Μεδιολάνοθεν, τῇ δεκάτῃ πρὸ ἰανουαρίου ⁴ καλενδῶν, ἔτει αυξγ'.

J'ai enfin reçu de toi une lettre depuis longtemps désirée et
qui m'a rempli de joie. Je te remercie chaudement de ce que
tu as eu la bonté de faire en ma faveur et je te promets de
t'en garder une éternelle reconnaissance. Je m'empresse de
te répondre et de m'expliquer sur les quatre points suivants :

1° J'ai été très satisfait d'apprendre que la Sérénissime
République avait songé à moi. Étant déjà, grâce à un bienfait
de ce gouvernement, citoyen de Venise, je ferais preuve d'in-
gratitude, si je voulais être ou paraître autre chose que Vénitien. Si la République me désire à son service, il faut qu'elle
me donne un gros traitement. A cette condition j'accep-
terai ;

2° Je ne puis quitter Milan sans l'autorisation du duc. Mais
si les Vénitiens la lui demandent, il ne la leur refusera pas,
car il les aime et les tient en haute estime ;

3° J'ai écrit le récit des actions du duc de Milan, et je crois
m'être acquitté de cette tâche avec véracité ; car je ne saurais
rien écrire de contraire à ma conscience. Je te recommande
de parler de cet ouvrage ⁵ ;

4° J'estime que ne pas dire la vérité en toutes choses, c'est
le fait d'un homme qui méprise la divinité. Car Dieu est vérité.
Je ne consentirais donc pas, si même on me faisait plus riche
que Crésus, à écrire quoi que ce fût par pure complaisance.

1. ἀλλακόσε. 2. πρόβατα. 3. ἔρρωσο. 4. ἰανοχρίου.
5. D'en parler aux Vénitiens, que Filelfe ne ménageait pas dans son livre.

Tu as été chargé par le souverain pontife d'une légation à Venise, afin de surveiller les préparatifs de croisade contre les Turcs. Mais, en réfléchissant à cette affaire, je me suis formé la conviction que la ruse du renard [1] tend à un autre but. Car, toi présent dans le conseil des cardinaux, il n'ose rien faire d'indigne de sa dignité; tandis que, toi absent, il conduira indubitablement ses ouailles dans la gueule du loup. Porte-toi bien [2].

61

FRANÇOIS FILELFE AU CARDINAL BESSARION

Milan, 27 janvier 1464.

Φραγκίσκος ὁ Φιλέλφος Βησσαρίωνι, καρδιναλίῳ τῷ νικαεῖ καὶ ἀποστολικῷ πρεσβευτῇ, χαίρειν.

Εἰ μὲν ὑγιαίνεις, ὦ πάτερ αἰδεσιμώτατε Βησσάριον, εὖ τε ἔχει καὶ ὡς αὐτὸς εὔχομαι · ὑγιαίνω δὲ κἄγωγε δεξάμενός σου τὴν προτάτην ἐπιστολὴν ἐν καιρῷ · ἤδη γὰρ σφόδρα ταύτης εἴχέ με [3] πόθος. Ἔμαθον δὲ πάνυ γε σαφῶς τὸ αὐτόθι ὑπὲρ τῶν ἡμετέρων γεγονὸς πραγμάτων παρὰ τῆς σῆς ἁγιότητος · καὶ οὐκ ἔχοιμ' ἂν εἰπεῖν ὅσον ἥδομαι τὴν ἐμὴν ψυχὴν, ὡς ἐν ἡλίου φωτὶ καταλαβὼν τὴν ἀγάπην σου πρὸς ἐμέ. Τὸν γὰρ τοιοῦτον ὑπάρχοντα καὶ τοσοῦτον τήν τε σοφίαν καὶ ὡς φίλτατα φροντίζειν τῶν μικροτέρων, μεγαλοψύχου μοι δοκεῖ ἀνδρὸς ἔργον εἶναι καὶ τοῦ ἐν τοῖς πρώτοις μεγαλοπρεποῦς. Ἀσπασάμενος τοίνυν οὕτως ἡμᾶς καὶ τιμήσας, ποῖον ἔξεις μισθόν; αὐτὸ τὸ εὖ ποιεῖν. Τί γὰρ ὑπάρχει μοι ἄξιον εἰς ἀμοιβὴν τοσαύτης σου εὐεργεσίας, ἥπερ χρῆσθαι σπεύδεις ἀεὶ περὶ ἐμέ; ἀποδώσει δὴ ταύτην ὁ θεὸς αὐτὸς ὁ μηδέν ποτε καταλιπὼν [4] ἀδώρητον · οὐ μὴν ἀλλ' ἔξεις καὶ ἡμᾶς ὑπὸ χειρὶ εἰσαεί [5]. Τὰ μὲν οὖν ἄλλα, ὡς διὰ βραχέων εἰπεῖν, κυβερνήσεις σύ, πάτερ φιλανθρωπότατε, ὡς εἴωθας [6], ἄριστα. Ἔρρωσο [7].

Μεδιολάνοθεν, τῇ ἕκτῃ πρὸ φεβρουαρίου [8] καλενδῶν, ἔτει αυξδ'.

---

1. C'est-à-dire le pape Pie II.
2. Traduction abrégée.
3. εἴχε. 4. καταλειπὼν. 5. εἰσαεί. 6. εἴωθας. 7. ἔρρωσο. 8. φεβροαρίου.

Si tu es en bonne santé, très auguste père, la chose est parfaite et telle que je la désire. Moi aussi je me porte bien, et j'ai reçu à temps ta très aimable lettre, car je la désirais fort. J'ai appris ce que Ton Éminence a fait à Rome dans l'intérêt de mes affaires, et je ne saurais exprimer le bonheur que j'éprouve d'avoir vu clair comme le jour l'affection que tu as pour moi. Car donner ses soins empressés aux plus petites choses, lorsqu'on est un homme de ton rang et possédant ton savoir, c'est la marque d'un esprit magnanime et élevé. Mais pour m'avoir aimé et honoré de la sorte, quelle récompense auras-tu? L'acte de bienfaisance lui-même. Car qu'est-ce que j'ai qui soit digne de récompenser les bons offices que tu prends à cœur de me prodiguer sans cesse? Dieu lui-même te récompensera, lui qui ne laisse jamais rien sans sa rétribution. Cependant tu peux compter sur mon éternel dévouement. Quant au reste, pour être bref, mon très bon père, tu t'en arrangeras de la meilleure façon, comme c'est ta coutume. Porte-toi bien.

62

FRANÇOIS FILELFE A ANDRONIC DE BYZANCE

Milan, 27 avril 1464.

Φραγκίσκος ὁ Φιλέλφος Ἀνδρονίκῳ τῷ Βυζαντίῳ χαίρειν.

Ἀναγνοὺς ἐγὼ περὶ ἰδεῶν [1] παρὰ Πλουτάρχῳ τινά, τἄλλα [2] μὲν εὗρον κεῖσθαι καλῶς ἅπαντα · τὸ δὲ τῷ Ἀριστοτέλει δοκοῦν πάμπαν ἡμαρτημένον . Διὸ πρᾶγμα ποιήσεις μοι ἐν τοῖς μάλιστα ἀναγκαῖόν τε [3] καὶ ποθεινόν, εἰ κατ' ἀκρίβειαν γράψῃς τὸ τί ἔστιν ἰδέα κατ' Ἀριστοτέλην [4], καὶ τοῦτο κατὰ λέξιν, ὡς κεῖται, ἐν τῇ ὑποθέσει ἐκείνῃ ἧς ἡ ἐπιγραφὴ Περὶ τῶν ἀρεσκόντων τοῖς φιλοσόφοις. Ἔρρωσο [5].

Μεδιολάνοθεν, τῇ πρὸ καλενδῶν μαΐου πέμπτῃ [6], ἔτει ͵αυξδ'.

Ayant lu dans Plutarque quelques pages sur les Idées, j'ai trouvé le texte de cet auteur en bon état, à l'exception du

---

1. εἰδεῶν. 2. τἄλλα. 3. ἀναγκαῖον τὲ. 4. ἀριστοτέλη. 5. ἔρρωσο. 6. πέμπτῇ.

passage relatif à la doctrine d'Aristote, lequel est tout à fait
corrompu. C'est pourquoi tu me rendrais service et me ferais
plaisir, si tu voulais bien me donner avec exactitude la défi-
nition de l'Idée selon Aristote, et ce en la transcrivant litté-
ralement, telle qu'elle se trouve dans l'ouvrage intitulé *Les
doctrines des philosophes*. Porte-toi bien.

63

FRANÇOIS FILELFE A ANDRONIC DE BYZANCE

Milan, 29 avril 1464.

Φραγκίσκος ὁ Φιλέλφος Ἀνδρονίκῳ τῷ Βυζαντίῳ χαίρειν.

Τὸ ζητούμενόν μοι περὶ ἰδέας, ὦ φίλτατε, οὔτε κατ' Ἀριστοτέλους
ἐστὶν, οὔθ' ὑπὲρ Ἀριστοτέλους. Ἐβουλόμην γὰρ μόνον μαθεῖν τὸ
Ἀριστοτέλει δοκοῦν περὶ ταύτης τῆς ὕλης. Καὶ γὰρ παρὰ Πλουτάρχῳ
ἐν τῇ πρώτῃ βίβλῳ τῶν περὶ τῶν τοῖς φιλοσόφοις ἀρεσκόντων οὕτως
ἐστὶ κατὰ λέξιν εὑρεῖν · Ἀριστοτέλης εἴδη μὲν οὐκ ἀπέλιπε
καὶ ἰδέας, οὐ μὴν κεχωρισμένας τῆς ὕλης, ὃ ἐξ ὧν γεγονὸς τὸ ὑπὸ τοῦ θεοῦ. Τοῦτον τοίνυν τὸν τόπον διεφθαρμένον εἶναι
σαφές. Ἐζήτουν μὲν οὖν εἰ μὲν ἦν [1] σοι ἡ τοιαύτη Πλουτάρχου πραγματεία (εἰσὶ γὰρ βίβλοι πέντε), γιγνώσκειν διαρρήδην [2] τὸ παρ'
αὐτῷ γεγραμμένον. Ἀλλ' ἐπειδὴ ἐκείνας σοι [3] οὐχ ὑπάρχειν ἐκ τῆς
ἀνθηρᾶς σου κατέλαβον ἐπιστολῆς, μετρίως τὴν ἀνάγκην ὑπομενῶ.
Περὶ δὲ τῶν ἰδεῶν ἐγράψαμέν τινα [4] καὶ ἡμεῖς, ἅπερ μετ' ὀλίγου [5]
μέλλεις ἰδεῖν. Ἔρρωσο [6].

Μεδιολάνοθεν, τῇ τρίτῃ πρὸ μαίου καλενδῶν, ἔτει αυξδ'.

La question que je t'ai adressée concernant l'Idée n'est ni
pour Aristote, ni contre Aristote. Je voulais tout simplement
savoir quelle est en cette matière l'opinion du Stagirite. On
lit, en effet, ce qui suit dans le premier livre du traité de
Plutarque intitulé *Les doctrines des philosophes :* Ἀριστοτέλης
εἴδη μὲν οὐκ ἀπέλιπε καὶ ἰδέας, οὐ μὴν κεχωρισμένας τῆς ὕλης, ὃ ἐξ

---

1. εἰν. 2. διαρρΐδην. 3. σοί. 4. ἐγράψαμεν τινά. 5. μετὸλίγον. 6. ἰδειν ἔρρώσο.

ὦν γεγονὸς τὸ ὑπὸ τοῦ θεοῦ. Or ce passage est évidemment corrompu [1]. J'aurais désiré en connaître la leçon exacte, au cas
où tu eusses possédé le susdit traité (il se compose de cinq
livres); mais, puisque j'apprends par ton élégante lettre que
tu ne le possèdes pas, je me résignerai à la nécessité de m'en
passer. J'ai, moi aussi, écrit sur les Idées quelque chose que
je me propose de te communiquer prochainement. Porte-toi
bien.

64

FRANÇOIS FILELFE AU CARDINAL BESSARION

Milan, 31 octobre 1464.

Φραγκίσκος ὁ Φιλέλφος Βησσαρίωνι, τῷ νικαεῖ καρδιναλίῳ καὶ
Κωνσταντινουπόλεως [2] πατριάρχῃ, χαίρειν.

Ὁπόση τις γέγονέ μοι ἀεὶ στοργή τε καὶ εὔνοια περὶ τὴν σὴν ἁγιότητα, ὦ πάτερ αἰδεσιμώτατε, οἶσθα σύ γε αὐτὸς μέχρις οὗ [3] καὶ
αὐτῆς τῆς παιδικῆς παρὰ Χρυσοκόκκῃ διατριβῆς. Πρὸς τούτοις οὐδὲ
λανθάνει σε ὁπόσον ὕστερον καὶ μητροπολίτην σαυτὸν, ἔτι [4] δὲ καὶ
καρδινάλιον καὶ πατριάρχην ἤδη καὶ ἐσεβόμην καὶ σέβομαι. Τὴν σὴν
δὲ πρὸς ἐμὲ ἀγάπην οὐχ ἁπλῶς μόνον ἔγνων, ἀλλ' ἔτι [5] καὶ ἐν πολλοῖς πράγμασι καὶ μεγάλοις ἐπειράθην. Ὅθεν οὐδέν ἐστιν οὕτω μέγα,
οὕτω [6] τίμιον ὅπερ οὐκ ἂν [7] ἐνόμισα ἐξεῖναί [8] μοι τοῦτο παρὰ σοῦ
προσδοκᾶν · τὴν δὲ μὴν ἐλπίδα ἤδη καὶ πρότερον πάνυ γε καὶ δι'
ἐμοῦ [9] παρὼν καὶ δι' ἐμῶν γραμμάτων ἀπὼν ἔμαθες. Νῦν δὲ ἀκούω
σε πάντα δύνασθαι καὶ τὰ μέγιστα τῷ τε ἀξιώματι καὶ τῇ εὐνοίᾳ παρὰ
τῷ νεωστὶ γεγονότι ἄκρῳ [10] ἀρχιερεῖ · τούτῳ δὲ καὶ αὐτὸς οὐ τῶν
ἀγνώστων παντελῶς ὢν τυγχάνω · διὸ ἀξιῶ σε τὰ μάλιστα ὡς ἄν
με [11] τελευτῶν [12] ἐξέλῃς ἀπὸ τῆς παρούσης αὐλικῆς ἀθλιότητος. Ἀναγ-

---

1. Filelfe avait raison. Ce passage se trouve au livre I, § x, et il doit se lire
ainsi : Ἀριστοτέλης δ' εἴδη μὲν ἀπέλιπε καὶ ἰδέας, οὐ μὴν κεχωρισμένας τῆς ὕλης, ὃ
ἐξ ὧν γεγονὸς τὸ ὑπὸ τοῦ θεοῦ. C'est-à-dire : *Aristoteles formas atque Ideas reli-
quit : non tamen a materia secretas, neque exempla rerum a deo factarum* (Plutarchi *Scripta moralia*, éd. Fr. Dübner, Paris, Didot, 1841, in-4°, t. II, p. 1075).
2. κωνσταντινοπόλεως. 3. μέχρισου. 4. ἔτι. 5. ἀλλἔτι. 6. ὅστω *(sic)*. 7. ἂν. 8. ἐξεῖ-
ναι. 9. διἐμοῦ. 10. γεγονότι. 11. ὡσἂν'με *(sic)*. 12. τελευτὸν.

κάζομαι γὰρ καὶ ἄκων πολλάκις πολλὰ λέγειν τε ¹ καὶ γράφειν πρὸς
χάριν τοῦ τε ἄρχοντος καὶ τῶν ἀρχομένων ἀνάξια τοῦ ἐμοῦ βίου καὶ
φιλοσοφίας · πλὴν οὔτε ὠφέλειαν ἀσπάζομαι οὐδεμίαν ² ἄνευ τιμῆς
τῆς πρεπούσης, οὔτε τιμὴν ἥτις ἂν ὠφελείας πάμπαν ³ στέροιτο. Τί
δέ μοι πρέπει ἢ οὖ ⁴, οὐδεὶς βέλτιον ⁵ οἶδεν τῆς σῆς εὐμενείας.
Ἔρρωσο ⁶.

Μεδιολάνοθεν, τῇ πρὸ καλενδῶν νοεμβρίου ⁷, [ἔτει αυξδ'] ⁸.

Mon affection pour toi date de l'époque où, jeunes tous
deux, nous fréquentions l'école de Chrysococcès ⁹. Depuis, tu
es successivement devenu métropolitain, cardinal, patriarche,
et je n'ai pas cessé de te vénérer. Quant à ton amitié pour
moi, non seulement je la connais, mais j'en ai fait l'expérience en maintes graves circonstances. Il n'est rien de si
grand, rien de si honorable qu'il ne me soit permis d'attendre
de toi. Tu sais quel est l'objet de mes espérances; je t'en ai
instruit et verbalement et par lettres. Grâce à la dignité dont
tu es revêtu, grâce aussi à la faveur dont tu jouis, tu es tout-
puissant auprès du nouveau pape ¹⁰. Je ne suis pas non plus
inconnu au souverain pontife. C'est pourquoi je te conjure de
m'arracher aux misères de la cour de Milan. Car, souvent, à
mon corps défendant, je me vois forcé de dire et d'écrire, par
complaisance tant pour le duc que pour ses sujets, une foule
de choses qui ne conviennent ni à mon genre de vie, ni à la
philosophie. Cependant, je n'accepterais pas plus un emploi
lucratif sans dignité, qu'une dignité sans émoluments. Personne, d'ailleurs, ne sait mieux que toi ce dont j'ai besoin.
Porte-toi bien ¹¹.

1. τὲ. 2. οὐδὲ μίαν. 3. παμπαν. 4. ου. 5. βελτῖον. 6. ἔρρώσο. 7. νουεμβρίου.

8. Sans millésime dans le manuscrit, mais se trouve parmi les lettres de
l'année 1464.

9. Sur le diacre Georges Chrysococcès (qu'il ne faut pas confondre avec le
médecin son homonyme et peut-être son aïeul) on peut consulter Allatius, De
Georgiis, dans la Bibliotheca græca de Fabricius, éd. Harlès, t. XII, pp. 51-
56. Il était habile calligraphe.

10. Paul II.

11. Traduction abrégée.

65

FRANÇOIS FILELFE AU CARDINAL BESSARION

Milan, 9 novembre 1464.

Φραγκίσκος ὁ Φιλέλφος Βησσαρίωνι, τῷ καρδιναλίῳ καὶ τῆς Κωνσταντινουπόλεως [1] πατριάρχῃ, χαίρειν.

Περὶ οὗ τῆς σῆς ἄρτι πρότερον εὐμενείας [2] καθ' ὑπερβολὴν ἐδεή- θην, αὖθις [3] καὶ νῦν μεθ' ὅσης ἂν εἴποις τῆς ἱκετίας δέομαι ὅπως ποιήσῃς αὐτὸ κατὰ τάχος τε [4] καὶ ἐπιμελῶς [5] καθ' ὅσον οἶόν τε. Οὐκ ἀγνοῶ δὲ ὅτι παρέχων [6] σοι ὀχλήσεις ἤδη τυγχάνω · ἀλλὰ τί πάθω ; ἄκων γὰρ τοῦτό γ' ἐργάζομαι [7], καὶ ἄλλως εἰς τὴν σὴν φιλανθρωπίαν θαρρῶν ὅτι [8] μάλιστα, ᾗ χρώμενος ἀεὶ περὶ πάντας καὶ ὑπὸ πάντων αὐτὸς, οὐχ ἧττον τῶν μέγα ἐπ' αὐτῇ κατὰ διαφόρους [9] καιρούς τε καὶ τύχας φρονησάντων, ἐξοχώτατα [10] διαπρέπεις. Ἔρρωσο [11], θεία μοι κεφαλή.

Μεδιολάνοθεν, τῇ πρὸ εἰδῶν νοεμβρίου [12] πέμπτῃ, [ἔτει αυξδ΄ [13]].

Je viens aujourd'hui te prier de nouveau d'apporter toute ta sollicitude à hâter la réalisation de l'affaire pour laquelle je t'ai dernièrement adressé de si ardentes supplications [14]. Je t'importune, je le sais. Mais c'est malgré moi que j'agis de la sorte. J'ai, d'ailleurs, la plus entière confiance en ta bonté, cette bonté dont tu ne cesses de multiplier les effets autour de toi et qui te distingue à l'égal de ceux qui, à travers les vicis- situdes des âges, se sont montrés fiers de cette vertu. Porte- toi bien, tête divine.

1. κωνσταντινοπόλεως. 2. ἀμενείας. 3. ἄυοις *(sic)*. 4. τὲ. 5. ἐπιμελὼς *(sic)*. 6. παρένχον *(sic,* mais le premier ν est expontué). 7. ἐργάζομαι. 8. ὅτι. 9. διααφό- ρους *(sic)*. 10. ἐξοχωτατα. 11. ἔρρώσο. 12. νουεμβρίου.

13. Sans millésime dans le manuscrit, mais placée parmi les lettres de 1464.

14. Voir la lettre précédente.

66

FRANÇOIS FILELFE A ANDRONIC DE BYZANCE

Milan, 21 mars 1465.

Φραγκίσκος ὁ Φιλέλφος Ἀνδρονίκῳ Βυζαντίῳ χαίρειν.

Οὐκ εὖ ποιεῖς, ὦ φίλε Ἀνδρόνικε, οὐδαμῶς, ὥς [1] γέ μοι δοκεῖ, εἰς χεῖρας ἐλθὼν τῷ ἀσελγεστάτῳ ἀνδρὶ Γαλεώτῳ τῷ Ναρινεῖ · καὶ γὰρ τοῦτο ποιῶν, ἐκεῖνον δοκεῖς ἄξιον ἀποδεῖξαι μνήμης ἔκ τινος [2] τῆς τοιαύτης ὑμῖν ἀλλήλοις φιλονεικίας τὸν ἀνάξιον τῷ ὄντι τῇ τε φύσει καὶ τῇ μοχθηρίᾳ [3] ὑπάρχοντα τοῦ κοινοῦ πᾶσι φωτὸς τουτουΐ. Ἀπόπεμψον τοίνυν τὸν βδελυρὸν [4] ἐς κόρακας ὡς καὶ ἐλέφαντος, κατὰ τὴν παροιμίαν, οὐδὲν διαφέροντα, μᾶλλον δὲ τοῦ μεγάλου τὴν πλευρὰν, κατὰ τὸ κοινὸν ἀπόφθεγμα, ἵνα μὴ τῷ ἀξιώματί σου ἐκ τοῦ σκότους τῶν αὐτοῦ ἠθῶν τε καὶ ἀνοίας σκοτεινόν [5] τι ἀπεργάσασθαι [6] κατηγορήσωσι σαυτοῦ οἱ σοφοί. Συμφέρει γὰρ ἀεὶ τῷ μωρῷ πρὸς τὸν κρείττονα περὶ διάλεξιν διαμάχεσθαι, ἐπεὶ ἡ κρίσις τῶν πολλῶν ἀεὶ φθονερά. Ἔρρωσο [7].

Μεδιολάνοθεν, τῇ δωδεκάτῃ πρὸ ἀπριλίου καλενδῶν, ἔτει ἀπὸ τῆς Χριστοῦ γεννήσεως αυξέ.

Tu as tort, mon cher Andronic, tu as grand tort, à mon avis, d'en venir aux mains avec un libertin tel que Galeotto de Narni [8]. Il semble qu'en discutant avec lui tu veuilles donner de la célébrité à un individu qui, par sa nature et sa perversité, est indigne de voir la lumière du soleil. Envoie donc à tous les diables ce coquin, qui, comme dit le proverbe, ne diffère en rien de l'éléphant [9], ou plutôt de la bête aux grandes

---

1. ὥς. 2. ἔκ τινὸς. 3. μοχθηρίᾳ. 4. βδελῃρὸν. 5. σκοτινόν. 6. ἀπεργάσοσθαι. 7. ἔρρώσο.

8. Sur Galeotto Marzio de Narni, on peut consulter : Tiraboschi, *Storia della letteratura italiana* (Milan, 1824, in-8°), t. VI, pp. 564, 570 et suiv.; Rosmini, *Vita e disciplina di Guarino Veronese* (Brescia, 1806, in-8°), t. III, p. 107-116 ; et surtout l'excellente et consciencieuse étude (en hongrois) que lui a consacrée Eugène Abel dans ses *Analecta ad historiam renascentium in Hungaria litterarum spectantia* (Budapest, 1880, in-8°), pp. 231-294. Il n'y est pas question des démêlés de Galeotto Marzio avec Andronic Calliste.

9. Galeotto était d'une grosseur énorme.

côtes, pour me servir d'un dicton vulgaire, afin que les sages ne t'accusent pas d'avoir, par ton mérite, tiré quelque chose de ténébreux des ténèbres de ses mœurs et de sa sottise [1]. Car le sot trouve toujours son profit à discuter avec un homme supérieur, puisque le jugement de la multitude est toujours entaché d'envie. Porte-toi bien.

67

FRANÇOIS FILELFE A ANGE DECEMBRIO [2]

Milan, 28 juillet 1465.

Φραγκίσκος ὁ Φιλέλφος Ἀγγέλῳ Δεκεμβρίῳ χαίρειν.

Ὅτι [3] ἑλληνίζων μὲν οὐ παύῃ, οὐ δύναμαι τῷ ὄντι [4] οὐκ ἐπαινεῖν. Τίς γὰρ ἂν τολμήσειεν τὰ τῶν Λατίνων εἰδέναι κομψῶς, ἄμοιρος [5] ὢν τῆς τῶν Ἑλλήνων παιδείας; Πλὴν δὲ οὕτως ἑλληνιστὶ διὰ παντὸς διατρίβειν ὥστε λήθην σε [6] λαβεῖν τῶν ἰδίων, οὐ δοκεῖ μοι τῶν ἐπαινετῶν εἶναι. Βούλομαι γοῦν σε ἄμφω ταῦτα κατὰ μεταβολὴν ἀσκεῖν · καὶ γὰρ καὶ τὸ μέλι ἐν ἀϊδίᾳ χρήσει πικρόν · συγκιρνάμενος οὖν τῶν Λατίνων τὴν φράσιν τῇ τῶν Ἑλλήνων εὐφρασίᾳ, ἡδίων παρέσῃ ταῖς ἡμῶν ἀκοαῖς. Καὶ δεδήλωκας μέντοι αὐτόθι σε [7] διάγειν καλῶς · ἀλλὰ πῶς τε [8] καὶ παρὰ τίνι, οὐ μὴν ἐπέστειλας · ἐχρῆν δὲ καὶ τὰ κατὰ μέρος σε [9] ἡμῖν γεγραφέναι ποιήσειν βουλόμενον τελείαν τὴν εὐφροσύνην. Περὶ δὲ τοῦ μέλανος Λεύκου, οὐ γὰρ λευκοῦ, οὐδὲν ἄλλο ἔχω σοι γράφειν πλὴν ὅτι ἐντεῦθεν ἀπέρχεται, οὐκ οἶδα [10] ποι πορευσόμενος. Ἔρρωσο [11], καὶ τὸν ἡγεμόνων φλογερώτατον τὸν [12] ἥλιον Βόρσιον προσκύνησον ἀπ' ἐμοῦ.

Μεδιολάνοθεν, τῇ πέμπτῃ πρὸ καλενδῶν αὐγούστου, ἔτει ͵αυξέ.

Que tu ne cesses pas de faire du grec, c'est une chose dont

1. Filelfe avait eu, lui aussi, maille à partir avec Galeotto. Voir, à ce sujet, sa lettre latine à Albert Parisio de la veille des calendes de novembre (31 octobre) 1464.

2. Il était fils d'Hubert Decembrio et frère de Pierre Candido. Voir sur lui Argelati, *Bibliotheca scriptorum mediolanensium*, t. I, seconde partie, p. 547.

3. ὅτι. 4. ὄντι. 5. ἄμειρος. 6. σὲ. 7. αὐτόθι σὲ. 8. τὲ. 9. σὲ. 10. οἶδα. 11. ἔρρωσο. 12. τον.

je ne saurais te blâmer. Car qui oserait prétendre connaître les élégances latines, s'il est étranger à l'hellénisme? Cependant cet amour des lettres grecques poussé jusqu'à l'oubli du latin ne peut obtenir mes suffrages. Je voudrais te voir cultiver alternativement l'une et l'autre langue; car le miel lui-même, si l'on en fait un trop fréquent usage, finit par sembler amer. Mélange donc à la phrase latine l'harmonie hellénique, et ton langage sera plus doux à mes oreilles. Tu m'as écrit que tu te trouvais bien là où tu es; mais de quelle façon, chez qui? Tu ne m'en as rien dit. Tu aurais dû entrer dans quelques détails, afin de rendre ma joie complète. Quant à ce noiraud de Candido [1] (car il n'est pas blanc), je n'ai rien à t'en écrire, sinon qu'il quitte Milan pour une destination qui m'est inconnue. Porte-toi bien, et salue de ma part le plus brûlant des princes, le soleil Borso d'Este.

68

FRANÇOIS FILELFE A THÉODORE GAZA

Milan, 28 juillet 1465.

Φραγκίσκος ὁ Φιλέλφος Θεοδώρῳ τῷ Γαζῇ χαίρειν.

Μόλις δήποτε καὶ χρονία ἀφίχθη πρὸς σέ, ὦ φίλε Γαζῆ, ἡ παρ' ἡμῶν ἐπιστολή · τὸ δ' αἴτιον ἦν ὅτι οὐκ ἔγνων οὐδαμῶς ποῦ ἀνθρώπων διέτριβες. Πολλάκις γάρ σοι [2] πάλαι γράμματα πέμψας, ἔτι δὲ κάπη καὶ ᾠδὰς σὺν ταῖς μούσαις, καὶ οὐδέποτε ἠξιώθην τυχεῖν τῆς ἡδίστης παρὰ σοῦ ἐν τῷ ἀποκρίνασθαι [3] εὐεπίας. Ἄρτι δὲ ὧδε δύω ἐλθόντες [4] ἀξιόπιστοι ἄρχοντες ὅ τε Γεώργιος Ἀσάνης [5] καὶ Μανοὴλ Παλαιολόγος ὁ μέγιστος [6] ἐδήλωσάν μοι τὰ περὶ σὲ ἅπαντα. Ταῦτα μὲν οὖν ἀκούσας ἐγώ, ἥσθην μὲν ὅτι ζῇς, ἐθαύμασα δὲ τοῦ ζῆν τὸν τρόπον μαθών. Ποίαν γὰρ εὐθυμίαν ἀνὴρ ὢν φιλόσοφος διάγεις κτώ-

---

1. Pierre Candido avait été ainsi appelé par considération pour Pierre Filarge de Candie *(Candia* et *Candida)*, qui fut pape sous le nom d'Alexandre V, et dont Hubert Decembrio était secrétaire. Cf. Tiraboschi, *Storia della lett. ital.* (Milan, 1824, in-8°), t. VI, p. 1073.

2. γὰρ σοὶ. 3. ἀπὸ κρίνασθαι. 4. ἐλθόντες. 5. ἀσσάνης. 6. μέγεθος.

μενος ἐκ τῆς μετὰ τῶν ¹ προβάτων διατριβῆς ; Τί σὺ ἔχῃς ἂν φρονεῖν
μετὰ τῶν ² ἀφρόνων διημερεύων ἀεί ³ ; Διὸ ἢ δεῦρο ἐλθὲ ἡμῖν τοῖς
φιλτάτοις συζήσων ⁴, ἢ λόγον ἀπόδος τοσαύτης, ὡς λόγον εἰπεῖν, ἐρη-
μίας. Ἔρρωσο ⁵.

Μεδιολάνοθεν, τῇ πέμπτῃ πρὸ καλενδῶν αὐγούστου, ἔτει αυξέ.

Si ma lettre t'est arrivée si tardivement, mon cher Gaza,
c'est que ton adresse m'était inconnue. En effet, je t'ai plusieurs fois écrit antérieurement, je t'ai même envoyé différentes pièces de vers ⁶, sans avoir pu, en retour, goûter les
charmes et la douceur de ton style. Mais dernièrement deux
personnages dignes de foi, les princes Georges Asan et le
très grand Manuel Paléologue, étant venus ici, m'ont fourni
sur ton compte tous les renseignements désirables. En appre-
nant de tes nouvelles, je me suis étonné de ta manière de
vivre. Quel plaisir un philosophe tel que toi trouve-t-il à habi-
ter avec les moutons ? A quoi te servirait d'être sensé, si tu
te condamnais à passer tes jours parmi des êtres stupides ?
Viens donc vivre avec nous qui te chérissons, ou donne-nous
la raison de ta retraite au désert. Porte-toi bien.

69

FRANÇOIS FILELFE A THÉODORE GAZA

Milan, 30 juillet 1465.

Φραγκίσκος ὁ Φιλέλφος Θεοδώρῳ τῷ Γαζῇ χαίρειν.

Ἡ χρόνιος παρὰ σοῦ ἐπιστολὴ τοσαύτης ἡμᾶς ἐνέπλησεν ἡδονῆς ⁷,
ὦ Θεόδωρε, ὥστε τοῖς γράμμασιν ἐντυχόντες καὶ ἰδεῖν σαυτὸν ἐδο-
κοῦμεν καὶ φιλεῖν καὶ ἀσπάζεσθαι. Οὐ γὰρ τοίνυν ἅπαξ ταύτην ἀνέγνων θαυμάζων τὰ μάλιστα, ἀλλὰ δίς τε καὶ τρίς · ἤδη καὶ νῦν αὖ
τὸ αὐτὸ ποιῶν διατρίβω · διὸ οὐκ ἀδήλως ἔξεστί σοι εἰδέναι ὅσον

---

1. τῶ. 2. τῶ. 3. ἄει. 4. συνζήσων. 5. ἐρρώσο.

6. On trouvera plus loin, sous les nᵒˢ 4, 7 et 13, trois pièces de vers adressées par Filelfe à Théodore Gaza.

7. ἡδονῆς.

ἠδίκησας διὰ τοσούτου ἐτῶν πλήθους σιωπὴν ἀσπασάμενος πρὸς ἐμέ. Οὐ μέντοι γὰρ ἡ Λευκανία μακρότερον [1] ἀπέχει Μεδιολάνου ἢ τὸ Μεδιόλανον Λευκανίας · δι' ἧς οὖν ὁδοῦ ἦλθε πρὸς σὲ τὰ ἡμέτερα γράμματα πάνυ γε καὶ πολλά, διὰ τῆς αὐτῆς εἶχες ἂν ἐπιστέλλειν καὐτὸς ἐμοί [2]. Πλὴν συγγιγνώσκω [3] γέ σοι, ὦ πλουσιώτατέ μοι Γαζῆ, εἰ περὶ τὰ χρήματα [4] ἐρευνῶν, καταφρονεῖς τῶν ἀγρύτων · τούτου γὰρ χάριν ἐν ἀγρῷ διάγεις σπείρων τε καὶ φυτεύων, ἔτι δὲ καὶ μάνδρας κατασκευάζων καὶ ποίμνια. Ὦ εὔδαιμον Λευκανία, χαῖρε δὴ, χαῖρε, τὸν σοφὸν Θεόδωρον τὸν Γαζῆν ἐν τοῖς ὀνάγροις περιλαβοῦσα. Καὶ γὰρ ἐκεῖ σὺ, ὦ φίλτατε, μόνος φρονεῖς, μόνῳ σοι ζῇς, φιλόσοφος ὢν τοιοῦτός [5] τε καὶ τοσοῦτος · ἀλλὰ [6] χρεὼν ἴσως ἦν, ὡς ἔμοιγε δοκεῖ, ἄνδρα σοφὸν ἐν τοῖς σοφοῖς διατρίβειν, ἢ οὐκ οἶσθα, ὦ λῷστε, σὺ θῶμοιον [7] τῷ ὁμοίῳ συγγίνεσθαι ἁρμονίως; Τούτου μέντοι χάριν καὐτὸς ἐγὼ τὴν ῥωμαϊκὴν προειλόμην [8] ἂν τῶν Μεδιολανέων αὐλῆς, εἰ καὶ τοῦ ἑβδομηκοστοῦ οὐ μακρὰν ἤδη ὤν · οὐ σμικρὰν γὰρ ῥοπὴν φέρει πρὸς σοφίας αὔξησιν [9] τὸ διαλέγεσθαι ἀλλήλοις ἄνδρας φιλομαθεῖς [10]. Φεῦ τῶν κακῶν ! τὸ ἱεράγιον ἐκεῖνο πάσης σοφίας τέμενος, Νικόλαος κουέντος ἀποθανὼν ἅπασαν ἔθαψε σὺν ἑαυτῷ σοφίας σπουδήν. Καὶ γὰρ, μὴ κειμένης τῇ παιδείᾳ τιμῆς, ἀμέλεια γίνεται τῶν καλῶν. Εἴθε [11] ὁ σοφὸς δεσπότης ἡμῶν Βησσαρίων καθέσηταί ποτε πρὸ τῆς ἡμετέρας τελευτῆς ἐπὶ τῆς πρεπούσης [12] θρόνου ἀξίας · ὅσον ἂν ἐλεύσηται [13] ἀγαθὸν τοῖς λογίοις τε καὶ ἀρίστοις ἀνδράσιν. Εὔχου ἄρα καὶ σὺ κοινῶς μετ' ἐμοῦ · ἐξακούσει ἴσως ἡμῶν τὰς εὐχὰς τὸ θεῖον αὐτό · θεία γὰρ τῶν ποιητῶν ψυχή. Ἔρρωσο [14], χρυσεία μοι κεφαλή.

Μεδιολάνοθεν, τρίτῃ πρὸ καλενδῶν αὐγούστου [15], ἔτει αυξέ.

Ta lettre tardive, ὁ Théodore, m'a rempli d'une si douce joie qu'il me semblait en la lisant te voir toi-même, t'embrasser et te souhaiter le bonjour. Aussi n'est-ce pas une fois que je l'ai lue avec une vive admiration, mais deux et trois fois, et maintenant me voici en train de la relire encore. Cela te permet de te rendre un compte exact du préjudice que tu

1. μακρώτερον. 2. ἐμοι. 3. συγγιγνόσκω. 4. χρηματα. 5. τοιοῦτος. 6. ἀλλα. 7. θο̄-μοιον. 8. τῆς ρωμαϊκῆς προαλόμην. 9. ἄξησιν. 10. φίλομαθεῖς. 11. εἴθε. 12. πρεπουσης. 13. ἐλευσηται. 14. ἐρρώσο. 15. αὐγουστου.

m'as causé en gardant vis-à-vis de moi un silence de tant d'années. La Calabre n'est pourtant pas plus loin de Milan que Milan de la Calabre. Et, par la route que tant de mes lettres ont suivie pour aller vers toi, tu aurais pu toi-même me faire parvenir de tes nouvelles. Mais je te pardonne, ô richissime Gaza, de mépriser les gens dépourvus d'or, toi qui es occupé à la recherche de ce métal. Car c'est pour ce motif que tu vis aux champs, semant et plantant, bâtissant étables et bergeries ! Salut, ô bienheureuse Calabre, salut, ô toi qui as recueilli Théodore Gaza parmi tes onagres ! Car là-bas, très cher ami, tu es le seul être sensé, tu y vis pour toi seul, toi un si grand et si illustre philosophe. Il faudrait peut-être, à mon avis, que le sage vécût parmi les sages. Ne sais-tu pas, camarade, que l'harmonie exige que ceux qui se ressemblent se rassemblent ? Voilà pour quelle raison, quoique bientôt septuagénaire, je préférerais la cour de Rome à celle de Milan. Car la conversation des savants entre eux ne contribue pas peu au développement du savoir. Par malheur, le pape Nicolas V, ce temple sacrosaint de toute sagesse, a emporté avec lui dans la tombe toute étude de sagesse. Car l'instruction n'étant pas honorée comme il convient, on n'a plus l'amour des belles choses. Plaise au ciel que, avant notre mort, notre savant maître Bessarion puisse s'asseoir sur ce trône pontifical dont il est digne, ce sera un grand bonheur pour les hommes de lettres et tous les gens de bien. Adresse donc à Dieu cette prière conjointement avec moi ; peut-être exaucera-t-il nos vœux, car l'âme des poètes est divine. Porte-toi bien, tête d'or.

70

FRANÇOIS FILELFE A GEORGES AMIROUTZÈS

Milan, 30 juillet 1465.

Φραγκίσκος ὁ Φιλέλφος Γεωργίῳ Ἀμοιρουκίῳ φιλοσόφῳ χαίρειν.

Ὁ ἀποδιδούς σοι τὴν παροῦσαν ἐπιστολὴν Ἀντώνιος Αὐερλῖνος

ἀνήρ ἐστι καλός τε καὶ ἀγαθὸς [1], κἀμοὶ ἐν τοῖς μάλιστα φίλος τυγχά-
νων. Διὸ, κατὰ τὴν πάλαι παροιμίαν, συνίστημί σοι τὸν ἄνδρα, ὡς
καὶ φίλον ὄντα ἐμὸν σόν τε ἐσόμενον, κοινὸν ἄρα φίλον ἡμῖν τοῖς
φιλτάτοις. Ἔστι δὲ πραγμάτων ἔμπειρος ἄλλων τε [2] πάνυ πολλῶν
καὶ καλῶν, ἔτι δὲ καὶ ἀρχιτέκτων ἄριστος. Ἔρχεται μὲν οὖν αὐτόσε [3]
θέας ἕνεκα μόνον. Ποιήσεις [4] μοι τοίνυν πρᾶγμα λίαν ποθεινὸν δεξάμενος τὸν ἄνδρα ἀσπασίως καὶ δείξας αὐτῷ ἅπασαν τὴν ἀγάπην [5] σου
πρὸς ἡμᾶς. Ἔρρωσο [6].

Μεδιολάνοθεν, τῇ πρὸ αὐγούστου [7] καλενδῶν τρίτῃ, ἔτει ἀπὸ τοῦ
Χριστοῦ γεννήσεως αυξέ. ·

Le porteur de la présente lettre, Antoine Averulino [8], est
un homme de bien en même temps qu'un de mes meilleurs
amis. C'est pourquoi, en vertu du vieux proverbe, je te le
recommande comme étant mon ami, devant être le tien, et
se trouver ainsi l'ami commun de deux personnes intimement
liées l'une à l'autre. Averulino connaît à merveille une foule
d'excellentes choses et est un architecte de très grand talent.
Il se rend à Constantinople dans l'unique intention de voir le
pays. Tu me feras un sensible plaisir, si tu daignes l'accueillir
avec amabilité et lui témoigner toute l'affection que tu as
pour moi-même. Porte-toi bien.

71

FRANÇOIS FILELFE AU CARDINAL BESSARION

Milan, 1er décembre 1465.

Φραγκίσκος ὁ Φιλέλφος Βησσαρίωνι, τῷ καρδιναλίῳ νικαεῖ καὶ
Κωνσταντινουπόλεως [9] πατριάρχῃ, χαίρειν.

Πολλῆς με φροντίδος ἐνέπλησας, ὦ πάτερ αἰδεσιμώτατε Βησσάριον,
ὅτι ἤδη πάλαι οὐκ εὐξαμένῳ μοι μόνον, ἀλλὰ καὶ πολλάκις ἱκετεύ-
σαντι οὐδεμία [10] παρεγένετο παρὰ σοῦ ἐπιστολή, ὡς ἀναξίῳ δῆθεν

---

1. ἀγαθὸς. 2. τὲ. 3. αὐτόσὲ. 4. ποιήσεις. 5. ἀγαπην. 6. ἔρρωσο. 7. αὐγουστου.
8. Voir la lettre 42 de la présente Collection.
9. κωνσταντινοπόλεως. 10. οὐδὲ μία.

κρινομένῳ τοῦ ταύτης τυχεῖν · ἀλλὰ καὶ τοῖς μείζοσι πρὸς τοὺς ἐλάτ-
τονας φιλίαν ὑπάρχειν ἁρμόδιον κατ' ἀναλογίαν¹ οἱ ἐλλογιμώτατοι
τῶν φιλοσόφων φασίν. Ἀλλὰ καὶ ὁ αὐτὸς ὢν διάγω ἔτι καὶ νῦν πρὸς
τὸ σὸν μέγεθος ἔγωγε ὃς πρότερον ἦν ἀεί. Οὐ γὰρ μεταβολὴ τύχης
τὴν ἀρετὴν μεταβάλλει. Τί γοῦν παρὰ σοὶ τὸ σιγᾶν διὰ μήκους τοσού-
του²; τί τὸ μὴ ἀποκρίνεσθαι τῷ ἐξ ἁπαλῶν, ὡς λόγον εἰπεῖν, ὀνύχων
ὁσιωτάτῳ σοι πατρὶ φίλῳ τε³ καὶ υἱῷ; Ἢ τοίνυν ἀπόκριναι κατὰ τὸ
εἰωθός σοι φιλάνθρωπον, ἢ τὴν αἰτίαν ἀπόδος τῆς σιωπῆς, ἵνα μάθω
κἀγὼ τὸ καθῆκον ἐμοὶ πρὸς τὴν σὴν ἁγιότητα. Οὐ γὰρ νομίζω τοὺς
ἡμετέρους περὶ Πίου χρησμοὺς γεγονέναι σοι λυπηρούς, οὗτινος ἡ
τελευτὴ ἅπασι τοῖς σοφοῖς⁴ ἐγένετο εὐκτή, οὕτως ἁπάντων ἐκεῖνος
κατεφρόνει. Πῶς μὲν γὰρ καὶ πρὸς τὴν σὴν καλοκἀγαθίαν φιλίως διέ-
κειτο, ὁ ποιησάμενος τὸν Λουπέρκον Τυανέα ναύαρχόν τε καὶ ἡγεμόνα
ὑπὲρ τῆς σῆς πατρίδος κατὰ τῶν ἀσεβῶν · σὲ δὲ τοιοῦτον ὄντα καὶ
τοσοῦτον πρεσβευτήν; Καὶ περὶ μὲν τούτων ἅλις.

Ἐποιησάμην δ' αὐτὸς βίβλους⁵ τρεῖς δι' ἐπῶν δισχιλίων τετρακοσίων τῇ ἑλληνικῇ διαλέκτῳ · ἐπιθυμῶ δὲ ταύτας πρὸ τῆς ἐκδόσεως
ἀναγνωσθῆναί τε⁶ καὶ ἐξετασθῆναι κατ' ἀκρίβειαν⁷ παρὰ τῆς σῆς
εὐμενείας. Τίς γὰρ ἂν τολμήσειε μέμφασθαι ἅπερ καθάπαξ τῇ τοῦ
Ἀπόλλωνος ψήφῳ δεδοκίμασται⁸. Ἀποστελῶ τοίνυν βουλομένῳ σοι
κατὰ τάχος · τοῦτο δὲ μετὰ τὸ λαβεῖν ἡμᾶς τὴν ποθεινοτάτην σου
ἐπιστολήν.

Μεδιολάνοθεν, ταῖς καλένδαις δεκεμβρίου, ἔτει ͵αυξέ.

J'ai éprouvé beaucoup de soucis d'être privé de tes lettres.
Pourquoi gardes-tu si longtemps le silence? Pourquoi ne réponds-tu pas à un vieil ami, à un fils? Écris-moi donc avec
ta bonté accoutumée, sinon fais-moi connaître le motif de
ton silence : de cette façon je saurai quelle conduite je dois
tenir. Je ne pense pas que mes prédictions concernant Pie II
t'aient été désagréables : car il n'est pas un savant qui ne
souhaitât la mort de ce pape, tant il les méprisait tous⁹. Il

---

1. καταναλογίαν. 2. τὸ σούτου 3. τὲ. 4. σοφοις. 5. βίβλοὺς. 6. ἀναγνωσθῆναι
τὲ. 7. ἀκρίβειαν. 8. δεδοκιμασθαι.

9. Filelfe ne pardonna jamais à Pie II de ne pas lui avoir continué le paye-

n'était pas non plus bien disposé à ton égard, lui qui créa Lupercus de Tyane [1], chef et amiral de la flotille dirigée contre les mécréants en faveur des Grecs.

J'ai composé trois livres de poésies grecques comprenant ensemble deux mille quatre cents vers [2]. Je voudrais, avant de lés publier, que tu les lusses avec attention. Car qui oserait ensuite critiquer ce qui aurait obtenu les suffrages d'Apollon? Si donc tu veux bien me rendre ce service, je t'enverrai sans retard lesdites poésies. Mais, auparavant, j'attends une lettre de toi. Porte-toi bien [3].

72

FRANÇOIS FILELFE A ANDRONIC DE BYZANCE

Milan, 28 août 1466.

Φραγκίσκος ὁ Φιλέλφος Ἀνδρονίκῳ Βυζαντίῳ χαίρειν.

Ὥσπερ ὁ ἐπιθυμῶν τοῦ χρυσοῦ, περὶ οὐδενὸς μᾶλλον ἢ περὶ τούτου τὸν λόγον καὶ ἀσμένως πεποίηκε καὶ λεγόντων ἀκούει, ἔτι [4] δὲ

ment de la pension dont il l'avait gratifié. Même après sa mort, ce pape ne fut pas à l'abri des cruelles épigrammes de son ancien maître. En voici une, à titre de spécimen (Rosmini, *Vita di Francesco Filelfo*, t. II, p. 321) :

ELOGIUM IN PIUM II ECCLESIÆ ROMANÆ PONTIFICEM.

Quo magis ingratus nemo fuit alter, et idem
   qui dici voluit impietate Pius,
hac, sibi quam vivus construxit, clauditur arca
   corpore, nam stygios mens habet atra lacus.
Hic, doctum quia se vatemque volebat haberi,
   vatibus et doctis omnibus hostis erat.
Eloquio insignes, Musisque dicata iuventus,
   solvite vota deis quod rapuere Pium.

1. Le cardinal Nicolas Forteguerri, évêque de Teano. « Nicolaus, sanctæ Ceciliæ cardinalis Theanensis, quem Pius adhuc Senæ agens ad Pisanum portum legatum præmiserat ut partem classis, quæ ibi parata erat, et quæ ex Genua expectabatur, per Siciliæ fretum ad se Anconam perduceret, etc., etc. (Pii secundi pontificis maximi *Commentarii*, Rome, 1584, in-4°, pp. 646-647) ».

2. Ce Recueil de poésies grecques est aujourd'hui à la bibliothèque Laurentienne et forme le cod. n° 15 du pluteus 58. C'est de ce manuscrit que sont extraites les quatorze pièces publiées ci-après.

3. Traduction abrégée.

4. ἔτει.

καὶ ὁ τῶν ἡδονῶν ἐραστὴς τὰς τῶν ἡδέων μνήμας τε [1] καὶ φωνὰς ἐν πρώτοις ἀσπάζεται · οὕτω [2] κἀγὼ τῶν μουσῶν ξένος ὑπάρχων δηλαδὴ [3] περὶ τὰς μούσας ἀεί, ὅσον μοι δυνατόν, διατρίβω. Μὴ θαυμάσῃς οὖν εἰ καὶ ἄμουσος ὢν ποιητὴς φθέγγεσθαι μηχανῶμαι παρὰ σοὶ μουσικῶς. Οὐ μὲν γὰρ ἀγνοίᾳ πεποίηκα, ἀλλὰ τῶν σῶν ἐφέσει μουσικωτάτων ᾠδῶν, ἃς αὐτὸς ἐς χεῖρας ληψόμενος ἂν σχεδὸν εὐτυχῆ νομισαίμην ἐμαυτόν. Ἔστιν οὖν ἐπὶ σοὶ ἀφελεῖν μοι τὸν πόθον συνεχέστερόν μοι ταῖς ἐπιστολαῖς ἐντυχών. Τοῦτο δὲ ποιησάμενος, αὐτός τε τῷ καθήκοντι χρήσῃ, κἀμὲ σαυτῷ ὀφειλέτην ἀποδείξεις [4]. Εἶεν.

Ὅτι μέν, τῶν Βονωνιέων ἀπαλλαγεὶς ταραχῶν, ἐν τῷ ἀσφαλεστάτῳ λιμένι πάσης εὐδίας τε [5] καὶ γαλήνης ἤδη διάγεις, παρὰ τῷ τελείας ἀρετῆς τε καὶ σοφίας τεμένει, Βησσαρίωνι, συνήδομαί σοι τὰ μέγιστα τῆς εὐτυχίας. Τί γὰρ οὐκ ἐλπίσοις ἂν τυχεῖν τῶν καλῶν τε [6] καὶ ἀγαθῶν ὑπὸ τοιούτῳ δεσπότῃ τελῶν; ἀλλὰ καὶ βουλόμενος σὺ τὴν ἐμὴν [7] εὐφροσύνην πάμπαν ἐκπληρῶσαι, γράψον τὰ περὶ σὲ κατ' ἀκρίβειαν. Ἔρρωσο [8].

Μεδιολάνοθεν, τῇ πέμπτῃ πρὸ σεπτεμβρίου καλενδῶν, ἔτει ἀπὸ Χριστοῦ γεννήσεως ͵αυξε΄.

L'homme qui désire l'or, ne parle et n'entend parler de quoi que ce soit plus volontiers que de ce métal; l'homme passionné pour les plaisirs aime par dessus tout ce qui les lui rappelle. Et, moi, étranger aux Muses, je ne cesse de les cultiver. Ne t'étonne donc pas si, bien que poète sans talent, j'essaie de te parler le langage harmonieux de la poésie [9]. Je n'agis pas ainsi par ignorance, mais par désir d'avoir tes odes mélodieuses, dont la communication ferait de moi un homme presque heureux. Il t'appartient de satisfaire ce désir. Si tu t'y prêtes, tu me rendras ton débiteur.

Je te félicite d'être délivré des troubles de Bologne, et je

---

1. τὲ. 2. οὕτω. 3. δηλαδί. 4. ἀποδείξεις. 5. τὲ. 6. τὲ. 7. ἐμὴν. 8. ἔρρωσο.

9. Allusion à l'ode sapphique adressée par Filelfe à Andronic et publiée plus loin, sous le n° 6. Nous avons ainsi, par cette lettre, la date très approximative à laquelle fut composée ladite pièce de vers. A la suite des quatorze *Psychagogiœ* de Filelfe, on trouvera une belle pièce d'Andronic Calliste à la louange du livre de Bessarion *In calumniatorem Platonis*.

suis heureux de savoir que tu as trouvé un asile calme et tranquille auprès de Bessarion, ce sanctuaire de la vertu et de la sagesse. Si tu veux que ma joie soit complète, je te prie de me donner des détails précis sur tout ce qui te concerne. Porte-toi bien [1].

73

FRANÇOIS FILELFE A JEAN ARGYROPOULOS

Milan, 11 octobre 1466.

Φραγκίσκος ὁ Φιλέλφος Ἰωάννῃ Ἀργυροπούλῳ χαίρειν.

Γεώργιον μὲν Ἀσάνην, ὃν συνέστησάς μοι δι' ἐπιστολῆς σου τῆς ἡδίστης, εἶδόν τε ἀσμένως [2] καί, ὡς εἰκός, ἐδεξάμην ἀσπασίως · ἐγενόμην δὲ καὶ συνεργὸς αὐτῷ δι' ἐμῶν γραμμάτων ὅσον οἷός τε ἦν. Τί γὰρ ἂν ἄλλο καὶ δυναίμην ἐν τοιούτοις κλύδοσι [3] καιρῶν; Κατοικτείρω μὲν οὖν τὴν τοιούτων ἀνδρῶν δυστυχίαν [4] · ψέγω δὲ τὴν εὐτυχούντων πρὸς αὐτοὺς [5] ἀμέλειαν, ἄλλως τε τῶν οὐκ εἰδότων τὸ σοφὸν ἐκεῖνο, τὸ εἱμαρμένον ἥξειν. Καὶ περὶ τούτων μὲν ἅλις. Συνήδομαι δέ σοι, ὦ φίλτατε [6], τῆς παρούσης ὑμῖν εὐδαιμονίας [7], ἣν καὶ ἀΐδιον [8] διαμένειν εὔχομαι. Πλὴν ἐν τούτῳ δέομαί σου ἵνα καὶ περὶ ἡμῶν ἐν καιρῷ λόγον τινὰ ποιήσῃς πρὸς τὸν καλὸν κἀγαθὸν ἄνδρα Πέτρον τὸν Μεδίκην. Οἶδε γὰρ καὶ αὐτὸς ἀκριβῶς [9] ὅσον ἡμῖν πολλάκις ὑπεσχέθη.

Πρὸς τούτοις δ' ἂν [10] ἐβουλόμην ὑπάρξειν ἡμῖν Ἐτυμολογικὸν ἐκεῖνο τὸ ἀρχόμενον ἄλφα παρὰ τὸ ἀλφῶ τὸ εὑρίσκω [11]. Τοῦτο γοῦν ἐὰν ἔστιν [12] αὐτόθι, διὰ τῶν σῶν γραμμάτων ἐμοὶ δηλώσας, πρᾶγμα ποιήσεις τῷ φίλῳ σου ποθεινόν. Ἔρρωσο [13], χρυσεία μοι κεφαλή.

Μεδιολάνοθεν, τῇ έ πρὸ τῶν εἰδῶν ὀκτωβρίου, ἔτει ͵αυξς'.

J'ai vu avec plaisir et accueilli avec bienveillance Georges Asan, que tu m'avais recommandé par lettre. Je l'ai muni,

---

1. Traduction abrégée.
2. τὲ ἀσμένως. 3. κλύδωσι. 4. δυστυχείαν. 5. αὐτούς. 6. φίλτατε. 7. εὐδαιμονίας.
8. ἀΐδιον. 9. ἀκριβῶς. 10. δὲν. 11. εὑρίσκω. 12. ἐὰν ἐστίν. 13. ἔρρωσο.

moi aussi, d'une lettre de recommandation des plus chaleu-
reuses. Car, dans ces circonstances difficiles, que pourrais-je
faire de plus ? Je m'apitoie sur le malheur de tels hommes, et
je blâme l'indifférence des gens heureux, qui, d'ailleurs, ne
connaissent pas cette sage sentence : il arrivera ce qui a été
fixé par le destin! Mais, assez sur ce chapitre.

Je te félicite, très cher ami, du bonheur dont tu jouis actuellement, et je souhaite qu'il soit éternel. Je te prie, quand
l'occasion s'en présentera, de parler de moi à cet excellent
Pierre de Médicis. Il sait bien ce qu'il m'a tant de fois
promis.

Je voudrais, en outre, faire l'acquisition du *Grand Étymologique* [1], qui commence ainsi : ἄλφα παρὰ τὸ ἀλφῶ τὸ εὑρίσκω.
Si cet ouvrage se trouve à Florence, tu me feras grand plaisir
de m'en informer par lettre. Porte-toi bien, très cher ami.

Nous ne savons comment expliquer la prière que Filelfe adresse
ici à Argyropoulos concernant le *Grand Étymologique*. En effet, à
la date où fut écrite la présente lettre, il devait certainement avoir
déjà commandé la copie de ce livre qui est aujourd'hui le *Laurentianus 11* du pluteus 57. Peut-être cette copie tardait-elle à lui
arriver et désespérait-il de l'obtenir. Peut-être aussi voulait-il se
procurer un second exemplaire de cet ouvrage. Quoiqu'il en soit,
voici la souscription du susdit *Laurentianus :* Τοῦτο τὸ βιβλίον ἐγράφη
ἐν Ἐνετῶν νῦν νήσῳ τῇ Κρήτῃ, ἐν τῇ πόλει Χάνδακι λεγομένῃ, τοῖς ἀναλώ-
μασιν ἐμοῦ Φραγκίσκου τοῦ Φιλέλφου, οὗπερ καὶ τὸ βιβλίον ἐστίν, ἔτει χιλιοστῷ τετρακοσιοστῷ ἑξηκοστῷ ἕκτῳ ἀπὸ τῆς τοῦ Χριστοῦ γεννήσεως. Ce
volume est un chartaceus grand in-4° de 396 feuillets [2].

Notons encore (sans toutefois en tirer de conclusions) que le
Laurentianus 15 du même pluteus 57, qui est également un *Grand
Étymologique,* concorde, au commencement et à la fin, avec le
n° 11, et porte un colophon ainsi conçu : Ἐγράφη ἐν τῷ Μεδιολάνῳ,
ἔτει ἀπὸ τῆς τοῦ Χριστοῦ γεννήσεως αυξς' [3].

1. Cet ouvrage ne fut imprimé qu'en 1499. Voy. notre *Bibliographie hellénique des* xv° *et* xvi° *siècles*, t. I, p. 55 et suiv.
2. Bandini, *Catalog. codd. græcorum biblioth. Laurentianæ*, t. II, col. 350.
3. Id., *Op. cit.*, t. II, col. 357.

74

FRANÇOIS FILELFE A GEORGES DE TRÉBIZONDE

Milan, 30 octobre 1466.

Φραγκίσκος ὁ Φιλέλφος Γεωργίῳ Τραπεζουντίῳ χαίρειν.

Ὅσον ἔδεισά σου τὴν παρὰ Τούρκοις ἀπουσίαν, τόσον τὴν ἄφιξίν[1] σου πρὸς ἡμᾶς ὑπερχαίρω. Τί γὰρ οὐκ εἰκὸς ἦν φοβεῖσθαι ἡμᾶς καὶ σοι[2] καὶ ταῖς μούσαις ἐννοησαμένους τὴν τῶν βαρβάρων ἀγροικίαν τε[3] καὶ ὠμότητα; Συνήδομαι γοῦν οὔ σοι[4] μόνον, ἀλλὰ καὶ ἡμῖν τοῖς ἑταίροις ὅτι ἐσώθης πρὸς τοὺς ἰδίους, λέγω δὲ πρὸς ἡμᾶς τοὺς φιλτά- τους. Οἶσθα γὰρ ἡμᾶς ἀπὸ τῶν ἁπαλῶν, ὡς λόγον εἰπεῖν, ὀνύχων φίλους ἐν τοῖς μάλιστα γεγονότας ἀλλήλοις. Ἐπεὶ γοῦν τὰ τῶν φίλων κοινά, κατὰ παροιμίαν, εὖ ἴσθι ὅτι ἅπασάν σου τὴν τύχην ἡγοῦμαι ἐμοὶ κοινὴν μετὰ σοῦ. Ἀλλ' εἰπέ μοι, πρὸς θεῶν, τὰ τῆς Κωνσταν- τινουπόλεως[5] τῆς δυστήνου πῶς ἔχει; πῶς διάκειται ὁ ἀσεβὴς πρὸς τὴν ἄθλιον; ἢ[6] καὶ τἀκεῖ σύμπαντα ὑπὸ βαρβάρῳ[7] ὄντα χρονίως ἐβαρ- βαρώθησαν; Πρὸς τούτοις εἰσήνεγκάς τι ἀξιόλογον ἐκεῖθεν πρὸς ἡμᾶς; περὶ βιβλίων γὰρ ἐρωτῶν δὴ τυγχάνω. Ἔτι δὲ καὶ τοῦτο ἀκούειν σου πάνυ γ' ἐπιθυμῶ · ὁ νῦν ἄκρος ἀρχιερεὺς ἄρα φιλίως σοι χρῆ- ται καὶ μεγαλοπρεπῶς; Οὕτω γὰρ αὐτῷ πρέπει τοιούτῳ δὴ ὄντι καὶ τοσούτῳ. Ἐπιστείλας οὖν ἡμῖν τὰ σὰ κατ' ἀκρίβειαν ἕκαστα, χρήσῃ τῷ σεμνῷ τῆς φιλίας. Ἔρρωσο[9].

Μεδιολάνοθεν, τῇ τρίτῃ πρὸ νοεμβρίου[10] καλενδῶν, ἔτει ͵αυξϛ'.

Autant était grande la crainte que m'avait inspirée ton voyage en Turquie, autant est vive la joie que me cause ton retour parmi nous. N'était-il pas bien naturel, en effet, de craindre pour toi et pour les Muses, quand on songe à la bar- barie des Turcs? Je suis donc heureux de te voir revenu sain et sauf auprès des tiens, auprès de moi, qui suis un de tes meilleurs amis. Car tu sais que, pour ainsi dire depuis l'âge le plus tendre, nous sommes unis par une étroite amitié. C'est

1. ἄφιξιν. 2. καὶ σοί. 3. τέ. 4. οὔ σοί. 5. κωνσταντινοπόλεως 6. ἤ. 7. βαρβάρῳ. 8. φιλίως σοί. 9. ἔρρωσο. 10. νουεμβρίου.

pourquoi sache que, en vertu du proverbe *Entre amis tout est commun,* je considère ton sort comme le mien propre.

Mais dis-moi donc, au nom du ciel, quelle est la situation de l'infortunée Constantinople? Comment le mécréant traite-t-il cette pauvre ville? Sous son gouvernement barbare, tout y est-il devenu depuis longtemps barbare? En outre, as-tu rapporté avec toi quelque chose de précieux? je veux parler de livres [1].

Il y a encore un point sur lequel je désire vivement être fixé. Je voudrais savoir si le souverain pontife actuel [2] te traite avec affection et libéralité. Car c'est ainsi qu'un homme tel que lui doit agir. Fais-moi l'amitié de m'écrire avec précision tout ce qui te concerne. Porte-toi bien.

75

FRANÇOIS FILELFE AU CARDINAL BESSARION

Milan, 1er décembre 1466.

Φραγκίσκος ὁ Φιλέλφος Βησσαρίωνι, καρδιναλίῳ καὶ κωνσταντινουπολίτῃ [3] πατριάρχῃ, χαίρειν.

Τὴν Κύρου παιδείαν μετηνέγκαμεν νυνὶ ἐκ τῆς πατρίου ἐκείνης καὶ ἡδείας Ξενοφῶντος εὐφρασίας εἰς τὴν ἡμετέραν διάλεκτον [4], ἔργον, οἶμαι, ἐπιχειρήσαντες οὐ μεμπτὸν καὶ ταύτῃ δ' ἐπαινετὸν ὅτι τὴν Πογγίου ἐκείνου ἀδικίαν, τί γὰρ ἂν λέξω ἀμάθειαν; πρός τε τοὺς Ἕλληνας καὶ πρὸς τοὺς Λατίνους δικαίως ἐξεδικήσαμεν. Βούλομαι γοῦν τῇ σῇ χρῆσθαι βουλῇ τε καὶ παραινέσει, ἣν ἀεὶ ἐν πρώτῃ μερίδι αὐτὸς τιθέναι εἴωθα. Παρακαλοῦσί με γάρ τινες ἵνα, ἐπειδὴ τὸ τοιοῦτον βασιλικόν ἐστιν εὕρημα, τούτου χάριν καὶ πέμψω αὐτὸ τῶν Φράγκων τῷ βασιλεῖ δῶρον · ἀλλ' ἐγὼ ἐνθυμηθεὶς ἐν καιρῷ τὸν ἄκρον ἀρχιερέα τῶν βασιλέων ἁπάντων νομίζεσθαί τε καὶ εἶναι βασιλέα,

---

1. Georges de Trébizonde effectua son voyage en Turquie dans la seconde moitié de 1465; il aborda à Constantinople au mois de novembre de cette année-là. Cf. *Acta Sanctorum,* Maii t. VII, p. 185.

2. Paul II.

3. κωνσταντινοπολίτῃ. 4. διάλεκτον.

πρὸς τοῦτον δὴ ἥδιον ἂν πέμψαιμι. Περὶ τούτου μὲν οὖν ἀσμένως ἂν ἀκούσαιμι τὸ τῇ σῇ εὐμενείᾳ τε [1] καὶ σοφίᾳ δοκοῦν · δέομαι τοίνυν τῆς σῆς ἁγιότητος [2] ὅπως καὶ σὺν τάχει γράψῃς ἡμῖν τὴν [3] σὴν περὶ τούτου ἀπόφασιν [4]. Ἵνα δὲ τὴν περὶ τοῦ πράγματος τουτουὶ [5] ἁρμοδιωτέραν ποιήσῃς καὶ σαφεστέραν τὴν κρίσιν, ἀπέστειλά σοι τὸ προοίμιον αὐτὸ μόνον τῆς παιδείας ἑρμηνευθὲν ἔναγχος [6] ὑπ' ἐμοῦ, εἰς δεῖγμά τε [7] καὶ οἷον ἀπόγευσιν τῆς λοιπῆς πραγματείας.

Πρὸς τούτοις δὲ καὶ περὶ φίλου ἀνδρὸς Δημητρίου τοῦ Καστρηνοῦ διὰ βραχέων τάδε σοι λέγω. Οὗτος μὲν καλός τε [8] ὢν καὶ ἀγαθός, ἔτι δὲ οὐ τὴν Ἑλλήνων μόνον, ὡς οἶσθα, ἀλλὰ καὶ τὴν Λατίνων λογιότητα ἐν τοῖς μάλιστα νοῶν τε [9] καὶ ἀσκῶν, εὐσεβεῖ τινι διαθέσει περὶ τὴν [10] σὴν αἰδεσιμότητα διάκειται, καὶ τοὔνομά σου τὸ σεβάσμιον ἀεὶ διὰ στόματος ἐπαινῶν ἔχει · διὸ ἄξιός μοι πάμπαν δοκεῖ τῆς σῆς πραοτάτης ἀγάπης. Συνίστημι γοῦν σοι τὸν ἄνδρα ὡς καὶ σὸν ἐπαινέτην καὶ φίλον ἐμόν · ἀλλ' οὗτος καὶ προσκυνεῖ τὴν σὴν ἁγιοσύνην καὶ παρακαλεῖ ἵνα ἀποκρίνοιο αὐτῷ περὶ ὧν σοι ἐπέστειλε πρότερον. Ἔρρωσο [11], τιμία μοι κεφαλή.

Μεδιολάνοθεν, ταῖς τοῦ δεκεμβρίου καλένδαις, ἔτει ͵αυξϛʹ.

J'ai maintenant traduit la *Cyropédie* [12] : de la douce et harmonieuse langue de Xénophon, j'ai fait passer cet ouvrage dans notre idiome. J'ai entrepris, à mon avis, une œuvre qui n'a rien de répréhensible, qui est même louable en ce que j'ai tiré une juste vengeance du tort (car pourquoi dire l'ignorance?) dont ce fameux Pogge s'était rendu coupable envers les Grecs et envers les Latins [13].

1. τὲ. 2. ἁγιότητος. 3. τῇ. 4. ἀπόφασιν. 5. τουτοῦ. 6. ἔναγχος. 7. δεῖγμα τὲ. 8. καλὸς τὲ. 9. τὲ. 10. τὴν. 11. ἔρρωσο.

12. Voy. aussi les lettres 77 et 78 de la présente Collection.

13. En faisant une détestable traduction de cet ouvrage de Xénophon. — Filelfe considérait Pogge comme sachant très mal le grec. Voici une épigramme où il malmène fort à ce sujet l'auteur des *Facéties* et Candido Decembrio (Rosmini, *Vita di Filelfo*, t. III, p. 164) :

IN ELOQUII GRÆCI DEPRAVATORES.

Græcatur Leucus, græcatur Poggius una,
    cum linguam neuter noverit argolicam.
At graios qua lege libros fecere latinos ?
    Graius id interpres præstitit auxilii.

Je voudrais avoir sur mon travail ton avis et tes conseils, que j'ai pour habitude de mettre toujours au premier rang. Quelques personnes, eu égard à la nature même de la *Cyropédie*, m'engagent à faire hommage de ma traduction au roi de France. Mais, m'étant rappelé à temps que le souverain pontife est considéré comme le roi des rois, ce qu'il est en réalité, je la lui enverrais de préférence. Je désirerais connaître ton sentiment à ce sujet, et je te prie de me le faire savoir dans un bref délai. Et, afin que tu puisses te prononcer en pleine connaissance de cause, je t'envoie, à titre d'échantillon, le prologue de la *Cyropédie,* que j'ai récemment traduit.

J'ai, en outre, quelques mots à te dire concernant notre ami Castrenus. C'est un honnête homme, versé dans la littérature grecque (tu le sais) et dans la littérature latine ; il est rempli de vénération pour toi et ne prononce jamais ton auguste nom qu'avec éloges. Je le crois tout à fait digne de ta très douce affection, et je te le recommande comme ton panégyriste et mon ami. Il salue ton Éminence et sollicite une réponse à la lettre qu'il t'a écrite précédemment. Porte-toi bien, cher ami.

La traduction de la *Cyropédie* fut imprimée du vivant même de Filelfe. C'est un livre aujourd'hui fort rare et dont nous croyons devoir donner ici la description bibliographique.

Au premier f. recto :

FRANCISCI PHILELFI PRAEFATIO IN XE-‖
NOPHONTIS LIBROS DE CYRI PAEDIA‖
AD PAVLVM SECVNDVM PONTIFICEM;‖
MAXIMVM.

Au f. 5 recto, après les dix dernières lignes de l'épître dédica-

> Hinc errata libris permulta leguntur in ipsis,
>   aut Græci fraude stultitiave levis.
> Qui tenet et græcam linguam edidicitque latinam,
>   transferat et docte, transferat et facile.

Voir surtout, à l'appendice du présent volume, la lettre de Georges de Trébizonde à son fils André, datée de Naples, 1er janvier 1454.

toire au pape Paul II, commence la traduction de la *Cyropédie*, par le titre suivant [1] :

XENOPHONTIS DE CYRI PAEDIA LI-‖
BER PRIMVS.

Au bas de l'avant dernier f. verso :

Huic aūt Cyri Pædiæ Idem Franciscus Philelfus eques auratus. Laureatusq; poeta extremā imposuit manum ‖ Mediolani ad. xii. Kal. octobres, anno a natali christia ‖ no Millesimo quadringentesimo Sexagesimo septimo.

Au dernier f. recto :

Calliphilus Bernardinus Robiatinus in Xenophontis li‖bros, de Cyri pædia : per clarissimum oratorem poe‖tamque Franciscum Philelfum equitem auratum, de‖græco in latinum conuersos. ‖

> Qui cupitis populis reges dominarier æque :
>   Discite me tandem discite : nam doceo.
> Attica musa vocor. dium Xenophonta vocarunt
>   Nos alii. Græcis multa legenda dedi.
> Vnius excelsi pædiam scripsimus omnem
>   Principis : ut uiuat rex bene quisque sibi
> Persarum sanctas per me tu consule leges
>   Et per me laudes concipe quasque tibi.
> Edoceo bellum, pacem quoque iure tuendam :
>   Imperitare simul : imperiumque pati.

Le verso du dernier f. est blanc.

Dans certains exemplaires, la souscription *Huic autem Cyri Pædiæ*, etc., ne figure pas au bas du verso de l'avant-dernier feuillet. Elle remplace, en tête du recto du dernier, la pièce de vers que nous venons de reproduire et elle est suivie de cette mention (qui manque dans les exemplaires ayant la pièce de vers) :

---

[1]. Filelfe avait fait exécuter spécialement pour Nicolas Canale, jurisconsulte et commandant de la flotte vénitienne destinée à opérer contre les Turcs, une copie de sa traduction de la *Cyropédie,* en tête de laquelle figurait une épitre dédicatoire datée de Milan, le 1er avril 1470, et reproduite par Mittarelli, *Bibliotheca codd. mss. monasterii S. Michaelis Venetiarum* (Venise, 1779, in-f°), col. 1228-1229.

Hoc opus diligenter emendatum impressum est Ro ‖ mæ opera et impensa magistri Arnoldi de Villa die de ‖ cimo Martii Mcccclxxiiii.

In-4°, de 145 feuillets utiles, non chiffrés.

Biblioth. nat. de Paris : Inv. J 1201 Rés. (exempl. sans la pièce de vers).
Biblioth. nat. de Paris : Inv. J 1202 Rés. (exempl. avec la pièce de vers).

Trois ans après cette édition, il en parut une nouvelle, à Milan, dont nous n'avons pas vu d'exemplaire et que nous ne trouvons mentionnée chez aucun bibliographe. Son existence ne saurait pourtant être révoquée en doute, puisque c'est Filelfe lui-même qui la confirme dans les deux lettres suivantes :

Marco Aurelio Franciscus Philelphus S.

Pædia Cyri impressa est : quæ ut ad te maturrime iter faciat, tuum fuerit curare. Nam Petrum Mercatorem video id muneris subterfugere, ut phyginus iure dicendus sit. Poteris, si volueris, ad eum litteras dare ac petere ut hanc eius mittendi codicis provinciam suscipiat; qui cum ipso una etiam ibit similis codex ad veterem atque communem amicum nostrum Phœbum Capellam vel mutulum... Ex Mediolano, xii cal. martias 1477 [1].

Bernardo Justiniano eq. aur. procurat. S. Marci
Franciscus Philelphus S.

Cyri Pædiam, quam et Xenophon tuus ille socraticus suavi et luculenta oratione scripserat græce, et Philelphus idem hic tuus, si minus fortassis eleganter, at fideliter in latinum convertit eloquium, dono ad te dedi, opus certe dignum quod a doctis viris tuique similibus non ignoretur. Is autem codex, etsi ab hisce Mediolanensibus impressoribus depravatus erat, ipse tamen curavi ut a librario meo accuratissime emendaretur... Ex Mediolano, vii idus apriles 1477 [2].

₊*₊ Le manuscrit sur lequel Filelfe traduisit la *Cyropédie* est très probablement le *Laurentianus 19* du pluteus 55 (*Xenophontis*

1. Rosmini, *Vita di Francesco Filelfo*, t. II, pp. 347-348.
2. Rosmini, *Vita di Francesco Filelfo*, t. II, pp. 348-349.

varia), qu'il avait fait exécuter à ses frais, en 1426, par Georges Chrysococcès, durant son séjour à Constantinople, et à la fin duquel on lit ce colophon :

Ὧδε πέρας λάβεν ἡ Ξενοφῶντος βίβλος ἀρίστη
παιδείην γε Κύροιο καλῶς μάλα διεξιοῦσα,
χειρὶ Γεωργίου γραφεῖσα τοῦ Χρυσοκόκκη,
Φιλέλφου δ' ἀναλώμασι τοῦ Φραγκίσκοιο κλῆσιν.

Ἐτελειώθη μηνὶ νοεμβρίῳ κγ', ἰνδ. έ, ἔτους ϛϡλέ, ἐν Κωνσταντινουπόλει [1].

Ce manuscrit est un membranaceus in-4° de 228 feuillets. On y voit, en tête, les armoiries de Filelfe, et on y trouve des notes et des sommaires de sa main.

76

FRANÇOIS FILELFE A THÉODORE GAZA

Milan, 11 mars 1468.

Φραγκίσκος ὁ Φιλέλφος Θεοδώρῳ τῷ Γαζῇ χαίρειν.

Παρακαλῶν ἡμᾶς πρὸς τὸ παραγενέσθαι ὑμῖν, ἵππον λυδὸν παρακινεῖς εἰς πεδίον. Τί γὰρ ἂν εἴη ἥδιον ἐμοὶ ἢ συγγενέσθαι σοι τῷ φιλτάτῳ ἀνδρὶ καὶ ἀρίστῳ ἐν πρώτοις; ἀλλὰ ἔσται σὺν τάχει τὸ ποθεινὸν ἑκατέρῳ. Ὅτι δὲ τοσοῦτον ἡμᾶς ἐπαινεῖς ἐπὶ λόγου δεινότητα, οἶδά [2] σοι χάριν, ὅτι τὴν εὔνοιαν πρὸς ἐμὲ πλείονος ἢ τὴν ἀλήθειαν ποιεῖς. Ἐγὼ μὲν γὰρ οὐκ ἀδήλως ἐμαυτοῦ συνειδὼς ὑπάρχω ἐμοί · πλὴν τὸν ἔρωτα τυφλὸν γράφουσιν οἱ ἀοιδοὶ [3], καὶ τὸ πάθος δεινόν. Εἶεν.

Ἃ δὲ ἐπὶ τὸν ἐσόμενόν μοι λόγον παραινεῖς, ἀσμένως δέχομαι · ἀλλ' εὔχου σὺ μόνον δοθήσεσθαι [4] τοῖς λέγουσιν ἡμῖν [5] τὰ Μίδου ἐκείνου μεταβληθέντα ὦτα [6] · ἀλλ' οὐκ [7] ὄνον πρὸς λύραν. Εἴθε τοιοῦτος ἐγένετο ἂν ἡμῖν ἀκροατὴς οἷον καὶ Νικόλαον τὸν πέμπτον λεγόμενον εἴχομεν, καὶ τὸν δεσπότην ἐλπίζομεν Βησσαρίωνα ἔσεσθαί ποτε [8] · ἀκούω γὰρ μεγάλους γεγονέναι παρ' ὑμῖν κλύδονας μετέωρον [9] ἀπειλοῦντας ναυάγιον [10] · ἀλλ' ὅμως τὸ εἰμαρμένον ἥξει, ὡς

---

1. Bandini, *Catalog. codd. græcorum bibliothecæ Laurentianæ*, t. II, col. 319.
2. δηνότητα οἶδα. 3. ἀειδοί. 4. δωθήσεσθαι. 5. ἡμῖν. 6. ὦτα. 7. ουκ. 8. ἔσθαι (sic) ποτέ. 9. μεταίορον. 10. νάυαγιον.

ἐν παροιμίας λόγῳ. Ἐγὼ δὲ πρὸς πᾶν τὸ ἀποβὰν ἐμαυτὸν παρε-
σκεύακα. Ἔρρωσο [1].

Μεδιολάνοθεν, τῇ ε΄ πρὸ τοῦ μαρτίου εἰδῶν, ἔτει αυξή.

Me prier de me rendre auprès de toi, c'est exciter à courir
un cheval de Lydie. Rien ne saurait m'être plus agréable que
de me trouver en compagnie d'un de mes amis les plus chers.
Notre commun désir ne tardera pas à en être satisfait. Je te
remercie des éloges que tu me décernes sur mon habileté à
manier la parole, mais ces éloges sont plutôt dictés par la
bienveillance que par la vérité. Je me connais bien moi-
même ; mais, selon les poètes, l'amour est aveugle, et l'amour
est une terrible maladie. Je reçois avec plaisir les conseils
que tu me donnes touchant mon futur discours. Je voudrais
avoir un auditeur tel que le feu pape Nicolas V, ou tel que le
sera peut-être un jour Bessarion. Car j'ai entendu dire que
l'on redoute à Rome quelque naufrage en haut lieu. Il faut
que la destinée s'accomplisse. Quant à moi, je suis préparé à
tout événement. Porte-toi bien [2].

77

FRANÇOIS FILELFE AU CARDINAL BESSARION

Milan, 5 décembre 1468.

Φραγκίσκος ὁ Φιλέλφος Βησσαρίωνι τῷ καρδιναλίῳ νικαεῖ καὶ
Κωνσταντινουπόλεως [3] πατριάρχῃ χαίρειν.

Τὴν Κύρου παιδείαν ἣν ἀφ᾽ ὑμῶν τῶν τῆς Ἑλλάδος σοφωτάτων
ἀνδρῶν εἰς τὴν ἡμετέραν ἄμουσον διάλεκτον μετηνέγκαμεν, ἔρχεται
ἔχων αὐτόσε ὁ καλός τε καὶ ἀγαθὸς ἀνὴρ ἔτι δὲ καὶ σοφὸς Ἰωάννης
Ἀρχιμβόλδος, ὅστις καὶ νῦν ἐγένετο Νοβαρίας ἐπίσκοπος. Τί δὲ δεῖ
παρὰ σοὶ λόγων ; Οἶσθα γὰρ τὰ ἡμέτερα ἅπαντα · διὸ καὶ μὴ αἰτούντων ἡμῶν, ποιήσεις τὰ εἰωθότα · αὐτὸς γὰρ ἀεὶ ἐγένου μοι πατήρ τε

---

1. ἔρρωσο.
2. Traduction abrégée.
3. κωνσταντινοπόλεως,

καὶ εὐεργέτης. Τὰ δὲ λοιπὰ ὁ ἐπίσκοπος οὑτοσὶ παρὼν διαλέξεται. Ἔρρωσο [1].

Μεδιολάνοθεν, ταῖς νώναις τοῦ δεκεμβρίου, ἔτει ἀπὸ Χριστοῦ γεννήσεως χιλιοστῷ τετρακοσιοστῷ ἑξηκοστῷ ὀγδόῳ.

La *Cyropédie* que je vous ai empruntée, à vous autres savants de la Grèce, pour la faire passer dans notre langue grossière, Jean Arcimboldi, cet homme excellent et érudit qui vient d'être promu évêque de Novare [2], l'emporte avec lui à Rome [3]. Qu'ai-je besoin avec toi de longs discours? Tu connais toutes mes affaires. C'est pourquoi, sans que j'aie besoin de te solliciter, tu agiras comme à ton habitude; car tu as toujours été pour moi un père et un bienfaiteur. Quant au reste, l'évêque de Novare t'en instruira verbalement. Porte-toi bien.

78

FRANÇOIS FILELFE AU CARDINAL BESSARION

Milan, 19 janvier 1469.

Φραγκίσκος ὁ Φιλέλφος Βησσαρίωνι, καρδιναλίῳ καὶ Κωνσταντινουπόλεως [4] πατριάρχῃ, χαίρειν.

Ἰωάννης Ἀρκιμβόλδος ὁ καὶ τῆς Νοβαρίας [5] ἐπίσκοπος αὐτόθεν νεωστὶ ἐπανελθὼν πρὸς ἡμᾶς ἐδήλωσέ [6] μοι τὰ ἐμὰ πρὸς σὲ γράμματα, πάτερ αἰδεσιμώτατε, πέμψαι μὲν, ὅμως δὲ μηδ' ὅπως οὖν δυνηθῆναί [7] σοι εἰπεῖν τι περὶ τῶν συντεινόντων ἐμοὶ παρὰ τῷ ἄκρῳ ἀρχιερεῖ · καὶ τοῦτο δὴ διὰ τὴν αὐτοῦ ἀπὸ τῆς πόλεως ταχεῖαν [8] ἀποδημίαν · ὅπερ [9] δὴ τῷ ὄντι [10] μοι λυπηρότατον ὑπῆρξεν, ἐπείπερ οὐδαμῶς ἐβουλόμην τὴν ἐμὴν περὶ Κύρου παιδείας ἑρμηνείαν ἐκείνῳ

---

1. ἔρρωσο.
2. Sur Jean Arcimboldi, évêque de Novare, puis cardinal et archevêque de Milan, on peut consulter Ughelli, *Italia sacra*, t. IV, col. 267 et 719; Sassi, *Archiepiscóporum mediolanensium series historico-chronologica*, pp. 944 et suiv.
3. Voir la lettre précédente.
4. κωνσταντινοπόλεως. 5. νοαρίας. 6. εδήλωσέ. 7. ὁπωσοῦν δυνηθῆναι. 8. ταχείαν. 9. ὅπέρ. 10. τῳόντι.

δοθῆναι, εἰ μὴ μετὰ τῆς σῆς εἰδήσεώς ¹ τε καὶ βουλῆς, καὶ ᾧ ἄν σοι τρόπῳ δόξοι φρονιμωτάτῳ τε ² ὄντι ἀεὶ καί μοι ³ προσφιλεῖ. Ἀλλ' ὅμως ἔδωκεν αὐτὴν ὁ ἐπίσκοπος. Εἶεν. Καὶ ὡς οὑτοσὶ λέγει, ἐδέξατο ὁ δεσπότης αὐτὸς τὸ βιβλίον εὐμενῶς τε καὶ πάνυ ἀσπασίως · κἀμὲ πρὸς τούτοις πλεῖστον ἐπήνεσεν ἰδίᾳ αὐτοῦ ⁴ χρηστότητι καὶ φιλανθρωπίᾳ, ἔτι δὲ καὶ περὶ ἐμοῦ ἐπιμελῶς ἠρώτησεν, ὥστε καὶ εἰδέναι βούλεσθαι. ⁵ καὶ πόσας ἔχω θυγατέρας. Ὡς οὖν ἤκουσε τέσσαρας εἶναί ⁶ μοι ταύτας, ἀφ' ὧν καὶ δύο ἤδη πάλαι πρὸς γάμον ἐκδοθῆναί εἰσιν ⁷ ἕτοιμαι, ἄλλη μὲν κδ', ἄλλη δὲ ις' ἄγουσα τῆς ἡλικίας ἔτη, ἐκείνῃ τῇ τῶν λόγων μεγαλοπρεπείᾳ ἐχρήσατο καὶ προθυμότητι, ὡς δηλῶσαι θαυμασίως πως βούλεσθαι ἀντὶ τοιούτου δώρου ἀντιχαρίσασθαι ἀξίως τῷ πέμψαντι. Ἐπεὶ δὲ προσέθηκεν ἐν καιρῷ ὁ προρρηθεὶς ⁸ ἐπίσκοπος ὅπως ⁹ ταχέως ποιήσοι ὅπερ καὶ φιλοφρόνως λόγοις ἐδήλωσεν, ἀπεκρίνατο « ἐν τῷ παρόντι καὶ δὴ πάντως ποιήσομεν ». Ἀλλ' ὁ ἐπίσκοπος οὑτοσὶ ¹⁰ ἀπῆλθε κατ' ἐκείνην τὴν ἡμέραν ¹¹ καθ' ἥν καὶ ἐνέτυχε τῷ ἄκρῳ ἀρχιερεῖ · διὸ καὶ οὐδὲν ἄλλο ἐξῆν αὐτῷ φροντίσαι περὶ τῶν ἡμετέρων πραγμάτων. Σὸν τοίνυν ἔργον ἐστίν, εὐμενέστατε δέσποτα, καὶ τῆς σῆς πρὸς ἡμᾶς συνήθους εὐεργεσίας δῶρον τὸ κόπον τινὰ ὑπὲρ τούτου ἀναδέξασθαι. Οὐδὲ γὰρ ἀγνοῶ πόσην ῥοπὴν πρὸς τὰ ἐμὰ προσθήσει δὴ τὸ σὸν ἀξίωμα καὶ ἡ τούτου μαρτυρία τε ¹² καὶ λόγος · ὅπερ δὴ ὅπως ποιήσῃς τοσαύτῃ σπουδῇ καὶ δεήσει αἰτῶ παρὰ σοῦ, ὡς μηδεμιᾷ ἑτέρᾳ μείζονι ¹³ δύνασθαι. Τὴν δ' ἐμὴν πρὸς σὲ εὔνοιάν ¹⁴ τε καὶ στοργὴν οἶδα καὶ πάνυ γε καλῶς σε ὥσπερ ¹⁵ ἐν κατόπτρῳ ¹⁶ ἰδεῖν. Εἴ τι δέ μοι ὁ ἄκρος ἀρχιερεὺς πέμψαι βουληθείη, διὰ τῆς αὐτόθι τῶν Μεδικῶν λεγομένης τραπέζης αὐτῷ ἔξεστι τοῦτο ποιεῖν · ἔχουσι γὰρ οὗτοι κἀνταῦθα ¹⁷ τὴν τράπεζαν. Ἔρρωσο ¹⁸, θεία μοι κεφαλή.

Μεδιολάνοθεν, τῇ ιδ' πρὸ φεβρουαρίου ¹⁹ καλενδῶν, ἔτει ἀπὸ τοῦ Χριστοῦ γεννήσεως αυξθ'.

Jean Arcimboldi, évêque de Novare, récemment revenu

1. εἰδήσεως. 2. τὲ. 3. κἀμοὶ. On pourrait adopter κἀμοὶ. 4. αὐτοῦ. 5. βούλεσθαι. 6. εἶναι. 7. ἐκδοθῆναι εἰσὶν. 8. προρρηθεὶς. 9. Ce mot est trois fois répété, mais deux fois exponctué. 10. οὑτοσοὶ, mais le troisième o est exponctué. 11. ἡμέραν. 12. τὲ. 13. μείζομει. 14. εὔνοιαν. 15. ὥπερ. 16. κατρόπτῳ. 17. κἂν ταῦτα. 18. ἔρρωσο. 19. φεβροαρίου.

de Rome à Milan [1], m'a fait savoir qu'il t'avait envoyé mes lettres, très vénérable père, mais que, forcé de quitter Rome dans un bref délai, il n'avait pu te parler de mon affaire auprès du souverain pontife. Je regrette vivement ce contretemps ; car j'aurais voulu que ma traduction de la *Cyropédie* n'eût pas été présentée au pape, avant que tu ne m'eusses tracé la marche à suivre. Mais l'évêque de Novare a remis l'ouvrage, et le pape l'a accueilli avec bienveillance et plaisir. Il a fait mon éloge ; il a pris sur mon compte toutes sortes d'informations ; il a même demandé combien j'avais de filles. Quand il sut que j'en avais quatre, dont deux nubiles, âgées l'une de vingt-quatre ans, l'autre de seize, il s'exprima avec tant de magnificence et d'affection qu'il laissa voir son intention de récompenser dignement celui qui lui adressait un pareil présent. L'évêque de Novare ayant prié le pape de ne pas différer l'exécution de ce qu'il promettait d'une si aimable façon, le pontife répondit qu'il s'en occuperait sans retard. Mais l'évêque ayant quitté Rome le jour même où il avait eu cette audience du pape, ne put s'occuper davantage de mes affaires. Je te prie de vouloir bien toi-même les prendre en main. Si le pape désire m'envoyer quelque chose, il peut le faire par l'intermédiaire de la banque des Médicis, laquelle possède une succursale à Milan. Porte-toi bien [2].

79

FRANÇOIS FILELFE A DÉMÉTRIUS CASTRENUS

Milan, 7 mars 1469.

Φραγκίσκος ὁ Φιλέλφος Δημητρίῳ τῷ Καστρηνῷ χαίρειν.

Συγχαίρω ἡμῖν τὰ μέγιστα, Δημήτριε φίλτατε, ὅτι καθ' ἡμέραν εἰς αὔξησιν ἡ εὔνοια ἡμῶν ἐξανθεῖ · ἧς μὲν γὰρ πρότερον ἐμοὶ φίλος τε [3] πάνυ γε προσηνὴς καὶ σύντεκνος ἐν Χριστῷ τῷ θεῷ · νῦν δὲ καὶ

1. Voir la lettre précédente.
2. Traduction abrégée.
3. τὲ.

προξενητὴς ἐγένου πρὸς γάμου νόμον τῆς ἐμῆς ἠγαπημένης θυγα-
τρός. Ὥσπερ μὲν οὖν τἄλλά τε [1] πάντα, οὕτω καὶ τὰ τοῦ γάμου ἐν
πρώτοις οὐρανόθεν πεφυκέναι ὑπολαμβάνω. Ἀποδέχομαι γοῦν τὰ
παρὰ σοῦ γεγραμμένα, εἴπερ καὶ τὸ αὐτὸ ὑπάρχει τῇ ἐμῇ θυγατρὶ
βουλομένῃ · ἄνευ γὰρ τῆς βουλήσεως αὐτῆς τὸ τοιοῦτον οὐδαμῶς
δυνατόν. Διὸ σπουδαστέον ἐστὶν ὥστε ἐλθεῖν ὧδε τὸν ταύτης ἐξάδελ-
φον Ἰωάννην Παγνᾶνον τὸν μοναχόν, διάγοντα ἐν τῇ τοῦ ἁγίου Δομι-
νίκου τάξει τε [2] καὶ μονῇ. Οὗτος γὰρ πρὸς τὸ πρᾶγμα ἐπιτηδειότατος.

Περὶ δὲ τοῦ Ἀρρητίνου [3] ὃ γέγραφας, γενήσεται καὶ πάνυ σπουδαίως. Ἔρρωσο [4], φίλη κεφαλὴ, καὶ τὸν ἡμέτερον καλὸν κἀγαθὸν
Βόνον Ἀκκούρσιον ἄσπασαι παρ᾽ ἡμῶν.

Μεδιολάνοθεν, ταῖς νώναις μαρτίου, ἔτει ͵αυξθ´ ἀπὸ Χριστοῦ γεννήσεως.

Je m'estime fort heureux, très cher Démétrius, de ce que
notre affection mutuelle va chaque jour grandissant. Tu as
commencé par être mon ami dévoué et mon compère dans le
Christ Dieu ; voilà que maintenant tu te fais le négociateur
du mariage de ma bien-aimée fille. De même que toutes les
autres choses nous viennent de Dieu, j'estime que le mariage
est une institution éminemment divine. J'accepte donc ce que
tu m'écris, si toutefois ma fille veut bien lui donner son agré-
ment. Car, sans son consentement, la chose est impossible.
C'est pourquoi il faut se hâter de faire venir ici son cousin
Jean Pagnani, religieux de l'ordre et du monastère de saint
Dominique. Car il est on ne peut plus apte à traiter cette
affaire.

Ce que tu m'as écrit concernant l'Arétin [5] se fera et avec
le plus grand soin. Porte-toi bien, cher ami, et salue de ma
part notre excellent Buonaccorsi.

1. τἄλλα τὲ. 2. τὲ. 3. ἀρρητίνου. 4. ἔρρώσο.
5. Très probablement Jean Tortelli d'Arezzo.

80

FRANÇOIS FILELFE A DÉMÉTRIUS CASTRENUS

Milan, 14 mars 1469.

Φραγκίσκος ὁ Φιλέλφος Δημητρίῳ τῷ Καστρηνῷ χαίρειν.

Ὅτι ἐν ἡδοναῖς διατρίβεις ταῖς πισαίαις εἰδέναι μοι πάνυ γε δοκῶ . οὐ γὰρ ἄνευ [1] τηλικούτου ἀγαθοῦ τοσοῦτον ἤδη χρόνον ἔμεινας ἂν αὐτόθι σχολάζων. Ἀγαθὸν γὰρ ἡ ἡδονὴ καὶ μάλα πολὺ, εἴπερ [2] δὴ ἅπαντα τὰ ζῶα ἐφίεται αὐτῆς τῇ φύσει. Ἆρα οὕτω σοι φοβερὸν τὸ πλοῖον δοκεῖ, ὥστε σαυτὸν ἐρέττοντι [3] παραδοῦναι οὐκ [4] οἴει σοι ἀκινδύνως μηδαμῶς προχωρήσειν [5]; Εἶεν. Τὰ περὶ τὸν Ὅμηρον ἀποδέχομαι [6] ἀσπασίως, εἴπερ ἃ γέγραφας εὗρες παρὰ τῷ ποιητῇ. Καὶ γὰρ τὸν Τούρτελλον ἐκεῖνον τὰ περὶ τὰς τούρτας λεγομένας οἶμαι νενοηκέναι καλῶς · ἄλλο δὲ οὐδὲν ὑγιές. Ἔρρωσο [7], φίλτατε, ἅμα καὶ μετὰ τοῦ ἡμετέρου Βόνου Ἀκκουρσίου.

Μεδιολάνοθεν, τῇ δ΄ πρὸ μαρτίου εἰδῶν, ἔτει αυξθ΄.

Il me semble bien que tu dois être plongé dans les délices de Pise ; car, s'il en était autrement, tu ne resterais pas si longtemps dans cette ville à rien faire. C'est une bonne chose que le plaisir, et une fort bonne, puisque tous les animaux le désirent par nature. Le bateau t'inspire donc tant de frayeur, que tu redoutes quelque danger si tu te confies à un rameur ? Soit ! J'accueille avec plaisir ce que tu m'écris touchant Homère, si toutefois tu l'as trouvé dans le texte du poète. Car ce fameux Tortelli a, je crois, parfaitement compris ce qui concerne les tourtes, mais rien autre chose. Je te souhaite une bonne santé, mon très cher Démétrius, ainsi qu'à notre ami Buonaccorsi [8].

---

1. ἄνευ. 2. εἴπερ. 3. ἐρέττοντι. 4. οὐκ. 5. προσχωρήσειν. 6. ἀποδέχωμαι. 7. ἔρρωσο.

8. Démétrius Castrenus logeait à Pise chez Buonaccorsi, comme en fait foi le passage suivant d'une lettre de Filelfe à ce dernier, datée du 8 des ides de mars (8 mars) 1469 : « Gaudeo praeterea, vir doctissime, eruditum Demetrium Castrenum tuo uti diversorio : modo ne in Sirenum inciderit δηλητήριον *deleterion.* Tu velim hunc moneas magnificum Roberthum Malatestam effectum

Jean Tortelli d'Arezzo [1], dont il est question dans cette lettre, s'était rendu à Constantinople en 1435, pour y étudier le grec. Il avait eu pour maître dans cette ville Jean Eugénicos (le frère du fameux Marc d'Éphèse, adversaire implacable de l'Union au concile de Florence). Cette particularité nous est révélée par une très curieuse note tracée de la main même de Tortelli sur un manuscrit de Thucydide, aujourd'hui à la bibliothèque de Bâle (sous la notation E. III. 4.). Ce volume est un bombycin in-4° de 274 feuillets. Au verso du dernier, dans la marge inférieure, on lit :

Liber Iohannis Arretini datus sibi dono a magistro suo papa Iohanne Eugenico in Constantinopoli, die III^a mensis iulii, anno Domini M. CCCC. XXXV, secundo scilicet mense quo studiorum causa ad eam civitatem applicui, una cum fidelissimo socio Thomasio compatriota et fratre meo Laurentino [2].

Filelfe se montre, dans cette lettre, fort injuste pour Tortelli. Plus tard, il le traite encore avec non moins de rigueur : « Ioannes Tortelius qui, cum et græcam et latinam litteraturam novisse videri vult, utramque ignoravisse declarat [3]. » Cette appréciation paraît dictée par quelque secrète animosité contre le savant bibliothécaire de Nicolas V.

81

FRANÇOIS FILELFE A DÉMÉTRIUS CASTRENUS

Milan, 1er mai 1469.

Φραγκίσκος ὁ Φιλέλφος Δημητρίῳ τῷ Καστρηνῷ χαίρειν.

Δισσὰ ἐδεξάμην γράμματα παρὰ σοῦ Οὐρβίνοθεν, δι' ὧν γέγραφάς μοι κατ' ἀκρίβειαν τὴν εὐτυχίαν σου ἅπασαν. Συνήδομαι τοίνυν

---

esse omnino nostrum : quem etiam audio uxorem ducturum inclyti comitis Urbinatis filiam. Quo fit ut nihil sibi inter proficiscendum formidandum suspicetur. » Je fais cette citation d'après une photographie du *cod. Trivulzianus*.

1. On peut consulter sur lui : Vespasiano da Bisticci, *Vite di uomini illustri del secolo XV* (Florence, 1859, in-8°), pp. 505-507; Apostolo Zeno, *Dissertazioni Vossiane* (Venise, 1753, in-4°), t. I, pp. 146 et suiv.

2. Cf. Henri Omont, *Catalogue des manuscrits grecs des bibliothèques de Suisse* (Leipzig, 1886, in-8°), p. 33.

3. Lettre latine à Laurent de Médicis du 4 avant les calendes de juin (28 mai) 1473.

τοσαύτη σου εὐδαιμονίᾳ καὶ συνεύχομαί [1] σοι τὰ κρείττω [2]. Ἡμεῖς
δὲ τὴν αὐτὴν πλέομεν θάλατταν. Σήνηθεν δὴ παρελάβομεν ἄλλο
μηθέν· ὁ γὰρ ἡμέτερος [3] φίλος μέχρι τοῦδε οὐδὲν ἀπεκρίνατο· ἐλπίζομεν δὲ εἰς ὀλίγας ἡμέρας ἐκεῖσε ἡμεῖς ἀφικνεῖσθαι, εἴπερ δὴ βου-
ληθείη ὁ ἡμέτερος ἄρχων οὑτοσί· ἀλλ' οἶμαι, βουλήσεται· ἀναγκαῖον γὰρ τοῦτο ἡμῖν. Εἰσὶ γὰρ, ὡς οἶσθα, παρ' ἡμῖν ἔγγονοι δύω
ἐμοὶ ἐξ ἐμῆς θυγατρὸς Πανθείας ἐκείνης, ἄρρην τε [4] εἷς καὶ μία ἤδη
γυνή. Βούλομαι γοῦν αὐτὸς ἀπάγειν τούτους πρὸς τὸν ἐκεῖ γονέα·
ἐπειδὴ ἐν τοσαύτῃ ἐκεῖνος ἀμελείᾳ διάκειται ὥστε καὶ διὰ γραμμάτων πολλάκις παρακληθέντα πρὸς τὸ καθῆκον, ἀσπάζεσθαι σιωπήν.

Ὁ ἄκρος ἀρχιερεὺς (σὺ γὰρ καὶ περὶ τούτου ζητεῖς) χρῆται δωρεᾷ
πρὸς ἡμᾶς τετρακοσίων χρυσῶν, οὓς μὲν οὔπω ἔλαβον· λήψο-
μαι δέ.

Ἐδεξάμην καὶ ἄλλα [5] σου γράμματα Φερραρίαθεν· τὰ [6] πάντα
εὐτυχεῖς· πλὴν δὲ, φρονῶν εὖ καὶ καλῶς, γνῶθι καιρόν· τοῦτο γὰρ
καὶ σοφοῦ ἀπόφθεγμα. Ὁ Γλυκὺς ἀπέρχεται ἐς Φραγκίαν. Τὰ γράμματά σου ἀπεδόθη τῷ τε Βονίνῳ καὶ Φραγκίσκου τῷ πατρί. Νεώτερον ἐνταῦθα μηθέν. Μεστὰ παιδιᾶς ἅπαντα. Ἔρρωσο [7].

Μεδιολάνοθεν, κατὰ τὰς μαΐου καλένδας, ἔτει αυξθ' ἀπὸ Χριστοῦ
γεννήσεως.

J'ai reçu de toi deux lettres datées d'Urbin, dans lesquelles
tu me racontes avec précision tout ton bonheur. Je me réjouis
de te savoir heureux et je forme pour toi les meilleurs vœux.
Je vogue, moi aussi, sur la mer de la prospérité. Je n'ai reçu
de Sienne rien autre chose, car mon ami ne m'a pas encore
répondu. J'espère me rendre dans cette ville d'ici à quelques
jours, pourvu toutefois que le duc de Milan veuille bien m'en
accorder la permission. J'ai lieu de croire qu'il ne me la refusera pas, car il s'agit d'une affaire indispensable. J'ai chez
moi, comme tu le sais, deux enfants de ma fille Panthéa [8] :

---

1. οὖνεύχομαί *(sic)*. 2. κρείπτω. 3. ἡμέτερος. 4. ἄρρην τὲ. 5. ἄλλα. 6. τὸ. 7.
ἔρρώσο.
8. Panthéa avait épousé, avant le mois de mars 1451, Jérôme Bindoti de
Sienne.

un garçon [1] et une fille [2] déjà femme. Je veux les reconduire moi-même à leur père; car celui-ci est tellement négligent que, malgré les nombreuses lettres que je lui ai adressées, il s'obstine à garder le silence [3].

Le souverain pontife m'a gratifié de quatre cents écus d'or. Je n'ai pas encore touché cette somme, mais je la toucherai.

J'ai reçu de Ferrare d'autres lettres de toi. Ton bonheur est parfait; mais tu feras sagement d'observer les circonstances.

Glykys [4] part pour la France.

Tes lettres ont été remises à Bonini et au père de François. Rien de nouveau ici. Partout des divertissements. Porte-toi bien.

82

FRANÇOIS FILELFE A JEAN ARGYROPOULOS

Milan, 22 juin 1469.

Φραγκίσκος ὁ Φιλέλφος Ἰωάννῃ τῷ Ἀργυροπούλῳ χαίρειν.

Ἀκούσας ἐγὼ τὴν καλλίστου σου [5] καὶ ἠγαπημένου παιδὸς κατὰ Ῥώμην νεωστὶ ἄωρον τελευτὴν, καὶ συνήλγησά σοι, ὡς δέον, τῆς συμφορᾶς καὶ οὐκ ὀλίγον ἐδάκρυσα · τοῦτο γὰρ καὶ ἡ φιλία ἡμῖν καὶ τὸ τῆς φύσεως ἀσθενὲς προὐξένησεν [6] · οὔτε γὰρ σιδηρῖτις [7] ἡμῖν ἡ καρδία, οὔτε θηριῶδες τὸ ἦθος ·

> ἀλλ' ἤτοι θάνατον μὲν ὁμοίϊον (καθ' Ὅμηρον) οὐδὲ θεοί περ
> καὶ φίλῳ ἀνδρὶ δύνανται ἀλάλκεμεν, ὁππότε [8] μὲν δὴ
> μοῖρ' ὀλοὴ καθέλῃσι τανηλεγέος [9] θανάτοιο ·

διὸ πρέπει ἡμῖν, ὦ φίλτατε, εἴπερ γε φρονοῦμεν καλῶς, μετρίως

---

1. Il s'appelait Jean-Marie et était né en 1452.
2. Elle se nommait Arminie et avait vu le jour en 1455.
3. Voir à ce sujet la lettre latine de Filelfe à son fils Xénophon, en date du 15 des calendes de juin (18 mai) 1470.
4. Georges Glykys, un Grec que François Filelfe recommande à Louis XI, dans sa lettre à ce roi datée des ides d'avril (13 avril) 1469.
5. του. 6. προσεξένισεν. 7. σιδηρίτης. 8. ὅπποτε. 9. τανυλεγέος.

φέρειν τὰ δοθέντα [1] παρὰ θεοῦ, ἐπείπερ οὐδὲν ἄνευ [2] τούτου συμβέβηκε τοῖς ἀνθρώποις · ἀτὰρ θεὸς, καὶ κατὰ τὸν ποιητὴν, ἄλλοτ' ἄλλῳ

Ζεὺς ἀγαθόν τε κακόν τε διδοῖ · δύναται γὰρ ἄπαντα.

Ἀφείλετο τοίνυν σοι ἡ παρὰ θεοῦ εἱμαρμένη τὸν προσφιλέστατον παῖδα · ἀλλὰ χἄτερον ἔχεις εὐσεβῆ τε καὶ συνετόν · ἔχεις καὶ θεοῦ εὐεργεσίᾳ ἄλλα πολλά τε καὶ καλά · τούτοις χρῆσθαι χρεὼν καὶ χάριν εἰδέναι τῷ θείῳ. Καὶ γὰρ, ὡς οἶσθα, οὕτως

... οὐ πάντεσσι θεοὶ χαρίεντα διδοῦσιν
ἀνδράσιν, οὔτε φυὴν, οὔτ' ἀρ φρένας, οὔτ' ἀγορητὺν [3],
ἄλλος μὲν γάρτ' εἶδος ἀκιδνότερος πέλει ἀνὴρ,
ἀλλὰ θεὸς μορφὴν ἔπεσι στέφει · οἱ δέ τ' ἐς αὐτὸν
τερπόμενοι λεύσσουσιν [4] · ὁ δ' ἀσφαλέως ἀγορεύει,
αἰδοῖ μειλιχίῃ μετὰ [5] δὲ πρέπει ἀγρομένοισιν ·
ἐρχόμενοι δ' ἀνὰ ἄστυ θεὸν ὡς [6] εἰσορόωσιν ·
ἄλλος δ' αὖ εἶδος μὲν ἀλίγκιος ἀθανάτοισιν,
ἀλλ' οὔ οἱ χάρις ἀμφιπεριστρέφεται ἐπέεσσιν.

Ταῦτα μὲν τοίνυν σὺ σοφὸς ὢν καὶ τὰ τοιαῦτα διανοούμενος οὐ χρήσῃ παραμυθίᾳ. Εἶεν. Οὐ γὰρ λανθάνει ἡμᾶς τό τε μεγαλόψυχόν σου καὶ τὸ καρτερικὸν καὶ τὸ φρόνιμον κατὰ πᾶσαν περίστασιν.

Ἄκουσον νῦν τὸ ἐμόν. Ζητῶ παρὰ τῶν αὐτόθι κρατούντων δημοσίας πίστεως γράμματα · ἀναγκάζομαι [7] γὰρ ἰδίας πράξεως χάριν εἰς Σήνην ἀπελθεῖν, ἐπανελευσόμενος καὶ σὺν τάχει Μεδιολάνοσε. Περὶ δὲ τούτου κατ' ἀκρίβειαν γέγραφα εἰς τόν τε κορυφαῖον ἄργοντα Πέτρον Μεδίκην καὶ πρὸς τὸν καλὸν κἀγαθὸν ἱππέα χρυσοῦν Θωμᾶν Σωδερῖνον.

Ἀξιῶ δὲ καί σε [8] παντὶ σθένει σπουδάσαι ὑπὲρ [9] ἡμῶν, τοῦτο δὲ καὶ λαθραίως [10] διὰ τοὺς ἐπιβούλους · οὐ γὰρ ἀγνοεῖς τὰ ἡμέτερα. Ἔρρωσο [11], φίλη κεφαλή.

Μεδιολάνοθεν, τῇ δεκάτῃ πρὸ ἰουνίου καλενδῶν, ἔτει ἀπὸ Χριστοῦ γεννήσεως αυξθʹ.

J'ai appris la mort prématurée de ton excellent et bien-aimé

---

1. δοθέντα. 2. ἄνευ. 3. ἀγορήπϋν. 4. λεύσουσιν. 5. μετα. 6. ὡς. 7. ἀναγκαζομαι. 8. καὶ σὲ. 9. ὑπερ. 10. λαθρέως. 11. ἡμέτερα. ἔρρωσοι.

fils récemment survenue à Rome. J'ai compati à ta douleur et versé d'abondantes larmes. Si mon chagrin s'est ainsi manifesté, la cause en est dans l'affection que je professe pour toi et dans la faiblesse de la nature, car je n'ai pas un cœur de fer. Il faut supporter avec résignation les malheurs que Dieu nous envoie. La Providence t'a privé d'un fils chéri, mais il t'en reste encore un autre qui est pieux et intelligent. Et, grâce à Dieu, tu possèdes une foule de biens dont tu dois jouir et te montrer reconnaissant envers celui à qui tu en es redevable. Un sage tel que toi n'a pas besoin de consolation ; car je connais ta grandeur d'àme, ta constance et ta sagesse en toute circonstance.

Je me suis adressé au gouvernement florentin, afin d'en obtenir un passeport ; car je suis obligé de me rendre à Sienne pour une affaire personnelle. Mon absence de Milan doit, d'ailleurs, être courte. J'ai écrit à ce sujet à Pierre de Médicis et à Thomas Soderini. Je te prie de donner tous tes soins à cette affaire, mais d'agir secrètement, dans la crainte de quelque perfidie. Porte-toi bien [1].

La lettre même que, dans la présente, François Filelfe dit avoir écrite à Pierre de Médicis se trouvait, en original, dans la Collection d'autographes du feu marquis de Saint-Hilaire, vendue aux enchères les 5 et 6 janvier 1891 [2]. Elle figure au Catalogue [3] sous le n° 200 et appartient aujourd'hui à M. le prince Georges Maurocordato. Nous en donnons ci-contre le fac-similé. Quant à la suscription, elle est disposée sur trois lignes et ainsi conçue :

Magnif[*ico et*] *illustri viro*
Petro Medici compatri hoñ.
Florentiæ.

.*.* Nous ne connaissons, concernant l'infortuné Barthélemy Argy-

1. Traduction abrégée.
2. Voir aussi ce que nous avons dit ci-dessus à propos des deux lettres de Guarino de Vérone, publiées à la suite de la lettre 28 de la présente Collection.
3. Voir ci-dessus (page 56, note 4) le titre plus détaillé.

Magnifice et Illustris vir et bon compater Per altra lra ve ho scripto
pregandove ve piacia operare. Et io habbia uno paio rotondo to fite
a quello del 67. me farete fare a li x. de la balla. et questo palço me
mia nepote et fu figliola d'una mia figliola e buono pono se la q a
e boramai et in tempo da maritarla. e no pare del tro se non se di
co. ma volenteri me la lasserebbe sopra le spalle. Il p che tro se non se di
restarse andare in fino a siena. e presentarli un tale presente. no
e mercatantia da remetterla ad altri. Il p no prego senza
piu indugia. me fate fare il tro paio rotondo to. e tro no habbia
a fare tro molto magiore mio incommodo la via de la manda e da pers.
gra. Et pur quando questo no se p o molto li fusse contrario. pur
 rare il mero fammi avisare qui p ramarito o p no ne pane
io no habbia piu aspettare. avisandove. Et de tutto io remarro
contento. Racomandandome sempre a la vra magnificentia.
vro. Ex roto xxij Junij 1467.

                                    R. Philelfus compater

ropoulos, d'autres détails que ceux qui se trouvent consignés dans les deux lettres suivantes du cardinal Jacques Piccolomini. Nous les reproduisons à titre de document, en les faisant suivre d'un passage du *Medices legatus* de Pierre Alcionio.

JOANNI ARGIROPILO.

Nescio quo animo filii tui obitum feras. Si bono, est quod gratuler tibi, cui ratio medeatur, non tempus. Philosophiæ tuæ hæc debetur constantia, cuius tota contentio mortis est commentatio. Sin te hominem præstas, hoc est pressuram doloris non substines, quid ego brevis horæ templem epistola quod Plato, quod Aristoteles, quod tota doctorum cohors tot iam annos non potest? Diuturni propositi, non subitæ consolationis esse id robur oportet. Confido tamen qua es sapientia tibi te non deesse. Sed quod in libris antehac alios docuisti, verioribus nunc experimenti tui argumentis probare. Quam ob causam consolationem non scribo doctissimo præsertim sui temporis non necessariam. Nihil enim dici de hoc genere potest quod tibi non sit quam cæteris notius. Tenes nil mali esse in morte, in ea præsertim quæ in domino accidit. Nosti quoque vitæ nostræ conditionem vapori assimilem esse et quotidianis casibus subditam, in eiusque diuturnitate agenti ita dolores et detrimenta et luctus vicissim contingere ut longum iter habenti pulvis et lutum et pluvia. Anaxagorici quoque dicti es memor : scisse se genuisse mortalem. Quin etiam Fabii Paulique Æmilii memoriam habes, quorum alter spectatæ virtutis consularem filium extulit, alter uno ante triumphum, duobus post amissis filiis in concione ita locutus est ut consolari populum, non consolationem quærere videretur. Porro autem intelligis quid nobis christiana lex iubeat, quid gentilis etiam dictet : in altera lugeri vetantur mortui quoniam iam quieverunt; altera lugendi terminum præfiniens feminis, viris nullum præstitit, quoniam et nullum honestum. Sola tantum officia quæ languenti et mortuo præstita sunt brevi significabo, non tam ut mœrorem, si quis est, per hæc tollam quam ut ea commemoratione intelligas quanta hic in te et filium inventa sit charitas. Doluit supra modum nefario scelere Paulus, nec ingemuit aliter quam si de filio nuncium id accepisset. Grassatores anxia vestigatione missis qui ad vias exciperent iussit conquiri. Requisivit etiam horis pene singulis an aliqua vitæ spes haberetur, et excedenti peccata fragilitatis nostræ indulsit. Ipse vero pater Nicenus qui vulnera illius corde suo excepit et consolationem non invenit, septem adhibitis medicis, ab ore morientis nunquam discessit, nullum levaminis aut ministerii genus intemptatum relinquens, sed contrahens undique omnia per quæ tam charo apud se posito pignori servari spiritus posset. Imprimis autem viaticum futuræ quietis plenum perfectumque sensibus adhuc integris ministrare curavit, quod ille non minori religione accepit quam pietate pater tantus impenderit. In complexu denique et benedictionibus suis creatori animam reddidit. Eum porro defunctum flevit omnis curia, atque ad sepulchrum usque non privati alicuius sed principis pompa est prosecuta, ut plane sit indicatum quanti filius et in eo pater apud nos haberetur. Monimento autem intra basilicam Petri indultus est locus parte admodum celebri quæ Callistum continet eius nominis tertium et nec nisi magnis indulgeri est solitus. Ad summos quoque basilicæ gradus qui extra vestibulum sunt vicarius templi cum omni sacerdotum collegio funebri solemnitate cadaver excepit. Si maius aliud potuisset conferri, contulissent libenter desideria nostra. Dileximus etenim illum et excellenti doctrinæ tuæ deberi iudicavimus omnia. Videns ego Nicenum nostrum tanta affectum mœsticia ut sine lachrymis scribere horum quicquam non possit, ne perirent apud te sua et cæterorum officia commemoranda tibi ea putavi, pernimium dolens quod cui nulla antehac necessitas scribendi occasionem attulerit, attulerit nunc hic acerbissimus casus. In quo quæso te, mi Argyropole, ut tui sis memor, utque xenophontei etiam facti imitationem tibi proponas. Etenim ille ut accepta inter sacrificandum morte filii, qui eadem qua Epaminondas pugna occiderat, coronam deposuit, moxque ut honestum exitum novit, eam resumpsit, sacrificiumque continuans ne lachrymatus est quidem. Ita tu ex me audiens Bartholomæum tum in fideli patris sui ministerio accepisse vulnus et plenam religionis mortem obiisse, tum autem viventi et mortuo suprema pietatis opera cumulate indulta, si quam naturæ imperio virtutis vim posuisti pari constantia recipe, et homo christianus Christum tuum sancti Iob verbis alloquere : Dedisti, domine, filium et abstulisti ; factum est quod placuit tibi. Sit nomen tuum benedictum in sæcula. Vale. Romæ [1].

CARDINALI NICENO.

Secutus dignationis tuæ consilium, scripsi Ioanni Argyropolo de obitu filii, magis id agens ut officia in se tua ille agnosceret quam ut in tanta doctrina consolationem a me ullam acciperet. Distulit dies multos responsum : credo propter animum nondum ex mœsticia recreatum. Respondit tamen satis ostendens quantum possit humanitas. Doleo vicem hominis docti ferentis mollius hunc eius casum quam tantæ virtuti conveniat. Nicene mi, nescio quo peccato frequenter a nobis discedimus, et in umbra fortes pulverem et solem ferre non possumus. Nosti lachrymas Demosthenis ab Ægina in Atticam respicientis, deliramenta Solonis nuntiante Thalete filii occasum, Ciceronis etiam gemitus defunctam Tulliolam et patriam amissam deflentis; nil illi esse languidius quicquam potuit. Sic se res habet. Auditores verbi tantum sumus, non autem factores. Vapulabimus ergo plagis multis, quoniam voluntatem domini agnoscentes illam non adimplemus. Mitto tibi exempla litterarum, ut ex meis promissum officium, ex illius vero multam sine robore doctrinam intelligas. Vale. Romæ [2].

.*. Ita amplissimi illi viri magis consolationem ab eo nacti sunt ad graveis suos casus quam eidem ipsi attulerint. E quorum numero Byzantium Argyropulum fuisse audio, philosophorum suæ memoriæ facile principem, qui etiam ipse accesserat ut officio fungeretur benevolentissimi atque amantissimi hominis. Nam is, cum paulo post audisset Romæ filium suum interfectum esse, non admodum fracti aut mœsti animi signa dabat. Atque cum Petrus avus noster miraretur hominem tam moderate ferre carissimi filii interitum et dolori fortiter ac fortunæ resistere, respondit homo ingenuus nec assentator, quamvis Græcus, ad leniendum et sanandum animum suum in tanto luctu Cosmi duntaxat Medi-

---

1. *Epistolæ et commentarii Jacobi Picolomini cardinalis Papiensis* (Milan, 1506, in-f°), ff. 116 r° à 117 r°.

2. *Epistolæ et commentarii Jacobi Picolomini cardinalis Papiensis* (Milan, 1506, in-f°), f. 117 r°.

cis patris eius consolationem usurpare quam ille in filii morte sibi ipsi adhibuisset [1].

83

FRANÇOIS FILELFE AU CARDINAL BESSARION

Milan, 7 juillet 1469.

Φραγκίσκος ὁ Φιλέλφος Βησσαρίωνι, τῷ καρδιναλίῳ νικαεῖ καὶ Κωνσταντινουπόλεως [2] πατριάρχῃ, χαίρειν.

Ἡ τοῦ μεγίστου ἀρχιερέως πρὸς ἡμᾶς δωρεὰ καρκίνου, ὡς δοκεῖ, χρῆται βάσει. Οὔτε γὰρ τὰ χρήματα ὡς ἡμᾶς, μέχρι τοῦ νῦν, οὔτε τὰ τραπεζιτικὰ ἦλθε γράμματα. Διὸ τῆς σῆς εὐμενείας ἔργον ἐστὶν, ὦ πάτερ αἰδεσιμώτατε, τὸ τέλος ἐπαγαγεῖν τῇ τῆς μεγαλοπρεπείας ἀρχῇ. Τοῦτο δέ σε [3] ποιεῖν κατὰ τάχος ἀξιῶ πάσῃ δεήσει. Ἔρρωσο [4].

Μεδιολάνοθεν, κατὰ τὰς ἰουλίου νώνας, ἔτει ͵αυξθʹ.

Le don que m'a fait le souverain pontife marche, il me semble, à la façon des crabes. Car, jusqu'à ce jour, je n'ai reçu ni argent, ni lettres de change. Ce serait de ta part un acte de bienveillance, très vénérable père, de donner une fin à ce commencement de libéralité. Je te supplie donc de hâter cette affaire le plus possible [5]. Porte-toi bien.

84

FRANÇOIS FILELFE A JÉROME CASTELLI

Milan, 21 novembre 1469.

Φραγκίσκος ὁ Φιλέλφος Ἱερωνύμῳ Καστέλλῳ φιλοσόφῳ τε [6] καὶ ἰατρῷ χαίρειν.

Οἶδα μὲν ἔγωγε τὰ ἡμέτερα, ὦ φίλτατε Κάστελλε, μηδαμῶς κατὰ

---

1. Petrus Alcyonius, *Medices legatus de exilio* (Venise, 1522, in-4°), f. signé *bii*, r° et v°.

2. κωνσταντινοπόλεως. 3. δὲ σὲ. 4. ἔρρωσο.

5. Filelfe toucha au mois d'août 1469 les quatre cents ducats dont l'avait gratifié Paul II.

6. τὲ.

λήθην παρὰ σοὶ γεγονέναι. Ἐπεὶ δὲ οὐκ ἀγνοεῖς ταῦτα δεῖσθαι σπουδῆς τε κἀπιμελείας ¹, τὸ σόν ἐστιν οὕτω σπεύδειν ὥστε κατὰ τάχος
μαθεῖν ἡμᾶς τὸ γεγονός. Τὸν ἡμέτερον καισάρειον ἄρχοντα ἐκ καρ-
διακῆς πίστεως προσκυνῶ. Ἔρρωσο ².

Μεδιολάνοθεν, τῇ ἑνδεκάτῃ πρὸ καλενδῶν δεκεμβρίου, ἔτει αυξθ'.

Je sais que jamais tu n'as mis mes affaires en oubli, mon
très cher Castelli. Donc, puisque tu n'ignores pas qu'elles
réclament ton zèle et tes soins, c'est à toi de te hâter tellement que j'apprenne bientôt ce qui aura été fait. Je salue
avec un cordial dévouement notre impérial prince ³. Porte-
toi bien ⁴.

85

FRANÇOIS FILELFE A LADISLAS LE PANNONIEN

Milan, 26 décembre 1469.

Φραγκίσκος ὁ Φιλέλφος Λαδισλάῳ Παννονίῳ χαίρειν.

Εἰδὼς ἐγὼ ἄρτι πάνυ γ' ἐνδήλως τὴν εὔνοιάν σου καὶ στοργὴν
πρὸς ἡμᾶς, ὦ φιλανθρωπότατε Λαδισλᾶε ⁵, οὐκ ἔξω τοῦ καθήκοντος
ἐδόκουν ποιῶν τῇ σῇ χρησόμενος εὐεργεσίᾳ καλλίστῳ ἐν πράγματι
κἀπαινετῷ. Πόθος ἐστὶν ἡμῖν ⁶ ὑπερμέγιστος τοῦ κτᾶσθαι Στράβωνα
τὸν γεωγράφον. Ἀκούω δὲ ὑπάρχειν τουτονὶ τῷ καλῷ κἀγαθῷ ἡμῶν
φίλῳ Γαρύνῳ Βαπτιστῇ · πρὸς τούτοις οὐκ ἀγνοῶ διατρίβειν κατὰ
Φερραρίαν ἄνδρα ἕλληνά τε καὶ καλλιγράφον. Βουλόμενος τοίνυν
χαρίσασθαί ⁷ μοι ποθεινόν τι δῶρον καὶ μέγιστον, σπεῦσον, ὦ φίλτατε, τὸν Στράβωνα τουτονὶ ἡμῖν γενέσθαι σὺν τάχει ὅσον δυνατόν.
Πέμψω ⁸ δὲ τῷ γραφεῖ ὅνπερ ἂν σὺ δηλώσῃς μισθόν. Ἔρρωσο ⁹.

Μεδιολάνοθεν, τῇ πρὸ δεκεμβρίου καλενδῶν ἕκτῃ, ἔτει αυξθ'.

Ayant eu récemment des preuves non équivoques de ta

---

1. τὲ κἀτιμελείας. 2. ἔρρώσο.
3. Borso d'Este, duc de Ferrare.
4. Voy. aussi les lettres 59 et 91 de la présente Collection.
5. Ainsi accentué dans l'original.
6. ἡμῖν. 7. χαρίσασθαί. 8. πεμψώ. 9. ἔρρώσο.

bienveillance et de ton affection pour moi, je ne crois pas
être indiscret en sollicitant ton concours dans une affaire
aussi bonne que louable. Je désire énormément me procurer
la *Géographie* de Strabon. Or, j'ai appris que mon excellent
ami Baptiste Guarino en possède un exemplaire [1]; je sais, en
outre, qu'un calligraphe grec est de séjour à Ferrare. Si donc
tu veux me rendre un agréable et signalé service, hâte-toi,
très cher ami, de me faire transcrire le susdit ouvrage.
J'enverrai au copiste la rétribution que tu auras fixée toi-
même. Porte-toi bien.

86

FRANÇOIS FILELFE A THÉODORE GAZA

Milan, 9 décembre 1469.

Φραγκίσκος ὁ Φιλέλφος Θεοδώρῳ τῷ Γαζῇ χαίρειν.

Καὶ τὴν ἐπιστολήν σου ἐς χεῖρας λαβὼν ἐφίλησα διὰ πόθου, καὶ
ταύτην αὖ ἀναγνοὺς ἐδάκρυσα οὐ σμικρόν · ἦν γὰρ ὁ χαρακτὴρ [2] τῆς
γραφῆς ἡδονὴν παρέσχε τὴν μεγίστην ἰδόντι, ταύτην εὐθὺς ἀφείλετο
ἡ τῶν γεγραμμένων διάνοια ἀναγιγνώσκοντι [3]. Συνήλγησα γοῦν σοι [4]
τὰ μέγιστα τῆς ἀρρωστίας [5], μᾶλλον δὲ, ὡς γράφεις αὐτὸς, τῶν
ἀρρωστιῶν [6], αἳ καὶ τοσοῦτον ἤδη χρόνον ἐπέσχον σε [7] τῆς συνήθους
πρὸς ἡμᾶς δι' ἐπιστολῶν διαλέξεως. Νῦν δὲ χάριν οἶδα τῷ θείῳ, οὗ
εὐεργεσίᾳ ἤδη γεγονέναι σοι [8] νοῶ εὖ καὶ καλῶς. Εἶεν.

Ὅτι μὲν οὖν παρακινεῖν σπεύδεις ἡμᾶς πρὸς τὸ καθῆκον, πεποίηκας σύ γε, ὦ φίλτατέ μοι Γαζῆ, φιλίως τε [9] καὶ ὀρθῶς · πλὴν ἵππον
λυθὸν εἰς πεδίον, ὡς ἐν παροιμίᾳ. Ποιήσω γὰρ τὸ χρεὼν θαρραλέως
τε [10] καὶ θαρσαλέως · τοσοῦτον δὲ τολμηρότερον [11] ὅτι ἡ πραγματεία
ἐκείνη οὐ τοῦ ἠλιθίου Χεζεργίου [12] σου ὑπάρχει, ἀλλὰ τοῦ μοχθη-
ροῦ ἐκείνου Βαρλαὰμ Καλαβροῦ. Εἶδον γὰρ ταύτην αὐτὸς κατὰ Κωνσταντινούπολιν [13] διατρίβων παρ' ἐκείνῳ τῷ γέροντι πριμικηρίῳ (οὗ

---

1. Sans doute l'exemplaire dont son père s'était servi pour faire sa traduction de Strabon. Voy. ci-dessus la lettre 28.

2. χαρακτήρ. 3. ἀναγιγνώσκοντι. 4. σοὶ. 5. ἀρρωστίας. 6. ἀρρωστιῶν. 7. σὲ. 8. σοί.
9. τὲ. 10. θαρρὰλέως; τὲ. 11. τολμηρότερον. 12. χεζεργίου. 13. κωνσταντινούπολιν.

γὰρ ἔχω νῦν τοὔνομα εἰπεῖν αὐτοῦ διὰ τὴν λήθην), οὗτινος ἔκειτο [1]
ἡ οἰκία [2] κατὰ τὴν ἀριστερὰν τῆς ἀγούσης [3] ὁδοῦ πρὸς τὸν τῆς ἁγίας
Σοφίας θαυμασιώτατον ναόν. Εἶχε γὰρ ὁ ἀνὴρ τάς τε διαβολὰς ταύτας
τοῦ Καλαβροῦ Βαρλαὰμ σχεδὸν ἁπάσας καὶ τὴν Κυδώνη [4] Δημητρίου, οὗ καὶ ἔλεγεν ἑαυτὸν γεγονέναι μαθητήν, δεινήν τινα [5] καὶ
σοφωτάτην [6] ἀπολογίαν. Προσθήκῃ δέ που χρῆται ὁ μιαρὸς οὑτοσὶ
πρὸς τὰς τοῦ Βαρλαὰμ πανούργους διαβολὰς κατὰ Πλάτωνος αἰσχρᾷ
μᾶλλον ἢ ἰσχυρᾷ, τὴν αὐτοῦ φύσιν ταῖς ἀσελγέσι λοιδορίαις ἐμφανῶς [7] προσδηλώσας. Ἀλλὰ περὶ τούτων ἤδη ἅλις · ἐγὼ γὰρ μετὰ
τὸ λαβεῖν με ἅπερ ἔγραψα τῷ ἡμετέρῳ δεσπότῃ, ποιήσω τὸ δέον.
Ἔρρωσο [8], φίλη κεφαλή.

Μεδιολάνοθεν, τῇ πέμπτῃ πρὸ εἰδῶν δεκεμβρίου, ᾳυξθ΄.

Au moment où j'ai reçu ta lettre, je l'ai couverte de baisers ;
mais, en la lisant, j'ai fondu en larmes. Car la joie immense
que j'avais ressentie à la vue de ton écriture, la lecture du
contenu me l'a enlevée. J'ai compati à ta maladie, ou plutôt
à tes maladies, qui ont si longtemps interrompu notre commerce épistolaire habituel. Je remercie Dieu de t'avoir fait
la grâce de recouvrer la santé.

En m'engageant à m'acquitter de mon devoir, très cher
Gaza, tu agis conformément à l'amitié et au bon sens ; mais
c'est, comme dit le proverbe, inciter à courir un cheval
lydien. Je ferai le nécessaire avec courage et hardiesse, avec
d'autant plus de hardiesse que l'ouvrage en question n'est
pas de ton imbécile Chézergius [9], mais de ce misérable
Barlaam le Calabrais [10]. Durant mon séjour à Constantino-

1. οὗτινος ἐκεῖτο. 2. οἰμκία (avec le μ exponctué). 3. ἀγουσῆς. 4. κυδόνη.
5. δεινὴν τινά. 6. σοφοτάτην. 7. εμφανῶς. 8. ἔρρώσο.

9. Le personnage que Filelfe désigne ici sous le nom irrespectueux de *Chézergius* n'est autre que Georges de Trébizonde, comme cela ressort clairement
du texte de la présente lettre. Ce à quoi Gaza engageait Filelfe était sans doute
à écrire quelque chose contre Georges de Trébizonde et en faveur de Bessarion
dont le livre *In calumniatorem Platonis* venait d'être imprimé.

10. Quoiqu'en dise Filelfe, ce Barlaam est une des plus puissantes et des
plus originales figures de l'hellénisme au xivᵉ siècle. Il n'a pas encore été
l'objet d'une bonne monographie. A défaut de mieux, on ne lira pas sans plai-

ple, j'ai vu cet ouvrage chez le vieux primicier (j'ai oublié
le nom de ce fonctionnaire, mais c'est celui dont la maison
était située sur la gauche, dans la rue qui mène à la merveil-
leuse église de Sainte-Sophie). Cet homme possédait tous
les écrits calomnieux de Barlaam, ainsi qu'une savante et
habile réfutation par Démétrius Cydonis [1], dont il disait
avoir été l'élève. Les additions que ce coquin de Chézergius
a faites aux criminelles calomnies de Barlaam contre Platon sont plus injurieuses que solides, et, par les licencieuses
insolences qu'il a vomies, il a révélé sa nature au grand
jour. Mais c'en est assez sur ce sujet. Je ferai ce qu'il fau-
dra, quand j'aurai reçu ce dont j'ai écrit à Bessarion. Porte-
toi bien, tête chérie.

La lettre suivante de Filelfe à Bessarion, écrite le même jour
que la lettre à Gaza en est un excellent commentaire et, à ce
titre, nous la reproduisons d'après notre photographie du *Trivulzianus.*

*Fr. Philelfus Bessarioni, cardinali Nicæno et Constantinopolis
patriarchæ, salutem.*

Reddita mihi sunt, pater reverendissime, maledicta illa nefarria,
ne insulsissimas nugas dixerim, in nobilissimum philosophorum
principem Platonem, quæ a Barlaham Calabro, impurissimo illo
hæretico, primum effutita, cum viderentur extincta, nescio quo
infelici auspicio iterum exsererunt in flammas. Et quid requiras,
quidve iubeas, intelligo : et quid me facere oporteat, non ignoro.
Cæterum cum iis una quaternas accepi litteras, tuas binas, et eruditissimi nostri Gazæ item binas : quarum alteræ ad me et totidem
dabantur ad disertissimum virum, tuique observantissimum nominis, Lampugninum nostrum Byragum, cui æque suæ redditæ
sunt atque mihi meæ. Epistolas vero duas illas ad Mahometum
turcum nusquam vidi [2]. At ne illum quidem nosse potui qui et

---

sir le petit volume de Giannantonio Mandalari : *Fra Barlaamo Calabrese,
maestro del Petrarca* (Rome, 1888, in-8°).

1. Voir sur lui : Fabricius, *Biblioth. græca,* éd. Harlès, t. XI, pp. 398-405.

2. Les lettres que Georges de Trébizonde passait, à tort ou à raison, pour
avoir écrites à Mahomet II.

codicem calumniarum in Platonem, et quaternas illas litteras intra codicem occlusas misit ad meas ædis. Itaque tui laboris fuerit ut eas epistolas rursum excribi iubeas et ad me mittas. Quod ubi factum abs te fuerit, dabo operam ne qua in re a te officium meum desyderetur. Vale.

Ex Mediolano, v idus decembres M. CCCC. LXVIIII (1469).

87

FRANÇOIS FILELFE A JEAN-MATHIEU TROVAMALA

Milan, 12 février 1470.

Φραγκίσκος ὁ Φιλέλφος Ἰωάννῃ Ματθαίῳ [1] Τροβαμάλᾳ χαίρειν.

Εἰ καὶ οὐκ ἀγνοῶ τὰ ἐμά σοι [2] ἅπαντα διὰ μνήμης ὑπάρχειν ἀεί, τὸ ἐμὸν ὅμως εἶναι νομίσας μήτε ἀμελεῖσθαι πάμπαν φαίνεσθαι γεγονώς, μήτε παράδοξον ἐπιμελεῖσθαι περὶ τὸ καθῆκον, ταῦτά σοι ἐπέστειλα. Ὅτι μὲν οὖν [3] ἐπιθυμῶ τῶν ἀρχομένων σοι γραφῶν χάριν ἡμῶν, οἶσθα καλῶς · ἀλλὰ καὶ ἐν πολλῇ ἀσχολίᾳ σε [4] διατρίβειν, ἡμᾶς οὐ λανθάνει. Τί γοῦν ποιητέον [5]; τὸ μέσον τηρεῖν · τόδε γὰρ καὶ τῆς τελείας ἀρετῆς ἔργον. Πρὸς τούτοις δὲ Βόνος Ἀκκούρσιος ὁ κοινὸς ἡμῖν φίλος ἅπερ σοι [6] λέξει, ἐστὶν ἐμά [7]. Σὺ δὲ ταῦτα σὺν τάχει ποιήσας, πρᾶγμα παρέξεις φίλου τε [8] ἄξιον κἀμοὶ ποθεινόν. Ἔρρωσο [9].

Μεδιολάνοθεν, τῇ πρὸ φεβρουαρίου [10] εἰδῶν πρώτῃ [11], ἔτει ͵αυο [12].

Je n'ignore pas que toutes mes affaires ne te sortent jamais de la mémoire ; mais, dans la pensée qu'il ne me fallait pas paraître par trop négliger mes devoirs, ni m'en occuper d'une façon exagérée, je t'écris ces quelques lignes. Tu sais bien que je désire avoir les écrits que tu as commencés pour moi, mais je connais aussi tes nombreuses occupations. Que faut-il 'donc faire? Garder le juste milieu : car c'est ainsi qu'agit la vertu parfaite.

---

1. ματθαίω. 2. ἐμά σοι. 3. οὖν. 4. σέ. 5. ποτέον *(sic)*. 6. σοί. 7. ἐμαί. 8. τέ.
9. ἔρρωσο. 10. φεβροαρίου. 11. πρῶτη.
12. Il y a dans l'original α. υ. ν., mais cette lettre est placée parmi celles de l'année 1470.

En outre, notre commun ami Buonaccorsi te communiquera quelque chose de ma part. Si tu peux exécuter sans retard ce qu'il te dira, tu agiras en ami et me feras un sensible plaisir. Porte-toi bien.

88

FRANÇOIS FILELFE A DÉMÉTRIUS CASTRENUS

Milan, 1er juillet 1470.

Φραγκίσκος ὁ Φιλέλφος Δημητρίῳ τῷ Καστρηνῷ χαίρειν.

Εἰ μὲν ὑγιαίνεις, εὖ ἔχει, ὑγιαίνω δὲ καὶ αὐτός. Τήν τε ἐπιμέλειάν σου καὶ τὴν εὔνοιαν πρὸς ἡμᾶς, ὦ Δημήτριε, οὐκ ἀσπάζομαι μόνον, ἀλλὰ καὶ ἀτεγνῶς ἐπαινῶ · καὶ γὰρ σπουδαίου ἀνδρὸς [1] καὶ φίλου ἀρίστου τὸ καθῆκον τηρεῖς · ἑκάτερον δὲ σεμνόν. Τετράκις ἡμῖν μετὰ τὸ ἐπανελθεῖν σε ἐς Οὐρβῖνον [2] ἐπέσταλκας, πάντα κατ' ἀκρίβειαν [3] δηλώσας καὶ τὰ περὶ σοῦ [4] καὶ τὰ περὶ ἡμῶν · ἡμεῖς δὲ οὐδὲν νεώτερον ἐπιστέλλειν ἔχομέν σοι μετὰ τὸ ἀπαλλάξασθαί σε παρὰ τῶν ἐνθάδε, πλὴν ὅτι πάντα ἐν ἐλπίδι καλῇ. Καὶ γὰρ ὁ ἡμέτερος ἡγεμὼν ἐδωρήσατό [5] μοι μεγαλοπρεπῶς τὸ νῦν τὸ [6] λεγόμενον γάσδιον χαρμιστῖνον, ἤγουν σηρικὸν πορφύρεον [7], πήχυας τριάκοντα πέντε μετὰ δὲ καὶ λόγων εὐνοίας μεστῶν. Διὸ τὰ περὶ ἐμὲ ἐν προσδοκήσει μὲν πολλῇ τε καὶ καλῇ · σαφὲς δὲ μηθέν. Καὶ ταῦτα δὴ περὶ τῶν ἡμετέρων ἐνταῦθα πραγμάτων. Θαυμάζω δὲ οὐκ ὀλίγον ὅτι ὁ σὸς ἄρχων ἔτι δὲ καὶ ἐμὸς μηδαμῶς ἀπεκρίνατό [8] τι πρὸς τὰ ἡμέτερα · μᾶλλον δὲ οὐδὲ ὁ Κάμιλλος οὑτοσὶ ἀπέδωκέ μοι ἃ σὺ λέγεις τὰ ἀπὸ τοῦ ἄρχοντος γράμματα · ἀλλ' εἶπε παρὼν ἃ καὶ σὺ ἐνταῦθα ὢν πρότερον. Θαυμάζομαι τοίνυν τοσαύτην σιωπήν τε καὶ βραδύτητα [9] · αὐτὸς ἄρα οὐδ' [10] ἐν ἐλπίδι ὢν τυγχάνω περὶ τῶν αὐτόθεν · τὸ γὰρ ἀκούσοντι ἀρεστὸν ἡδέως ἅπαντες ἐπιστέλλουσι · συνήδομαι τοίνυν τῇ σῇ εὐτυχίᾳ [11], ὅτι [12] ἐν τῷ Ἀλκινόου κήπῳ μετὰ καὶ τῶν Χαρίτων τε [13] καὶ τῶν Μουσῶν ἐσαεὶ διατρίβων οὐδὲν βαρβαρωδῶς [14] ὑπομένειν ἀναγκάζῃ, ἀλλὰ καὶ χορεύεις καὶ ᾄδεις τῶν Σειρήνων τὰ μέλη, ἐν

---

1. ἀνδρός. 2. οὐ6ῖνον (sic). 3. κατὰκρίβειαν. 4. σου. 5. ἐδωρήσατο. 6. τὸν (je corrige sans hésiter, γάσδιον étant un nom neutre). 7. ἤγουν σήρικον πορφύρεον. 8. ἀπεκρίνατο. 9. 6ρὰουτητα. 10. οὐδ'. 11. εὐτυχείᾳ. 12. ὅτις. 13. τὲ. 14. βαρβαρόδες.

πάσαις τρυφαῖς τε καὶ ἡδοναῖς κατακείμενος. Ἡμεῖς δὲ τοῖς σκυθρω-
ποῖς στωϊκοῖς συντυγχάνοντες ἐπικούρειον ὃν λέγουσι βίον οὐκ οἴδαμεν. Ἔρρωσο [1] μετὰ καὶ τοῦ καλοῦ τε καὶ ἀγαθοῦ Ὀκταβιανοῦ · τὸν
δὲ ἡμέτερον ἄρχοντα κἀμοὶ [2] σύντεκνον προσκυνῶ διὰ σοῦ τοῦ
φιλτάτου.

Μεδιολάνοθεν, κατὰ τὰς ἰουλίου καλένδας, ἔτει αυό [3].

Je me porte bien et je désire que la présente te trouve
également en bonne santé. Je te remercie du soin et de la
bienveillance que tu as pour moi. Depuis ton retour à Urbin,
tu m'as écrit quatre lettres, où tu me donnes tous les détails
qui nous intéressent l'un et l'autre. Quant à moi, je n'ai rien
de nouveau à t'apprendre, sinon qu'il y a bon espoir que tout
réussisse. Le duc de Milan m'a fait cadeau de trente-cinq
aunes de soie cramoisie et il a assaisonné ce présent de
paroles aimables. Aussi, pour tout ce qui me concerne, ai-je
les meilleures espérances, sans que pourtant rien soit certain.

Je m'étonne de n'avoir reçu aucune réponse du duc d'Urbin; bien plus, Camille ne m'a pas remis les lettres de ce
prince, auxquelles tu fais allusion; mais il m'a communiqué
verbalement ce que tu m'avais déjà dit lors de ton séjour à
Milan. Ce silence et ce retard ne laissent pas que de m'intri-
guer, aussi je n'espère rien de ce côté.

Je suis heureux, toutefois, du bonheur dont tu jouis, toi
qui coules tes jours dans les jardins d'Alcinoüs, environné
des Grâces et des Muses, et répétant, au sein des délices, les
chants des Sirènes. Quant à moi, au milieu de Stoïciens mo-
roses, je suis loin de mener une vie épicurienne. Je te souhaite
bonne santé ainsi qu'à Ottaviano [4], et je te prie de saluer de
ma part le duc d'Urbin, mon prince et mon compère [5].

---

1. ἔρρωσο. 2. κἀμοι.
3. Dans l'original il y a α. υ. ρ. εζ (sic), mais cette lettre est placée parmi
celles de l'année 1470.
4. Ottaviano Ubaldini. Voir sur lui : Tiraboschi, *Storia della letteratura
italiana* (Milan, 1824, in-8°), t. IV, p. 607.
5. Traduction abrégée.

89

FRANÇOIS FILELFE AU CARDINAL BESSARION

Milan, 24 août 1471.

Φραγκίσκος ὁ Φιλέλφος Βησσαρίωνι, καρδιναλίῳ καὶ Κωνσταντινουπόλεως [1] πατριάρχῃ, χαίρειν.

Μάρκος Κούριος Δεντᾶτος τοῖς Σαμνίταις μετὰ τὴν ἧτταν ἀφικο-
μένοις πρὸς αὐτὸν, εὐνοίας προφάσει, καὶ χρυσίον διδόσιν, εἰπεῖν
φέρεται μηδὲν [2] δεῖσθαι χρυσίου τοιούτῳ χρώμενον [3] δείπνῳ (ἔτυχε
γὰρ ὁ ἀνὴρ γογγυλίδας ἔψων [4] ἐν χύτροις), καὶ ὅτι Ῥωμαίοις βέλτιόν
ἐστιν [5] ἄρχειν τῶν ἐχόντων ἢ τὸ ἔχειν χρυσίον [6]. Τὸ δὴ ὅμοιον
τούτοις [7] σχεδὸν ἔξεστί σοι [8] εἰπεῖν περὶ σαυτοῦ, ὦ πάτερ αἰδεσιμώτατε Βησσάριον καρδινάλιε, ὅτι δειπνῶν κατὰ ψυχὴν τὸν [9] δεῖπνον
Χριστοῦ, τὴν κόσμου δόξαν καταφρονεῖς, καὶ πολλῷ ἡγῇ βέλτιον τοῦ
ἀρχιερέως [10] κρατεῖν τοῦ εἶναι ἀρχιερεύς. Σὺ μὲν οὖν γενεράλιον
πρότερον, εἶτα καρδινάλιον, τὸ δὲ τελευταῖον ἄκρον ἀρχιερέα ἐποίησας
ἐκ τοῦ Φραγκίσκου μοναχοῦ Σίστον τουτονί. Χρή γοῦν ὑπακούειν
σοι τὸν εὐχάριστον ἄνδρα καὶ σοφώτατον ἐν τοῖς μάλιστα σοφοῖς.
Δέομαι τοίνυν τῆς σῆς εὐμενείας, ἵνα φροντίζῃς ἡμῶν. Τὰ γὰρ λοιπὰ
οἶδε, καὶ σιωπῶντος ἐμοῦ, ἡ σὴ ἁγιότης. Ἔρρωσο [11], θεία μοι
κεφαλή.

Μεδιολάνοθεν, τῇ θ' πρὸ καλενδῶν σεπτεμβρίου, ἔτει ἀπὸ Χριστοῦ
γεννήσεως [12] αυοδ.

Aux Samnites qui lui offraient de l'or, Marcus Curius
Dentatus répondit qu'un homme qui se contentait d'un pareil
dîner n'avait pas besoin d'or (ils l'avaient trouvé en train de
faire cuire des navets), et qu'il était préférable pour les
Romains de commander à ceux qui possédaient de l'or que

---

1. κωνσταντινοπόλεως. 2. μηδεν. 3. χρώμενος.

4. γογγιλίδας ἐψῶν. Nous ne pensons pas que Filelfe ait employé la forme
ἐψῶν, qui est ionienne. C'est pour ce motif que nous la remplaçons par la
forme commune.

5. βέλτιον ἔστι. 6. χρύσιον. 7. ὅμιον τούτοις. 8. ἔξεστι σοί. — 9. Ce masculin
est dans l'original. — 10. αρχιερέως. 11. ἔρρωσο. 12. γεννήσεως.

d'en avoir eux-mêmes. Tu peux presque dire de toi-même quelque chose d'analogue. En effet, convive du banquet spirituel du Christ, tu méprises la gloire du monde et aimes mieux commander au souverain pontife que de l'être toi-même. Car c'est toi qui, du moine François, as successivement fait un général d'ordre, un cardinal, et enfin le pape Sixte IV. Aussi faut-il que, reconnaissant et très sage parmi les plus sages, cet homme t'obéisse. Tu auras donc la bonté de t'occuper de moi. Lors même que je garde le silence, tu sais ce dont j'ai besoin. Porte-toi bien [1].

90

FRANÇOIS FILELFE AU CARDINAL BESSARION

Milan, 26 octobre 1471.

Φραγκίσκος ὁ Φιλέλφος Βησσαρίωνι, τῷ νικαεῖ καρδιναλίῳ καὶ Κωνσταντινουπόλεως [2] πατριάρχῃ, χαίρειν.

Οἶδα μὲν ἔγωγε, ὦ αἰδεσιμώτατε πάτερ, ὅτι τῶν ἀπόντων ἡ δέησις ὀλίγην ἔχει ῥοπὴν παρὰ τοῖς πολλοῖς πρὸς τὸ καταπείθειν. Αἱ γὰρ τῶν τοιούτων ἀνθρώπων ψυχαὶ τοῖς παροῦσιν ἥδονται μᾶλλον ἢ ποθοῦσι τῶν ἀπόντων. Ἀλλ' ὁ μεγαλοπρεπὴς ὢν κατ' ἀρετὴν ὑπάρχει ἀεὶ ὁ αὐτός, εὐεργεσίᾳ χρώμενος δηλονότι μεγαλοπρεπεῖ. Καὶ Ἀπόλλων αὐτὸς οὐκ ἀπὸ τοῦ ἐγγὺς [3], ἀλλ' ἄποθεν ἔλαβε τοὔνομα [4]. Σὺ τοίνυν ὥσπερ Ἀπόλλων τις [5] καταλάμπων κατά τε σοφίαν καὶ κατὰ πᾶσαν ἀρετήν, ἄγε δὴ περίβαλλέ με ταῖς φλογεραῖς [6] ἀκτῖσι τῆς λαμπροτάτης σου μεγαλοπρεπείας, καὶ ἔκβαλλέ με τῆς ἐνταῦθα κακοπαθείας. Τἆλλα [7] γὰρ οἶσθα σαφῶς καὶ σιωπώντων ἡμῶν. Ἔρρωσο [8].

Μεδιολάνοθεν, τῇ ἑβδόμῃ πρὸ νοεμβρίου καλενδῶν [9], ἔτει ͵αυοά.

Je sais, très vénérable père, que la prière des absents a peu d'action pour persuader la plupart des gens. En général, l'âme de ces personnes-là préfère jouir du présent plutôt que

---

1. Traduction abrégée.
2. κωνσταντινοπόλεως. 3. ἐγγοὺς (*sic*). 4. τοὔνομα. 5. τὶς. 6. τοῖς φλογεροῖς.
7. τἆλλα. 8. ἔρρωσο. 9. νουεμβρίου καλενδῶν.

de désirer l'absent. Mais l'homme magnifiquement vertueux
est toujours le même, c'est-à-dire magnifiquement bienfai-
sant. Apollon lui-même ne tire pas son nom d'ἐγγύς, mais
d'ἄποθεν [1]. Toi donc, comme un autre Apollon resplendissant
de sagesse et de vertu, inonde-moi des brûlants rayons de la
brillante magnificence et tire-moi de la misérable situation
où je suis ici. Quant au reste, tu le sais sans que j'aie besoin
de te le dire. Porte-toi bien.

91

FRANÇOIS FILELFE A JÉROME CASTELLI

Milan, 31 octobre 1471.

Φραγκίσκος ὁ Φιλέλφος Ἱερωνύμῳ Καστέλλῳ χαίρειν.

Ἀκούσας ἐγὼ πολλῶν διηγησαμένων τὰ περὶ σὲ πάνυ γε καλῶς
ἔχειν, ἥσθην, ὡς δεῖ, τοσοῦτον ὥστε ὑπὸ τῆς ὑπερβαλλούσης ἡδονῆς
γενέσθαι ὡς ἔνθους. Ἐφοβούμην γὰρ οὐκ ἀλόγως τὴν τύχης ἀπι-
στίαν · αὐτὴ γὰρ φθονερά [2] τὴν φύσιν ὑπάρχουσα ῥᾳδίως μεταβάλ-
λεσθαι πέφυκεν. Ἀλλ' ὡς ἔμοιγε [3] δοκεῖ, τῆς ἀρετῆς σου τὸ μέγεθος
τοσοῦτον ἐξέλαμψεν ὥστε καὶ τὴν τύχην ἐκπληξαμένην ὑπείκειν
αὐτῇ. Συγχαίρω μὲν οὖν τῇ σῇ εὐτυχίᾳ, ἧς καὶ ἀπολαύειν ἡμᾶς τοὺς
φιλτάτους χρεών. Ἔστιν ἐπὶ σοὶ τοίνυν τὰ περὶ ἐμοῦ διαπράττειν ·
τἆλλα [4] δὲ σὺ νοεῖς. Ἔρρωσο [5].

Μεδιολάνοθεν, τῇ πρὸ τῶν Ἁγίων Πάντων ἡμέρᾳ, [ἔτει ͵αυοά] [6].

Ayant appris d'un grand nombre de personnes que tu étais
dans une excellente situation, j'en ai éprouvé, comme je le
devais, une joie si excessive qu'elle ressemblait à de l'enthou-
siasme. Je craignais, en effet, non sans raison, l'inconstance
de la fortune ; car, étant jalouse de sa nature, elle varie faci-

---

1. Il est à peine besoin de faire observer que cette étymologie n'a rien de
sérieux.
2. φθονερή (que je ne crois pas devoir conserver). 3. ἔμοιγε. 4. τἆλλα. 5. ἔρρωσο.
6. Sans millésime dans l'original, mais placée parmi les lettres de l'année
1471.

lement. Mais, à ce qu'il me semble, la grandeur de ta vertu a
brillé d'un si vif éclat qu'elle a subjugué la fortune étonnée.
Je te félicite donc de ton bonheur, auquel il me faut partici-
per en ma qualité d'ami intime. Il dépend de toi maintenant
de t'occuper de ce qui me concerne. Quant au reste, tu le
comprends. Porte-toi bien [1].

92

FRANÇOIS FILELFE A THÉODORE GAZA

Milan, 31 octobre 1471.

Φραγκίσκος ὁ Φιλέλφος Θεοδώρῳ τῷ Γαζῇ χαίρειν.

Ἐπιστέλλοντός μου συνεχέστερον, ἀεὶ σεσιώπηταί σοι, ὦ Θεόδωρε φίλτατε · οὐδὲ οἶδα τὸ αἴτιον τοσαύτης σου σιωπῆς. Διὸ βουλόμενος χαρίσασθαί μοι μέγα τι [2] δῶρον, τοῦτο ποιήσεις λύσας τὴν
σιωπήν. Ἔρρωσο [3], φίλη κεφαλή.

Μεδιολάνοθεν, τῇ πρὸ τῶν Ἁγίων Πάντων ἱερᾷ ἡμέρᾳ, [ἔτει
αυοά] [4].

Je ne cesse de t'écrire, mon bien cher Théodore, et tu
t'obstines à garder un silence, dont je ne connais pas même
la cause. Si donc tu veux m'accorder une grande faveur, ce
sera de rompre ce silence. Porte-toi bien, tête chérie.

93

FRANÇOIS FILELFE A THÉODORE GAZA

Milan, 9 avril 1472.

Φραγκίσκος ὁ Φιλέλφος Θεοδώρῳ τῷ Γαζῇ χαίρειν.

Λαμπουγνῖνος ὁ Βιράγος, ἀνὴρ ἐκεῖνος καλὸς καὶ οὐκ ἄμοιρος [5] τῶν
μουσῶν, τῇ παρελθούσῃ νυκτὶ ἀπέδωκε τῇ φύσει τὸ χρέος. Οὐκ

---

1. Voir les lettres 59 et 84 de la présente Collection.
2. τι 3. ἔρρωσο.
4. Sans millésime dans l'original, mais placée parmi les lettres de l'année 1471.
5. ἄμειρος.

11

ἀγνοῶ δὲ ὅτι ἀναγγέλλω σοι πρᾶγμα λυπηρόν · ἀνάγκη γὰρ λύπην σοι [1] παρασχεῖν τοῦ φιλτάτου ἀνδρὸς θάνατον. Ἐφίλει δὲ κἀκεῖνος τὰ περὶ σὲ ὡς χρεὼν θαυμασίως · πλὴν πάνθ' ὁ μέγας χρόνος μαραίνει τε [2] καὶ φλέγει, κατὰ Σοφοκλέα [3]. Δεῖ γοῦν μετρίως φέρειν τὸ εἰμαρμένον. Πάνυ γέρων ἤδη ἐκεῖνος ἦν καὶ τὸ σῶμα ἀσθενής, ὥστε καὶ ἤδη μονόφθαλμον γεγονέναι. Καὶ περὶ τούτων ἅλις.

Ἐπέστειλα τῷ μεγίστῳ ἀρχιερεῖ μέχρι ταύτης τῆς ἡμέρας οὐχ ἅπαξ, ἀλλὰ καὶ τρὶς, πρὸς ἐκεῖνα παρακαλέσας αὐτὸν ἅπερ σοί τε καὶ τοῖς σοφοῖς ἅπασι καὶ λογίοις ἀνδράσιν συνοίσειν ἐνόμιζον. Ἐν πάνυ γε καλῇ κεῖται διαθέσει ὁ πατὴρ ἀγαθὸς [4], κατὰ τὸν αὐτοῦ λόγον. Τὰ δὲ λοιπὰ ἀποδείξει τὸ ἀκόλουθον. Ἔρρωτο [5].

Μεδιολάνοθεν, τῇ πέμπτῃ πρὸ ἀπριλίου εἰδῶν ἡμέρᾳ, ἔτει ἀπὸ τῆς Χριστοῦ γεννήσεως ͵αυοβʹ.

Lampugnino Birago, cet homme de bien qui cultivait les Muses, a payé, la nuit passée, sa dette à la nature. Je n'ignore pas que je t'annonce une nouvelle attristante; car la mort d'un ami ne peut pas ne pas t'affliger. Il avait pour toi, comme il le devait, une affection étonnante. Mais, pour parler avec Sophocle, le temps flétrit et consume toutes choses. Il faut donc supporter avec résignation les coups du sort. Birago était très vieux, et malade au point qu'il en avait perdu un œil. Assez sur ce sujet.

Jusqu'à ce jour, j'ai écrit au souverain pontife, non pas une fois, mais trois fois, pour l'engager à faire ce que je croyais être de ton intérêt et de celui de tous les autres savants. Ce bon père est dans d'excellentes dispositions à cet égard, suivant ce qu'il déclare. Quant au reste, la suite le fera voir. Porte-toi bien.

1. σοί. 2. τε.
3. Sophocle, *Ajax*, vers 714.
4. πατὴρ ἀγαθός. 5. ἔρρωσο.

94

FRANÇOIS FILELFE A THÉODORE GAZA

Milan, 1er juillet 1472.

Φραγκίσκος ὁ Φιλέλφος Θεοδώρῳ τῷ Γαζῇ χαίρειν.

Ἡ παρὰ σοῦ πρὸς ἡμᾶς ἐπιστολὴ χρησαμένη, ὡς δοκεῖ, τῆς χελώνης τῇ βάσει ἀπεδόθη μοι τὸ τελευταῖον [1]. Ἀραμένη γὰρ ἐκ τῆς
Ῥώμης τῇ τρίτῃ πρὸ τῶν ἰουνίου νωνῶν ἡμέρᾳ, μόλις δήποτε ἀφίκετο ἐς Μεδιόλανον κατὰ τὰς ἰουλίου καλένδας. Πλὴν δὲ καὶ καλλίστη
ἦν, τῆς τε λογιότητός σου καὶ σοφίας πάνυ γε ἀξία · τούτου δὲ χάριν
κἀμοὶ ἡδεῖα ἐν τοῖς μάλιστα ποθεινοῖς. Ὅσα μὲν ἐπέστειλας, ἀσμένως [2] ἠκούσαμεν · ἐν πρώτοις δὲ τὰ περὶ τοῦ γάμου τῆς βασιλικῆς
θυγατρὸς τοῦ δεσπότου [3] ἐκείνου λαμπροτάτου Θωμᾶ τοῦ Παλαιολό-
γου. Ἐπιθυμῶ δὲ μαθεῖν πῶς διάκεινται περὶ τὰς ἀρετὰς οἱ νεανίσκοι
δύω δεσποτικοί, καὶ μάλιστα περὶ μεγαλοψυχίαν.

Πρὸς τούτοις βούλομαι καὶ τοῦτο ἀκοῦσαί [4] σου. Γράφεις γὰρ ἀεὶ
οὐ τοῦρκος, ἀλλὰ τύρκος · ποίῳ δὴ χρησάμενος λόγῳ ἐν ταύτῃ
τῇ λέξει; Εὑρίσκω γὰρ ἀεὶ παρὰ τοῖς ὑμετέροις οὐ τύρκος, ἀλλὰ
τοῦρκος · τοῦτο δὲ καὶ παρὰ τῷ λεγομένῳ Σουΐδᾳ [5] ἔξεστιν ἰδεῖν
σοι βουλομένῳ, ἐν οἷς γράφει βόκαμος, τοῦρκος. Ἀποδοὺς τοίνυν
τῆς γραφῆς σου τὸν λόγον, πρᾶγμα ἡμῖν ποιήσεις ἡδύ · ἥδιστον
γάρ ἐστιν ἐλεύθερον γεγονέναι [6] ἀγνοίας. Ἔρρωσο, φίλτατε.

Μεδιολάνοθεν, κατὰ τὰς ἰουλίου καλένδας, [ἔτει αυοϛ'] [8].

J'ai enfin reçu la lettre que tu m'as écrite; mais elle a, ce
me semble, imité la marche de la tortue; car, partie de Rome
le 3 juin, elle ne m'est guère arrivée à Milan que le 1er juillet [9]. Seulement, elle était superbe, tout à fait digne de ton
savoir et de ta sagesse : aussi m'a-t-elle causé le plus doux

1. τέλευτεόν (*sic*). 2. ἀσμενως. 3. δεσσπότου (*sic*). 4. ἀκοῦσαι. 5. σουΐδᾳ. 6. γεγω-
νέναι. 7. ἔρρώσο.

8. Sans millésime dans l'original, mais placée parmi les lettres de l'année 1472.

9. Cette lettre de Gaza paraît irrévocablement perdue. Du moins n'en a-t-on
pas, jusqu'à ce jour, signalé l'existence. Cette perte est d'autant plus regret-
table que Gaza devait y donner des détails sur le mariage de la fille du despote Thomas Paléologue.

plaisir. J'ai été très satisfait d'apprendre les nouvelles que tu me transmets : en première ligne celle du mariage de l'impériale fille de l'illustrissime despote Thomas Paléologue [1]. Je désire apprendre comment les deux jeunes fils de ce prince [2] pratiquent la vertu, et surtout la magnanimité [3].

Je te prie, en outre, de me renseigner sur ce qui suit : tu écris toujours τύρκος et non τοῦρκος. Pour quel motif orthographies-tu ainsi ce mot ? Car je trouve invariablement chez les écrivains de ta nation non pas τύρκος, mais τοῦρκος. Tu peux le constater, si tu le veux, notamment dans le *Lexique* de Suidas, où on lit : βόκαμος, τοῦρκος. En me donnant la raison de ton orthographe, tu me feras un doux plaisir, car il n'est rien de plus doux que d'être affranchi de l'ignorance. Porte-toi bien, très cher ami.

95

FRANÇOIS FILELFE A DOMIZIO CALDERINI [4]

Milan, 1er juin 1473.

Φραγκίσκος ὁ Φιλέλφος Δομιτίῳ τῷ Καλδαρίνῳ χαίρειν.

Λόγος ἐστὶ καὶ πάνυ γε παλαιὸς τοὺς περὶ τὴν ῥωμαϊκὴν αὐλὴν

---

1. Zoé, plus connue sous le nom de Sophie. Sa mère s'appelait Catherine et était fille de Martin Asan Zaccaria Centurione, despote d'Épire. Le mariage par procuration de Sophie Paléologue avec le tsar Ivan III eut lieu le 1er juin 1472, dans la basilique Vaticane, au milieu d'une assistance nombreuse et distinguée, où l'on remarquait Catherine, reine de Bosnie, et Clarisse Orsini, femme de Laurent de Médicis. Il faut consulter sur cette question la consciencieuse et savante étude du R. P. Pierling, S. J. : *Le mariage d'un tsar au Vatican, Ivan III et Zoé Paléologue*, Paris, Palmé, 1887, in-8°, de 48 pages (extrait de la *Revue des Questions historiques*, 1887). Une seconde édition de ce livre vient de paraître chez l'éditeur Leroux, dans le format petit in-18, et fait partie de la *Bibliothèque slave elzévirienne*.

2. André, né en 1453, et Manuel, né en 1455.

3. Sur l'éducation à Rome des enfants de Thomas Paléologue, nous ne connaissons qu'une seule et unique source de renseignements, c'est une lettre, ou plutôt un programme d'études rédigé par Bessarion et qui nous a été conservé par Georges Phrantzès. Voy. sa *Chronique* dans Migne, *Patrologie grecque*, t. CLI, col. 991 à 998.

4. Né à Torri, sur le lac de Garde, Domizio Calderini fut un des philologues les plus célèbres et les plus laborieux du xve siècle. Il enseigna à Rome

διατρίβοντας οὐ ῥᾳδίως ἀληθεύειν. Ὅτι δὲ οὐ ψεύδεται ἡ παροιμία, οἶδα κἀγωγε μάλα σφόδρα σαφῶς · οὐδὲν γὰρ βέβαιον παρ' ὑμῶν πλὴν τοῦ λαβεῖν χρήματα. Διὸ καὶ θαύματα πολλά. Ἀλλ' εἰπέ μοι, ὦ βέλτιστε, ἂν δύνασαι κἂν σὺ ἀλήθειαν ἤδη φρονεῖν, πῶς ἔχει τὰ περὶ σέ; Πένη ἔτι καὶ νῦν ἐν τοσούτοις ὢν κέρδεσιν; ἢ ταῦτα πάντως ἀλλότρια, σοὶ δὲ κάματος μόνος καὶ μόχθος; Εἰ τοιοῦτόν [1] τι πάσχεις, ἔξεστι καὶ σαυτῷ καθ' ἡμᾶς εἰπεῖν ·

φεῦγε σὺ, ὦ ἀρετή · φεῦγε σύ, Φοῖβε πάτερ.

Γράψον τοίνυν ἡμῖν πῶς ἔχει τὰ περὶ σὲ ἅπαντα [2] κατ' ἀκρίβειαν. Λέγουσι γὰρ ὀστρακισμὸν [3] γεγονέναι τῶν Μουσῶν [4]. Πρὸς τούτοις μαθεῖν ἐπιθυμῶ τὰ τοῦ ἡμετέρου καλοῦ τε καὶ ἀγαθοῦ [5] Γαζῆ. Διάγει ἔτι καὶ νῦν ἐν Ῥώμῃ ὁ κορυφαῖος τῆς ἑλληνικῆς παιδείας, καὶ πῶς ὢν διάγει; Ἔρρωσο [6].

Μεδιολάνοθεν, ταῖς ἰουνίου καλένδαις, ἔτει ͵αυογ΄.

Suivant un proverbe fort ancien, les gens de la cour de Rome [7] ne disent pas aisément la vérité. Ce proverbe ne ment pas, je le sais d'une façon très positive. Car il n'y a rien de certain chez vous autres, sauf quand il s'agit de recevoir de l'argent. Aussi les sujets d'étonnement sont-ils nombreux.

Dis-moi donc, mon cher, si tant est que tu puisses encore concevoir la vérité, dans quelle situation te trouves-tu? Es-tu toujours pauvre au milieu de tant de gains? Ou bien ces gains vont-ils à d'autres personnes, et n'as-tu pour ta part que le travail et la peine? Si telle est ta position, il t'est permis de dire avec nous :

Aufuge tu, virtus; aufuge, Phœbe pater.

Écris-moi donc une lettre pleine de détails précis sur tout ce qui te concerne. Car on dit que les Muses ont été frappées

sous Paul II et Sixte IV. Il mourut de la peste, en 1478, à l'âge de trente-deux ans. Voy. Tiraboschi, *Storia della letteratura italiana* (Milan, 1824, in-8°), t. VI, pp. 1630-1632.

1. τοιοῦτον. 2. απαντα. 3. ὀστρακισὸν (*sic*). 4. μοσῶν (*sic*). 5. ἀγαθου. 6. ἔρρωσο.
7. Calderini était secrétaire apostolique.

d'ostracisme. Je désire, en outre, avoir des nouvelles de notre
excellent ami Gaza. Ce coryphée de la science hellénique
habite-t-il encore actuellement à Rome, et dans quelles conditions? Porte-toi bien.

96

FRANÇOIS FILELFE A DOMIZIO CALDERINI

Milan, 24 juillet 1473.

Φραγκίσκος ὁ Φιλέλφος Δομιτίῳ Καλδαρίνῳ χαίρειν.

Τὰ γεγονότα παρ' ὑμῖν [1] ἄρτι συμπόσια μεγάλα τε [2] πάνυ καὶ
θαυμαστὰ καὶ τὰς παντοδαπὰς παιδιὰς καὶ τοὺς κώμους τοσούτους,
ἅττα γε χρεὼν ἦν, διὰ τῶν σῶν εὐθὺς δι' ἐμπόρων δὴ γραμμάτων
ἐμάθομεν · ὦ Ζεῦ καὶ θεοί, τοσαύτας μεγαλοπρεπεῖς δαπάνας γεγονέναι ἐν σιωπῇ. Ποῦ τὰ παρὰ σοῦ ἔπη; ποῦ οἱ ἀνθηρότατοι λόγοι;
ποῦ αἱ ᾠδαὶ μουσικώταται; ποῦ ἡ πάντῃ καὶ πάντως δωρεά, ἧς γε
τὸ κλέος οὐρανὸν ἥκει; Ταῦτα γὰρ καθῆκον ἦν ἢ δι' ἀσμάτων καὶ
μελῶν ποιητικῶν ἢ καταλογάδην [3] ἀποδεῖξαι ὑμᾶς τοῖς μεταγενεστέροις · ἀλλ' ὑμεῖς ἀχάριστοι ὄντες τοσούτων εὐεργεσιῶν, οὐ φροντί-
ζετε τῶν ἀλλοτρίων ἐπαίνων καὶ δόξης αἰωνίας ἀγνοοῦντες τὰ περὶ
ὑμᾶς [4]. Οὐ [5] γὰρ [6] μικρόν τι νομιστέον τοσοῦτον πλῆθος χρημάτων
μεγαλοπρεπείας χάριν παρασχεῖν τοῖς πολλοῖς · μακάριοι τοίνυν
ὑμεῖς ἐστε [7] ἐν τοσαύτῃ διατρίβοντες εὐημερίᾳ, ἣν ἀΐδιον ὑμῖν εὔχομαι διαμενεῖν. Τὰ δὲ περὶ ἐμοῦ οἶσθα σύμπαντα · φιλόσοφον γὰρ βίον
διάγω ἑκὼν, μηδεμιᾷ ἔνοχος ὢν τύχης μοχθηρίᾳ. Εἶεν. Διάκειμαι [8]
δὴ ἐν ἐφέσει παμμεγίστῃ τοῦ τὸν Ἀπολλόδωρον ἰδεῖν τε καὶ κτᾶσθαι ·
τοῦτον δὲ εἶναί [9] σοι ἔλεγες. Σπούδασον οὖν γενέσθαι κἀμοὶ διὰ μισθοῦ ἡμετέρου. Ἔρρωσο [10].

Μεδιολάνοθεν, τῇ ἐννάτῃ ἡμέρᾳ πρὸ αὐγούστου καλενδῶν ἔτει
αυογ'.

J'ai appris par ta lettre les splendides festins, les jeux et

---

1. παρὑμῖν. 2. τὲ. 3. καταλογάδὴν. 4. περὑμᾶς (sic). 5. οὔ.
6. Ce mot semble dépourvu d'accent.
7. ἐστὲ. 8. διάκρειμαι, avec le ρ exponctué. 9. εἶναι. 10. ἔρρώσο.

divertissements de toutes sortes dont Rome a été dernièrement le théâtre. Je regrette que tu aies laissé passer sans les
célébrer de pareilles somptuosités. Que sont donc devenus tes
vers, ta prose fleurie, tes odes harmonieuses, tous ces talents
variés dont la gloire monte jusqu'au ciel? C'était ton devoir
de transmettre à la postérité soit en vers, soit en prose, les
faits dont tu as été témoin. Mais, sans reconnaissance pour
tant de bienfaits, ignorant ce qui vous entoure, vous n'avez
aucun souci des éloges et de la gloire éternelle. Car ce n'est
pas peu de chose que cette grosse somme d'argent distribuée
à la multitude à titre de libéralité. Vous êtes bien heureux,
vous autres, de vivre au milieu d'une telle prospérité. Je souhaite qu'elle puisse durer toujours.

Tu connais toutes mes affaires. Je vis en philosophe, me
tenant à l'abri des coups du sort.

J'ai le plus grand désir d'avoir Apollodore. Tu disais posséder cet auteur. Je te prie de me le faire copier à mes frais.
Porte-toi bien [1].

97

FRANÇOIS FILELFE A MARSILE FICIN

Milan, 30 octobre 1473.

Φραγκίσκος ὁ Φιλέλφος Μαρσιλίῳ Φικίνῳ χαίρειν.

Ἔδειξεν ἤδη ἡμῖν ἡ παρὰ σοῦ ἐπιστολή, εἰ καὶ βραχεῖα ὑπάρχουσα, ὦ Μαρσίλιε φίλτατε, καὶ λόγιόν σε καὶ φιλάνθρωπον ὄντα,
ἔτι δὲ καὶ ἡμῶν ἐραστήν · ὧν [2] χάριν αὐτὸς καὶ ἀσπάζομαί σου τὴν
φιλοφροσύνην [3], καὶ τὸ καλὸν τῆς τε φύσεως καὶ τῆς φιλοπονίας πάνυ
μὲν ἐπαινῶ [4] · θαυμάζω δὲ μηθέν, εἰ, παρὰ τῷ ἡμετέρῳ καλῷ τε [5]
καὶ ἀγαθῷ [6] Λαυρεντίῳ διάγων, ἅμα καὶ σὺ ὡς χρὴ λέγεις τε [7] καὶ
νοεῖς.

Τὰ δὲ περὶ ἰδεῶν ἡμῖν ἄρτι γεγραμμένα δοκεῖν ὑμῖν οὐκ ὄντα τῆς

---

1. Traduction abrégée.
2. ὧν. 3. φιλοσοφοφροσύνην, la syllabe φο est exponctuée. 4. ἀπαινῶ. 5. τὲ.
6. αγαθῷ. 7. τὲ.

πλατωνικῆς ἀληθείας ἀλλότρια ἀσμένως [1] ἤκουσα. Οὐ μὴν ἀλλὰ οἱ
πολλοὶ μὲν ἀμαθεῖς [2] ὑπάρχοντες, διὸ καὶ τἀληθὲς [3] ἀγνοοῦντες, ἐν
σκότει διάκεινται · ἄλλοι δὲ ὄντες φθονεροί, διὸ καὶ ἄξιοι τιμωρίας,
ὡς μοχθηροὶ καὶ θηριώδεις τὰ ἤθη, εἰ καὶ τἀκριβὲς ἴσασιν, ἀλλ'
ὅμως, διὰ τῆς ψυχῆς τὸ ἕλκος, ὁδὸν ἑκόντες βαδίζουσι τῶν τυφλῶν.
Ἀλλ' ὁ [4] ἐμὸς Λαυρέντιος, ἔτι δὲ καὶ σὺ τοιοῦτος ὤν, τὸ ψεῦδος
μισοῦντες διανοεῖτε εὖ τε καὶ καλῶς · ὅπερ δὴ ἔγωγε συνήδομαι ὑμῖν,
παρακαλῶν [5] καὶ σαυτὸν μηθὲν προὔργου [6] μᾶλλον νομίζειν ἀσκη-
τέον ἢ τὴν περὶ τὸ ἀληθὲς ζήτησιν. Τοῦτο γὰρ ἐν τοῖς μάλιστα θεῖον.
Ἔρρωσο [7], φιλτάτη μοι κεφαλή.

Μεδιολάνοθεν, τῇ πρὸ νοεμβρίου καλενδῶν τρίτῃ, ἔτει ἀπὸ γεννήσεως Χριστοῦ αυογ΄.

Mon très cher Marsile, la lettre que tu m'as écrite m'a déjà
fait connaître, malgré sa brièveté, ton savoir, ta bonté, et
aussi ta vive affection pour moi. Pour cette raison, je te sais
gré de tes sentiments amicaux, et j'applaudis sans réserves
à ton excellente nature et à ton amour du travail. Je ne
m'étonne, d'ailleurs, nullement que, vivant dans la société de
notre bon et vertueux Laurent de Médicis, tu saches toi aussi
parler et penser comme il convient.

J'ai été heureux d'apprendre que ce que j'ai récemment
écrit sur les Idées ne vous a pas paru étranger à la vérité
platonicienne. Cependant, la multitude, qui est privée d'instruction et ignore par conséquent la vérité, croupit dans les
ténèbres ; d'autres au contraire, gens envieux et méritant pour
cela même d'être châtiés, comme ayant des mœurs perverses
et brutales, d'autres, dis-je, bien qu'ils connaissent la vérité,
n'en suivent pas moins, de propos délibéré, la route des aveu-
gles, et cela à cause de l'ulcère qui leur ronge le cœur. Mais
mon Laurent et toi, vous détestez le mensonge, et vous
n'avez que de bonnes et saines pensées. Je vous en félicite,
et je te prie de croire qu'il n'est rien de plus utile que de

---

1. ἀκυμένως (sic). 2. αμαθεῖς. 3. τἀληθες. 4. ἀλλό. 5. παρα λῶν (sic). 6. προὔργου
(sic). 7. ἔρρωσο.

se livrer à la recherche de la vérité. C'est là un exercice éminemment divin. Porte-toi bien, mon très cher ami.

98

FRANÇOIS FILELFE A DÉMÉTRIUS SGOUROPOULOS

Milan, 9 novembre 1473.

Φραγκίσκος ὁ Φιλέλφος Δημητρίῳ τῷ Σγουροπούλῳ χαίρειν.

Ἐπανῆλθες ἤδη ποτὲ, ὦ ἐμοὶ ἐν τοῖς μάλιστα φίλοις φίλτατε, Δημήτριε ὦ Σγουρόπουλε, ἀπὸ τῶν ἀσεβεστάτων βαρβάρων [1] εἰς τὴν γνησίαν σου καὶ προσφιλῆ, ὡς λόγον εἰπεῖν, πατρίδα. Ἡ γὰρ Ἑλλὰς ποτε πάμπαν ἐβαρβαρώθη, χρησαμένη δὴ χρόνους τοσούτους Τούρκων γένει τῷ βαρβαρωτάτῳ καὶ τῶν θνητῶν ἁπάντων μοχθηροτάτῳ. Συγχαίρω τοίνυν οὐ σοι [2] μόνῳ, ἀλλὰ καὶ ἡμῖν αὐτοῖς τὴν ἐπαναστροφήν σου · ἀλλὰ καὶ τοσοῦτον [3] μᾶλλον συνίδομαι ἀμφοῖν ὅτι ἐλεύθερος ἤδη γενόμενος χρήσῃ εὖ καὶ κατὰ τὸν ὀρθὸν λόγον τῇ τύχῃ. Περὶ δὲ φθόνου τὸ κατηγορούμενόν σοι θαυμάζω μηθέν · καὶ γὰρ οὑτοσὶ ἕρπει ἀεὶ κατὰ τῆς ἀρετῆς. Σημεῖον ἄρα ἐστὶ τῆς σῆς καλοκαγαθίας τὸ φθονεῖσθαι · οὐκ οἶσθα δὲ τὴν δόξαν τοσοῦτον τῇ φύσει γίγνεσθαι λαμπροτέραν, ὅσον ὁ φθόνος μείζων ἐστίν; Ἀλλὰ πρέπει σοι οὐ παραδοῦναι τὰ νῶτα τοῖς φθονεροῖς · μᾶλλον δὲ χρὴ ἀντιμάχεσθαι θαρραλέως [4] · ἐὰν [5] γὰρ τῶν τοιούτων καταφρονήσῃς καὶ προσίῃς θαρρῶν [6], ῥᾳδίως κρατήσῃς αὐτοὺς καταβαλών, τοῖς κυσὶ παρομοίως · οὗτοι μὲν γὰρ ἐπιδιώκοντες [7] τοὺς φεύγοντας δάκνουσί τε αὐτοὺς καὶ διασπῶσι καταβοῶντες [8] · οἱ αὐτοὶ δὲ αὐτοὺς ἐναντιουμένους [9] καὶ ἐπιόντας εὐθέως φοβοῦνταί τε [10] καὶ ἀναχωροῦσιν. Ἦ ἀγνοεῖς ὅτι Διογένην ἐκεῖνον τὸν σοφὸν οἱ χαρίεντες ἐπῄνουν τε [11] καὶ ἐθαύμαζον, ἀλλ' οἱ πολλοὶ κατεφρόνουν αὐτοῦ καὶ μαίνεσθαι ἔφασαν; Πρὸς τούτοις δὲ βούλομαί [12] σε μεμνῆσθαι [13] τῶν ἐπῶν τοῦ Θεοκρίτου ἐκείνων, οἷς ὁ φρόνιμος ποιητὴς παρακαλεῖ ἡμᾶς πρὸς [14] τὸ εὖ ἐλπίζειν ·

---

1. βαρϐϐάρων (sic). 2. οὐ σοὶ. 3. τὸ τοῦτον. 4. θάρραλέως. 5. ἐλν (sic). 6. θάρρῶν. 7. ἐπιδιόκοντες. 8. καταϐόντες (sic). 9. ἀναντιουμένους. 10. φοβοῦνται τὲ. 11. χαρίεντες (sic) ἐπαίνουν τε. 12. βουλομαί (sic). 13. μέμνησθαι. 14. ἡμᾶς πρὸ.

Θαρσεῖν [1] χρή, φίλε Βάττε · τάχ᾽ αὔριον ἔσσετ᾽ ἄμεινον ·
ἐλπίδες ἐν ζωοῖσιν, ἀνέλπιστοι δὲ θανόντες,
χὠ [2] Ζεὺς ἄλλοκα μὲν πέλει αἴθριος, ἄλλοκα δ᾽ ὕει.

Εἶεν. Ἀσμένως ἂν μαθεῖν ἐβουλόμην τὴν σου διάνοιάν τε καὶ βουλήν,
τί τε βούλει ποιεῖν καὶ πότε καὶ ποῦ. Οἶδα γὰρ καὶ συνετόν σε καὶ
τὰ πάντα φρόνιμον ὄντα · πρὸς τούτοις αὖ, ἂν ἔχῃς τι [3] νεώτερον περὶ
τῶν τῆς ἀνατολῆς πραγμάτων, γράψον ἡμῖν · καὶ γὰρ ἐνταῦθα ἄλλα
τε [4] καὶ ἄλλα ἀκούεται περὶ τῶν ἐκεῖ [5] πολέμων τε [6] καὶ μαχῶν.
Ἔρρωσο [7].

Μεδιολάνοθεν, τῇ πέμπτῃ πρὸ τῶν νοεμβρίου εἰδῶν, ἔτει αυογ´.

O Démétrius Sgouropoulos, ô toi qui m'es si cher parmi
mes meilleurs amis, te voilà donc enfin revenu de chez les
plus impies des barbares dans ta vraie (pour ainsi dire) et
bien aimée patrie. Car la Grèce est devenue tout à fait barbare, asservie qu'elle est depuis tant d'années à la race tur-
que, la plus barbare et la plus misérable qu'il y ait sur terre.
Je te félicite donc et je me félicite moi-même de ton retour.
Je me réjouis d'autant plus pour nous deux que, devenu
libre, tu pourras user de la fortune selon la droite raison. Ce
que tu me dis au sujet de l'envie ne m'étonne nullement. Ne
rampe-t-elle pas toujours vers la vertu? C'est donc un signe
de ton honnêteté que tu sois un objet d'envie. Ne sais-tu pas
que, par sa nature, la gloire acquiert d'autant plus de lustre
qu'elle a été plus enviée. Il ne faut donc pas tourner le dos
aux envieux, mais leur tenir tête hardiment. Car si tu les
méprises et si tu marches sur eux avec courage, tu en viendras aisément à bout en les abattant. Les chiens pratiquent
ainsi. Car ces animaux poursuivent les personnes qui fuient,
les mordent et les déchirent en hurlant; tandis que celles
qui leur résistent, ils en ont peur et battent en retraite. Igno-
res-tu donc que les gens d'esprit louaient et admiraient le
fameux philosophe Diogène, tandis que la multitude le mépri-

---

1. Θαρσῆν. 2. χ᾽ ώ. 3. ἔχεις. 4. ἀλλὰ τὲ. 5. ἐκει. 6. τὲ. 7. ἔρρώσο.

sait et le traitait de fou. Je veux, en outre, que tu te rappel-
les ces vers de Théocrite, dans lesquels ce sage poète nous
invite à avoir bon espoir :

> Fidere, Batte, decet; melius cras forsan habebit;
> sperandum est vivis, non est spes ulla sepultis;
> nunc pluit, et clarus nunc Iuppiter æthere surgit [1].

J'apprendrais avec plaisir quels sont tes projets et tes
intentions, ce que tu veux faire, quand et où. Car je sais
que tu es un homme sensé et prudent en toutes choses. Si tu
connais quelque nouvelle concernant les affaires d'Orient,
écris-la moi. Car sur les guerres et batailles dont ces contrées
seraient le théâtre, il circule ici toutes sortes de bruits.
Porte-toi bien.

Nous sommes assez pauvres en renseignements biographiques
sur le compte de Démétrius Sgouropoulos. La plus ancienne
mention que nous trouvions de lui remonte au 3 janvier 1443.
C'est à cette date qu'il finit de copier, à Florence, pour le
compte de Bessarion, le manuscrit, qui est actuellement le codex
Marcianus 274 et qui contient plusieurs ouvrages de Théophraste [2].

L'année suivante, il copia pour Filelfe, à Milan, la *Grande Morale*
d'Aristote, qui est aujourd'hui le *Laurentianus 13* du pluteus 81,
à la fin duquel on lit cette souscription :

> Ἦθεσ' Ἀριστοτέλους μεγαλοῖς καλοῦ τ' ἀγαθοῦ τε
> τοῦδε μέχρι πέρασιν βάλλων Δημήτριος ἦλθεν
> Σγουρόπολος, γράψας Φραγκίσκῳ ταῦτα Φιλέλφῳ.

Ἐγράφη ἐν Μεδιολάνῳ ἀπὸ τῆς τοῦ κυρίου ἡμῶν Ἰησοῦ Χριστοῦ γενέσεως
ἔτει ͵αυμδ', τῇ α ἰουλλίου [3].

On trouve, à la suite de cet ouvrage d'Aristote, dans ce même

---

1. Filelfe qui a cité ces vers de Théocrite (*Idyll.*, IV, 41-43) dans sa lettre
latine à Pierre Perleone du 4 des nones d'octobre 1450, les y fait suivre de la
traduction latine ici reproduite.

2. Voy. Zanetti, *Græca divi Marci bibliotheca* (Venise, 1740, in-f°), p. 134.

3. Bandini, *Catalog. codd. græcorum biblioth. Laurentianæ*, t. III, col. 227.

volume, le Περὶ ἑρμηνείας de Démétrius de Phalère, copié également par Sgouropoulos pour Filelfe, comme l'indique ce colophon :

> Σὺ φράσιν ἐκ τέχνης, Δημήτριε κόσμε Φαλήρων,
> τυγχάνεις γεγραφώς · ταύτην Δημήτριος ἄλλος
> Σγουρόπολος γέγραφεν Φραγκίσκῳ χειρὶ Φιλέλφῳ [1].

En 1445, Sgouropoulos copie pour Filelfe le manuscrit qui est aujourd'hui le n° 26 du fonds Scaliger à la bibliothèque universitaire de Leyde. Le premier feuillet de ce manuscrit est orné de deux écus de Filelfe, entre lesquels sont peintes dans deux couronnes les initiales : FR. Φ. Au dernier feuillet, on lit, en minuscule rouge, la souscription :

> Τὰς δὲ Ἀριστοτέλους Φραγκίσκῳ γράψε Φιλέλφῳ
> χειρὶ πολιτείας καλῆ Δημήτριος αὐτὸς
> Σγουρόπολος γράψας πρότερον δὴ ἄλλοτε ἄλλα.

Ἐγράφη ἐν Μεδιολάνῳ τῷ σοφωτάτῳ ἀνδρὶ κυρίῳ Φραγκίσκῳ τῷ Φιλέλφῳ, ἀπὸ τῆς τοῦ κυρίου ἡμῶν Ἰῦ Χῦ γεννέσεως ἔτει αυμέ, τῇ μαρτίου κδ' [2].

Cette même année, il copia encore pour Filelfe la *Géographie* de Ptolémée [3], à la fin de laquelle on lit ce colophon : Τέλος τῆς γεωγραφικῆς Πτολεμαίου · ἐγράφη δὲ χειρὶ Δημητρίου 1445, μηνὶ μαίῳ ιθ' · ἤδη τέλος πέφυκεν ἡ βίβλος αὕτη [4].

En 1451, Sgouropoulos quitte Milan pour se rendre à Rome, et Filelfe le recommande à André Alamanni par la singulière lettre suivante :

Franciscus Philelfus Andreæ Alamanno salutem.

Demetrius Sguropulus, istac iter facturus in urbem Romam, petiit a me ut se tibi per litteras commendarem. Quod mihi tam facile est quam quod facillimum ; modo intelligas eum esse Demetrium, qui cum gravitate ac vero nihil habuerit commune unquam. Ex librario non inepto, quantum ad formam litterarum attinet,

---

1. Cet ouvrage forme avec le précédent un membranaceus in-4° de 205 feuillets.
2. Henri Omont, *Catalogue des mss. grecs des bibliothèques des Pays-Bas, avec quelques notes sur les mss. grecs de Leyde* (Leipzig, 1887, in-8°), p. 9.
3. Aujourd'hui le *Laurentianus 42* du pluteus 28. C'est un chartaceus in-4° de 147 feuillets.
4. Bandini, *Catalog. codd. græcorum bibliothecæ Laurentianæ*, t. II, col. 66.

vult videri philosophus, id quod ex ornatu capitis longioreque
pallio tibi facile fuerit iudicare. Nam neque vitæ institutis, neque
doctrina ulla philosophi quicquam sapit. Verum lingua est et
celeri et expedita et suavi, ut Græcorum nemini cedat; voce
quoque et clara et sonora. Rem omnem tenes. Ita tibi hominem
commendo ut illi adsis et tecum habites. Vale. Ex Mediolano,
idibus iuniis M. CCCC. LI.

Nous retrouvons enfin Sgouropoulos en 1473. Deux lettres de
Gaza lui sont adressées [1], dont l'une publiée par Nicolas Thésée [2]
et par Boissonade [3], qui la croyait inédite, est datée du 18 juin
1473. Sgouropoulos retourna certainement en Orient, car on
voit Janus Lascaris s'aboucher avec lui à Thessalonique [4], en
1491, au cours de la mission dont l'avait chargé Laurent de
Médicis [5].

Le même Janus Lascaris composa sur la mort de Sgouropoulos
l'épigramme suivante, qui est restée inédite et que nous empruntons au *Vaticanus gr. 1412,* f. 13 r° :

Εἰς Σγουρόπουλον τὸν Δημήτριον.

Καὶ σὺ, φίλη κεφαλή, βαιὸν σπινθῆρα λαχοῦσα
αἰπυτάτης σοφίης, λείψανον ἀδρανέος
κεῖσαι Σγουροπύλοιο κλυτὸν κάρα · οὕτινα δ' ἡμῖν
ἐκπρολιπὼν τῆς σῆς μάρτυρα φεῦ! σοφίης [6].

---

1. Elles se trouvent toutes deux dans le *Laurentianus* n° 9 du pluteus 55.
Cf. Bandini, *Catalog. codd. græcorum biblioth. Laurentianæ*, t. II, col. 287.

2. Ὁμήρου Ἰλιὰς μετὰ παλαιᾶς παραφράσεως ἐξ ἰδιοχείρου τοῦ Θεοδώρου Γαζῆ
(Florence, 1811, in-8°), t. I, pp. 22-24 de l'Introduction.

3. *Anecdota græca*, t. V, pp. 402 et suivantes.

4. Voy. le *Centralblatt für Bibliothekswesen*, tome I (Leipzig, 1884, in-8°),
p. 401.

5. Sgouropoulos a aussi copié un Galien (Voy. *Nuova Raccolta d'opuscoli,*
t. XX, p. 198) et Morelli le qualifie (*Bibliotheca manuscripta*, t. I, p. 613) de
librarius elegans quidem at non satis accuratus.

6. Cf. l'épigramme de Lascaris en l'honneur de Jean Argyropoulos, dans
notre *Bibliographie hellénique*, t. I, p. 197.

99

FRANÇOIS FILELFE A JEAN LE CARME

Milan, 11 mai 1474.

Φραγκίσκος ὁ Φιλέλφος Ἰωάννῃ τῷ καρμηλίτῃ μοναχῷ χαίρειν.

Ἀσπάζομαί σε τῆς τε ἀπὸ φύσεως δεξιότητος καὶ τῆς στοργῆς πρὸς ἡμᾶς · ποιεῖς δὲ μηθὲν ἀνάξιον τῆς ἡμετέρας περὶ σὲ διαθέσεως · καὶ γὰρ ὥσπερ ἐν κατόπτρῳ ἰδὼν τοιοῦτόν σε [1] διὰ χρόνου βραχέος ἐσόμενον, ὥστε πᾶσι τοῖς μεταγενεστέροις γενέσθαι θαυμάσιον κἀπὶ σοφίας ἑλληνικῆς, δικαίως οὐκ ἀγαπῶ μόνον, ἀλλὰ καὶ συντίθημι ἐν καλλίστῳ μέρει φιλίας · διὸ δὴ τὰ παρ' ἡμῖν ἅπαντα ἔξεστί σοι ἡγεῖσθαι κοινά. Τὴν μὲν τοίνυν [2] ἑρμηνείαν [3] ἣν ἐπεζήτεις παρ' ἐμοῦ, ἰδοὺ σὺν τούτοις τοῖς γράμμασιν ἀπέστειλά [4] σοι οὐ μόνον ἀπόνως, ἀλλὰ καὶ πάνυ γε ἀσμένως. Ἔρρωσο [5], καὶ τὸν καλὸν κἀγαθὸν Ἀλβερθῖνον [6] ἄσπασαι παρ' ἐμοῦ ὡς ἥδιστα [7].

Μεδιολάνοθεν, τῇ πρὸ εἰδῶν μαΐου πέμπτῃ, ἔτει ἀπὸ Χριστοῦ γεννήσεως ͵αυο τετάρτῳ.

Je t'aime à cause de la droiture de ton caractère et de ton affection pour moi. Tu ne fais rien qui soit indigne de la bienveillance que je te porte. En effet, ayant vu, comme dans un miroir, que, d'ici à peu de temps, tu aurais acquis une telle connaissance du grec que tu ferais l'admiration de la postérité, il est juste que non seulement je t'aime, mais encore que je te place au rang de mes meilleurs amis. C'est pourquoi tu peux considérer comme nous étant commun tout ce qui m'appartient. Je t'envoie ci-joint l'explication que tu m'as demandée et, loin de me gêner, cela me fait, au contraire, grand plaisir. Porte-toi bien, et salue affectueusement de ma part l'excellent Albertino.

1. τοιοῦτον σὲ. 2. τοίνουν, avec le second ο exponctué. 3. ἑρμηνίαν. 4. ἀπέστειλα. 5. ἔρρωσο.

6. Ainsi orthographié dans le manuscrit.

7. ὥσηδιστα (*sic*).

100

FRANÇOIS FILELFE A THÉODORE GAZA

Milan, 15 juillet 1474.

Φραγκίσκος ὁ Φιλέλφος Θεοδώρῳ τῷ Γαζῇ χαίρειν.

Ἰδοὺ δήποτε ἀφικνοῦμαι [1] φθεγξάμενός τι παρὰ σοί, ἐνοχλῶν
ἴσως τὸν σιωπῶντα δηλαδὴ [2] καὶ καθεύδοντα · ἐν πόθῳ μὲν γὰρ
ἔτυχον γεγονὼς πάνυ γε πολλῷ μαθεῖν βουλόμενος παρὰ σαυτοῦ τὰ
περὶ σοῦ ἅπαντα κατὰ τὸ ἀκριβές. Καὶ γὰρ ἤδη πολὺς παρῆλθε [3]
χρόνου ἀριθμός, ἐν ᾧ περὶ σοῦ τῶν πραγμάτων οὐδὲν πάμπαν
ἤκουσα οὐδενός, πλὴν ὅτι ζῇς · ὅπερ καὶ αὐτὸ ηὐφράνθην ἔγωγε, ὡς
εἰκός · ἀλλὰ τοῦτό [4] μοι οὐ μάλα γε διαρκές. Εἰδέναι γὰρ ἐπιθυμῶ
καὶ πῶς ἄρα ζῇς καὶ τί ποιῶν · ἆρα ὁ νῦν τὸ πλοῖον κυβερνῶν τῆς
ἐκκλησιαστικῆς πολιτείας ἐν γαλήνῃ οἰακίζει ἢ ναυάγιον προσδοκᾷ;
ἆρα ἀντὶ Σίστου τοῦ στήσοντος ἐν εἰρήνῃ τὸν κόσμον, Ξυστὸς ἐγένετο
καὶ πολεμικῶν ἀσπάζεται κυμάτων φοράς; Ποῦ Νικόλαος νῦν ἐκεῖνος
ὁ εἰρηνικός, ὁ σοφώτατος, ὁ μεγαλοπρεπέστατος, ὁ πανάριστος; Πῶς
ἔχει τοίνυν ἐν τοσαύτῃ κλυδόνων [5] ταραχῇ τὰ περὶ σέ; τὰ μὲν γὰρ
ἡμᾶς πέρι [6] διάκειται ἐν ἐλπίδι κενῇ, ἐπειδὴ [7] τὰ αὐτόθεν ἀεὶ ἀλη-
θεύει οὐδέν. Παρ' ἡμῖν δ' [8] ἀλλότρια τῶν μουσῶν [9] ἅπαντα · ἀλλὰ
τὸ τῆς ψυχῆς στάσιμον ἐν ἡμῖν ἀεὶ τὸ αὐτό. Εἶεν.

Ἄκουε νῦν, ὦ ἄριστε, εἰ καί σοι [10] δοκεῖ ὅπερ ἐμοί. Κικέρων
μέντοι ὁ ἡμέτερος ἀποδεῖξαι [11] βουλόμενος ἐν τοῖς περὶ τῶν Καθη-
κόντων γεγραμμένοις αὐτῷ τὴν σημασίαν τοῦ κατορθώματος, ἑρμη-
νεύει τοῦτο εἶναι τὸ παρ' ἡμῖν λεγόμενον ῥέκτουμ, ἤγουν ὀρθόν. Τοῦτο
δὲ τὸ τέλειον καθῆκον ὑπάρχειν ἀποφαίνεται · ἀλλ' ἐγὼ τέλειον
καθῆκον εἶναι τὸ κατόρθωμα, οὐκ ἀντιλέγω τοῖς περὶ Κικέρωνα · οὐ
μὴν ἀλλὰ τὸ κατόρθωμα [12] τὸ αὐτὸ ὑπάρχειν τῷ ὀρθῷ, ὡς ἄμουσόν
τι καὶ λῆρον ἀποδοκιμάζω. Ἐκεῖνο μὲν γὰρ τὸ κατόρθωμα λέγοιμ'
ἂν ἐγὼ ὅτι ἂν ποιησάμενοι [13] κατ' ἰδίαν γνώμην ἐπιτυγχάνομεν ·
οὕτω καὶ οἱ συγγραφεῖς, ὡς Διονύσιος ἁλικαρνασσεύς, ὀνομάζουσι τὰ

---

1. ἀφικνοῦμαι, avec ρ exponctué. 2. δηλαδὶ. 3. παρέλθη. 4. τοῦτο. 5. κλυδώνων.
6. περὶ. 7. ἐλπειδὴ. 8. δ' οὖ. 9. μοῦσων (sic). 10. καὶ σοὶ. 11. ἡμέτερος ἀποδεῖξαι.
12. Ici les mots οὐκ ἀντιλέγω τοῖς περὶ exponctués. 13. ποιησάμενοι.

Ῥωμαίων κατορθώματα, τουτέστι [1] τὰς πράξεις εὐτυχῶς αὐτοῖς
πεπραγμένας καὶ τελείως, εὖ τε καὶ καλῶς. Ἐγὼ μὲν τοίνυν οὕτω
μοι περὶ τούτου γε νοῆσαι δοκῶ. Γράψον ἄρα καὶ σὺ πρὸς ἡμᾶς τὸ
περὶ τοῦ αὐτοῦ σοι δοκοῦν. Οὐ γὰρ τοῖς ἐμοῖς καθάπερ δόγμασι τὴν
ἀλήθειαν ὑποτίθημι. Ἔρρωσο [2], φιλτάτη μοι κεφαλή.

Μεδιολάνοθεν, ταῖς εἰδοῖς ἰουλίου, ἔτει ἀπὸ γεννήσεως Χριστοῦ
ᾳυοδ΄.

Je viens m'entretenir avec toi, et peut-être importuner ton
silence et troubler ton sommeil; car j'éprouve le plus vif
désir d'avoir de toi-même des détails exacts sur ce qui te
concerne. Il s'est, en effet, passé bien du temps depuis que
je n'ai appris sur toi rien autre chose, sinon que tu es vivant.
Je m'en suis tout naturellement réjoui; mais cela n'est pas
très suffisant. Je voudrais savoir comment tu vis et ce que
tu fais. Celui qui dirige actuellement la barque de l'Église
vogue-t-il sur une mer tranquille ou redoute-t-il un naufrage?
Au lieu du Sixte qui devait faire régner la paix dans le monde,
avons-nous un Xiste épris des fureurs de la guerre? Où est
aujourd'hui Nicolas V, ce pacifique, très sage, très magnifique
et excellent pontife? En quel état sont tes affaires au milieu
d'un pareil bouleversement? Quant à moi, je me berce de
vaines espérances. Chez nous tout est étranger aux Muses,
mais le calme de mon âme demeure toujours le même.

Écoute maintenant, cher ami, et dis-moi si tu partages
mon avis. Notre Cicéron voulant déterminer, dans son De
officiis, la signification de κατόρθωμα, traduit ce mot par le
latin rectum, synonyme du grec ὀρθὸν, et affirme qu'il constitue le devoir parfait. Je ne voudrais pas contredire Cicéron,
lorsqu'il déclare que le κατόρθωμα est le devoir parfait; mais
je n'approuve pas l'identification du κατόρθωμα avec le droit;
je trouve que c'est un manque de goût et une ineptie. Moi,
j'appellerais κατόρθωμα une chose entreprise de notre ini-
tiative privée et dans laquelle nous réussirions. Ainsi les

1. τοῦτ' ἔστι. 2. ἔρρωσο.

écrivains, par exemple Denys d'Halicarnasse, appellent κατορ-θώματα les actions que les Romains ont été assez heureux pour accomplir avec succès. Voilà mon sentiment à ce sujet. Écris-moi quel est le tien. Car je ne subordonne pas la vérité à mes opinions. Porte-toi bien, très cher ami [1].

L'explication du jeu de mots *Sixte, Xiste,* que Filelfe fait dans la présente lettre, nous est fournie par le passage suivant de sa lettre à Jean-Antoine Ferrofino, datée de Milan, veille des ides de mars (14 mars) 1472 :

Habemus pro divina benignitate summum romanæ ecclesiæ sacerdotem Sixtum. Quod quidem nomen, cum a *sistendo* descendat, qua ducuntur ratione qui primam syllabam per *x* litteram et *y* tenue scribant? Video unde manat erratum. Est apud Græcos ξυστὸν (*xyston*) quod hastam iaculumque significat; id quod etiam ab me in elegia græca quam versibus quinquagenis proximo anno ad Sixtum pontificem dederam, duobus his versibus ostenditur :

ὃ σταύρωσε θεὸν ξυστὸν λάβε, Σῖστε, θεοῖο
εἶδος ἐν ἀνθρώποις, σὸν δόρυ σταυρὸν ἔχων.

Nam malimus inde deduci Sixtum clementissimum ac pacificum in primis religiosissimumque pontificem, quasi hastatus bellicosusque sit, quam a *sistendo,* utpote futurum qui unus labantem iam ac prope corruentem christianam religionem sistat et validissimo quodam robore pro incredibili virtute sua divinaque sapientia ita confirmet ut nullum in posterum sit discrimen, nullum periculum formidatura? Qua ipse ductus sententia in altera elegia, quam eodem tempore versibus item quinquagenis ad eundem pontificem scripseram, ita in fine duobus his versibus sum locutus :

Propterea in solio statuit te, Sixte, deûm rex
ut solium sistas imperiumque sibi.

1. Traduction abrégée.

101

FRANÇOIS FILELFE A JEAN ARGYROPOULOS

Milan, 18 juillet 1474.

Φραγκίσκος ὁ Φιλέλφος Ἰωάννῃ Ἀργυροπούλῳ χαίρειν.

Ἰδὼν μὲν ἐγὼ ὥσπερ ἐν ἡλίου λαμπηδόνι [1] τὴν ἀγάπην σου πρὸς ἐμὲ, ἡγησάμενος δὲ ὅτι καὶ τὴν ἡμετέραν εὔνοιαν περὶ σὲ ἐκ τῶν πρόπαλαι κατορθωμάτων ἡμῶν, οἶσθα σαφῶς, ἀφικνοῦμαι νῦν καὶ μετὰ θάρσους πάνυ γε πολλοῦ [2], τῇ τε φροντίδι σου καὶ φρονήσει χρησόμενος παρὰ τῷ αὐτόθι ἀρχιερεῖ [3] · οὐ γὰρ ἀγνοεῖς, οἶμαι, πῶς ἐνταῦθα διάγομεν, ἐπεὶ ἐκ τοῦ κοινοῦ παιδὸς, τοῦ καλοῦ τε καὶ ἀγαθοῦ νεανίσκου Ἰσακίου μεμάθηκας ἅπαντα · οἶδε γὰρ τὰ παρ' ἡμῖν ἀκριβῶς. Τί γοῦν βουλόμενος γράφω; ποιήσειν σε λόγον ἐν δέοντι ὑπὲρ ἡμῶν πρὸς ἀρχιερέα καὶ παρακινήσειν αὐτὸν πρὸς τὴν τῶν μουσῶν ἁρμονίαν ἀπὸ τῆς καλογερικῆς λεγομένης ἀμουσίας. Παμμέγιστός τις ὢν ὑπάρχει αὐτὸς, ὁμολογῶ, καὶ λαμπρότατος ἀνὴρ περὶ πᾶσαν [4] φυσικὴν φιλοσοφίαν καὶ τὰς θείας ἐπιστήμας · ἀλλὰ χρὴ κοσμεῖν ταύτας ταῖς ἡδείαις φωναῖς τῶν μουσῶν. Τούτων γὰρ ἄνευ πᾶς λόγος ἀγροικότατος πέφυκεν εἶναι. Πῶς ἄρα τοῦτο ποιεῖν νομιστέον, ἐὰν τῶν μουσῶν τοὺς ὑπηρέτας οὐκ ἀσπάζεται μόνον, ἀλλὰ καὶ μεγαλοπρεπῶς ἀσπάζεται δὴ καὶ τιμᾷ · τὰ δ' ἄλλα [5] σε τοσοῦτον ὄντα καὶ τοιοῦτον τήν τε γλῶτταν καὶ τὴν σοφίαν οὐ λέλεκται [6]. Ποίησον τοίνυν ὑπὲρ ἡμῶν ὅσον ἀπαιτεῖ λόγος [7] τε καὶ νόμος φιλίας. Ἔρρωσο [8].

Μεδιολάνοθεν, τῇ πέμπτῃ καὶ δεκάτῃ πρὸ αὐγούστου καλενδῶν, ἔτει ἀπὸ Χριστοῦ γεννήσεως ͵αυοδʹ.

Ayant vu clair comme le jour ton affection pour moi et convaincu que tu connais de vieille date l'amitié que je te porte, je viens aujourd'hui avec une entière assurance solliciter les bons offices auprès du souverain pontife. Tu n'ignores pas, je pense, comment je vis à Milan, puisque ton fils Isaac,

---

1. λαμπηδῶνι. 2. πολλου. 3. ἀρχιεμέρει, le premier ει est exponctué. 4. πᾶσασαν (sic). 5. ἀλλ ἄτε (sic). 6. οὐ λέληται. 7. λογος. 8. ἔρρῶσο.

qui connaît mes affaires sur le bout du doigt, a dû te mettre
au courant de tout. Quel est donc l'objet de la présente lettre?
Je t'écris pour te prier de parler, à l'occasion, en ma faveur
au souverain pontife, et de l'engager à ne pas sacrifier le
culte des Muses à la grossièreté monacale. Le pape est un
esprit tout à fait supérieur, un savant éminent dans les
sciences philosophiques et théologiques, mais ces sciences
demandent à être parées du doux langage des Muses. Et
comment y réussir, si le souverain pontife ne traite pas avec
générosité et honneur les serviteurs des Muses? Il n'est pas
besoin d'en dire davantage à un homme éloquent et sage
comme toi. Fais donc en ma faveur ce qu'exigent les lois de
l'amitié. Porte-toi bien [1].

Nous ne savons que fort peu de chose sur ISAAC ARGYROPOULOS.
Ce Grec n'avait pas, d'ailleurs, une position très en vue. Grâce,
cependant, au registre des prêts de la bibliothèque Vaticane, sous
le pontificat de Sixte IV, nous savons que Isaac était, en l'année
1478, camérier secret du pape. Voici, en effet, la mention que
nous fournit le susdit registre :

*1478 die nona ianuarii. Ego Isaacius Argyropylus, cubicularius
secretus sanctissimi d. n., habui mutuo a domino B. Platina per
manus Ioannis Cadeli [2], custodis librariæ, libellum quemdam in membranis Experimentorum fratris Alberti in medicina cum catena et
corio rubeo foliorum novem et quinquaginta. Is. Argyropylus manu
propria. — Restituit 16 kal. maias [3].*

En 1483, nous le voyons emprunter à la même bibliothèque les
Déclamations de Libanius :

*Ego Isaacius Argyropylus recepi a domino Bartholomeo biblio-
thecario Declamationes Libanii in papiro in pavonatio, ad resti-
tuendum ad beneplacitum suum, die 8 augusti 1483. — Restituit
die 21 octobris [4].*

---

1. Traduction abrégée.
2. Jean Chadel de Lyon.
3. Müntz et Fabre, *La bibliothèque du Vatican au xve siècle* (Paris, 1887,
in-8°), p. 281.
4. Müntz et Fabre, *Op. laud.*, p. 290.

Nous savons, en outre, par le témoignage de Raphael de Volterra, que Isaac était un habile musicien [1]. C'est sans doute à ce talent qu'il dut l'emploi que nous lui voyons remplir dans les messes solennelles célébrées par le Pape. Ainsi, le jour de Noël 1492, il lit l'évangile en grec à la messe célébrée par le souverain pontife dans la basilique de Saint-Pierre. Il le lit encore le 26 novembre 1503 et le jour de Noël de la même année ; le jour de Pâques 1504 (7 avril) ; le 23 mars 1505, jour de Pâques, il lit l'épître en grec ; et le 29 juin 1505, jour des saints apôtres Pierre et Paul, il lit l'évangile en grec. Ces menus faits sont relatés dans le *Diarium* de Burchard [2].

102

FRANÇOIS FILELFE A THÉODORE GAZA

Milan, 27 août 1474.

Φραγκίσκος ὁ Φιλέλφος Θεοδώρῳ τῷ Γαζῇ χαίρειν.

Ἀσπασάμενος κατὰ πολλὴν εὐφροσύνην τὴν ἡδεῖαν παρὰ σοῦ πρὸς ἐμὲ ἐπιστολήν, ἐδάκρυσα σχεδὸν τὴν παρούσης ἡμέρας δυστυχίαν, δι' ἧς οἱ φίλτατοι ὄντες ἐκ νεότητος ἀπεῖναι μακρὰν ἀναγκαζόμεθα, οὓς ἀλλήλοις συνεῖναι ἀεὶ παρόντας χρεών · πλὴν μετρίως φέρειν δεῖ τὴν ἀνάγκην, καὶ τὰ γράμματα τῇ γλώττῃ ὑπηρετεῖν. Τοῦτο δὲ

---

1. Argyropolus patria Constantinopolitanus Florentiæ diu professus plurimos docuit... deinde Romæ publico salario, ubi paulo post obiit, RELICTO FILIO ISACIO NOBILI MUSICO (Raphael Volaterranus, *Commentar. Urban.*, Bâle 1530, in-f°, livre XXXI, f. 246 recto).

2. Johannis Burchardi *Diarium sive rerum urbanarum commentarii*, t. II, p. 26 et t. III, pp. 308, 323, 346, 382, 394, éd. de L. Thuasne (Paris, 1883, 1884, 1885, 3 vol. in-8°). — Ajoutons que ce même *Diarium* affirme (t. II, pp. 65 et 521) que l'évangile fut lu en grec le 7 avril 1493, jour de Pâques, et le 31 mars 1499, jour de Pâques également, par JEAN Argyropoulos. Mais il est très probable qu'il y a là quelque faute de copiste et qu'il faut lire *Isaacius* au lieu de *Ioannes*. On peut supposer que l'original autographe porte l'initiale seule du nom et que ce nom aura été complété d'une façon erronée par le copiste. M. Thuasne semble admettre cette hypothèse, puisque, dans l'Index alphabétique qui termine le tome III, ces deux mentions sont au nom d'Isaac Argyropoulos, tandis que le nom de Jean Argyropoulos n'y figure aucunement. D'ailleurs, ce dernier (s'il s'agit du père d'Isaac) devait être mort à cette date, ou du moins dans une vieillesse trop avancée pour lire l'évangile dans une messe solennelle célébrée par le pape.

ἄμφω πράξαντες, οὐ μισάνθρωποι οὐδαμῶς, ἀλλὰ πολλῷ μᾶλλον
μισιδιῶται μέλλομεν ὀνομάζεσθαι. Περὶ δὲ τῶν κατορθωμάτων τήν
τε διαίρεσίν [1] σου καὶ τὴν διάνοιαν ἀκούσας, εἰ καὶ συγχωρῶ σοι τήν
τε ἀγχίνοιαν τῆς εὑρέσεως τοιαύτης καὶ τὴν λόγου δεινότητα πρὸς τό
σοι [2] εὑρεθέν, ἀλλ' ὅμως ἔγωγε ἄλλην τινὰ ἔχω γνώμην · πλὴν τὴν
ἀλήθειαν αὐτὴν τῆς διαλέξεως προθεὶς τῇ δυνάμει, ἐπιθυμῶ μαθεῖν
παρὰ σοῦ βουλομένου. Ἐμοὶ [3] τυγχάνεις γεγραφὼς καὶ κατὰ στωϊ-
κῶν δόξαν, ὡς εἴρηκας, καὶ κατ' Ἀριστοτέλην, πόθεν ὑπάρχεις
λαβών, ἤγουν ἐκ ποίων δὴ βίβλων; Ταῦτα γὰρ μαθὼν αὐτὸς πρότερον, εὐθέως γράψω σοι καὶ κατ' ἀκρίβειαν ὅσον κἀμοὶ εἰδέναι δοκῶ.
Ἔρρωσο [4], φιλτάτη μοι κεφαλή.

Μεδιολάνοθεν, τῇ ἕκτῃ πρὸ καλενδῶν σεπτεμβρίου, ἔτει ͵αυοδ'.

Dans le débordement de ma joie, j'ai couvert de baisers ta
douce lettre, mais j'ai presque pleuré sur le malheur du
temps présent, qui contraint deux amis de jeunesse tels que
nous à vivre séparés l'un de l'autre, lorsque nous devrions
être toujours ensemble. Mais il faut supporter avec résignation la nécessité et faire que les lettres nous tiennent lieu de
conversation.

Je te remercie des explications que tu me donnes sur les
κατορθώματα. J'admire ta pénétration d'esprit et ton éloquence,
mais je ne saurais partager ton avis. Tu me dis avoir écrit
conformément à l'opinion des Stoïciens et à celle d'Aristote.
Je voudrais savoir dans quels ouvrages tu as puisé cette doctrine. Quand je le saurai, je t'écrirai sans retard, pour te
faire connaître mon sentiment. Porte-toi bien [5].

---

1. διέρεσιν. σίν (sic). 2. τὸ σοί. 3. ἔμοι. Il faudrait peut-être écrire ὅ μοι.
4. ἔρρωσο.
5. Traduction abrégée.

103

FRANÇOIS FILELFE A JEAN ARGYROPOULOS

Bologne, 30 juin 1475.

Φραγκίσκος ὁ Φιλέλφος Ἰωάννῃ Ἀργυροπούλῳ χαίρειν.

Συνέτυχον περὶ σοῦ ἐς Φλωρεντίαν ἐλθὼν τῷ [1] τε Λαυρεντίῳ Μεδίκῃ, ἀνδρὶ περιφανεῖ τε καὶ ἀρίστῳ, καὶ τοῖς ἄλλοις σου φίλοις τε [2] καὶ γνωρίμοις, μηθὲν ὅλως παρελθὼν ὅσα πρός [3] σου τὴν ἀξίαν συμφέρειν ἐνόμισα. Ἀσπάζονται μὲν οὖν ἅπαντες τοὔνομά σου καὶ τὴν σοφίαν ἐπαινοῦσι · σαφὲς δὲ ἄλλο μηθὲν ἀποφαίνονται. Ἡ παρουσία σου, ὡς ἔμοιγε δοκεῖ, πολλὴν ῥοπὴν ἕξει πρὸς τὸ πέρας ἀφῖξαι. Ἔρρωσο [4].

Βονωνίαθεν, πρὸ τῶν ἰουλίου καλενδῶν τῇ πρώτῃ ἡμέρᾳ, ἔτει ἀπὸ Χριστοῦ γεννήσεως αυοέ.

Lors de mon passage à Florence, j'ai parlé de toi tant à Laurent de Médicis, homme illustre et excellent, qu'à d'autres personnages, tes amis et connaissances, sans rien omettre de ce que j'ai cru profitable à ta dignité. Ils sont tous remplis d'affection pour toi, ils font l'éloge de ta sagesse ; mais, en dehors de cela, ils ne disent rien de catégorique. Je suis d'avis que ta présence contribuera puissamment à amener un résultat. Porte-toi bien.

104

FRANÇOIS FILELFE A JEAN ARGYROPOULOS

Milan, 21 août 1475.

Φραγκίσκος ὁ Φιλέλφος Ἰωάννῃ Ἀργυροπούλῳ χαίρειν.

Ἐπέστειλά σοι Βονωνίαθεν ὅτι κατὰ Φλωρεντίαν ὢν συνέτυχον περὶ σοῦ τῷ τε Λαυρεντίῳ Μεδίκῃ καὶ τοῖς ἄλλοις σου φίλοις λεγομένοις τε [5] καὶ δοκοῦσι · πλὴν οὐδὲν ἔλαβον [6] παρ' αὐτῶν ἄλλο ἢ ἐπαίνους κομψοὺς τῆς [7] σοφίας σου καὶ λογιότητος, πρὸς δὲ τὸ

---

1. τῷ. 2. τὲ. 3. πρὸς. 4. ἔρρωσο. 5. τὲ. 6. οὐδὲν ἔλαβον. 7. τῆς.

πρᾶγμα μηδέν. Διὸ τὸ σὸν, οἶμαι, ἔργον ὑπάρχει ἢ παρόντα [1] σε δια-
λεχθῆναι [2] πρὸς αὐτοὺς ἢ πέμψαι τινὰ [3] διαλεξόμενον περὶ σοῦ,
ὥστε πρός τι [4] τέλος συναγαγεῖν τὸ συνοισόμενόν σοι · τὴν γὰρ
ἐλπίδα ἀγοράσαι τιμῇ οὐ φρόνιμον. Ἔρρωσο [5].

Μεδιολάνοθεν, τῇ δωδεκάτῃ ἡμέρᾳ πρὸ σεπτεμβρίου καλενδῶν,
ἔτει αυο πέμπτῳ.

Je t'ai écrit de Bologne que, lors de mon passage à Florence, j'ai parlé de toi tant à Laurent de Médicis qu'à d'autres
personnages qui se disent et paraissent être tes amis. Mais je
n'ai rien obtenu d'eux que d'élégants éloges de ta sagesse et
de ton érudition; de l'affaire, pas un mot. C'est pourquoi je
crois que tu feras bien soit d'aller leur parler, soit de leur
envoyer quelqu'un qui leur parlera de toi, afin que cela se
termine au mieux de tes intérêts. Car il n'est pas sensé d'acheter l'espérance à un prix quelconque. Porte-toi bien.

Il serait assez difficile, sinon impossible, de pénétrer l'obscurité
de cette lettre et de la précédente, si nous n'en possédions par
bonheur une troisième qui les éclaire l'une et l'autre d'une vive
lumière. Agyropoulos, qui avait quitté Florence, en 1471, désirait
y retourner. Il s'en ouvrit à Filelfe, lors du court séjour que
celui-ci fit à Rome, et Filelfe s'offrit obligeamment pour négocier
le rappel de son ami sur les bords de l'Arno. Voici la lettre qu'il
écrivit à ce sujet à Laurent de Médicis :

> *Magnifico doctissimoque viro*
> *Laurentio Medici*
> *tanquam fratri honorando*
> *Florentiæ.*

Magnifice clarissimeque vir tanquam frater honorande, se a dio
piacerà, io sarò a Firenze a dì XXII del presente mese ; ed ho preso
questo tempo per vedere intiegramente la festa del glorioso Bap-
tista santo Johanne. Interim m' è occorso d' avvisarve che 'l cla-

1. παρόντά. 2. διαλεχθῆαι (sic). 3. πέμψαί τινα. 4. πρὸς τί. 5. ἔρρωσο.

rissimo et eloquentissimo philosofo et homo in omni virtutis et
sapientiæ genere excellentissimo, messer Johanne Argiropulo è
per partire de qui per andare for d'Italia, et poichè ha varj e
magnifichi inviamenti con varj re, non me pare sia homo da per-
dere e massime costui, il quale è una fenice. Confortove quanto più
posso che li mettiate il pensiero e cercate retenerlo in Firenze.
Sapete quanto vale e quanto fu accepto al vostro magnifico avo ed
anco al vostro magnifico patre, e de voi non altrimente parla che
d'uno spirito divino. Metteteli la mente, sapete la utilitate per lui
fatta a cotesti vostri honorevoli cittadini e l'honore a tutto il vostro casato. Non ve ne scrivo più desteso, perchè a bocca ve ne
dirò tutto il mio parere. Et in questo mezzo se volete che io come
da me li ne dica qualche cosa, non ve sia molesto avvisarmene.
Vale, decus meum.

Ex Urbe, 1 iunii M. CCCC. LXXV.

PHILELFUS [1].

104 bis

FRANCISCUS PHILELFUS ALAMANNO RHAMNUCINO S.

Quam vobis sit opus eo viro qui græcas disciplinas perpulchre calleat, ex tuis verbis, cum nuper isthac Mediolanum petiturus iter facerem, dilucide intellexi. Itaque visus es
admonendus operam des ut cives tui oblatam opportunitatem
arripiant.

Demetrius Chalcocontyles, is qui tibi reddidit meas litteras,
Romam petit, futurus παρὰ τῶν Ῥωμαίων δεσπότῃ [2]. Tuum est
officium doctissimo huic disertissimoque viro et eidem optimo
eiusmodi retia tendere, quibus captus nusquam libentius
malit quam apud vos esse [3]. Cætera tu pro tua prudentia

---

1. Rosmini, *Vita di Francesco Filelfo* (Milan, 1808, in-8°), t. II, pp. 389-390.
Avec cette note : « Tratta della vecchia segretaria di Stato di Firenze. »

2. André Paléologue.

3. Cf. l'épigramme grecque d'Ange Politien à Chalcondyle, qui commence par
ce vers Ἐξ οὗ δὴ Θεόδωρος οὐρανόνδε, et est datée de 1475, dans *Prose volgari
inedite e poesie latine e greche di Angelo Ambrosini Poliziano raccolte e illus-
trate da Isidoro del Lungo* (Florence, 1867, in-8°), p. 190.

moderaberis atque conficies [1]. Ego ad proximum septembrem in urbem reditum facere decrevi. Quare nunc brevior tecum sum, quoniam biduum saltem Florentiæ sim acturus. Vale una cum amicis communibus.

Ex Mediolano, XI kalendas septembres, M. CCCC. LXXV.

105

FRANÇOIS FILELFE A DONATO ACCIAIUOLI [2].

Milan, 22 août 1475.

Φραγκίσκος ὁ Φιλέλφος Δονάτῳ [3] Ἀκτιόλῳ χαίρειν.

Δημήτριος Χαλκοκοντύλης οὑτοσὶ ὁ ταύτην σοι [4] τὴν ἐπιστολὴν ἀποδιδοὺς ἀνήρ ἐστιν, ὡς οἶσθα, καλός τε καὶ ἀγαθὸς καὶ τὴν ἑλληνικὴν παιδείαν ὡς ἄριστος [5], οὐ μὴν ἀλλὰ καὶ τῶν μουσῶν ἡμετέρων οὐκ ἄμοιρος [6] · πρὸς δὲ τούτοις καί σοι [7] εὔνους ἐν πρώτοις. Τοιούτου δὲ ἀνδρὸς ἡ πολιτεία ἡ ὑμετέρα, ὡς ἔμοιγε δοκεῖ, δεῖται μάλιστα. Σὺ μὲν οὖν τὸ καθῆκον τηρῶν, σπούδασον οὕτως ὥστε γενέσθαι ὑμῖν τὸν Δημήτριον συμπολίτην, πρὸς κόσμον καὶ παίδευσιν τῶν ὑμετέρων νεανίσκων. Ἔρρωσο [8].

Μεδιολάνοθεν, ἑνδεκάτῃ ἡμέρᾳ πρὸ σεπτεμβρίου καλενδῶν, ἔτει ͵αυοέ.

Le porteur de la présente, Démétrius Chalcondyle, est, comme tu le sais, un homme probe et honnête. Helléniste consommé, versé dans la littérature latine, il manifeste, en outre, pour toi une vive sympathie. Votre République a, ce me semble, le plus grand besoin d'un tel homme. Ton devoir exige que tu t'appliques à faire de Démétrius un citoyen de Florence, afin qu'il forme vos jeunes gens et les instruise [9]. Porte-toi bien.

---

1. Voir la lettre suivante.
2. Voir sur lui Vespasiano da Bisticci, *Vite di uomini illustri del secolo XV* (Florence, 1859, in-8°), pp. 332-351.
3. δωνάτῳ. 4. σοί. 5. ὡσάριστος. 6. ἄμειρος. 7. καὶ σοί. 8. ἔρρῶσο.
9. Voir la lettre précédente.

106

FRANÇOIS FILELFE A FABRICE ELFITEO

Milan, 27 juillet 1476.

Φραγκίσκος ὁ Φιλέλφος Φαβρικίῳ Ἐλφιθέῳ χαίρειν.

Ἵνα μὴ κατηγορῇς μου καὶ δικαίως ὀλιγωρίαν, ἤδη ἑλληνίζων ἐπέστειλά σοι, ἰδοὺ ἑλληνικῶς διὰ βραχέων τὰ αὐτὰ ἐνοχλίζων. Τί γοῦν ἔρχομαι τὸ δεύτερον πράγματά σοι παρασχών; Δός μοι, ὦ βέλτιστε, ἤδη ποτέ, μᾶλλον δὲ ἀπόδος ἐπιστολήν · καὶ εἰ μὲν οὐ δύνασαι οἵαν ἐθέλεις, πέμψον δὴ οἵαν ὁ καιρὸς συγχωρεῖ. Ἔρρωσο [1].

Μεδιολάνοθεν, τῇ ἕκτῃ ἡμέρᾳ πρὸ αὐγούστου καλενδῶν, ἔτει ἀπὸ τῆς Χριστοῦ γεννήσεως αυος΄ [2].

Ne voulant pas que tu m'accuses avec juste raison de négligence, je t'ai déjà écrit en grec et me voici encore à t'importuner pour le même motif avec ce billet également en grec. Pourquoi donc viens-je une seconde fois te créer des embarras? Afin que tu me donnes, cher ami, ou plutôt que tu me rendes une lettre. Et, si tu ne peux l'écrire telle que tu la désirerais, écris-la telle que les circonstances te le permettront. Porte-toi bien.

107

FRANÇOIS FILELFE A FABRICE ELFITEO

Milan, 18 août 1476.

Φραγκίσκος ὁ Φιλέλφος Φαβρικίῳ Ἐλφιθέῳ χαίρειν.

Ὅτι κἀμοῦ κήδῃ καὶ τὰ ἡμέτερ' ἅπαντά σοι [3] νομίζεις εἶναι κοινά, οὐκ ἀγνοῶ. Τί ἄρα δὴ ἐνοχλῶν ἥκω; φοβούμενος ἄρα μὴ τὰ πολλὰ παρὰ σοὶ ἀρχοντικὰ πράγματα ἐμποδὼν γένοιτο καὶ τῶν ἰδίων; Ἀλλά σε [4], φίλτατε, νυνὶ μιμεῖσθαι χρεὼν καὶ τοὺς γενναίους τῶν

---

1. ἔρρωσο.
2. Il y a dans le ms. original αυξς΄, mais cette lettre figure parmi celles de l'année 1476 et porte le même quantième que celle qui la précède.
3. ἅπαντα σοι. 4. ἀλλὰ σὲ.

ἵππων · οὗτοι γὰρ εἰς ἀγῶνα ἐλθόντες πολλῷ βελτίους τὰ τελευταῖα τῶν δρόμων ἢ τὰ πρῶτα γεγονότες [1] δοκοῦσι. Σύναξον τοίνυν καὐτὸς [2] τῇ ἀρχῇ καὶ τὸ τέλος · τὰ τελευταῖα γὰρ τοῖς πρώτοις ἐπιβαλὼν, ῥᾳδίως ἕξεις καὶ τὸ ἄθλον. Ἔρρωσο [3], φίλτατε.

Μεδιολάνοθεν, τῇ ιε΄ ἡμέρᾳ πρὸ καλενδῶν σεπτεμβρίου, ἔτει ἀπὸ τῆς γεννήσεως Χριστοῦ ᾳυος΄ [4].

Je n'ignore pas que tu t'occupes de moi et que tu considères toutes mes affaires comme nous étant communes. Pourquoi donc viens-je t'importuner? Est-ce dans la crainte que les nombreuses affaires du duc ne t'empêchent de prendre soin des miennes? Mais, très cher ami, il te faut aujourd'hui imiter les chevaux généreux. Une fois entrés dans la piste, ces animaux semblent, en effet, lorsqu'ils touchent au terme de leur course, de beaucoup supérieurs à ce qu'ils étaient au début. Unis donc aussi la fin au commencement et, en agissant de cette façon, il te sera facile de remporter le prix. Porte-toi bien, très cher ami.

Le destinataire de cette lettre et de la précédente, Fabrice Elfiteo, était secrétaire du duc de Milan. Il a copié le *Parisinus* n° 8125 du fonds latin (un chartaceus in-4° de 149 feuillets utiles), qui contient la *Sphortiade* de François Filelfe. On lit, en effet, au f. 149, le colophon suivant : *Excripsit autem hanc Sphortiada Fabricius Elphitheus.*

108

FRANÇOIS FILELFE A DOMIZIO CALDERINI

Milan, 8 février 1477.

Φραγκίσκος ὁ Φιλέλφος Δομιτίῳ Καλδαρίνῳ χαίρειν.

Ἄνθρωπος ὢν ἐν τοῖς πρώτοις πονηρός τε καὶ πάνυ μοχθηρὸς ἀεὶ διατρίβεις περὶ τὰ πρέποντά σοι · ἀλλ' ἐγὼ οὐ κατηγορῶ σου τὸν

---

1. πρῶττα γεγόντες (*sic*). 2. κἀὐτός. 3. ἔρρωσο.
4. Dans le ms. original, on lit ᾳυξϛ΄, mais cette lettre est placée parmi celles de l'année 1476.

βίον, ᾧ σε πεποίηκας ἔνοχον ἐκ παιδὸς [1], ἀλλ' αὐτοῦ τὴν ἄνοιαν, ὃς ἐν τοσούτοις ἁμαρτήμασιν ἔτι καὶ νῦν ὑπομένει σε παρ' [2] αὐτῷ, ὁ καρδινάλιος Ἰουλιανός · πλὴν δὲ ὁ θεὸς τὰς τῶν ἀνθρώπων διανοίας ἰδών τε καὶ νοῶν ἐν καιρῷ σαυτὸν [3] τιμωρήσεται. Ἔρρωσο [4].

Μεδιολάνοθεν, τῇ ἕκτῃ ἡμέρᾳ πρὸ τοῦ φεβρουαρίου [5] εἰδῶν, ἔτει αυοζ' [6].

Tu n'as pas ton pareil en malice et en perversité quand il s'agit d'observer les convenances. Je n'incrimine cependant pas le genre de vie que tu as adopté depuis ton enfance, mais je blâme la sottise du cardinal Julien qui tolère encore aujourd'hui près de lui un individu coupable de tels méfaits. Dieu qui voit et connaît les pensées des hommes te châtiera à son heure. Porte-toi bien.

109

FRANÇOIS FILELFE A ERMOLAO BARBARO [7]

Milan, 11 mai 1477.

Φραγκίσκος ὁ Φιλέλφος Ἑρμολάῳ τῷ Βαρβάρῳ χαίρειν.

Ἦν καὶ πρὸ πολλῶν ἤδη ἡμερῶν ἰδεῖν ἐπόθουν ἀξίαν τινὰ [8] παρὰ σοῦ ἐπιστολήν, ταύτην ἔναγχος κομισάμενός τε αὐτὸς [9] καὶ ἀναγνοὺς κατ' ἀκρίβειαν, συνήσθην σοι μάλα σφόδρα, ὦ καλὲ κἀγαθὲ Ἑρμόλαε · ἐμφανῶς γὰρ ἀπέδειξάς μοι τό τε εὐφυές σου καὶ τὸ μεγαλοπρεπὲς τῆς ψυχῆς. Διὸ εὐθάρσως [10] ὁμολογῶ τε καὶ ἀληθῶς μαρτυροῦμαι [11] σε πρὸ τῶν ἄλλων ταύτης ἡλικίας νεανίσκων ἁπάντων καὶ λόγιον

---

1. παιδος. 2. σὲ περ' (sic). 3. σαυτον. 4. ἔρρωσο. 5. φεβροαρίου.

6. Bien que, dans le ms. original, la présente lettre figure parmi celles de l'année 1476, je n'ai pas cru devoir en changer le millésime. La lettre qui la précède est du 7 des calendes d'août, celle qui la suit du 6 des calendes du même mois ; ce n'est certes pas le lieu que devrait occuper une lettre du 6 des ides de février. Il est donc plus que probable qu'il n'y a eu là, de la part du copiste, qu'une simple erreur topographique.

7. Voir sur lui : Apostolo Zeno, *Dissertazioni Vossiane* (Venise, 1753, in-4°), t. II, pp. 348-403 ; Tiraboschi, *Storia della letteratura italiana* (Milan, 1824, in-8°), t. VI, pp. 1209-1213.

8. τινα. 9. αὐτος. 10. Je n'ai pas cru devoir écrire εὐθρσῶς. 11. μαρτυροῦμαι.

εἶναι καὶ τὸ ἦθος σπουδαῖον. Ἄγαμαι [1] γοῦν πάνυ γε πολλὰ τὸ χάριέν
σου καὶ εἰλικρινὲς τῆς φωνῆς, καὶ πρὸς τούτοις τῶν νοημάτων τὸ
δεινὸν καὶ τὸ τῆς ἐπιστήμης ἀκριβές. Καὶ γὰρ περὶ τῆς φύσεώς σου
τί δὴ ἄλλο ἔχω εἰπεῖν; Θαυμάζω μὲν γὰρ ταύτην ἐν πρώτοις, ὡς
εἰκός, ἐπίβολον οὕτω περὶ διάλεκτον οὖσαν ἑλληνικήν · πῶς γὰρ οὐ
θαύματος ἄξιον ὅτι, λίαν ὢν νεανίσκος τε καὶ λατῖνος, τοσοῦτον ἐν
ἀλλοδαπῇ ἰσχύεις φωνῇ, ὥστε τὰ πρωτεῖα ἐν αὐτῇ ἤδη φέρειν; Τὴν
μὲν γὰρ πατρῴαν ἐπ' ἄκρον ἠσκηκέναι φωνὴν θαυμάζειν σφόδρα οὐ
πάντη ἴσως τὸ συγγενές τε καὶ σύνηθες συγχωρεῖ · τὸ δὲ καὶ περὶ τὴν
ὀθνείαν ἐσχάτως εὐδοκιμεῖν, τοῦτο περιουσίαν θαυμαστὴν ἐνδείκνυται [2] φύσεως καὶ θείας τῷ ὄντι [3] μοίρας τινὸς [4] τὴν σὴν μετεσχηκέναι
τελείαν [5] ψυχὴν ὑπὲρ [6] τοὺς ἄλλους δηλοῖ. Οὐ μὴν ἀλλὰ τῇ γλυκείᾳ
φράσει τῆς παρούσης σου ἐπιστολῆς οὕτως ἡμᾶς τέρπεις ἀκούοντας,
ὥστε σε [7] μέλος ᾄδοντα ἡδὺ δοκεῖν μοι καὶ οἷον ἂν δέον εἴη ῥεῖν ἀπὸ
γλώττης Καλλιόπης [8] τῆς ἐμμελεστάτης θεᾶς. Συγχαίρω μὲν οὖν
σοι, ὦ φίλτατέ μοι Ἑρμόλαε, καὶ κατὰ φιλίας τῆς ἀρίστης [9] τὸν
νόμον τὸν περὶ νόμων ἐπιστήμην διατρίβοντα παρακαλῶ σε ἵνα παντὶ
σθένει τὸν λυδὸν ἵππον παρακινῇς εἰς πεδίον. Οὕτω γὰρ ποιήσας κατὰ
κράτος, τῶν Ἰταλῶν πρῶτος παραλήψῃ τῆς σοφίας τὸ ἔπαθλον.
Ἔρρωσο [10], φίλη κεφαλή.

Μεδιολάνοθεν, κατὰ τὴν πέμπτην πρὸ τῶν μαΐου εἰδῶν, ἔτει δὲ ἀπὸ
Χριστοῦ γεννήσεως αυοϛʹ.

Je viens de recevoir de toi la lettre que je désirais depuis
si longtemps. Je l'ai lue avec attention et je t'en adresse mes
plus vives félicitations. Tu m'y as, en effet, révélé ton intelligence et la noblesse de ton âme. C'est pourquoi je constate
avec plaisir que par ton savoir et le sérieux de ton caractère
tu l'emportes sur tous ceux de ton âge. J'admire ta solide
connaissance du grec. Car, n'est-il pas étonnant que, jeune
comme tu l'es et de race latine, tu saches tellement bien une
langue étrangère que tu y sois passé maître? Je ne saurais

---

1. ἄγαμαι. 2. ἐνδείκνυται. 3. τῷόντι. 4. τινος. 5. τελειαν. 6. ὕπερ. 7. σὲ. 8. καλλιόπης. 9. αρίστης. 10. ἔρρωσο.

trop t'engager à étudier la jurisprudence. Tu peux aisément
y briller chez nous au premier rang. Porte-toi bien [1].

110

FRANÇOIS FILELFE A DÉMÉTRIUS CHALCONDYLE

Milan, 30 mai 1477.

Φραγκίσκος ὁ Φιλέλφος Δημητρίῳ Χαλκοκονδύλῃ χαίρειν.

Εἰ καὶ πάνυ γε πολλὰ τὸ γῆρας, ὡς ἔστιν ἰδεῖν, ἐν τοῖς ἀνθρωπί-
νοις πράγμασιν ἀσθενεῖ, ἐπεὶ καὶ τὸ γῆρας αὐτὸ, κατὰ τὸν κωμικὸν,
νόσος ὑπάρχει, ἀλλ' ἔστι καὶ τινα [2] ἐφ' οἷς διαφερόντως ἔρρωται [3] καὶ
θαυμασίως ἰσχύειν πέφυκε. Καὶ γὰρ φρόνησις καὶ ἐπιστήμη καὶ λόγος
εὖ μάλα τῷ χρόνῳ συνεπιδίδωσι, τέως τε [4] ἐγγινόμενα ταῦτα τοῖς
νεωτέροις ὕστερον ἀκμάζει τοῖς σφόδρα ἤδη γέρουσι καὶ πολιωτάτοις.
Κἀγὼ γοῦν τυγχάνω νῦν ἐν τοῖς λίαν γέρουσιν ὤν, ἐνιαυτὸν ἄγων
ἀπὸ γεννήσεως τῆς ἐμῆς ἔννατον [5] καὶ ἑβδομηκοστὸν [6], καὶ πρὸς τὰ
ἔργα ἐλάττων [7] ἔχω ἃ ῥώμης δεῖται σωματικῆς · ψυχῆς δὲ ῥώμῃ ἔτι
καὶ κατὰ τὸ παρὸν ἐπιβάλλειν ἐμοὶ δοκῶ, καὶ ῥᾳδίως πρὸς ἀγῶνα
τοιοῦτον καὶ θαρραλέως [8] χωρῶ. Βουλόμενος τοίνυν διὰ νίκης καὶ
κατορθώσεως ἐπαίνου τυγχάνειν ἀξίου, πολλὰ εἰμι γεγραφὼς πρὸς
βασιλεῖς τε καὶ αὐτοκράτορας καὶ τοὺς ἄλλους δυναστεύοντας [9], παρα-
καλεῖν αὐτοὺς καὶ παρακινεῖν σπουδάσας ἐπὶ πόλεμόν τε καὶ μάχην
κατὰ τῶν ἀσεβῶν, μάλιστα δὲ κατὰ τῶν Τούρκων. Οὗτοι μὲν γὰρ οὐ
κατὰ γῆν μόνον, ἀλλ' ἤδη καὶ κατὰ θάλατταν ὄντες συμπάντων τοῖς
χριστιανοῖς ἐχθρῶν φοβερώτατοι, ἄξιοί [10] μοι δοκοῦσιν ἐφ' οὓς τὰ
βέλη τὰ ἡμέτερα τοξεύωμεν. Καὶ ταῦτα μὲν περὶ ἐμοῦ διὰ βραχέων.

Σὺ δὲ, ὦ φίλτατέ μοι Δημήτριε, εἷς ὢν ἐν τοῖς ἐλλογίμοις τε [11] καὶ
ῥήτορσι τῶν Ἑλλήνων ἐξοχώτατος, τί μέχρι νῦν διάγων πεποίηκας;
ἆρα οὐ μέμνησαι ὅπερ ἄδεται καὶ παρὰ τοῖς πλήθεσιν, « ἔργα νέων,
βουλαί τε μέσων »; Καὶ πρὸς τὰ ἔργα [12] σύ γε καὶ πρὸς τὰς βουλὰς
ἤδη δεινός. Οὐ μὲν δὴ παρακελεύομαί σοι ἀσπίδα καὶ λόγχην Ἄρεως,
ἀλλὰ ξίφος καὶ δύναμιν δημοσθενικοῦ λόγου, ἐφ' ὃν μάλιστ' ἀνθεῖς.

---

1. Traduction abrégée.
2. καὶ τινὰ. 3. ἔρρωται. 4. τὲ. 5. ἐμῆς ἔννατον. 6. ἑβδομηκοστον. 7. ἐλάττων.
8. θαρράλέως. 9. Ici ἂν exponctué. 10. ἄξιοί. 11. τὲ. 12. Ici νέων exponctué.

Τί γοῦν ἤδη σιγᾷς τοιοῦτος ὢν καὶ τοσοῦτος οἷόν [1] τις Φειδίας λόγου
καλλίστου τε [2] καὶ ἡδίστου δημιουργός, καὶ πρὸς τούτοις ἐν Φλωρεντίᾳ διατρίβων, πόλει γε πλουσιωτάτῃ καὶ μεγαλοπρεπεστάτων
μεστῇ ἀνδρῶν [3]; Τί δὴ οὐ πλάττεις [4] οἵαν δεῖ τὴν κυρίως εἶναι πολιτείαν, ἐπειδὴ καὶ ὕλη ὑπόκειται ἐπιτηδείως [5] ἔτ' ἔχουσα πρὸς τὴν
ἀπὸ τῶν σῶν λόγων μορφήν; Οὔπω γὰρ τελέως κεκράτηται ὑπὸ τῶν
φαύλων τουτωνὶ τεχνιτῶν καὶ πλαττόντων μηδ' ὁτιοῦν [6] ὑγιές, ἀλλ'
ἔτι φύσεως ἀρετῇ τὸ πλαττόμενον ἀντικρούει · καὶ ζητεῖ μὲν τὰ βελτίω, κωλύεται δὲ ὑπὸ τῶν κατειληφότων.

Ἀλλὰ σύ, ὦ λογιώτατε Δημήτριε, ὁ χαλκὸν [7] ἔχων κόνδυλον καὶ
πρὸς τὸ κωλύειν στερεόν, τὰ παρόντα καλλιτέχνησον φλάσας καὶ χεῖρα
τῇ χριστιανῶν ὄρεξον πολιτείᾳ, ἀπεργαζόμενος τὸν ἄρχοντα οἷον ὅ τε
λόγος καὶ τὰ νῦν [8] πράγματα ἀπαιτεῖ · προσθεῖναι δὲ χρεὼν καὶ τὰ
συντείνοντα πρὸς τὸν ἐπηρτημένον κίνδυνον τοῖς Ἰταλιώταις μάλισθ'
ἁπάντων. Οἱ Τοῦρκοι γὰρ ἐπὶ τῶν θυρῶν τῆς Ἰταλίας ἀλαζονεύονται.
Μάτην γὰρ ἂν προτρέποιμεν εἰς τὰ ἐλευθέρια τῶν ἔργων καὶ μεγαλοπρεπῆ τοὺς ἡμετέρους τε ἄρχοντας κινδυνεύοντας δὴ ἀποβαλεῖν ἣν
ἀρχὴν κέκτηνται, Τούρκων ἤδη ναυκρατούντων, καὶ κατὰ γῆν τε καὶ
θάλατταν πάντοθεν ἀδεῶς ἐπιτιθεμένων, ἡμῶν δὲ τὰ μὲν ῥαθυμούν-
των, τὰ δὲ πάλιν ἐπιβουλευόντων ἀλλήλοις καὶ ἐμφυλίους σκοπουμέ-
νων πολέμους. Συμβουλευτέον [9] οὖν τοῖς ἡμετέροις ἄρχουσι μάλιστα
καὶ ὅπως τὰ καθ' ἑαυτοὺς ἀσφαλέστερον διαθέμενοι, ἔξωσιν εὐεργε-
τεῖν τοὺς οἰκείους ἀπ' ἀργύρου τε [10] καὶ χρυσοῦ καὶ ἐσθῆτος καὶ ὧν
ἄλλων κατ' ὄνομα ζητεῖς [11] πρὸς ὄφελος τῶν παρόντων δεινῶν. Δεῖ [12]
γὰρ εἰ μή τι ἄλλο τούς γε νῦν ὑπάρχοντας πόρους φυλάττειν · ἀδύνατον δὲ φυλάξαι μὴ ὁμονοοῦντας ἀλλήλοις [13] καὶ ἐκστρατεύοντας καὶ
ἀντιπαραταττομένους τοῖς ὑπερορίοις ἐχθροῖς ἐπιοῦσι. Καὶ περὶ τούτων ἅλις.

Περὶ δὲ τῶν ἰδίων οἶσθ' ὅτι τὸ μὲν σῶμα ἔχω εὖ καὶ καλῶς τῇ
εὐεργεσίᾳ θεοῦ, τὴν δὲ ψυχὴν [14] εἰ καὶ μετρίως ἀσθενῶ, πολλὰ πεπον-
θὼς τὰ παράδοξα, ἀλλ' ὅμως [15] τῇ ἀπὸ φιλοσοφίας χρῶμαι θεραπείᾳ.

---

1. οἷον. 2. τὲ. 3. ἀνδρῶν. 4. τοῦ ἴδη (sic) πλάττειας, avec le second α exponctué.
5. ἐπιτηδίως. 6. μήδ' ὁτιουν. 7. Ceci est une forme du grec vulgaire, peut-être
faudrait-il écrire χαλκοῦν. 8. ινῦν (sic). 9. συμβουλευτεον. 10. τὲ. 11. κατονομὰ
ζητῆς. 12. αεῖ. 13. ἀλλήλοις. 14. ψηχὴν, et un υ sur le premier η. 15. ὅμως.

Γράψον οὖν καὶ αὐτὸς τὰ περὶ σοῦ οὐ μόνον κατὰ τὸ σῶμα πῶς διά-
κεισαι, ἀλλὰ καὶ κατὰ τὴν τύχην · τὸ τελευταῖον δὲ ἄσπασαι ἀπ' ἐμοῦ
τὸν εὐγενέστατον ἄνδρα Λαυρέντιον τὸν Μεδίκην, οὗ τὸ τῆς μεγίστης
ἀρετῆς εὐκλεὲς οὔτε τῶν μοχθηρῶν φθόνος ἀνθρώπων, οὔτε αὐτὸς δὴ
ἀφανίσει αἰών.

Συνίστημί σοι τὸν καλὸν κἀγαθὸν Δημήτριον τὸν Κρῆτα, πάντων
δὲ μάλιστα τὰς Μούσας. Ἔρρωσο, γλυκεῖά [1] μου κεφαλή.

Μεδιολάνοθεν, τῇ τρίτῃ ἡμέρᾳ πρὸ ἰουνίου καλενδῶν, ἔτει ἀπὸ
Χριστοῦ γεννήσεως ͵αυοζ'.

Bien que, comme on peut s'en assurer, l'impuissance de
la vieillesse se manifeste dans les choses humaines (puisque,
selon le poète comique, la vieillesse est une maladie), il en
est, cependant, quelques-unes où elle donne des preuves
extraordinaires et surprenantes de sa force et de sa vigueur.
En effet, la sagesse, le savoir et l'éloquence se fortifient
singulièrement avec le temps. Innées dans les jeunes gens,
ces qualités n'atteignent leur développement que chez les
personnes déjà très âgées et blanchies par les ans. Je suis
certes bien vieux, moi qui me trouve actuellement dans ma
soixante-dix-neuvième année, et je ne suis plus apte aux
œuvres qui exigent de la force corporelle. Mais il me semble
que ma force d'âme est encore florissante, et c'est avec
aisance et hardiesse que je marche à la lutte. Voulant donc
par la victoire et le succès acquérir des louanges méritées,
j'ai beaucoup écrit aux rois, aux empereurs et autres princes,
pour les engager à faire la guerre aux infidèles et surtout
aux Turcs. Ces derniers, en effet, étant sur terre et sur mer
les plus redoutables ennemis de la chrétienté, me paraissent
dignes de nos coups. Voilà en peu de mots pour ce qui me
concerne.

Quant à toi, mon bien cher Démétrius, toi qui brilles au
premier rang parmi les savants et les orateurs grecs, qu'as-tu

1. ἔρρωσο γλυκεία.

fait jusqu'à ce jour? Ne connais-tu pas le dicton vulgaire *Aux jeunes d'agir, aux hommes mûrs de conseiller?* Je ne t'exhorte pas à saisir le bouclier et la lance de Mars, mais à manier le glaive puissant de l'éloquence démosthénienne, exercice où tu es passé maître. Pourquoi donc gardes-tu le silence, toi un homme si éminent, toi qui es comme une sorte de Phidias créateur d'une très belle et très douce éloquence, toi qui, en outre, habites Florence, ville immensément riche et remplie d'hommes au cœur généreux? Pourquoi ne la façonnes-tu pas telle que doit être la vraie République, puisque tu as sous la main la matière toute préparée à recevoir la forme que voudront lui donner tes paroles? Car elle n'est pas encore complètement dominée par ces artisans méprisables, impuissants à faire quoi que ce soit de bon ; mais, grâce à la vertu de sa nature, elle continue de repousser la forme qu'on veut lui donner. Elle cherche le mieux, mais elle en est empêchée par ceux qui la dominent.

Mais toi, très savant Démétrius, toi qui as un poing de bronze [1] et assez solide pour empêcher ce qui se fait, modèle artistement les choses présentes, tends la main à la chrétienté, en façonnant le prince [2] tel que l'exigent la raison et la situation actuelle. Il faut aussi faire valoir que le danger suspendu sur nos têtes, menace surtout les populations italiennes. En effet, les Turcs font les rodomonts aux portes de l'Italie. Ce serait en vain que nous exhorterions nos princes à protéger les œuvres libérales, lorsqu'ils courent risque de perdre le pouvoir qu'ils possèdent, alors que les Turcs ont une marine puissante, attaquent intrépidement de tous côtés, par terre et par mer, tandis que nous restons plongés dans l'indifférence, ou que nous nous dressons mutuellement des embûches et méditons des guerres civiles. Il faut donc surtout exhorter nos princes à ce que, après avoir pris les mesures

---

1. Jeu de mots sur le nom de Chalcondyle ou Chalcocondyle, Χαλκοκονδύλης, de χαλκὸς, *bronze* et κόνδυλος, *poing*.

2. Laurent de Médicis.

nécessaires à leur sécurité, ils distribuent à leurs sujets de l'argent, de l'or, des vêtements, tout ce qui est nécessaire pour remédier aux maux de la situation présente. Car il faut au moins sauvegarder les ressources actuellement existantes. Et il est impossible de les sauvegarder, si l'on n'est pas d'accord, si l'on ne se résout pas à diriger une expédition contre les ennemis du dehors et à se mesurer avec eux. Mais assez sur ce chapitre.

Pour ce qui me concerne personnellement, tu sais que ma santé corporelle est bonne, grâce à Dieu. Quant à celle de l'âme, bien qu'elle ne soit pas parfaite à cause des traverses nombreuses que j'ai eues à subir, je lui donne les soins que me fournit la philosophie. Écris-moi aussi comment tu te portes et dans quelle situation tu te trouves. Enfin, salue de ma part le très noble Laurent de Médicis, dont ni l'envie des hommes pervers, ni le temps lui-même n'effaceront les éclatantes vertus.

Je te recommande l'excellent Démétrius le Crétois [1], mais surtout les Muses. Porte-toi bien, mon doux ami.

1. Démétrius Damilas. Voir sur lui notre *Bibliographie hellénique des* xve *et* xvie *siècles*, t. I, pp. 1 à 6, 9, 10, 11 et 63; et H. Noiret, *Huit lettres inédites de Démétrius Chalcondyle* [Extrait des *Mélanges d'archéologie et d'histoire* publiés par l'École française de Rome, t. VII] (Rome, 1887, in-8°), p. 20. Dans sa lettre à Jean Lorenzi, datée de Florence le 4 janvier 1488 (sans doute 1489, en tenant compte de la différence du calendrier florentin), Chalcondyle recommande Antoine Damilas, le calligraphe bien connu, qui désire avoir à Candie la charge de protopsalte, et il dit qu'il est le frère de Démétrius : ce qui confirme l'hypothèse émise par nous dans notre *Bibliographie hellénique*, t. I, p. 1.

POÉSIES GRECQUES

DE

FRANÇOIS FILELFE[1]

———

1

Βησσαρίωνι τῷ καρδιναλίῳ νικαεῖ.   f. 2 v°.

᾿Ω φάος θείας ἀρετῆς σοφοῖσιν
πρῶτος ἐν πᾶσιν μέγεθος καὶ ἄκρον
κάλλος οὐκ ἤθους δολεροῖο δείξας,
4   Βησσάριόν μοι.
Σοὺς λέγειν τοίνυν γλυκεροῖς ἐπαίνους   f. 3 r°.
ᾄσμασι σπεύδων, πόθεν αὐτὸς ὕλην
ἀξίοις πρῶτον μέλεσιν τοσαύτην
8   ἄρξομ' ἀείδειν;
Οὐ γὰρ εἶ φωστὴρ νεαρᾶς σελήνης,
ἀλλὰ λαμπηδὼν κρατεροῖο φοίβου,
ὅστις ἐν ζωῇ ἄγασαι τελείαις
12   πράξεσι πάσῃ.
Οὐδὲν ἀσπάζῃ ζοφερὸν κατ' ἦθος
σεμνόν, ἐκλάμπων μόνος ἐν βροτοῖσι
φῶς ἀεὶ στέργεις, ἀγαθοῦ μεγίστου
16   πάντα νοήσας.

1. Ces poésies sont tirées du *Laurentianus 15* du pluteus 58, manuscrit qui
est un autographe de François Filelfe.

Οὐδὲν ἐν κόσμῳ τἀγαθὸν καλεῖσθαι
ἄξιον τούτῳ, πάτερ, αὐτὸς οἴει ·
ἀλλὰ τοιοῦτον κέκρικας τὸ θεῖον,
20   τἄλλα δὲ φροῦδα.
Πάντα τοῦ θείου πέπραχας παρόντος
καὶ λέγεις ὀρθῶς · σοφὸς οὖν ὑπάρχεις   f. 3 vᵒ.
αὐτὸς ἐν πρώτοις, ὅτι καὶ σεαυτὸν
24   ὄλβιος οἶσθα.
Ὄλβιον μοῦνον σοφὸν ἄνδρα κεῖνον
οἶμαι, ὃς κόσμου δολεροῦ ματαίαις
αὑτὸν οὐ σφάλλει προκαλοῦντα δόξαις,
28   οἷος ὑπάρχεις.
Ὁ φθόνος λίην ἀρετὴν πιέζειν
αἰὲν εἴωθεν νοσερὸς μεγίστην ·
ἀλλὰ καὶ μείζων ἀρετὴ πονοῦσα
32   γίγνεται ἄθλοις.
Εἷς ἐν ἀνθρώποις ὅλον εἶ σὺ πᾶσι
τοῦ καλοῦ τηρῶν γένος εὐμενείας ·
εἷς πέλεις πάσης ἅμα κἀὐσεβείας
36   εἶδος ἀρίστης.
Ἔστι γοῦν αἰεὶ μετὰ σοῦ τὸ θεῖον ·   f. 4 rᵒ.
τοῦτο ποιήσει κύριόν σε πάμπαν
παντὸς αἰσχίστου φθονεροῦ τε μοῦνον
40   ἤτορος εἶναι.
Χαῖρε γοῦν τῆς σῆς ἕνεκεν γλυκείας,
ὦ πάτερ, μοίρας, θεὸς ἥν σοι ηὖδα
δεξιὸς λάμπων παρὰ τοῦ ὀλύμπου ·
44   χαῖρε καὶ ὕμνει.
Σοὶ θεὸς δώσει ἀγαθὸν τοσοῦτον
ὅσσον οὐδ' ἄλλος μόνος ἐν σοφοῖσιν
ἀνδράσι μείζων πρότερόν που εἶχε
48   γῆς ἐπὶ πάσης.
Εἶν' ἀοιδοῖσιν θεόθεν πεφύκει
θυμὸς, ὡς οἶδας, φίλος · οὔ σοι οὗτος

ψεύσεται · καὶ γὰρ λόγος ἐκ θεοῖο
52   δώματος ἦλθεν.
Ὅσσον οὖν μόχθον κάματόν τε πάσχεις   f. 4 vᵒ.
μείζω ἐν πόντου ταραχαῖς παρόντος,
τόσσον ἡ δόξη τάχιον φανεῖται
56   ἔξοχα μείζων.
Ἡρακλῆν μείζω κατὰ πᾶν οἱ ἆθλοι
δεῖξαν εὖ πράττειν · θεὸς αὐτὸς ὕλην
δῶκε τοῖς ἐχθροῖς φθονερᾶς ἀνάγκης
60   Χριστὸς ἑβραίοις

2

Βησσαρίωνι τῷ καρδιναλίῳ νικαεῖ. f. 13 vᵒ.

Ἡελίου τε φλόγες καὶ μήνης φέγγος ἀνάσσης,
 πάντα τε οὐρανίοις ἄστρα φανέντα πόλοις,
δεῦρ' ἴτε · δεῦρο, θεοί, πολυόλβια τείνετε πάντες
 ὄμματα ἠδὲ πόδας · ἐστὲ βροτοῖς ἀγαθοί ·
πάσχομεν οἱ σχέτλιοι δεινῶς μάλα πάντες, ἀνάγκη
6 οὓς φοβερὴ δέδακεν πήματα πικρὰ φέρειν ·
ἔλθοιτ' εὖ οἰκοῦντες ὑπέρτατα δώματ' ὀλύμπου
 ἦτορ ἐπ' ἀνθρώπους εὐμενὲς οἰσόμενοι.
Δεῖ πατρὸς εὐγενέος καὶ πάντ' ἀγαθοῦ τε σοφοῦ τε ·
 καὶ γὰρ ἅλις μοχθοῦ καὶ πόνου ἐστὶν ἅλις.
Βαῖνε φέρων ἡμῖν βασιλεὺς θεὸς εὐμενὲς ἦτορ,
12 Χριστέ, νεὼς εἴ σοι, σῶτερ ἄναξ τε, μέλει. f. 14 rᵒ.
Κούιντος ὁ Νικόλεως, ἐσθλῶν ἀγὸς ἐσθλὸς ἐκεῖνος,
 οὔσιος ἀρχιερεύς, Χριστέ, σοί ἐστι πάρα ·
νῦν σκότος ἀνθρώπους ἐπὶ γαίης πάντας ὑπίσχει,
 ἥλιος ἦν Πεμπτὸς τοῖσι σοφοῖσι μόνος.
Οὐ γὰρ ὁ νῦν ποιμὴν ἀλεγίζει τάξια μάνδρας,
18 ἀλλὰ φιλεῖ μοῦνον δεῖπνον, ἄριστον, ὄναρ ·
οὐδείς ἐστι τόπος ἀρετῇ παρὰ τ' ὤφρονι πάμπαν ·
 ἔστιν ἀνὴρ ἄφρων μὴ νοέων τὸ πρέπον ·

ἀλλὰ πρέπει ἄνδρας τιμᾶν ἀγαθούς τε σοφούς τε,
ταῦτα γὰρ ἀνθρώπων ἐστὶ φιλοῦσα φύσις ·
πικρὰ μέν ἐστι κακοῖς ἀρετή, ἐσθλοῖς δὲ γλυκεῖα ·

24   τὴν δ' ἀρετὴν φιλέων ἔστ' ἀγαθοῖσι φίλος.
Πρὸς δ' αὖ καὶ τούτοις, Πέτρου ναῦν κύμασιν ἄκροις
δεινὸς ἄγει κάματος, ναυάγιόν τε φέρει ·
νῆα κυβερνήτης εἰ μή γε πολύτροπος ἅλμη
σεῖο θύει, Χριστὲ κοίρανε, πόντος ἔχει.
Πάνσοφε Βησσάριον, πάτερ ὦ μεγαλώνυμε, θείᾳ f. 14 vº.

30   πορφύρεον κόσμον τῇ κεφαλῇ φορέων ·
οὗτος, ὦ ἀρχιερεῦ, βουλαῖς ἀγαθῶν τε σοφῶν τε
σοὶ πόνος ἐστὶ μόνῳ ἀρχιερῆα φάναι ·
μηδὲ φόβος τίς σοι · θεὸς αἴσια πάντα παρέξει,
αὐτὸς ἰδὼν μέλλον καὶ τὰ παρόντα μόνος ·
πράγμασι φῶς δώσεις οἷς νῦν σκότος εὔχεται εἶναι,

36   ὦ πάτερ ἡμετέρε, ὦ κλυτὲ Βησσάριον.
Ἀλλὰ τί σημαίνει τόδε σοι τὸ κατάφρονον ἦθος;
οὔ σοι ζῇς μούνῳ, ἀλλὰ σοφοῖσιν ἔχεις ·
τί φθονεροὺς φεύγεις, θεὸν αἰεὶ σύμμαχον ἔξων ;
ὁ φθόνος ἐστὶν ἀεὶ ἀντίος ἐσθλοτέροις ·
ἦμαρ ἰδού γε πάρα θρόνον ᾧ πανυπέρτατον ἔξεις ·

42   μάντις ἐγώ · μάντιν Φοῖβος ἀρωγὸς ἄγει ·
μάντις ἀληθεύσω · λόγος οὗτος ἐτήτυμος ἔσται ·
σὴν ἱερὰν κεφαλὴν Χριστὸς ἐπ' ἄστρα φέρει · f. 15 rº.
λαμπὰς ἔσῃ κόσμῳ, καί σου κλέος οὔποτ' ὀλεῖται,
ὃν μόνον ἐπ' ἀρετῆς θαύματι κόσμος ἔχει.
Σοὶ τοίνυν, ἡμῖν δὲ ἅμα συγχαίρομεν ἤδη,

48   δέσποτα Βησσάριον, σὴν διὰ τὴν ἀρετήν ·
σὴν μὲν ἄρ' εὐτυχίαν ἀρετή σοι δῶκε τοσαύτην,
οὐ λόγος ἀνθρώπων, οὐδὲ γελῶσα τύχη ·
εἴνεκεν οὗ σε θεὸς καθυπέρτατα πάντα καὶ αἴρει
ἄστρον ἐν ἀνθρώποις ἔξοχον εἶν' ἐθέλων.

3

Ἰωάννη τῷ Ἀργυροπούλῳ.   f. 17 r°.

Ἀργυρόπουλε, σοφῶν ἀνδρῶν οἷς γαῖα μεγίστη
  εὔχεται ἑλλήνων οὔνομα ἠδὲ κλέος,
εἰπέ μοι, ὡς ἱερὸς παρὰ σοὶ χορός ἐστιν, ἑταῖρε, f. 17 v°.
  Ἀονίδων, πότερον τέρπεται οἷς μέλεσιν;
Αὐτόθι γὰρ κεῖται Παρνασὸς, Φοῖβος Ἀπόλλων
6   ὅνπερ ἔχει · καὶ σὺ μάντεος οὔνομ᾽ ἔχεις.
Ἀνδρὶ σοφῷ θεός ἐστι φίλος καὶ πάντα πορίζει
  ὃν κατὰ νοῦν ἀεί · ἔννεπε δὴ τὰ σέθεν ·
ἐν Φλωρεντίνοις ἀρετὴ καὶ πλοῦτος ἀμύμων
  οἶκον ἄμ᾽ οἰκοῦσιν, οἷς πάρα καὶ σὺ μένεις;
χρή σέ ῥα καὶ καλὸν καὶ πλούσιον ὄντα φανῆναι,
12   μή σε σοφὸν μωρὸς μικρὰ φρονοῦντα λέγῃ ·
οὐ γὰρ, Ἰωάννη, πολλοῦ ποιοῦσιν ἐκεῖνον,
  ὅστις ἑαυτῷ γε χρήματα οὐ φρονέει.
Ἄρα σὺ φιλόσοφος χρυσὸν μεγαλόφρονα φεύγεις;
  τοίῳ Ἀριστοτέλης δόγματι ἀντέλεγεν ·
ἔστι γὰρ ἀσχήμων ὁ πολύτροπον ἄνδρα νοήσας,
18   εἴπερ ἐν ἀνθρώποις μὴ γεγονὼς ἐδόκει ·
τῷ τε λέγειν Ἑρμῆς ἅμα καὶ τῷ χρήματ᾽ ἀγείρειν f. 18 r°.
  ἥδεται ἡδυλόγος, τέρπεται ἀργύρεος.
ἀλλ᾽ ἐμὸν οὐ τοῖον · διό σοι παραδείγματα φεῦγε,
  Ἀργυρόπουλε, λαβεῖν · ἔστι γὰρ ἀλλότρια ·
ἄστρα γὰρ οὐρανόθεν κέλεταί μοι λαμπρὸν ἀπεῖναι
24   χρυσὸν ἀεί, οὔ με ἄπλετον ἔχθος ἔχει.
Κασταλίδας γλυκεροῖς Ἑλικῶνος ἐν ὕδασιν οὔσας
  ἡμέτερος γυμνᾶς δεινὸς ἔρως φιλέει ·
φλωρεντῖνος ἀνὴρ ἀσπάζεται ἔργα θεάων
  πιερίδων, πάμπαν χρήμασιν ἡδόμενος ·
χρήματα μὲν κοσμεῖ μούσας, κοσμεῖ δὲ καὶ ἄνδρας ·
30   ὃς δέεται τούτων, μωρολογεῖν λέγεται.

Φιλοσοφεῖν ἄρ' ὁμοῦ σπεῦσον πλουτεῖν δὲ, κατ' ἦμαρ
νύκτα τε μοχθίζων, Ἀργυρόπουλε φίλε ·
ἢ οὐκ οἶσθα φύσει καλὴν μάλα πολλὰ γυναῖκα
κόσμ' ὡραιοτέραν ἔξοχα καὶ δοκέειν;
Ἔνθεν ὁ ἥλιος χρυσοῦ λάβε χρῶμα κρατίστου,
36   οὐράνιόν τε ὅσοι δῶμα θεοὶ ἔλαβον ·
πλὴν μέτρον ἐν πᾶσιν χρὴ τηρεῖν πράγμασι κεῖνο ·
μηδὲν ἄγαν. Καὶ γὰρ τοῦτο σοφόν τι πάνυ.

4

Θεοδώρῳ τῷ Γαζῇ.   f. 20 vᵒ.

Ἔννεπε, Τερψιχόρη, τὸν ἐμὸν φίλον · ἔννεπε, μοῦσα ·
οἶσθα γὰρ αὐτή γε τὸν σοφὸν ἄνδρα πάνυ.
Χρυσὸν ἐπ' ἀνθρώπων ἀρχήν τε φάος τε κρατοῦντα
πρὸς Γαζῆν τὸν ἐμὸν θαύματί γ' οὐδὲν ἔχω ·
τῶν ἀρετῶν πλῆθος, φήμη ἃς ᾖδεν ἀρίστη,
6   ἐστὶν ἐμοὶ πλοῦτος τίμιος, ἀθάνατος ·
αἳ μόνιμον μοῦναι ἀγαθόν · τὰ δὴ ἄλλα δὲ πάντα
σύμβαμα, μοῖρα, τύχη ἔφθαρεν ἠδὲ χρόνος ·
αὐτὰρ ἐμὸν Γαζῆν ἀρετὴ οὐ κόσμεε μούνη,
ὅνπερ ἅπαν ἀγαθὸν δῶκε θεοῖσιν ὁμόν.
Χαῖρέ μοι, ὦ Θεόδωρε, φίλων σὺ σοφώτατε πάντων, f. 21 rᵒ.
12   ἡδυεπῆ Γαζῆ, ἑλλάδος ἄστρον ἔρας ·
καλὸς ἀνὴρ ὢν ἐν πρώτοις παρὰ καὶ βασιλῆϊ·
Ἀλφόνσῳ διάγεις, ὃς μάλα τοῖος ἔνι.
Ἔστι γὰρ ἐν πᾶσιν βασιλεὺς Ἀλφόνσος ἀρίστοις
καὶ βασιλεῦσι θεῷ ἴκελος οὐρανίῳ ·
εὐδαίμων τοίνυν φαίνῃ μοι πάμπαν ὑπάρχειν,
18   τοιαύτης εὑρὼν τῆς ἀρετῆς κύριον ·
καὶ γὰρ ὁ μὴ νοέων τἀγαθόν, πῶς τοῦτο φιλήσοι;
τοιοῦτος δὲ γεγὼς, ἀνδρὸς ἐρᾷ καὶ ὁμοῦ.
Χαῖρέ μοι, ὦ Γαζῆ παμφίλτατε · χαῖρε σὺ κῶναξ
συμπάντων πρῶτος οὓς ἴδεν ἥλιος ·

ἀνδρὶ γὰρ οὐ φαύλῳ βασιλεὺς τοιοῦτος ἀμύνῃ,
24   ᾧ πάρα καὶ ζῆναι δαίμονός ἐστι μέρος.
Συγχαίρω σοι γοῦν χἀμῖν, ὦ Γαζῆ ἑταῖρε ·
    συγχαίρω καί σοι, φῶς βασιλῆος ἄνα.
Ἄσμασιν ἡδυλόγοις σοι πράξεις ἐστὶν ἀεῖσαι   f. 21 vᵒ.
    Ἀλφόνσου, Γαζῆ, πλείοσιν ἐν μέλεσιν ·
σοὶ δὲ, ὦ Ἀλφόνσε, τρὶς δὴ τετράκις τε τὸν ἄνδρα
30   εὖ ποιῆσαι ἀεὶ χρήμασίν ἐστι δέον ·
χρήματα γὰρ παρὰ σεῖο πέλει, κῳδαὶ παρ' ἐκείνου,
    τοιοῦτος μισθὸς ἄξιος ἀμφοτέρου ·
λαμπρῷ κομψοεπὴς βασιλῆι ὀφείλεται ὅσσα
    καὶ κλέος ἀνθρώποις εἶναι ἐν ἐσσομένοις ·
ἀνδρὶ δὲ τῷ καλῷ συγχωρεῖ χρήματ' ἀνάγκη,
36   καὶ γὰρ ἀνὴρ αἰεὶ πᾶς σοφός ἐστι πένης.
Οὔποτε γὰρ πλοῦτός τε μέγας ἀρετή τε πεφύκει
    εἶναι ὁμοῦ μεγάλη · ταῦτα γὰρ ἔχθος ἔχει ·
τοῦτο δὲ κἂν πρώτοις ἡγοῦμ' εὐδαίμονος ἔργον
    ἀνδράσι δῶρ' ἀνδρὸς ταῖς ἀγαθοῖσι νέμειν.

5

Ἰωάννῃ τῷ Ἀργυροπούλῳ.   f. 21 vᵒ.

Νῦν ἐμῷ αὖ, μοῦσα, λίην ἑταίρῳ   f. 22 rᵒ.
σπεῦδε σὺν σπουδῇ τάχιον βαδίζειν ·
πάντα κἀκείνου ἀκριβῶς σοφοῖο
4   εἰπὰ μαθοῦσα ·
οὐ γὰρ ἀφθόγγῳ τινὶ μὲν κατ' ἦθος
ἀπρεπὲς πάλαι, μάλα καὶ σιγῶντι
κοσμέειν οἶμαι κεφαλὴν πεφύκει
8   στέμμα θεοῖο.
Μοῦνον ἐν πρώτοις Ἑλικῶνος ὕδωρ
λοῦσε τὸν φίλον γλυκεροῖσι θεῖον
κύμασιν κεῖνον · μόνῳ οὖν ἀείσω
12   Ἀργυροπούλῳ.

Ὀρφέως αὐδὴν λιγυρὴν μεγίστου
ὦ σὺ θηράσσας, κατὰ ποῖον ᾆσμα
καὶ μέλος, τόσσον τὸ ἀεὶ σιγῆσαι

16   σεμνὸν ὑπάρχει;   f. 22 v°.

Ἢν λύραν Ἑρμῆς πρότερος γλυκεῖαν
εὗρε, καὶ Φοίβῳ γέγονεν, χαρίσσας ·
τῇδε εἰς πᾶσιν φίλος ἐν βροτοῖσιν

20   οἶσθα σὺ χρῆσθαι.

Τὴν χέλυν τοίνυν λάβε τὴν ἀρίστην,
χρώμενος φωνῇ ἱερᾷ θεάων,
ἃς ἔχει παίζων κιθάραν Ἀπόλλων

24   θαύματι πλείστῳ,

δεῖξον οὖν ᾄδων μέγεθος σελήνης,
ἡλίου πᾶσαν φλογεροῦ πορείαν ·
ἀστέρες φέγγος πόθεν εἰσὶν ἄλλοι

28   αὐτὸ λαβόντες.

Εἰπὲ καὶ ψυχὰς πόθεν εἰσὶν ἄνδρες
κτώμενοι · νοῦν αὖ πόθεν αἱ λαβοῦσαι ·
ἢ φύσις δῶκεν νοεροῖ᾽ ὀλύμπου

32   ἤτε θεοῖο ·

πῶς ἐν ᾅδῃ [τις]παθέειν θανόντος   f. 23 r°.
σώματος χωρὶς δύναται βροτοῖο ·
καὶ σκότον πῶς πῦρ λάβεν · οὐ γὰρ οἶδα

36   ταῦτ᾽ ἀτρεκῶς γε.

Ἢ τὰ τοιαῦτ᾽ εἰς κόρακας λιπόντες,
ἄλλα ζητῶμεν. Λέγε γοῦν σοφίζων
πῶς ὁμοῦ πλοῦτός τ᾽ ἀρετή τ᾽ ἐς ἄκρον

40   οὔποτ᾽ ἂν ἦσαν.

Ἔστι, μοὶ λέξον, παρὰ σοὶ ὁ πλοῦτος
μᾶλλον ἢ αὕτη ; σὺ γὰρ οἶσθα, φράζε ·
τήνδε γὰρ πλούτου τυφλεροῦ νομίζω

44   μείζονα πάμπαν.

Ταῦτ᾽ ἔχω μέν σοι, φίλε, νῦν ἀεῖσαι ·
πολλὰ δὲ πλείω σὺ σοφὸς παρέξεις ·

κοινὰ γὰρ φίλοις ὁ σοφὸς κελεύει
48   πάντα συνεῖναι.

6

Ἀνδρονίκῳ Βυζαντίῳ.   f. 25 r°.

Ἆδε νῦν ἡμῖν περὶ Ἀνδρονίκου,
μοῦσα, τοῦ λαμπροῦ ἀρετὴν κἀτ' ἤθη
ἀνδρὸς ἐν πρώτοις λογίου σοφοῦ τε,
4   ἆδε δὴ, ἆδε.
Τόνδε Βύζαντος πόλις ὡς ἀρίστη
γείναθ', ὃν θεία τέτραφεν Θαλεῖα
ὕδασιν κείνου γλυκεροῖς παρ' ὄχθαις
8   τοῦ Ἑλικῶνος.
Οὗτος ἐν ψυχῇ μέγα τι φρονήσας
γαῖαν ἀρχαίου λέλιπεν Λυκούργου,
καὶ διὰ σφοδροῦ πελάγους, Λατίνων
12   ἦλθεν ἀκούσων.   f. 25 v°.
Πᾶς σχεδὸν Νείλου σοφὸς ἤλυθεν γῆν
τοῦ μαθεῖν πλείω ἕνεκεν μεγίστην ·
αὐτὸς Ἑλλήνων χάριν εὖ νοῆσαι
16   γαῖαν ἀφίχθην.
Πᾶσα γενναίη φύσις αἰὲν ἄλλα
κἄλλα γιγνώσκειν ποθέει τ' ἰδοῦσα ·
ἀνδρὸς οὐκ ἔστιν τὸ βίου ἀπράκτου
20   θρέψαι ὀνείρους.
Εἰσὶν ἀνθρώπων βίοι οἱ φανέντες
διττοί, οὓς οἶμαι μετόχους ἐπαίνου
τῶν θεωρούντων ἕτερος, παρ' αὐτῷ
24   πάντα νοήσας.
Πρακτικὸς τούτου ἅτερος κατ' ἔργον
πρᾶγμα πᾶν πράξας φανερὸν βροτοῖσιν ·
ἀλλ' ὁ Βύζαντος μελετᾷ πολίτης
28   τώδε καὶ ἄμφω.   f. 26 r°.

Ἔστ' ἀνὴρ τοίνυν φύσεως τελείας
μηδὲν ἐν ζωῇ παρορῶν ἀρίστῃ ·
ἀλλὰ πᾶν τηρῶν μέρος εὐσεβείας
32 τοῦ τε δικαίου.
Ἄξιος μέντοι φίλος εἰς φιλοῦντος
ἀνδρός, ὦ μούσαις ἄνερ εὐσεβέστι
φίλτατος πάμπαν · διὸ πίστις ἴση
36 ἔστω ἑταίροις.
Ξεῖνος ὢν αὐτὸς ξένον εἶν' ἐμεῖο
βούλομαι σαυτὸν κατὰ τοῦ δικαίου
καὐσεβοῦς πάντῃ νόμον · αὐτὸν οὖν σε
40 ἅπτε Φιλέλφῳ.
Σώμασιν δισσοῖς μόνον ἔστω ἦτορ ·
οὐ διαιρεῖται ἀγάπη δικαίη ·
ἔστιν ἡ αὐτὴ λόγ' ἀεὶ καὶ ἔργῳ,
44 ἀθάνατος γάρ .   f. 26 v°.
'Αλλ' ἐπεὶ κεῖνος σοφὸς ὢν κελεύει
τοῖς φίλοις εἶναι τά τε κοινὰ πάντα,
κοὐδὲν ἀλλήλοις ἴδιον, φιλοῦντί
48 μοι φίλος ἔστω.
Εἰ ποθεινόν σοι παρ' ἐμοῦ τι εἴη,
τοῦτο ὡς σόν σοι λάβε · καὶ μὴ ὄκνει.
Καὶ γὰρ αὐτὸς δὴ περὶ σῶν ἁπάντων
52 ταὐτὸ καὶ ἄξω.
'Αλλὰ νῦν τούτων πέρι μέχρι τοῦδε.
Εἰπέ μοι Τούρκων περὶ τῶν ἀπίστων
ὅσσον ἀνθρώπων κατὰ τῶν ἐκεῖθεν
56 γλῶττα διῆλθε.
Πῶς ἔχει κείνη πόλις, οἴμοι οἴμοι,
γαῖα ἣν πάσῃ βασίλισσαν εἶχεν ;
ἆρα τείχεσσιν καθὰ καὶ πολίταις
60 βάρβαρος ἤφθη ;   f. 27 r°
Πράγματ' ἀνθρώπων τέλος ἐξ ἀνάγκης
καίριον θείας δέχεται · τὸ ἀρχὴν

πᾶν ἔχον, τοῦτο χρέος ἐστὶ πάντη
64 ἐς τέλος ἥκειν.

Δυστυχὲς πάμπαν, βαρὺ καὶ πικρόν τι
φαίνεται δούλων τύχη · ἀλλὰ μᾶλλον
βαρβάρου δοῦλος · θάνατος τυράννου
68 κάλλιόν ἐστιν.

Πλὴν χρεὼν τλῆσαι μετρίως ἀνάγκην ·
οὐ γὰρ ἀνθρώπων ἀμελεῖ τὸ θεῖον,
φροντίδ' ἀλλ' ἴσχει, ὅπλα σῶα δώσων
72 δεινὰ παθοῦσιν.

7

Θεοδώρῳ τῷ Γαζῇ.   f. 31 v°.

Δεύτερον ὡς Γαζῆν τὸν ἐμὸν φίλον ᾄδομεν ὄντα
σὺν ταῖς Πιερίσιν τὴν κατὰ Παρθενόπην.
Οὗτος ἀνὴρ ἀγαθὸς τήρηκε τὰ πάντα δικαίως ·
πάντα σοφῶς διάγει · ἔστι σοφὸς γὰρ ἄγαν,
ὃν φθόνος οὐ τήκει φθονεροῦ καὶ πήματα Λεύκου ·
6 ὁ φθόνος ἆρ βέβλαφε τὴν φθονερῶν κραδίην.
Κάνδιδος ὀφθαλμοῖσι μόνον κοὐ σώματι Λεῦκος
λευκὸς ἀνὴρ πέλεται, τὴν κραδίην δὲ μέλας.
Ὄλβιος εἶ, Γαζῆ, τοιοῦτον κτώμενος ἔργα
κοίρανον ἠδ' ἀρετάς · εὐγέ σοί ἐστι, φίλε.
Τέρπεσαι Ἀλφόντου βασιλῆος ἆεῖσαι ἀρίστου f. 32 r°.
12 ἃς δὴ ἔχει πράξεις θαύματι κόσμος ἅπας.
Τοὔνεκα συγχαίρω, Θεόδωρε, σοί, αἶσαν ἑταῖραν
ὅστις ἔχεις, ταύτῃ χρῆσθαι ἀεί σε δέον ·
μοῖρα τύχη τε ὁμοῦ σαυτόν ῥ' ἀσπάζεται · ἀμφοῖν
λοιπὸν ἔπου ταύταιν ὄλβιος ἐσσόμενος.
Λάμβανε, φίλε, λύρην ὑμνῶν πτολέμων τε θριάμβους
18 ἠδὲ μαχῶν τόσσους ἐν γλυκεροῖς μέλεσιν.
Ἔστιν ἀεῖσ' ἀρετὴν οὐ μούνην ἀνδρὸς ἀρίστου
Ἀλφόντου · πάσας οὗτος ἔχει ἀρετάς ·

νοῦς βασιλῆος ἅπαν μέλλον τε παρόν τε νοήσας
οὐδενός ἐστ' ἀγαθοῦ, οὐδὲ λόγ' ἀμέτοχος ·
πράξεσιν ἐν πάσαις 'Αλφόνσου γλῶττα θεοῖο

24 τοὔνομα σὺν ψυχῇ οὗτιος οὖσα λέγει ·
τόνδε γὰρ οἶδε μόνον πάντων βασιλῆα, θεῷ τε
τῷδε μόνῳ κόσμον οἶδ' ὑπακοῦσαι ὅλον ·
οὐδὲ μάτην γε νοεῖ · καὶ γὰρ θεὸς αἰὲν ἀκούει   f. 32 v°.
ἄσμενος εὐχομένου, πράγματα καλὰ νέμων ·
ἔστιν ἀγὸς τοίνυν συνετός, βασιλεύς τε θεοῖσι

30 πᾶσι φίλος · τούτου πράξεας ᾆδε, φίλε ·
οὐ γὰρ ἄνευ θείας ψυχῆς γνώμης τε τοσοῦτον
πᾶσι παρ' ἀνθρώποις οὔνομα φῶς τε λάβε.
Τοῦ Λαερτιάδου Πηληϊάδεω τ' 'Αχιλῆος
Μαιονίδης ᾆδει πράξεας ἠδὲ κλέος ·
ἀλλὰ σὺ μυθολόγοις οὐ χαίρων πράγμασιν, ὕμνει

36 ἃς βασιλῆος ἴδεν κόσμος ἅπας ἀρετάς.
Μή σε λυποῖ Λεῦκος τὴν γλῶτταν ἀβέλτερος, ἦτορ
μωρὸς ἀεί · οὐ γὰρ σῷ κλέει ἔσται ὅρος ·
ἀνδράσι τοῖς ἀγαθοῖς κακὰ φαῦλοι αἰὲν ἀρῶνται ·
ἀλλὰ κακῶς τὸ κακὸν τοῖσι κακοῖσι πέλει.
Δαύαλος ἐν πρώτοις πάμπαν μοι ξεῖνος ὑπάρχει

42 Αἴνικος, ὃν καί σοι βούλομαι εἶν' ἑταῖρον ·   f. 33 r°.
οὗτος ἀνὴρ ἀγαθός σοι, Γαζῆ, πολλὰ συνοίσει ·
οἶδε γὰρ ἠδὲ θέλει καὶ τὸ ἄγαν δύναται ·
ἔστι παρ' 'Αλφόνσῳ πολὺς αὐτὸς πάντα νοήσας
τοῦδε νόον τελέει, ὅσσα περ ἄν γ' ἐθέλοι .
τοῦτον ἄρ' ἄνδρα φίλει, ὡς σαυτὸν ἀντίος ἄκρως

48 τιμήσει. Λεύχου νοῦν δολερὸν πρόσεχε ·
ἔξοχός ἐστι κόλαξ · θωπεύων ἄμβροτα σαίνει
πάντα λόγῳ · πρόσεχε, καὶ γὰρ ἀεὶ λοχέει ·
ἀλλὰ σὺ τὴν Λεύχου τέχνην ἄγε παῖζε φρονήσει ·
Λεῦκος ἀεὶ δολερός · τόνδ' ἀρετὴ δαμάσει ·
μοῦνος ἀνὴρ ἀγαθὸς πράττει εὖ, μόνος ὄλβιος οὗτος ·

54 ἔστιν ἀεὶ σχέτλιος, ἔστιν ἀεὶ κακὸς ὤν.

Αὐτὰρ ἅλις τούτων · σοφὸς εἶ · διὸ πάντα κελεύω
οὐ βαρέως σε φέρειν ὁ φθόνος ὅσσα φέρει ·
πρὸς δὲ Πανορμίτην Ἀντώνιον ἄσπασ᾽, ἁπάντων
ὅστις ἐμοὶ φίλων ἐστὶ φίλος χρόνιος.

8

Βησσαρίωνι τῷ καρδιναλίῳ νικαεῖ.   f. 36 r°.

Ἔστι βροτοῖσιν ἔθος τοῖς εὖ οὐκ ἄξια πᾶσι
πράξασιν ὀγκοῦσθαι στήθεσιν ἠδὲ νόῳ ·
ἀλλὰ σύ, Βησσάριον πάτερ ὦ πολύολβι᾽, ἐπάρσει
οὐδεμιᾷ χαίρεις · εἰ σοφὸς ὧδε πάνυ ·   f. 36 v°.
μωρὸς ἅπας ἀρετῆς μείζω κρείττω τε νομίζων
6   πάντα τύχης · ταύτην ὡς θεὸν ἂρ σέβεται ·
ἀλλ᾽ ὁ σοφὸς τοιοῦτον ἀνὴρ πᾶν οἴεται εἶναι
ταῖς αὔρῃσιν ὁμόν, ἃς θέρος αἰνὸν ἄγει ·
ἄξιος ὢν ἱερᾶς ὅς γ᾽ οἴακα νηὸς ἁπάσης
χερσὶ κυβερνήσῃς, εἰ σέο μοῦνος ἀγός.
Τοὔνεκα τολμήσας τοιαύτην φίλτατος ὕλην
12   αὐτὸς ἐπιστέλλειν, σῆς ἀκοῆς δέομαι.
Ὅπλα φύσις ζώῳ τάξιν κάτα δῶκεν ἑκάστῳ.
εἰς ἰδίου προσοχὴν σώματος ἠδὲ βίου ·
ἀλλ᾽ ἐμοὶ ἐσθλὰ φύσις λαμπρή τε προαίρεσις ὅπλα
δῶκε βίβλους · οὐδέν μ᾽ ἥδιόν ἐστι βίβλων ·
ἄρα Παραλλήλων Πλουτάρχου, ἄρα τοσούτου
18   θησαυροῦ λήθη ἦτορ ἐμοῦ ἔλαβεν.
Δέσποτα Βησσάριον, πάτερ ὦ μεγαλώνυμε, δεῖξον, f. 37 r°.
δεῖξον ὁδόν, δέομαι, τὴν περὶ τοῦδε πόθου ·
οὐ γὰρ σμικρὰ λύπη φλογεροῖς μοι στήθεα καίει
ἕλκεσιν · οὐ δύναμαι ναυάγιον τόδ᾽ ἔχειν ·
ἔστι μὲν ἀνθρώποισι φύσει πόθος αἰὲν ἰδεῖν τι
24   ἠδὲ μαθεῖν τι νέον · τοῦτο δὲ γράμμα πόροι ·
ποίεε δὴ τοίνυν ἡμᾶς ταύτῃ τε μαθήσει
τῇ τε σέο σπουδῇ πρὸς τόδε χρῆσθαι ἔχειν ·

οὐ σῷ λιτά, πάτερ, Φραγκίσκῳ δῶρα Φιλέλφῳ
τῷδε διαπράξῃς · τοῦτο φιλῶ γὰρ ἄγαν ·
μείζονος ἢ τιμῆς δῶρον πᾶν χρεία λαβόντος
30   δεῖξεν ἀεὶ · τοῦδε χρεία μοι ἄκρα πέλει ·
οὐ γὰρ ἁπλοῦν ὄφελος λαμπρῶν ἡγοῦμαι ὑπάρχειν
ἔκ τε βίων ἀνδρῶν, ἔκ τε λόγων ἀγαθῶν.
Τῶν δὲ Παραλλήλων ἃ γράψε σοφώτατα πάμπαν
κεῖνος ἀνὴρ ἕλλην, ἄλλο τι μεῖζον ἔχοις ;
πᾶσα γὰρ ἡ μέθοδος ποιοῦσ' εὐδαίμονας ἄνδρας
36   ἐστὶν ἐκεῖ · σύνεσιν πᾶσιν ἐκεῖ βλέπομεν.
Χριστὲ, βοηθήσας, πάτερ ὦ ἀνδρῶν τε θεῶν τε,
βάλλε νόῳ ταύτην ἀρχιερῆος ὄπα.
Ὦ Κάλλιστε, Πέτρου τιμήν τε θρόνου τε κατίσχων,
σεῖο βοηθείας δῖα δίκη δέεται ·
θησαυρὸν δὸς ἐμοὶ τὸν ἐμὸν, πάτερ ἔξοχε πάπα,
42   ὅν σοι δηλώσει Βησσαρίων στόματι ·
τοῦτον ἄρ' εἰ δώσεις, χάρις αὖ ἀποδόντι τοσαύτη
ἔσσεται, ὅσσην περ μεῖζον' ἀνοῖσαι ἔχω ·
πῶς γὰρ τἀλλότριον σὺ δικάζων πάντα δικαίως
κτῆμ' ἀποδοῦν' ὀκνῇς ; σπεῦδ' ἀποδοῦναι ἄρα.
Ἐλπὶς ἐμή γ' ἐπὶ σοὶ πάσῃ, πάτερ ὄλβιε, κεῖται,
48   Βησσάριον · μοῦνος οἶσθα καθῆκον ἅπαν ·
τῷ γε λαβεῖν δῶρόν με σὺ γὰρ μεγαλήτορα λέξεις,
ὥς σε θεῷ δοῦναι οἴδαμεν εἶναι ὁμόν.

9

Ἰσιδώρῳ τῷ τε καρδιναλίῳ καὶ Κωνσταντινουπόλεως
                πατριάρχῃ.   f. 38 rᵒ.

Μοῦσα, δὴν ὀκνεῖς λίαν Ἰσιδώρῳ
πατρὶ πανθείῳ γλυκεροῖς ἀείδειν
σοῦ διὰ γλώττης μέλεσιν, θεάων
4   Πιερὶ πρώτη.

Οὗτος ἐν πρώτοις ἅγιος πεφύκει
καὶ σοφὸς πρῶτος νοερᾷ μαθήσει ·
οὗτος ἐν πάσαις ἀρεταῖς ὡς ἄστρον
8   ἔξοχα λάμπει.
Τοῦτον ὑψίστου θρόνος εὐσεβοῦντα
ναοῦ ἐν τόσσαις ταραχαῖς κακούργων
κἀσεβῶν ἀνδρῶν μόνον αὐτὸς ἕξει
12   ἀρχιερῆα.
Ἑλλάς, ἐκ τούτου θεὸς, ὦ μεγίστη,
ἵλεως σαυτῇ πατρὸς ὡς ταχίστως   f. 38 vº.
ἔσσεται · θάρσει · δολεροῖς πεσεῖται
16   Τοῦρκος ἐν ὅπλοις.
Οὗτος, ὦ Θωμᾶ βασιλεῦ, ἀμύντωρ
πράγμασι τοῖς σοῖς πολὺ φῶς παρέξει ·
ἔστι γὰρ θείᾳ κατὰ πᾶν φρονήσει
20   φαίδιμος ἔργον.
Ὦ νέας Ῥώμης κλέος ἠδὲ σῶτερ,
ὦ τῆς ἀρχαίας φάος, ἠδὲ μούνη
ἐλπὶς ἀνθρώποις ἰταλοῖς · ὦ πάσης
24   δέσποτα γαίης,
σοὶ θεὸς, Θωμᾶ, πάνυ ἐξ ὀλύμπου
δεξιὸς λάμπει · ὅτι θεῖος ἤδη
σεῖο τὰς πράξεις ἱερεὺς ἀρίστοις
28   δείκνυσι πᾶσιν.
Εὐσεβὴς γὰρ παῖς Μανοὴλ ἐκείνου,   f. 39 rº.
πάντας ὃς ζῶντας βασιλεῖς ἐνίκα
τῷ νόου φέγγει ἀρετῆς τε κάλλει,
32   ἄξιος ἦσθα.
Μοῦνον ἀνθρώπων σε λέγει ἁπάντων
οὗτος, ὃν σύμπας βασιλῆα κόσμος
προσλαβὼν Χριστῷ κατὰ τῶν μαχούντων
36   κοίρανον ἄξοι.
Ταῦτα δὴ θείῳ πατρὶ Ἰσιδώρῳ
εἰπὲ, τὸν πῖλον κεφαλῇ φοροῦντι,

14

ὦ θεά, πυρρόν · λέγε πᾶν ταχίστη
40   τῷ πατριάρχῃ.
Πρὸς δὲ καὶ τούτοις παρ' ἐμεῖο λέξον
ὅσσα συντείνει πρὸς ἐμὰς κελεύσεις ·
εἶτα μὴ ὄκνει πάλιν εἰς τὸν οἶκον
44   ὥκιον ἥξειν.

10

Βησσαρίωνι τῷ καρδιναλίῳ νικαεῖ.   f. 39 vᵒ.

Ἆρα νέας ἔχομεν βασιλῆα, πανόλβιε, Ῥώμης,
     Βησσάριον ; Τοῦρκοι ἆρα κακῶς ἔφυγον ;
ἀλλὰ τίς ἦν πράξας τοιοῦτον κοίρανος ἔργον ;
     ὕπνος ὁ παντοδάμας · ὦ συνετὴν κεφαλήν !
Χαίρετε, Ῥωμαῖοι, γένος ἔξοχον · ἄνδρας ἀνάγκη
6   οὓς ἀγαθοὺς ἦγεν ἄγρια πολλὰ φέρειν ·
σῶσεν ἰδοὺ πάντας στόλος ὑμᾶς πατρὸς ἀμύμων
     Καλλίστου · μόνος ἂρ βούλετ' ἀμῦναι ἀγός.
Χαῖρε, πόλις · βασιλεὺς νέος ἔρχεται, ἄλλος Ἰβήρων
     ἄγρις ἀπ' ἐφθίμων γότθος, ἀλᾶνος ἀγός.
Θευδόσιος Βόργης τά γε πάντα καλός τ' ἀγαθός τε
12   συντρίψει Τούρκους, φῶς τε νεμεῖ σκότεσιν ·
χαῖρε σύ, Βησσάριον, τοιούτῳ χρώμενος ἀρχῷ,
     ἴσην ὅστις ἀεὶ ἤματι νύκτ' ἐπάγει ·
ἄκρος ὁ ἀρχιερεὺς οὐδὲν μεταβάλλεται οὗτος ·   f. 40 rᵒ.
     τοῦτο θεῷ μοῦνον ἴκελος εἶν' ἐρέων ·
αὐτὰρ ἅλις καμάτου ἡμῖν, ἅλις ἔπλετο μόχθου ·
18   Χριστέ, κακοῖσι τέλος, ὦ θεά, τοῖσδε θέσο ·
οὐδὲ σοφοῖσι πέλει ἤδη τόπος, οὐδ' ἀρετῇσι ·
     πλοῦτος ἔχει τιμήν, οὔνομα πλοῦτος ἔχει.
Πρηότατος βασιλεὺς ἔλεός σου, Χριστέ, βροτοῖσι
     δεῖξον, ἰδὼν πάσχειν ἔσχατα δεινὰ πάνυ ·
Χριστέ, κεραυνοῖσιν κεφαλὴν ἄγε παῖε κακούργου
24   εἰς θάνατον τέρατος · καῖε τέρας νοσερόν ·

Κέρβερος οὗτος ἄγαν θυμῷ κατὰ πάντα κοτήσας
μαίνεται ἀστέκτῳ · λύσσεται αἰνὰ κύων ·
δὸς, πάτερ, ἀνθρώποις ἤδη θνητοῖσι τοσούτου,
Χριστὲ, κακοῖο τέλος σὴν διὰ τὴν ἀρετήν ·
Ἀλκείδης δάμασεν ῥοπάλῳ δεσμοῖς τε σιδήρου
30   Κέρβερον · Ἀλκείδῃ σχέτλιος εἶξεν Ἄτλας ·
Ἀμφιτρυονίδεω πολλῷ, μεγαλώνυμε, μείζων,   f. 40 v°.
Βησσάριον, βάλλων Κέρβερον, ἄστρα κράτει ·
σοῦ γὰρ ἅπας κόσμος ναοῦ βασιλῆος ἀρίστου
ὄλβιος ἐσσόμενος οἴσεται ἆθλα πόνων ·
βαρβαρικὸν γὰρ ὅλον θείαν παραλήψεται ἔθνος
36   πίστεος εὐσεβέως σοῦ πάρα τὴν ἔφεσιν ·
καὶ γὰρ ἀνὴρ ἀγαθοὺς ἀγαθὸς καὶ ῥήτορα ῥήτωρ
τοὺς θ' ὁσίους ὅσιος αἰὲν ἐνηργάσατο.
Εἴθε μέγας ὁ θεὸς, ποιητὴς γῆς τε φλογός τε,
ὕδατος ἠδ' ἀνέμων, οὐρανίων δὲ δόμων,
εἴθε πατὴρ ἡμῖν δοίη ἀνδρῶν τε θεῶν τε
42   σοὶ θρόνον ἐν θνητοῖς νυνὶ παρεῖναι ἄκρον ·
οὔ σε γὰρ Ἀμφίων, οὐδ' Ὀρφεὺς εἵλετο μάντις ·
καὶ γὰρ ἐμοὶ τοῦτο πίστις ἔρως τε φέρει ·
σὰς ἀρετὰς δι' ἐμοῦ μέροπας τοὺς ὄντας ἀκούσειν
ἐσσομένους τ' οἴμαι ἄνδρας ἐμοῖς ἔπεσι.
Τίς σέο τὴν ψυχὴν μείζων κρείττων τε σοφοῖσιν
48   ἄλλος ἐν ἀνθρώποις, ὦ πάτερ ἡμέτερε ;
Νέστορα τῷ τε λόγῳ νικᾷς βουλῇ τε νόῳ τε,
ἴκελος εἰ σὺ θεοῖς ἤθεσιν οὐρανίοις.

11

Μαομὲτ τῷ μέγα αὐθέντῃ καὶ μέγα   f. 41 r°.
ἀμυρᾷ τῶν Τούρκων.

Σοὶ θεὸς δοίη βασιλεὺς ἀπάντων
πᾶσαν ἀρχόντων ὑπὲρ ἀγλαὴν γῆν

Νέστορος ζῆσαι ἔτη ἐν τροπαίοις,
4   φῶς ὦ ἀνάκτων.
Τίς σοι οὐ ζωήν, ὦ ἀμυρὰ ἥρως,
ηὔγετ' αἰῶνας κατὰ πάντας εἶναι;
Σεῖο ἡ πολλὴ ἀρετὴ ἀπάσην
8   γαῖαν ἀφίχθη.
Θαύματι πράξεις σέο, ὦ μονάρχα,   f. 41 vº.
κόσμον εἰ τόσσαι ὅλον ἐγγεμίσαι
μέχρι καὶ τοῦ νῦν ἐδύναντο, ζήσων
12   οὐρανὸν ἥξεις.
Σοῦ κλέος πρώτους ὑπερέξει ἄνδρας,
τούς τε ἀργείους φανεροὺς ἐκείνους,
τούς τε ῥωμαίους, ὅσοι ἐν θριάμβοις
16   μείζονες ἦσαν.
Ζῆσον ἀνθρώποις ἀρετὴν ἀρίστοις
δεξιὸς πᾶσιν, Μαομὲτ, καὶ ἄσκει,
ὥσπερ εὖ ποιῶν διὰ παντὸς ἦσθα,
20   ἄξια φήμης·
ἥδε γὰρ μισθὸς μόνη ἐν βροτοῖσι
ζῶσιν εὖ κεῖται· μετὰ πότμον ἄλλος
τοῦδε καὶ μείζων πλέονός τε δόξης
24   ἐστὶ θεῷ πάρ.
Κεῖνος ἀνθρώποις ἀποδοὺς ἑκάστοις   f. 42 rº.
μισθὸν ἐξίσου καθ' ἑκάστου ἔργον,
ἄξιον πολλῷ βασιλεῦσι μᾶλλον
28   πᾶσι παρίσχει.
Ἔστ' ἀνὴρ θείας τύπος εὐσεβείας·
τόνδε χρὴ τοίνυν ὁμὸν εἶν' ἐκείνῳ,
οὗ τύπος ζῶν εὖ πέλει· εἰ σὺ πάμπαν
32   πλάσμα θεοῖο.
Τοὔνεκεν ζῶντος, βασιλεῦ, θεοῖο
ὧν χαρακτὴρ καὶ τύπος, ἦσθ' ἐμεῖο
ὧδε τοῦ ἥκειν ἔφεσις τελείη,
36   οὐρανὸς ὥσπερ.

Καὶ γὰρ ἀνθρώπους τἀγαθοῦ τὸ κάλλος
πάντας οὐ σαθροὺς πρὸς ἑαυτὸ κείνου
καὶ βιασθέντας κατάγει μεγίστου
40   ὡς μακαρίσσον ·
ὣς με καὶ αὐτὸς, Μαομὲτ, μεγίστων   f. 42 vº.
ἐθνέων θείαν κατὰ τὴν ἀνάγκην
εἴς σε τοιοῦτον βασιλῆ᾽ ἑκόντα
44   καὔτροπον ἕλκεις.
῍Ηλθον οὖν αὐτὸς Μαομὲτ θεήσων
γράμμασιν τούτοις, οὗ ἅπας ὁ κόσμος
πράξεας τόσσας θεόθεν νομίζει
48   γῆν ἀφικέσθαι.
Θαῦμα τῆς φήμης περὶ σῆς τοσούτων
ἦλθεν εἰς ἡμᾶς ἀγαθῶν, καὶ ἦψεν
ἦτορ ἀλλήκτῳ ἐφέσει κορέξει
52   αὐτόσ᾽ ἱέσθαι ·
ἦλθον οὖν τούτου διὰ τοῦ παρόντος
ἄσματος · καὶ γὰρ μέσος ἐστὶ πόντος
γῆ τε παμπόλλη · πόθον οὐδὲ πόντος,
56   οὐδ᾽ ἔρα εἶρξεν.
῎Εστι μὲν ψυχὴ μόνη, ἢ πεφύκει   f. 43 rº.
οὐδὲν αἰσχρόν πως ἕνεκεν ματαίου
φέγγεος κόσμου ἐθέλειν ἢ ἄλλως
60   τοῦτο νοῆσαι ·
ἥδε καὶ γαῖαν πέρασεν τοσαύτην,
καὶ ποσειδῶνος κλύδονας βιαίου ·
ἔστι σοὶ τοίνυν, ὦ ἀμυρᾶ, αὔξειν
64   τὸ κλέος ἔργῳ.
Εἴθε Χριστός σοι, Μαομὲτ, θεοῖο
υἱὸς ὑψίστου, θεὸς ὢν πατήρ τε,
δῶκε τῆς αὐτοῦ βασιλεῖ τοσούτῳ
68   πίστεος ὄμμα,
ἦσθα γὰρ πάσης ἐπὶ γῆς μονάρχης ·
καὐτὸς οὐκ ὤκνουν πέλαγος περάσσαι.

τόσσον, ἐκ γαίας ἰταλῆς κινήσας
72   Θρᾶκας ἐς ἄκρους.

12

Γενναδίῳ Γεωργίῳ τῷ Σχολαρίῳ τῷ καὶ   f. 43 v°.
μητροπολίτη τῶν Φαιρῶν.

Ὃν μοι ὄντι νέῳ νεαρὸν πάνυ δῖα θεάων
    ἐν Βύζαντος ἔρᾳ ἥψατο Καλλιόπη ;
χαῖρε, γέρον · ξεῖνος πάλαι ὢν, Γεννάδιε, δῶμα
    ἥκει ἰδοὺ σέο εὐμενὲς ὧδε, πάτερ.
Θαυμάζεις τί ἰδών; Φραγκίσκος ὅδ' ἐστὶ Φιλέλφος
6   ὅν ῥα βλέπεις · καὶ γὰρ πάντα χρόνος κινέει.
Χεῖρα δός, ὦ ἡμῖν γλυκερὴ χείρ · ἀλλ' ἄγε δεῖξον
    πῶς ἔχει ἡμέτερον τοῦ Ἑλικῶνος ὕδωρ.
Πῶς αἱ Κασταλίδες; τὰ σὰ πῶς ἔχει; εἰπ' ἀτρεκῶς μοι
    πάντα φίλῳ · καὶ γὰρ πράγματα κοινὰ φίλων.
Ἔστι τόπος Μούσαις ὑμῖν πάρα ; ἔστ' ἀρετῇσιν,
12   ἢ Ἄρεως τὸ ἄγαν τῶνδε καταφρονέει ;
Ὡς πόθος ἐστὶν ἐμοὶ Πόλεως τὴν γαῖαν ἀφῖχθαι,
    καὐτόθι τὴν ζωήν σου μέτα πᾶσαν ἄγειν.   f. 44 r°.
Εἰπὲ δέ · νῦν βασιλεὺς ἀρετῆς ἀσπάζετ' ἀγῶνας ;
    ἄρα σοφοὺς τιμᾷ; ἥδεται εὐφρασίῃ ;
Εἰ μὲν ταῦτα φιλεῖ, δοκέει μοι φέγγος ἀνάκτων ·
18   τὴν ἀρετὴν τιμῶν ἐστιν ἀνὴρ ἀγαθός ·
οὐδὲ γὰρ ἀνθρώπων μεδέειν μὴ ὄντα γε πάσην
    μείζονα τὴν ἀρετὴν τὸν βασιλῆα δέον ·
οὐδὲ σοφοῖς χρῆται· μὴ ὢν ὁ σοφώτατος ἄλλων,
    ἔστι λόγου χρῆσθαι καὶ βασιλῆος ὅπλοις.
Νέστορος ἦν γλώττη πάντας βασιλῆας ἐγείρειν,
24   καὶ·παύειν ὀργῆς, εἰς πόλεμόν τε ἄγειν.
Δεινὸν γλῶτταν ὅπλον φύσις ἐσθλοῖς δῶκε βροτοῖσιν,
    ἀσφαλὲς ἠδ' ἀγαθὸν, τίμιον ἠδὲ σάον.

Ἔστι κλέους ἔφεσις πᾶσιν βασιλεῦσιν, ἐπαίνου ·
ἄξιος ἄρα κλέους σὸς βασιλεὺς ἔραται ;
τῆς δόξης ἐράων πράττει καὶ πράγματα δόξης
30   ἄξια · ταῦτα μόνη ἡ ἀρετὴ παρέχει.   f. 44 v°.
Κύδιμος ὢν Μαομὲτ ἀρετῆς ἀσπάζετ' ἐρῶντας,
τοὐμὸν ὁμὸν φιλέει, ἀντία μῖσος ἄγει,
Τἆλλα νοεῖς σιγῶντος ἐμοῦ, Γεννάδιε, πάντα ·
ταῦτα καὶ οὗτος ἐρεῖ ἄγγελος ἐρχόμενος.
Ἀλλὰ σύ μοι ταχέως σὰ γράμματα πέμπε θεάων
36   ἄξια δηλώσων σοῦ πέρι πάντα φίλῳ.
Ὧδε πόθον τὸν ἐμὸν Πόλεως μάλα πολλὰ λαφρίσσεις ·
σοῦ μέτα καὶ ἔσομαι γράμματα σεῖο βλέπων ·
ὡς ἔθελον παρεὼν μετὰ σοῦ διατρίψ' ἀγορεύων ·
ἀλλὰ τόδ' ἐστὶ πόθου, γράμματα δ' εὐφροσύνης.

13

Θεοδώρῳ τῷ Γαζῇ.   f. 55 v°.

Πῶς ἔχει σαυτὸν πέρι νῦν, ἑταῖρε,
ἡ τύχη, Γαζῇ; Βασιλεὺς ἀρίστου
παῖς ὁ Ἀλφόνσου φοβεροῖς ἀνάγκῃ   f. 56 r°.
4   ἐστὶν ἐν ὅπλοις ·
ἦτορ ὡς ἡμῖν περὶ σοῦ λυπεῖται,
ὃν φόβῳ δεινῷ πόλεμος πιέζει,
πάντα δυστλήμων βλοσυροῖς ταράττων
8   σοὶ πάρ' ἀέθλοις.
Ἀλλά σοι ψυχῆς μέγεθος τελείας
νῦν πρέπει πάμπαν · σοφὸς ἐν μεγίσταις
αὐτὸν ἐμφαίνει ταραγῇσι μᾶλλον ·
12   ἄνδρα σε δεῖξον.
Οὐ γὰρ ἐν τούτῳ μάκαρ ἐστὶ κόσμῳ ·
οὐρανὸς μοῦνος βίον ἐν θεοῖσι,
φίλε, τοιοῦτον δύναται παρέξειν
16   ἐσθλὰ φρονοῦντι.

Νῦν σὺ θαλλούσης ἀρετῆς μαχαίρα
χρώμενος, Γαζῆ, πόλεμον κακοῖο
μὴ φοβοῦ κόσμου · θεὸς εὐσεβοῦντι   f. 56 r°.
20   μείζονα δώσει.
Οὐκ ἔχει νικᾶν ἔρεβος δικαίους ·
τοῖσδε γὰρ μούνοις πατρίς ἐστ' ὀλύμπου
δῶμα ὑψίστου παρὰ τοῖς βιοῦσιν
24   ἤματα πάντα.
Αἶρε γοῦν σαυτὸν, πάθεσιν κινοῦσιν
τὰς φλόγας πάντη βλαβερὰς κρατοῦντα
δεσπότην προσθεὶς λόγον, εἶργε νούσους
28   ἤτορος ἔξω.
Ἔστι σοι πολλοῖς ἀγαθοῖς κατ' ἄκρον
ἄνθος οὐ κοινῆς ἀρετῆς ὁ Φερδι-
νάνδος ἐκθάλλων βασιλεὺς θανόντος
32   υἱὸς ἐκείνου ·
υἱὸς Ἀλφόνσου βασιλῆος, οἴμοι,
ὃν κρατῶν πάντων μόνον εἶδε γαίη
πᾶσ' ὁμοῦ πάσας ἀρετὰς συνῆχθαι   f. 57 r°.
36   ἄνδρ' ὑπὲρ ἄνδρας.
Τοῦτον οὐ πράξει πόλεμός γ' ἐλάττω
πατρὸς Ἀλφόνσου · ἄδικοι πεσοῦνται,
οὗτος ὦ θάρσει, χερὶ τοῦ δικαίου
40   πάντα τελοῦντος.
Εἶδες, ὦ Γαζῆ, ἀσεβοῦντας ἄρτι
πῶς μόνος τοὺς τρεῖς θρασεροὺς ἐνίκα ;
πρᾶγμα γενναῖον, μέγα, καὶ θριάμβου
44   ἄξιον ἄκρου.
Ὡς λέων τοὺς τρεῖς ἔλασεν φυγόντας
βουσὶν ἀθύμους νεαροῖς ὁμοίους
εἷς, ὃν ἡ θείας φύλακεν προνοίας
48   ἰσχυρὰ τόλμη.
Πρὸς δὲ καὶ τούτῳ, βασιλεὺς ἀμύμων
τὸν στρατὸν Φράγκων ὅλον ἐκτραπήσας

νῦν ἀποκλείει τάχιον πεσόντα,   f. 57 v°.
52   θαῦμα θεοῖο.

Τοῖς κολοιοῖσιν Διὸς ὥσπερ ὄρνις
δὴ λυγροῖς ἄλσους παρὰ δένδρα πλείστου
κραδίην κύκλῳ ἀετὸς πετάσσας
56   πᾶσαν ἑλίσσει.

Ὡς τρέμει δῖον βασιλῆα Φράγκος.
οὖ δέος θυμὸν κρατεραῖς ἀνάγκαις
ἔξοχον πάλλει, θάνατον δικαίως
60   αἰσχρὸν ὁρῶντος.

Τῶν κακῶν γνώμας θεὸς αὐτὸς εἴργων
αἰὲν ἀπράκτους τέλεος κακούργου
δῶκε · τοῖς ἐσθλοῖς μόνον ἀσμενίζει
64   δεξιὰ δοῦναι.

Τοῦ τέλους τοίνυν σκοπὸν ἐννοήσας,
οὐ τύχην ἕξεις νεμεσᾶν βαρεῖαν
τοὺς φίλους οὕτως ὁ θεὸς κακοῖσι   f. 58 r°.
68   ἐκδοκιμάζει ·

καὶ γὰρ εἰρήνη κεφαλὴν οὐκ ἔγνω
κοσμέειν δάφνῃ · πτόλεμος φοραίνει
στέμμα, καὶ δοῦναι γλυκεροὺς ἐπαίνους
72   αἵματι χαίρει.

Καὶ γὰρ οὐ λέξω δύναμιν τοσαύτην
Σφορτία, χρυσὸν τόσον, ἄνδρας, ὅπλα
τοῦ μάχην ἀεὶ περὶ πᾶσαν Ἄρου
76   ὀμβριμοθύμου.

Οὗτος ὡς ἀστὴρ φλογεροῖς βροτοῖσι
λάμπει ἐν πᾶσιν · σκότον οὗτος εἴρξει,
καὶ φάος φέγγων ζοφεροῖς ἀνοίσει
80   πράγμασιν ἥρως,

ἄκρος εἰ ὀκνεῖ ἱερεὺς ἀμύνειν,
χρυσοῦ ᾧ τήκει ἔφεσις τὸ ἦτορ,
φροντὶς εἰ τιμῆς Πίον οὐ κρατύνει   f. 58 v°.
84   οὔτε δικαίου ·

ἀλλὰ Φραγκίσκος μόνος οὗτος ἄρχων

φῶς τε ἀρχόντων Ἀρεώς τε δῖος

υἱὸς, οὐ δώσει ἄνεσιν τυράννοις

88   τοῖς ἀδικοῦσι ·

χειρὶ γὰρ θείᾳ κόλασιν κακοῖσιν

ἀξίαν τόσσην ταχὺς ἀντιδώσει,

ὥστε σύμπαντας τάχιον φανῆναι

92   αἰνὰ παθόντας.

Χαῖρε γοῦν, Γαζῆ φίλε · γαῖρ᾽, ἑταῖρε ·

καὶ γὰρ ἡ νίκη βασιλῆος ἥξει

σὺν τάχει ἡμῖν · θεὸς οὐ λελείφει

96   οὔσια ζῶντας.

14

Ἰωάννῃ τῷ Ἀργυροπούλῳ.   f. 75 v°.

Σεῖο λύρην Μοῦσαι κωφὴν ἔτι Φοῖβος Ἀπόλλων,

   Ἀργυρόπουλε, ποθεῖ · οἶσθα γὰρ ἀμφότερα ·

εἰ σοφὸς ἐν πρώτοις ἱερὸς καὶ γλῶτταν ἑταίρου

   σεῖο τρέφει Ἑλικὼν ὕδασιν ἐν γλυκεροῖς.   f. 76 r°.

Εὐδαίμων σὺ πέλεις · ἔτι σοί γ᾽ εὐδαίμονες ὄντες

6   εἰσὶ φίλοι · ὧν με οἶδα γενέσθαι ἕνα ·

οὔτ᾽ εὐδαιμονίην θνητοῖσιν ἀφείλετο μοῖρα,

   οὔτε δέδωκε τύχη · ταῦτα γὰρ ἀλλότρια ·

σώματος οὐ κάλλει, οὐ ῥώμῃ γίγνετ᾽ ἐκείνη,

   ἀλλ᾽ ἀρετῇ μούνῃ · ὄλβιος εἰ σὺ ἄρα.

Τοῖον ἒ τῶν Λυδῶν βασιλεύσας οἴετο εἶναι

12   Κροῖσος ἐν ἀνθρώποις οὓς ἴδεν ἠέλιος.

Κῦρε, σὲ οὗτος ἔχει κύριον · σὺ δὲ, Κῦρε, γυναῖκα

   ἔσχες αὖ · εἰσπαίζει παίγνια ταῦτα τύχη.

Οὐ γένος, οὐ πλοῦτος ποίηκε τὸν ὄλβιον ἄνδρα,

   ἀλλὰ τὰ τῆς ψυχῆς ὅσσα λόγος τέλεσεν.

Ταῦτά σοι ἐσθλὰ φίλῳ πολλὸν κατὰ πλῆθος ὑπάρχει

18   οἷς σοι ἐς ἄνδρα φίλον χρῆσθαι, ἑταῖρε, πρέπει.

Λάμβανε δὴ κίθαριν, Ἑρμῆς ἣν πρῶτος ἁπάντων
   ἡδυεπὴς εὖρεν · τήνδε σὺ, Φοῖβε, λάβες ·   f. 76 vᵒ.
χειρὶ κίνει πλῆκτρον, γλῶτταν λύε, μέλπε γλυκέσσιν
   σύμφορα φωνῇσιν, Δήλιος αἷς γάνυται ·
ἢ Δία οὐρανίων μεδέοντα βροτῶν τε θεῶν τε,
24   ἢ τὰ γένη ζώων ὕμνεε τοῖς μέλεσιν ·
ἔννεπε τὴν ψυχῆς δύναμιν, τὴν νοῦ τε φρενός τε
   ἀρχὴν ἠδὲ τέλος, εἰ τέλος αὐτὰ ἔχει.
Ἢ μὴ ταῦτα θέλων, καιροῦ μήτ' ὄντα νομίζων,
   εἰπέ τι καὶ παίζων τὰς κατὰ Πιερίδας.
Ἔστιν ἔαρ, Φοῖβός τε κόμη κατὰ γαῖαν ἐλαύνων
30   φαίδιμος ἐκλάμπει, ἄνθεα πολλὰ φέρων.
Χαίρει δῖος ἔρως φλογερὸν κατὰ στήθεα βάλλειν
   δεινὰ βέλος · δεινὸς εἶ σὺ τὰ καλὰ πέρι.
Ἆρα τεὰν ἔβαλεν κραδίην παῖς Κύπριδος ; ἆρα
   ἐν Φλωρεντίναις ἡδύς ἔρως σε φλέγει ;
Αὐτόθι ταῖς χάρισιν δόμον ἔξοχον οἶδα γενέσθαι
36   σύν τε γόνῳ Κύπριδος, σύν τε θεᾷ Κύπριδι ·   f. 77 rᵒ.
Ἀγλαΐη μὲν ἔγωγε συνόντα σε ἠδὲ Θαλείᾳ
   Εὐφροσύνη τ' οἶμαι ταῖσδε τρισὶν χάρισιν.
Ἀλλ' οὐ Παρνασοῦ λήθην ἐθέλω σε κρατύνειν ·
   οὗτος ἐρωτικοῦ γὰρ ἄξιός ἐστι πόθου ·
εἰσὶν ἐκεῖ Μοῦσαι καλαὶ τὴν ὦπα γλυκεῖαν,
42   ὧν καὶ θαυμάζοις τὴν ὄπα, Κασταλίδες ·
Ἔστιν ἐρᾶν τούτων ὅπερ ἄσμενος αὐτὸς ἁπάντων
   αἰὲν ἄγων πράττεις, Ἀργυρόπουλε φίλε.
Οὐ γὰρ ἀεὶ σπουδάζειν, ἀλλὰ καὶ ἄλλοτε παίζειν ·
   ἄλλοτε δεῖ τούτου · τὸ γλυκύ, πικρὸν, ἀεί.
Λίρεσις οὖν ἐπὶ σοὶ πέλεται κατὰ θυμὸν ἀείδειν,
48   ἀλλά μοι ἔστ' ἔφεσις πάντα σ' ἀκοῦσ', ἑταῖρε ·
οὐ γὰρ Ἀτλαντιάδῃ, οὐδ' Ὀρφέϊ, οὐδὲ μεγίστῳ
   εἴκοις Δημοδόκῳ ᾄσμασιν ἐν λιγυροῖς.

Εὐτυχῶς τῷ δεσπότῃ.

Ἀνδρονίκου Βυζαντίου ἐπίγραμμα ἐν ἑξαμέτρῳ
εἰς τὸ Βησσαρίωνος καρδηνάλεως καὶ πατριάρχου
Κωνσταντινουπόλεως ὑπὲρ Πλάτωνος βιβλίον.

Αἰγλήεις παράδεισος, Μουσῶν ἀγλαὸν ἄλσος
ἥδε βύβλος τελέθει σοφίην αὐχοῦσα Πλάτωνος,
τὴν χαρίτεσσιν ὑφήνας Βησσαρίων θεοειδὴς
παντοίης σοφίης ὑποθημοσύνας ἐνέπασσεν ·
5 καί μιν ἐπισταμένως πραπίδεσσιν ἑῇσιν ἀρηρὼς
θῆκεν ἅπασι βροτοῖς μέγ' ὄνειαρ θαῦμά τ' ἰδέσθαι ·
ὃς δή κεν ποθέῃσι Πλάτωνος δόγματα κεδνὰ
ἠδ' ὑψηγορίην στήθεσσιν ἑοῖσι δαμῆναι
δεῦρ' ἴτω, ἡδυπνόου λειμῶνος ἀπ' ἀθανάτοιο
10 ἄνθεα δρεψόμενος σοφίης καλὰ τηλεθόωντα
καί μιν ὀΐω μᾶλλον τέρψεσθαι φίλον ἦτορ
ἐνδυκέως ὅς μιν μετιὼν ἐπὶ θυμὸν ἐρείσει
ἢ τέρποιθ' εὑρὼν ἄφενος καὶ ἀθέσφατον ὄλβον,
Ἰνδίη ὅσσα φέρῃσιν ἰδ' Ἀραβίη ἐρατεινή ·
15 τῇ μὲν γὰρ ψυχὴν ὀνίνησιν, τῇ δ' ἄρα σῶμα ·
ἤδη καὶ πέπλον εἶδον Ἀθηναίης ἐνὶ βωμῷ
λαμπρόν τ' ἠδ' ἐρίτιμον, δαίδαλα πάντα φέροντα ·
ἀλλ' οὐ τόσσον ἔην δαιδάλμασι κεῖνος ἀγαυὸς,
ὅσσον ἄρ' αὐτὴ μαρμαίρῃσιν βίβλος ἐραυγή [1] ·
20 οὐδὲ τόσ' ἔργα ἔην ἀσκητὰ πέπλῳ ἐνὶ κείνῳ
ὁππόσ' ἄρ' εἰν αὐτῇ θεοείκελα ἔργα τέτυκται
τερπνά τε καὶ χαρίεντα θεοῦ κεν ὑφάσματα φαίης
ὅσσα γὰρ ἔργ' ἀριδείκετα τῆς φύσιος τελέθοντι
ἠδ' αὖ ὅσσα ὑπὲρ φύσιν οὐρανίης ἐριτίμου
25 δῶρα πέλοντι, ἰδ' ὅσσα πρὸς ἦθος ῥυθμίζοντι
ὁππόσα τ' αὖ διαλέξιος ἔκγονα καλλιόπης τε

---

1. Ce vers manque dans le *Laurentianus* 24 du pluteus 31.

πασάων ἐρικυδέα δῶρα βύβλῳ ἐνὶ τῇδε
εὖ δὴ πάγχυ γε καὶ κατὰ μοῖραν ἅπαντα γέγραπται
πάντα δ' ἀληθείης ἱερῆς καλὰ τέκνα πέλοντι
30 ταύτῃ καὶ γὰρ γραισμῶν Βησσαρίων θεοειδὴς
τήνδε μάλ' εὐφραδέως συνύφην' ἐριθηλέα βύβλον
παύσας γραμματολοιγὸν νημερτοκτασιάων
ὃς βοόων μὰψ κοὺ κατὰ μοῖραν ἔριζε Πλάτωνι
οὐδὲν ὅλως εἰδὼς σοφίης ὑποθημοσυνάων ·
35 ἀλλὰ σὺ χαῖρε, Πλάτων, πρόμον αὐχῶν Βησσαρίωνα
δῖον · ὃ δή τοι αἰὲν ἀεικέα λοιγὸν ἀμύνει ·
ὃς καὶ τήνδε τέτευχε καλὴν δέλτον, μέγα ἔργον
ἠδὲ τεῆς σοφίης μνημήϊον ἐσσομένοισιν.
Ἀλλ', ὦ Βησσαρίων μάκαρ, οὖλέ τε καὶ μέγα χαῖρε,
40 σεῖο δ' ἀεὶ φάτις ἄμβροτος οὐρανὸν εὐρὺν ἱκάνοι ·
οὔνεκά σ' ὑψιμέδων θεὸς ἄφθιτος αἰθέρι ναίων
ὄλβιον οἷς δώροισι μετ' ἀνθρώποισιν ἔθηκε,
παντοίην ἀρετὴν ἠδὲ κλέος ἐσθλὸν ὀπάσσας ·
αὐτὰρ ἐγὼ σέο καὶ μετέπειτα μνήσομαι αἰὲν
45 σὴν σοφίην θάμα κλείων πᾶσι μετ' ἀνθρώποισι
σήν τ' ἀγανοφροσύνην, σὴν μειλιχίην τε,
λισσόμενος κρατερὸν θεόν, ἄμβροτον ἀρχὸν ὀλύμπου,
ὄφρα τοι ἐς πολέας λυκάβαντας γῆρας ὀπάζῃ
ὄλβιον ἄκρον ἀωτεῦντι σοφίης ἁγνὸν ἄνθος.
        Εὐτύχει μουσηγέτα [1].

1. Publié d'après les *Laurentiani* 21 et 24 du pluteus 31.

LETTRES INÉDITES

DU CARDINAL BESSARION

ET DE

GUILLAUME FICHET

1

Bessario, episcopus Sabinensis, cardinalis Nicænus, patriarcha
Constantinopolitanus, reverendo et doctissimo patri magistro
Guillermo Ficheti, sacræ theologiæ professori in collegio
Sorbonæ Parisii, amico nostro carissimo.

Reverende et doctissime pater, amice noster carissime,
Guillermus Baudinus, vir doctissimus ac magna nobiscum
familiaritate coniunctus, de ingenio et doctrina vestra excellenti multa nuper nobis narravit. Sic exposuit ad vos missa
fuisse a Georgii Trapezuncii filio [1] quædam in opus nostrum,
quod de platonicâ philosophia edidimus, parum aut æque aut
prudenter annotata, idque se ex vobis audiisse dicebat. Adde-
bat illud vos de toto negocio litteras ad nos dare constituisse.
Equidem vestro investigandæ tenendæque veritatis studio
gratias ago. Quod autem vel Georgius vel filius ista suscipiat
et meditetur, minime miror. Suo enim uterque vitæ instituto
satisfacit. Sed agant ut volunt, misceant mare cœlo, nos

---

1. André de Trébizonde.

veritatem secuti et rectam philosophiæ rationem, non disce-
demus ab officio, omissa istorum mentione, quorum insania
et in Platonem maledicentia nunquam nos profecto ad scribendum magnopere commovit.

Quom olim Georgius Trapezuncius nullo iure, nulla dispu-
tandi subtilitate ita et in Platonem invectus esset et laudasset
Aristotelem, ut neuter vituperatione afficeretur aut laude,
suscepimus pro Platone causam, in qua et Aristotelem (quem
admiramur atque ab ineunte ætate probavimus) præceptorem
Platonem secutum ostendimus, ut cum ille recte docuisse,
tum hic et multa didicisse et suo studio atque ingenio fecisse
plura facile iudicetur. Dumque hominis ignorantiam atque
temerarium impetum eludimus, derridemus nonnunquam et
despicimus novam scientiam, quam ex Aristotelis fonte se
solum post homines natos hausisse profitetur. Nam, ut ingenue fateamur, non magis in Platonem quam Peripatheticos
omnes causam agit. Nova affert dogmata, neque ab Alberto
exposita, neque a Thoma intellecta; in iis gloriatur et se iactat.

Quis, inquit, novit Aristotelem sensisse animam una cum
corpore productam et tamen in posterum fore perpetuam?
Quis illum de Trinitate expresse locutum, ac multa quæ nihil
attinet scribere?

Librum edidimus in quo illud potissimum nobis propositum est efficere ut Plato ad hunc diem latinis hominibus
ignotus, nostra opera suarum opinionum capita exponat,
ne aut ipse alia docuisse quam Aristoteles probavit aut hic
a Platone discessisse videatur, ut cum contempserit quo præ-
ceptore diutissime usus est. Gravem sane et constantem philosophum decet utrunque amplecti, aspernari neutrum.
Quicquid enim discendo, excogitando, disserendo consequi-
mur, illorum doctrina est propagatum, ut non tam ineptus
quam ingratus existimandus sit qui alterum laudat, alterum
insectatur, quom ab utroque multa illustriaque in rem litte-
rariam merita extare videat.

Post editam lucubrationem nostram, Georgius, omni privato publicoque iure destitutus, ad calumniam conversus, quædam perverse collegit ne turpiter ab ea causa depulsus iudicaretur, quam tanto conatu et studio susceperat. Ea quom in Urbe nonnullis edidisset, ad nos delata fuerunt. Contempsimus hominis improbitatem. Nam qui opus nostrum legit, facile illius mendatia et garriendi libidinem deprehendit. Quidam vero ex domesticis nostris singulis capitibus respondere voluit et inanem hominis cogitationem refellere. Is, pro sua in nos observantia atque illius iniquitate, acerbius nonnunquam scripsit et calumniatorem gravioribus verbis accusavit. Statuimus quod responsum est ad vos mitti debere, ne causam agat sine stulticiæ suæ iudice et accusatore. Quom autem multa in ea essent quæ magis illum audire quam nos loqui decet, subductis virgulis castigavimus. Vos cum legetis omnia, ea percipiatis diligenter velimus, et causam suscipiatis nostram apud alios istic, apud quos ista fortasse pervulgata fuerint, cum propter æquitatem quam hoc postulat, tum voluntate nostra qui hoc petimus. Hoc etiam mutuæ amiciciæ initium, quam tamen contraximus ob virtutem vestram, de qua multa audivimus.

Ego vero quom opus illud editurus essem, eius exemplum in Academiam Parisinam, omnium doctrinarum parentem, mittere decreveram ; sed dignum non putavi quod tantæ sapientiæ, tantisque ingeniis proponeretur. Tamen apud serenissimum Regem sunt qui habent : D. Guillermus, qui superiori anno orator regius hic fuit ; D. Albiensis, [1] et alii a quibus, si placuerit, et habere et legere librum licebit. Cum domino Turonensi [2] de negocio inprimis loquendum. Ille enim, nescio quo rumore persuasus, nos Platonem e virgine natum affirmasse animo perturbatus est, ut accepimus. Id vero falsum penitus deprehendet, quom vel librum in manus sumet, vel quod hic responsum est intelliget. Valete.

Ex Urbe, die xiii decembris M.CCCC.LXX.

1. Richard Olivier, évêque d'Albi.
2. Elie de Bourdeilles, archevêque de Tours.

2

Bessario, episcopus Sabinensis, cardinalis Nicænus, patriarcha
Constantinopolitanus, reverendo et doctissimo patri magis-
tro Guillermo Ficheto, sacræ theologiæ professori in collegio
Sorbonæ Parisii, amico nostro carissimo.

Audimus non solum in philosophia et sacrarum litterarum
cognitione vos elaborasse, sed etiam in eloquentiæ studiis
dicendique ratione diu versatos, eaque mirifice delectari. Quo
in genere, etsi nihil habemus quod magnopere capere debeatis, tamen mittere statuimus orationes quasdam hoc tempore
a nobis editas pro gravissimis periculis quæ Italiæ christia-
nisque omnibus imminent, non magis quidem ut vel sermonis puritatem vel orationis vim ac præstantiam desideretis,
quam ut intelligatis quanta malorum procella in christianæ
reipublicæ capita et fortunas impendet, remque et apud serenissimum Regem et apud alios qui opem ita maxime ferre
debent ut possunt, explicetis totam ac persuadeatis, quod
potius acerbum est quam obscurum, non exarsuram Italiam
tantis malorum incendiis quin flammarum globos longius
evomat. Id ne accidat cum regnorum omnium causa optare
debent, quorum salus in discrimen adducitur, tum propter
immortalem deum, cuius relligio sanctissima vexatur ac
trahitur ad interitum, magna christianorum omnium clade.
Valete.

Ex Urbe, die xiii decembris M.CCCC.LXX.

3

Ad præstantissimum patrem Nicænum cardinalem Guillermi
Ficheti, Parisiensis theologi doctoris, epistola.

Præstantiam tuam minime mirari oportet, pater excellen-
tissime, si vir eruditione, lingua, statuque nequaquam singulari ad te doctrinarum fontem, linguæ græcæ latinæque

censorem, a Christi vicario facile secundum, scribendi partes
suscipio. Quom enim tuum laceratur nomen, silere non possum. Ea quippe sum in te doctosque omnes observantia ut
neminem feram æquo animo, qui maledicere tibi tuique similibus ausit. Audiveram equidem annis superioribus (quos
undeviginti partim in studiis humanitatis, partim in philosophia, partim in theologa schola consumpsi) esse fere te
unum quem ætas nostra haberet virum doctissimum. Idque
cum ab omnibus qui te novissent, tum a patre meo et studiorum meorum altore Eduensi cardinali [1] sæpius audiveram,
qui græcam omnem latinamque sapientiam summis virtutibus et integerrimæ vitæ sociam te fecisse laudabat. Quæ res
incredibilem cum annis amorem meum tibi comparavit et
auxit. Gaudebam sane nato mihi qua viderem ætate Chrysos-
tomos, Athanasios et omnes superiores fontes Græcorum post
acceptam diuturnam siccitatem unum in alveum uberius
redundasse. Gratulabar etiam non solum christianis litteris
ac sanctissimæ patrum apostolicorum choronæ quæ suam
sapientiæ et sanctimoniæ sedem restituisset, sed Aristoteli
Platonique et Græcorum omnium veterum dignitati, quorum
libros abditissimasque sentencias partim barbaria, partim
ignoratione penitus obrutas latinissimas doctissimasque primus fecisti, ut non alius quam vel Aristoteles pro Aristotele,
vel Plato pro Platone latinus interpres fuisse videatur. Quibus etiam a te suæ laudes quadrate viritimque librantur. Quæ
quidem omnia cum, ut præfatus sum, ab aliis multis tum,
kalendis iuniis, a theologo nostro collega, Guillermo Bau-
dino, non vulgari fide cognovi, qui Roma veniens (ubi pœni-
tenciarii partes gesserat geritque denuo) ea profecto de tuis
laudibus sæpe multisque narravit, quæ nisi de singulari viro
maximeque divino dici non possunt. Lætabar sane meam de
te sentenciam a viro clarissimo et neutiquam mendaculo
coram nostratibus viris doctissimis confirmari.

1. Jean Rolin.

Sed hæc quorsum ? Ut duo saltem ad summum intelligas :
unum, quam magnam indignationem ex Andrea nescio quodam, Georgii Trapezuncii filio, concepi; alterum, discrimini
nominis tui mature consulendum esse. Nam ille, nonis iuniis,
non litteras solum ad quosdam e doctoribus nostris rescripsit,
verum et paternas excerptiones dissipavit, quas in eo libro
quem de Platonis præstantia condidisti Georgius pater sicut
errata tua deprehendisset [1]. At ubi res ea, quæ multorum
manus prius inciderat, ad me perlata est, et quidem ab iis
qui me numero eorum faciebant, ad quos excerptiones cum
litteris ferebantur, in litteras primum aciem verto; quas cum
efflare iactanciam, efflare bilem invidiæ, efflare multis locis
achonita sensi, vix semel lectas confestim exhorrui. Miratus
inprimis sum Georgii præfaciunculam, quæ tam incultis et
pene rusticulis verbis adaurescit, præsertim quæ debeat pontifice maximo digna videri. Tum mihi legenti reprehensio-
num caput, visus est Georgius seipsum non te suis telis
sauciare. Non enim credibile ulli vel indoctissimo sit ut qui
Platonem tantopere laudasse dicereris, usque adeo tuum esses
institutum oblitus, ut in eo ipso calumniari dicaris sanctos
doctores, uti Georgius aperte calumniatur, quod utantur præsidio Platonis et afferant testimonium eius ad irroborandam
fidem christianam. Illud quoque omnino ridiculum est et
indoctissimi hominis indicium, quod minime vera ducit pro
falsis, quæ vel montanus pastorculus per se verissima esse
iudicaret. Deus bone, serpentes quam angelos magis esse
colendos Georgius scribit; esse tuum atque agere non esse
rem eandem. Sed minime theologus impunitatem lucretur
ignorantia.

Venimus tandem in capita illius operis quod non tam inprimis Georgius in Aristotelis laudem quam in huius et Platonis
maximam vituperationem evomuit. Verum enimvero verbo-

---

1. Il s'agit de la réfutation que Georges de Trébizonde avait faite, sous le
titre d'*Annotationes*, du livre de Bessarion *In calumniatorem Platonis*.

rum fœtore impeditus, vix refragantes oculos rapidissimæ
lectioni semel detineo. Dispereat cum lenonibus ac scortis
Georgius, quibus divum Platonem similem fingit ! Atque
utinam undecunque Aristoteles Romam posset emergere,
haud dubito non ore solum illo quidem feculentissimo se
laudari stomacharetur vetaretque inprimis, sed Platonis quoque magistri gravius in Trapezuncianum caput ulcisceretur
iniuriam. Miror virulentum hominem Romam ferre posse,
præsertim quum non solum Platonem affecit indignissimis
contumeliis, sed cum omnes qui studiis delectamur, tum
demum te unum Platonis et doctorum omnium defensorem.
Et non ipse modo verum et satori simillima fructex, cuius
audacia iamiam eo grassatur ut deliramenta (qui patris solus
adeat hæres !) tanquam familiæ herciscundæ iudicio, vel
nolentibus Gallis velit dispartiri, ut qui libros a te scriptos
adhuc minime viderunt prius te damnent quam quicquam a
te pro teve dicatur.

Reliquum itaque est, pater sapientissime, ut cogites honori
tuo esse suffragandum ; quod erit facillimum, si nostris hominibus illi quidem de Platonis præstantia tui libri maturius
reddantur, omnibus ut fore possit tuos libros transcribendi
probandique potestas. Etenim fuerunt apud nos Georgiani
quidam qui *Rhetoricam* illius nescio quandam [1] magnopere
laudarent, et quidem aut emungendæ pecuniæ causa aut
ostentationis, ut qui plane barbari videbantur a doctis Georgium nobis quasi novum Ciceronem opponerent.

At vero doctoralibus insignibus adhinc triennium mihi col-
latis, cœpi mane theologiam et tempore postmeridiano Ciceronis artem docere. Nam itidem feceram quibus iunioribus
annis philosophiam docueram. Deliramenta quoque Georgii
(quibus ars sua undique scatet ac redundat) haud sane fuit
difficile refertissimæ scholæ nostræ videre ; ut ne iamiam

1. La *Rhétorique* de Georges de Trébizonde était très vraisemblablement
déjà imprimée. La première édition, sortie des presses de Jean et Vindelin
de Spire, dut paraître, vers 1470, à Venise.

Georgianus quidem unus docendi partes ausit apud nos suscipere. Quo fit ut tuis operibus eo maior auctoritas adfutura
sit quo minorem Georgio in dies fore videmus. Ego namque
rumorem quem Andreas filius suis litteris paternisque inep-
ciis ratus erat se disparsurum, non modo (ut vulgo dici solet)
dilui calidissimis laticibus, sed sordes quoque in auctorem
suum reicci; non quidem ut aliquam bonam gratiam ex te
consequerer, sed ut publicam doctorum omnium perniciem
longius irrepere prohiberem.

Quas ob res per amorem (quem veritati et inprimis deo
nostro debemus omnes) rogo te patrem optimum et obtestor
ne tuam gloriam, ne doctorum omnium, neu dei nostri
maximi et optimi patiaris ab homine immodestissimo diucius
lacerari.

Vale, pater humanissime, et litteris incultissimis (quas tabellarii discessus præmaturus urget) veniam, pro tua facilitate, non inficias ibis. Si quid erit in quo possit opera mea
tibi morigerari, omnia pro te facturo imperabis; quæ non
dubites Petro Montano, singulari tuarum laudum præconi,
qui has litteras nostras tibi reddet, præter cæteros credere
fideli ac modestissimo.

Ydibus februarijs Parisii scriptum a tuo mancipiolo

GUILLERMO FICHETO,

Parisiensi theologo doctore, patria vero Sabaudo.

· 4

*Bessario, episcopus Sabinensis, cardinalis Nicænus, patriarcha
Constantinopolitanus, reverendo patri magistro Guliermo
Ficheto, sacræ theologiæ doctori, Parisii in Collegio Sor-
bonæ, amico nostro carissimo.*

Reverende pater, amice noster carissime, cognovimus ex
litteris vestris Georgii Trapezuncii deliramenta in opus nostrum istuc allata fuisse. Ea ut olim contempsimus, ita nunc
a pravo et iniquo animo profecta esse facile perspicimus.

Quom suam calumniam hic facile derrideri posse intellige-
ret, opere nostro eius mendacium et vanitatem apertissime
redarguente, alio confugit. Vestram vero epistolam magnopere sumus delectati : eloquentiam enim, sapientiam ac
observantiam in nos eximiam facile præ se fert. Nam et ele-
gantia sermonis quicquid est in causa exponitis et singulari
prudentia Calumniatoris fraudem facile deprehendistis, nostro etiam opere non inspecto, et eximia in nos benivolentia partes nostras defenditis ac dignitatem tuemini. Idem
quom nomine vestro olim nuntiasset magister Guillermus,
pœnitentiarius noster, dedimus ad vos statim litteras cuidam
Michaeli familiari bonæ memoriæ R. domini Constantiensis [1],
qui pro domini negociis ad serenissimum d. Regem proficis-
cebatur. Simul misimus libellum quendam, quo quidam e
nostris Calumniatoris infamiam et refutavit et explosit. Quod
autem et depravata et falsa sint omnia quæ Georgius recensuit, vel opus nostrum plane indicare potest. Id mittere cu-
piebamus, sed nunc tuto fieri non potuit. Scripsimus autem
ad r. d. Albiensem ut vobis librum elargiatur, quem istuc
ipsi dono misimus ; alterum ei restituemus quom venerit in
Urbem. Ex eo facile percipietis Calumniatorem frustra in eo
elaborasse, quod antequam scriberet penitus erat repudiatum
et eversum. Dedimus una cum litteris orationes quasdam a
nobis hoc tempore perscriptas de periculis Italiæ imminenti-
bus, ut eas principibus qui istic sunt ostenderetis, quo labenti
rei christianæ succurrerent, quæ omnis maximo in discrimine versatur, cum alibi tum in Italia. Nam, etsi in hanc
unam hostis incumbere videtur, tamen infinitum malum ser-
pet latius, neque tanti tempestatum fluctus ita in hanc orbis
partem inundabunt quin ad peregrinas nationes eodem impetu perducantur. An hæc omnia reddita fuerint, per litteras
vestras scire expectamus. Bene valete.

Ex Urbe, ad xi kl. aprilis M. CCCC. LXXI.

1. Le cardinal Richard Olivier de Longueil, évêque de Coutances.

5

Bessario, episcopus Sabinensis, cardinalis Nicænus, patriarcha
  Constantinopolitanus, venerabili doctoque viro magistro
  Guillermo Ficheto, sacræ theologiæ doctori in Collegio Sor-
  bonæ Parisiensi, amico nostro carissimo.

Venerabilis docteque vir, amice noster carissime, quom
scire cuperemus vehementer an vobis redditæ fuerint et orationes a nobis editæ pro christianæ fidei dignitate et refutationes calumniarum in opus nostrum in philosophiæ Plato-
nicæ laudem conscriptum (hæc enim omnia iandiu vobis
misimus), forte fortuna venit huc quidam ex numero secreta-
riorum christianissimi Regis, qui nobis affirmavit sese vidisse
orationes in vestris manibus vestra opera impressas et tra-
ditas compluribus. Quod quom ita sit, coniecturam fecimus
refutationes quoque quæ una cum iis datæ fuerunt, ad vos
fuisse perlatas; iis etsi minime res et causa nostra egere vide-
batur, quom omnia erant conficta et vanitatis et mendacii
plena, tamen optabamus magnopere ut a vobis legerentur;
itaque hoc nuncio et lætati sumus et humanitati vestræ agimus gracias, qui lucubrationem nostram tanti feceritis ut
putaveritis dignam quæ apud multos esset.

Rem vero gratissimam facietis omnino, si ad nos perferen-
dam curaveritis epistolam illam ipsam primam, quam filius
Trapezuncii misit istuc; in eoque efficiendo ut ponatis operam
et studium rogamus.

Quibusdam argumentis et testimoniis persuasi sumus christianissimum Regem benivolentia et gratia erga nos affici.
Nos vero nihil pocius agendum putavimus quam ut ab eo
peteremus favorem et beneficia in vos : itaque dedimus litteras ad eius Maiestatem, quas cum his coniunximus, rogavi-
musque ut, si quod beneficium istic vacare contigerit, statim
vel pro vobis scribat ad Pontificem maximum, vel curet ab
ordinario conferendum. Nam multa et ampla ordinarii non-

nunquam dare consueverunt. Hoc nobis admodum curæ est
quod vos, non modo pro virtutis vestræ dignitate, sed nec
ulla quidem ex parte beneficia habere audimus. Eritis igitur
attenti et vos et vestri ; et, quom primum existet aliquid, dabitis operam ut vel favore vestrorum in curia regia, vel aliqua
alia diligentia, christianissimi Regis litteræ pro vobis ad nos
mittantur. Favebimus enim quanto poterimus studio ut vos
afficiamus beneficiis. Reddetis vos ipsi litteras domino Regi,
eiusque clementiæ et nos et vos commendabitis. Bene valete.

Ex Urbe, die ultimo augusti M. CCCC. LXXI.

6

*Bessario, episcopus Sabinensis, cardinalis Nicænus, patriarcha Constantinopolitanus, reverendo patri domino Guillermo
Ficheti, in sacra pagina magistro, amico nostro carissimo.*

Reverende pater, amice noster, litteras vestras accepimus
quibus nobis commendas fratrem quendam Rubertum Gagginum [1] ; quem (quia litteræ vestræ ita nobis faciunt commendatum) libentissime vidimus, eique omnem favorem
nostrum optulimus causa vestra, quamvis eo non indiguerit
quod ei non fuerat opus. In his autem litteris vestris, quas
nobis frater Rubertus, de quo initio diximus, reddidit, scribitis familiarem vestrum cum litteris et scriptis vestris ad
nos misisse : quem adhuc minime vidimus, qui nunquam
apparuit nec ad nos venit. Dolemus et illius vicem et nostram : illius, quia timemus ne aliquid ei forte in via acciderit quominus ad nos venit ; nostram, quod opus illud vestrum
quod legere plane desyderabamus non est nobis delatum,
neque litteræ vestræ, quibus certo scire possemus an scripta
nostra contra Calumniatorem et epistolæ, quæ tibi misimus,
ad manus vestras pervenerint, necne.

Superioribus etiam temporibus, nunciis regiis litteras de-

1. Robert Gaguin.

dimus et ad Maiestatem Regis Franchorum in favorem et
commendationem vestram ad te, quas simul ligatas ad te
dedimus deferendas, nec percepimus an redditæ fuerint.
Bene vale.

Ex Urbe, die xxix novembris M. CCCC. LXXI.

7

*Excellentissimo patri Bessarioni, episcopo Sabinensi, cardinali
Nicæno, patriarchæ Constantinopolitano, græcæ linguæ
pariter et latinæ facile principi, G. Fichetus, Parisiensis
theologus doctor, S. P. D.*

Si [1] sero admodum, præstantissime pater, neque uti par
sane fuisset, tibi gratias egero, illud nostris bellicis tempes-
tatibus, hoc inopiæ mediocris mei ingenii tribui velim. Nam,
posteaquam mihi tuas litteras simulque librorum fascem reddidit abbas tuus sancti Cornelii, aditus omnes militaris furor
occupavit. Interea (quos tandem nunc ad te meo nomine
mitto) Rhetoricorum librorum commentarios (immo verius
nudas excerptiunculas) vix semel legens utcunque retexui,
quo tibi quiddam non dico fœnerarem aut tuis beneficiis dignum referrem, sed ut verecundum amoris et observanciæ
meæ pignus aliquando tandem offerrem. Non enim apparatius
quicquam homunculus tuus hic habuit quod vel sero reddere
posset, sed ne hoc quidem quod vix potuit audebat sine
pudore tuum gravissimum conspectum istuc adire. Ubi tamen
in alterutro fuit peccandum ut vel periculum facerem auda-
ciæ vel apprime apud te ingratus viderer, in illo malui committere, quod facile veniam mereretur quam in hoc quidem
omittere quod suis legibus Persæ severissime puniebant. Non
enim tantum ab humanitate quisquam abest qui veritatis
amore labenti non pronus ignoscat, quippe quam nemo (nisi

---

1. On lit en marge : *Præfatio libri quem B. misi.*

fortassis deus aliquis) vix aliquando tandem invenit qui non per devios anfractus idem sæpius laberetur.

At mihi rhetoriculæ scribendæ tibique mittendi fecit audaciam amor eloquentiæ, quam et mirabar et dolebam Gallos nostros ad hoc tempus latuisse. Nam de philosophia quidem illa quæ de moribus aut rerum natura est, deque sacris litteris disputare, disputata nudis verbis prescribere plerisque nostratibus commune, idque feci facioque ut cæteri. At vero dicendi scientiam, non dico litteris mandare, sed ne propensius quidem cognoscere, nostrorum nemo conatus ad hunc diem est. Quocirca non defore mihi veniam spero, sed ne gratias quidem quamplurimas qui viam non modo nostris hominibus incognitam, sed multorum quoque ipsorum iudicio, sentibus, vepribus scopulisque obductam pro viribus meis aperio. Sic ubi vero fuit erratum non rhetorem male administratæ suæ provinciæ lectores damnabunt, sed petenti veniam theologo dabunt facillime, qui cum alienæ provinciæ amœnitate allectus, tum suæ miseratus nationis inopiam illam huius causa gerendam suscepit incautior, præsertim qui manum interea vix a docendis sacris litteris nequaquam abstraxit. Quale autem cunque aliorum fuerit iudicium, non tam ipse certum quam incertum habeo. At vero quid tibi de gratulabunda mea voluntate vel mihi de singulari tua benivolentia sit iudicandum exploratum habeo. Scio te certo quom hæc lectitabis non meos errores tam acute quam benigne meam erga te fiduciam amoremque spectaturum. Vale, fons paterque doctrinarum omnium.

Ædibus Sorbonæ Parisii scriptum impressumque anno uno et septuagesimo quadringentesimoque supra millesimum.

8

Bessario, episcopus Sabinensis, etc. Guillermo Ficheto, etc.

Reverende pater ac præstantissime vir, amice noster carissime, ternas abs te litteras habeo quibus respondeam, de

variis quidem rebus scriptas, sed tamen omnes unam et
præstantissimam erga nos observanciam præ se ferentes. In
his quod de libro tuo scribis, cum libentissime accepimus et
vidimus magno studio. Est enim elegantissime conscriptus
et præcepta dicendi continet, quæ, cum a Cicerone et Quinti-
liano Latinis vel ab Hermogene Græcis satis explicata viderentur, tu industria tua et doctrina singulari Gallos docuisti
quæ cum optent Athenienses, tum mirentur Romani. Equidem ardebam incredibili desyderio librum hunc legere, quom
primum de eo pauca quædam significasti. Ignorabam tamen
tantam doctrinam in eo esse ac tam elaboratam dicendi rationem. Unum illud habebam animo statutum nihil a te profi-
cisci posse quod non esset doctissimo homine dignum. Fate-
bor ingenue, tu meam superasti expectationem cum operis
magnitudine tum præstantia; quam si olim habuissem cogni-
tam, onerassem te profecto quottidianis litteris ut opus et
absolveres et mitteres mihi. Tibi quidem omnes latinæ linguæ
studiosi plurimum debent, ego, quod ad me attinet, gratias
habeo atque ago immortales.

Suum codicem reddidi Pontifici Maximo, nuncio tuo præ-
sente et magistro Guillermo, homine tibi amantissimo. Non
egebat commendatione liber qui per se est ornatissimus. De
te vero ac tua virtute excellenti in reddendo verba feci, de
qua eram etiam antea locutus cum Pontifice. Is optime de
te sentit cupitque et testimonio de te meo et suo iudicio
de tua erudicione, quam vel ex hoc opere perspexit et admi-
ratus est, aliquando satisfacere, idque profecto faciet, quom
primum occasio sese obtulerit, et ego nusquam deero pro
mea in te benivolentia et amore.

Meas Orationes tanti fieri istic lætor quidem vehementer,
non tam studio gloriæ alicuius comparandæ quam cupiditate
persuadendi. Sunt enim illa vera et necessaria, quæ si principes nostri audiverint, salutem suam tuebuntur et incolumi-
tatem in gravissimis positam periculis et malis. Debeo tamen
inprimis humanitati tuæ et fidei erga me, qui ista fecisti tua

auctoritate graviora. Nihil enim est quod a te probetur quod
non optimus quisque et doctissimus tuum secutus iudicium
magnifaciat. Utinam ut tu laudi nostræ profuisti, ita nos per
te principes excitare possimus et communi causæ prodesse.
Audivi nomine tuo nuncium sapientissima et saluberrima
consilia proponentem ad opem ferendam rei christianæ. Equidem tibi assentior et ita prorsus fieri oportere iudico, nulla-
que ex parte discessissem ab ista sententia, si istuc venissem
legatus, quemadmodum eram designatus, id quod te audivisse arbitror. Veniebam spei plenus aliquid proficiendi ac
summo studio venerandæ maiestatis Regiæ et te amplectendi.
Sed varii, graves, assidui morbi me coegerunt ut legationem
deponerem, quod invitus feci et necessario. Animum autem
incitatum labefactato corpori parere oportuit.

Finem scribendi faciam si unum illud ammonuero et roga-
vero ut observes diligentissime, quom primum aliquid vaca-
bit te dignum, faciasque me e vestigio certiorem. Plurimum
enim hac in re positum est in celeritate qua qui præstat solet
superare. Scribas velimus in Sabatios ad fratrem tuum et
amicos ut, quom tale aliquid acciderit, extrudant continuo
tabellarium cum litteris ad me unum. Nam, quom primum
rem intelligam, adibo Pontificem et, ut spero, conficiam de
negocio. Hoc abs te peto et plane contendo. Non minus enim
cupio te ornare beneficiis quibus vel tu dignus sis pro tua
excellenti virtute, vel expectes.

Opus nostrum in Platonis laudem editum ad te dedimus;
quod et legas velimus et, si qua offenderis quæ in contrariam
disputationem trahi possint, tua sapientia tuearis. Secuti
sumus quæ probabiliora videbantur græcis et latinis auctori-
bus, contulimusque totam disputationem ad veritatem pocius
quam ad assentationem novarum opinionum. Scimus de his
ipsis rebus nonnullos autores aliter sentire, ita tamen ut
neque illis omnes assentiantur. Infinitum est (ut nosti) de
his rebus disserere, quom quottidie existant autores qui vel
alienis inventis aliquid addunt, vel nova aliqua sententia

philosophantes alliciunt. Ego vero ad rem quæ mihi proposita erat hæc putavi esse accommodata.

Dominus Albiensis alterum a me accepit librum posteaquam rediit ex Hispania : cuius copiam tibi facere potuisset, nisi esset doctissimus, nam litterati omnes libros tanquam filios suos amant, non facileque patiuntur eos a se abesse. An librum et hanc epistolam acceperis ex tuis litteris cognoscere cupio. Vale.

Ex Urbe, idibus februariis M.CCCC.LXXII.

Andronicus ille Contoblas, monstrum naturæ, ut omnium ignarissimus contemnendus est. Nihili homo est, et non minus indoctus quam ingratus, quandoquidem parum id quod scit domi nostræ didicit et nostro pane nutritus. Valeat cum ingratitudine sua !

Andronic Contoblas, dont il est question dans ce post-scriptum, me paraît devoir s'identifier avec Andronic Contoblacas. Hody affirme [1], mais s'en apporter de preuves, que ce Contoblacas aurait donné, à Bâle, des leçons privées. On possède de lui la lettre suivante :

Andronicus Contoblacas, natione Græcus, utriusque linguæ peritus, Ioanni Reuchlin Phorcensi S. D. P.

Tuum modo ingenium litterarumque græcarum experti doctrinam, magnopere optamus atque hortamur ut alios græcas litteras edoceas, quod multum conducet. Nam non solum tibi id muneris prodesse, sed etiam audientibus honori fore arbitramur. Quare, tua doctrina atque nostra autoritate fretus, litteras græcas audire volentes erudias, ut et ipsi doctiores in dies evadant, et tu ipse in legendis autoribus clarior ac venustior sis. Vale.

Basileæ, anno M.CCCC.LXXVII [2].

---

1. *De Graecis illustribus* (Londres, 1742, in-8°), p. 232.

2. *Illustrium virorum epistolae ad Ioannem Reuchlin* (Haguenau, 1519, in-4°).

9

Sixtus papa quartus dilecto filio Guliermo Ficheto.

Dilecte fili, salutem et apostolicam benedictionem. Ex verbis venerabilis fratris nostri B., cardinalis Nicæni ac patriarchæ Constantinopolitani, de litteris et moribus tuis bene sentiebamus. Is enim te sæpenumero et laudavit et commendavit nobis. Nuper autem reddidit opus tuum de ratione dicendi conscriptum, elegantissimum illud quidem et nobis admodum gratum. In eo tuam laudamus industriam vehementer atque observantiam erga nos, dabimusque operam omni tempore ut, quom occasio sese obtulerit, honesta et ampla præmia nostro etiam favore tantæ virtuti tuæ reddantur.

Datum Romæ apud sanctum Petrum, sub annulo Piscatoris, die xiv februarii M.CCCC.LXXII, pontificatus nostri anno primo.

10

Reverendissimo patri Bessarioni, Nicæno cardinali, patriarchæ Constantinopolitano, Guillermus Fichetus seipsum devotissime offert atque subiicit.

Nunquam, pater reverendissime, quid ad te scriberem minus cogitavi quam pridie nonas marcias in regiæ domus vestibulo, aut tertio idus marcias, quom tabellarii celeritas atramento madentes litteras mihi detraxit, aut nunc xii kl. apriles, quom parumper quiescenti secundum flumen Ligerim, inter scopulos castri Ambasiæ [1], nuncius forte fortuna sese obtulit.

Revertor in scholam nostram Parisiensem, causa fidei (quam mihi iamdudum imposuisti) regi nobilibusque regiis

---

1. Le château d'Amboise.

exposita. Orationes tuas quam apparatissimas potui reddidi Serenissimo Regi, verbaque feci paucis cum de concordia christianis principibus inter se necessaria, tum de bello contra crucis hostes obeundo, nihilque prætermisi quod tuo nomine Regi esset offerendum. Gracioso quidem vultu librum excepit, legitque parumper præfaciunculam quam operi tuo præscripsi. Revolutis deinde membranis picturas et imagines in marginibus sparsas cominus inspexit. Tum glosulas in oratione Demosthenis a te quidem positas fere singulas legit; erant enim auro varioque colore in contextu orationis interiectæ. Inter legendum quæstiunculas a me quasdam rogavit, quibus præsto fuit responsum. Postremo reversus ad codicis principium, distichon ter quaterque resumpsit, quod in calce regiæ imaginis scriptum repperit :

> Fausta futura tibi, Rex, accipe Bessarionis
> munera, quæ prosint et foris atque domi.

A secretis qui aderat librum custodiendum accepit.

Rex tuæ paternitati tandem pro munere gracias egit. De domestica vero concordia belloque foris obeundo ne verbum quidem unum fecit.

Litteras autem quas iamdudum mei commendandi causa regiæ Maiestati scripsisti, neque reddidi, neque per alium passus sum reddi. Cur ita fecerim audies. Rex pervicaci est ingenio, neque sibi desunt qui meorum similium labores ambitionis causa susceptos arbitrentur. Non itaque volui privatum commodum publico fore detrimento, mortuoque mihi quam vivo malo mercedem tantillo pro labore reddi. Non qui Bessarionis unius mei patris commendationem respuam, sed qui pietatis et religionis colore nullius volo graciam videri coemisse, aut potius muneribus reciproca munera fœnerari.

Neque de sex et quadraginta tuarum orationum opusculis quæ circumquaque per Gallias et Germanias a me, fidei tuendæ causa, sunt disparsa gratisque data, vel oblatum quicquam accepi, nisi duntaxat a Fratrum Minorum ministro

Provinciali litteras participationis bonorum operum fratrum
sororumque suæ provinciæ, quas marsupiolo quodam inclu-
sas reverenter accepi, regumque omnium thesauris ante-
pono. Omnibus autem qui mihi (vel quibus ad eos deferenda
munera tua commiseram) quicquam obtulerunt una fuit res-
ponsio respuendique ratio, quod non Fichetus sed Bessario,
non ad questum sed ad tuendam christianitatem, illis sua
reddi munera librosque iussisset.

Oportet enim qui Gallorum voluntates ad pietatem religio-
nemque sit allecturus, a questu et avaricia prorsus abhorrere.
Quo fit ut plerique legati quos sancta Sedes ad nos emisit,
nulla re magis quam avaricia et ambitione redirent insignes.
Cardinalis vero Sanctæ Crucis pro deo quodam propter absti-
nentiam ad hunc diem apud Gallos celebratur. Quæ res
honori quoque tibi futura est, quem omnes ab huiusmodi
pestibus prædicant semper abhorruisse, et quasi deum quendam, nedum alterum Sanctæ Crucis cardinalem venturum
expectant. Ita si nostrorum mores usu postea cognoveris,
probabis profecto quod neque Regi tuas pro me litteras red-
diderim, neque cuiusquam pro tuis orationibus oblatum præmium acceperim. Sed de Rege et his satis.

Regios autem, quorum apud Regem maioris momenti cre-
ditur auctoritas, non solum partim latinis, partim vernaculis
verbis, prout auditor deposcebat, ad studium pacis ac belli
pro viribus excitavi, sed cuiquam tuum opus obtuli ac dedi.
Neque quisquam mihi fuit inventus qui non se paratum ad
utrunque polliceretur. Fuerunt etiam militaris ordinis qui se
palam ituros contra Turcum voverent. Abrincensem episco-
pum [1], regium confessorem, paulo studiosius ac vehementius
ut Regem ad hæc excitaret, efflagitavi, itidem et Turonen-
sem archyepiscopum, qui rem utranque firmissime credunt
adventu tuo conficiendam ; tantaque de te fit expectatio ut
bellum, quod inter nostros sub murmure quodam fore litteris

---

1. Jean Bochart (ou Boucart), évêque d'Avranches.

meis, quas frater Marianus tibi redditurus est, insinuabam,
penitus restinctum sit, audito paternitatis tuæ adventu, omniaque pacis adiumenta postea semper nostri loquuntur,
caduceatores ultro citroque quottidie volant. Rex, ut a fami-
liarissimis eius accepi, nihil nisi de pace statuit. Dici non
potest quam odiosum sit inter nostros bellis finitimis tempus
atterere, quæ velut membrorum exsiccatio totum reipublicæ
corpus utrinque consumunt. Ita fit ut mutuo rerum suarum
tædio bellum foris in hostes crucis exardeant.

Quare, pater, appropera; et, quom iter cœperis in Gallias,
Dionysium magnum Athanasiumque te fore memineris, qui
Christo, senes quidem ambo ut tu, Græci ambo ut tu, perpetuam sui nominis memoriam nobis relinquentes, felices ani-
mas in Galliis reddiderunt. Ergo moriturum in Galliis Bessarionem expectant Galli? Absit, pater, istud abs te. Nec tamen
optabilior ulli labor, ulli mors quam tibi proponitur; mallet-
que Fichetus, si Bessario foret legatus ad tuendum Christi
nomen, in mediis Sabaudiæ montibus nivibusque de vita
migrare; vel si, ut Dyogenes mortuo sibi fore voluit, proiici
quidem inhumatus deberet, quam Romæ quieturus longius
quam victurus busto tandem amplissimo statuaque donari.
Nec tamen istorum, quæ cæteri timent, quicquam offuturum
tibi reformides. Non enim te deseret cuius religioni suppecias ferre conaris, qui supra vires ætatis Dionysium apud
nos te longe seniorem in diuturno labore, æstu, carcere, tor-
mento, quottidie reddidit fortiorem.

Hic ego de me unum tibi polliceor, cuius ante tribunal
Christi has meas litteras testes fore volo, nusquam te dese-
ram, non vivum in periculis, neque mortuum sine magnifica
funeris pompa, vel si unus in locum ornatissimum humeris
te ferre deberem; in morte quoque periculum tibi faciam, si
casus mihi priori sese coram obtulerit. Duo namque summopere cupio quæ possim ex legatione tua nancisci : alterum
ut eos labores eaque pericula dies noctesque perferam, quibus placatus deus peccatis meis pius ignoscat; alterum ut

in exequendis tuis mandatis fessus laboribus, aut pro Christo
male mulctatus emoriar ; aut, quod magis optaverim, coacto
bellatore, in Turcorumque conspectu traiecto Christianorum
exercitu, quod Codro, quod Decio patri, quod Decio filio pro
suis civibus, idem mihi pro christianis fratribus contingat,
exanguesque artus millenis transfixos telis meo superstiti
Bessarioni sepeliendos relinquam.

Exurge tandem, expectatio Galliarum, exurge! Suspice
cœlum, quo tua te legatio, non in lectica sed in manibus
angelorum, relatura est, non casu quodam improviso, sed
quom tuæ legationis consummatio tibi consummata præmia,
christianitati salutem pepererit. Vale, et amorem, qui sine
pondere verba tot hactenus effudit, excusatum habeto. Hominem quem dudum ad te misi nusquam esse audio, quem ad
te properantem Alpes xiii kalendas februarias superasse cognovi. Denuo vale.

Apud Castrum Ambasiæ prope Turonem, xii kalendas aprilis citissime scriptum.

11

Reverendissimo patri Bessarioni, Nicæno cardinali, patriarchæ
Constantinopolitano, Guillermus Fichetus seipsum devotis-
sime offert atque subiicit.

Si, reverendissime pater, una de re fortassis et altera nunc
esset mihi scribendum, darem operam ut plenius quiddam
a me scriberetur. At vero tot sunt et tanta quibus me prosequeris beneficia, ut ne modum quidem rescribendi inveniam.
Arbitrabar enim inauditum amorem et nimiam erga me
charitatem tuam eo venisse ut quo progrederetur amplius
non haberet.

Nunc in ipso pascali profesto familiaris Othoninus meus ex
te veniens ea mihi dixit eaque attulit quæ non ab homine,
quam hactenus Bessarionem meum patrem existimavi, sed
pocius a deo quodam manasse credantur, ita quod amicis

ad hoc tempus minime concedebam ut benivolentia me supe-
rarent, tibi patri piissimo divinissimoque concedo. Non enim,
vel si charitas ipsa quidem essem, amoris indiciis tibi vicem
vicissitudinemque reddere possem. Non igitur fuit consilium
ut vel gracias incassum agam, vel quicquam posthac scribere
de quo scribi satis non possit aggrediar. Mutus elinguis hoc
quippe meo silentio a Bessarione me victum plane profiteor.

Res autem de quibus scribis summis, ut aiunt, digitis attingam, et ordine quidem quo sunt a te perscriptæ. In his quod
excerptiunculas tanti meas facis ut etiam pontifici reddere,
nedum ipse legere, curaveris, amori sane magno, qui modum
etiam nescit, existimo tribuendum. Neque, pater, mihi istud
tuum pectus quid sentiat, sed quid amet ostendit. Id quod
ego de piissimo pontifice nostro similiter iudico ; qui, succen-
sus vicino Bessarionis incendio, non litteris tantum et spe
mercedis ad eum virum, quem tu me finxisti, liberalius me
excitavit. Verum suo gravissimo et sanctissimo sive iudicio
sive amore me meaque probavit ; quo fit ut in lubrico sim
positus, quandoquidem aut is sum quem tu me pontifici
prædicasti, quod est multo difficillimum ; aut is non sum,
quod longe turpissimum est. Falli Bessarionem, falli pontificem maximum quis unquam cogitavit ? Enitar ergo quam
maxime potero ut de litteris et moribus meis vero quidem
similem opinionem Sixtus et Bessario secuti fuisse videantur. Non qui vir unius et alterius iudicio par fore possim,
sed qui saltem simulachrum et umbram eius viri conaturus
sim præ me ferre, præsertim quod isti vero de me iudicio
spes mercedis magna sane et ampla proponitur. Ego [1] superioribus annis principum aulas adire rogatus stipendiumque
facturus recusavi, neque beneficiorum cupiditas eo me parumper pellicere potuit. A te tamen et pontifice, quibus iure
beneficiorum elargitio concessa est, nihil respuo, sed ne
præter graciam quidem vestram aliquid expecto. Unum dun-

---

1. *Esto* dans le ms. original.

taxat ab uno quidem et altero maxime contendo, neu me
beneficiis prius afficiatis quam labor meus aliquis sit ecclesiæ
sanctæ dei fructuosus, ne mihi fortassis quod vicio plerisque
contingat, qui beneficiis huiusmodi tanquam compedibus
urctiti, somno ciboque dies et noctes serviunt. Patiatur itaque Sixtus, patiatur et Bessario ut meo tantisper labore
utantur, et ego tantisper eo veniam dum qui sim exploratum
habeant, et ego meis vigiliis victui quotidiano necessaria
suppeditare possim.

Non est præterea quod mihi pro tuis Orationibus (quas ipse
quoquoversus emisi) gratias debeas, quas equidem tibi pocius
debeo, qui tantillum rusticulum Sabaudum, diuturnis in
pulveribus qui Parisii pene computruit, eo confestim extulisti ut litteris et orationibus tuis unus Gallorum omnium
primus donaretur, operis tui distributor esset tuo nomine
singulis ferme Galliarum et præstantioribus Germaniarum
principibus, religionum et policiarum capitibus aut scriberet
aut ipse coram eloqueretur, et pro tua dignitate libenter audi-
retur. Et de re quidem huiusmodi qua, ut deum tester, nullam magis unquam optavi quin etiam ut introspicere mentem
meam penitus possis, cuius deum ipsum custodem testem
appello, precibus meis iandudum assidue deum compellavi
ut partes aliquas pro sancta religione sua tuenda mihi tandem imponeret. Quod certo nunc cognosco gravissimo tuo
iudicio mihi divinitus elargitum, ut etiam post deum immortalem (quo nihil dignum cogitare possumus) nullus amor
meus, ut præfatus sum, te dignus mihi videatur.

Omittes ergo posthac eiusmodi verbis ad me scribere ut a
te mihi gracia deberi dicatur. Non audiam profecto, nedum
non legam, si pergis erga vermiculum tantus princeps gra-
tiosus haberi. Impera pocius laborem mihi quam gravissimum
ferre potero, si vis omnino et plane cognoscere quam gratus
erga te vermiculus hic tuus esse velit; neque quam sapienter
sed quam libenter exequar imposita spectes. Tuum est, pater,
multo sapientius singula tecum reputare quæ iubeas, meum

vero duntaxat obedire iubenti ; id quod me facturum tibi firmissime persuaseris, vel si fuerit ad indubitatam mortem e vestigio currendum. Christianus quippe sum, cui pro Christo quiddam immanius pati voluptas summa est, et eo quidem maior quod errare tecum non possum, quem humanarum divinarumque rerum omnium cognitio ususque vitæ magister egregius non latet.

Neque propterea familiarem meum ad te misi, ut meo nomine quicquam te doceret, quod vel de nostrorum principum Gallorumque natura te fugisset ; sed ut tuæ sentenciæ nostrorum hominum (quorum gravior sit opinio) iudicium consentaneum esse cognosceres, ferresque cum opem nobis domestico bello pene consumptis, tum salutem miseræ propemodum extinctæque christianitati. Quod fore nequaquam dubitavi, quom te designatum legatum primum accepi. At vero ut ex tuis te deposuisse legationem cognovi, decidi pavidus, actumque de Gallis et universa christianitate coniecto, ne dicam coram perspicio.

Quid interea, deus bone, commisimus ut mox a spe pacis et concordiæ, a spe Turci, crudelis tui nominis hostis, vincendi pariter decideremus ? Bessarionem famulum tuum ad scribendum quæ principibus populoque tuo saluberrima forent impulisti ; pontificem eum nobis interea contuleras a quo vel solo vel maxime Bessarionis consilio facta probarentur ; Bessarionem legatum nobis esse voluisti, designarique fecisti. En miseros christianos, en Gallos longe miserrimos ! Bessario namque senio morboque graviter affectus atque confectus in ipso pene medio conatu nos deserit. Et quo pacis inter nos propinquior spes eluxerat, eo nunc densioribus tenebris offundimur. Vide, pater Bessario, vide quam vera sint quæ fluentibus lacrimis vix scribo. Nam ut extremis ianuarii diebus rumor de tua legatione pervenit in Gallias, tanquam pax ipso cœlo venisset, omnes quæ pacis sunt cogitabamus, loquebamur, optabamus, ardebamus. Inter principes quoque nostros assidue sane versabantur hæc. At vero, parumper ante

familiaris mei reditum, quæ scribitis de legationis deposi-
tione, familiares quidem Rotomagensis cardinalis [1], tanquam utres quædam compressæ, quoquoversus ista stridebant ;
moxque de bello fragor utrinque cœpit audiri. Burgundus [2]
in ipsis fere paschalibus festis exercitum ingentem recensuit
et præsto sibi fore per præconem ubique edixit.

E diverso Rex noster, quarta feria post paschalem diem, ad
arma concurri iussit; atque velut post tranquillitatem oppo-
sitis agitatum ventis mare fervet tonatque longe horridius,
æque nunc derepente Gallia tota strident arma ruptisque pacis
conditionibus in sanguinem nostrum mutuis odiis mergi
properamus. Id si Turco fuerit, ut erit profecto, exploratum,
multo pertinacius ac superbius Italiam oppugnabit. Inde
sedes nostras obruet vehementius, inde terrarum orbem
Mahumeto subiiciet, inde Christus..... non ausim scribere
quod sane cogitans inhorresco. Unde tot mala nobis, deus
bone ? nisi quia peccatis nostris commeruimus ut non tam
senio quam ægrotatione frangeretur Bessario, quem tanquam
Mathathiam ducem populi fore sperabamus. O inanes nostros
conatus, spem vacuam, preces supervacaneas ! Quid agimus?
Quid moramur? Quid miseram vitam in dies malorum omnium
protraximus? Sive nostro, sive Turci gladio perimus. Una
spes est nobis nullam sperare salutem. Namque, nisi Bessario casibus nostris legatus occurrat, incassum veniet. Tacen-
dum est quæ sit de cæteris opinio, quam nulla sit auctoritas,
quam perversa gerendarum a se rerum interpretatio ; contraque de te, pater, sive divinitus sive quod ita vixisti bonum
supra quam dici possit sentiunt omnes. Melius sperabant,
optima fere quæque Gallis in manibus erant quæ non proinde
scribo ut legationem (nisi fortassis ex sententia tibi fuerit)
denuo sumas, sed ut quo statu sumus tecum reputes, mise-
rearisque tot christianos casus ex morbo tuo nobis emersisse,

1. Guillaume d'Estouteville.
2. Charles le Téméraire, duc de Bourgogne.

a quibus nisi tuo consilio, tuoque præsidio levari non possumus. Cogitabis itaque quid sit opus facto; interea in his meis latibulis quid me facturum velis opperiar.

Scribis porro ut si quod beneficium vacaverit, te quamprimum reddam certiorem, pollicerisque te daturum operam ut ampla mihi beneficia conferantur. Non habeo, ut initio scripsi, quod ista paterna benevolentia tua dignum inveniam. Scribam fratribus meis ut istas vigilias pro me diligentius suscipiant. Nam huiusmodi solicitudo nequaquam a me solitario suscipi commode posset. Gracias autem expectativas quibus me donasti, familiaris meus homo fecit iudiciario more gebennæ fulminari, quas tuo sumptu fuisse mihi præparatas et expeditas in beneficiis tuis reponam, quanquam, ut pace magnificentiæ tuæ loquar, neque istud sit mihi ferendum ut nummis nedum opera mecum agas. Unum illud impatientissime tuli quod a te ducatos XV homo meus desumpsit. Nam ut aliis qui tuas Orationes principibus cæterisque reddiderunt nequicquam vel oblatum inde sumerent prohibui, sic... quoque semel et sæpius idem districtius vetueram, præsertim a te, qui usuram benivolentiæ, nedum acceptæ pecuniæ nequaquam sum redditurus. Id namque impossibile fore coniecto. Itaque, quom iniussu meo fecit, quod æquo quidem animo non fero, quippe cui pecuniæ supra quam fuit opus Romam eunti contuleram, ne rationem quidem ullam habere pecuniæ tuæ proinde volui. Eat in perditionem cum eo qui pluris pecuniam quam prohibitionem meam fecit. De sumptu, de stipendio facto, rationem habui, singulaque dissolvi, de tuis ducatis ne verbum quidem unum audire volui. Ex inobedientia tuum commodum in malam rem habeat; quin et illi certo polliceor, si quid tale posthac unquam commiserit, panem meum ne die quidem uno comedet. Repono tamen in tuis beneficiis quod in re minime necessaria sublevare sumptum meum voluisti.

Platonem autem tuum non modo ut oblatum a te sumeret præceperam, verum etiam ut peteret confidenter, tandemque

furtim surriperet, si nequaquam alia ratione posset illum ad
me deferre. At vero gratis a te datum mihique redditum eo
gaudio, ea lætitia suscepi ut deum aliquem mihi videar hospitio excepisse ; eiusque legendi tanta me rapuit aviditas
ut artem dormiendi per has paschales noctes quæsitam
non mihi sed ne hospiti quidem Platoni invenerim. Ille me
rerum vetustissimarum admiratione (quas nusquam legissem)
tenuit inprimis attentum. Flumen sane immensum philosophiæ miror Latinos ad hoc tempus latuisse ; quo fit ut non
maiores Plato (quem e tenebris in apertissimum Latinorum
cœlum extulisti) quam optimus quisque Latinus gracias tibi
debeat.

Georgius autem Trapezuncius, qui non Platoni tantum sed
in Platone sapientibus omnibus et ipsi sapientiæ fuit iniurius,
valeat dispereatque cum inaudita sua calumniandi libidine.
Quis enim vel omnibus pestibus ac furiis agitatus in eam
venisset insaniam furoremque tantum concepisset ut huiusmodi contumeliis afficeret Platonem ? Ita nihil est quod Gallis Germanisque sua deliramenta Georgius aut Andreas mit-
tat. Nam, ut Orationes tuas Galli Germanique legunt et
admirantur, ita profecto (si mea me non fallit opinio aut
longioris vitæ spes) et tuus Plato qualem ad me misisti et
Responsiones quas tuus familiaris [1] adversus Georgium edidit
ad me dudum misisti, et laudes quibus Turcum, vituperatio-
nesque quibus principes christianos nostramque religionem
afficit [2], unum in opus imprimi faciam [3], et quoquoversus
emittam, ut uno cursu mei Bessarionis laus et Trapezuncii
vituperatio Gallis et Germanis innotescant, illiusque nomen
cum huius ignominia memoria permaneat sempiterna.

1. Il s'agit sans doute de la *Refutatio deliramentorum Georgii Trapezuntii
Cretensis* par Nicolas Perotti, évêque de Manfredonia et grand ami de Bessarion.

2. Peut-être les *Annotationes* de Georges de Trébizonde, réfutation peu connue du célèbre ouvrage de Bessarion *In calumniatorem Platonis* ; peut-être
aussi les Lettres que Georges passait pour avoir écrites à Mahomet II.

3. Fichet ne donna pas suite à ce projet.

Verum, pater, quum fretus tua facilitate nihil tecum non audeo, unum abs te peto et obtestor ut præfacionem ad Scholam Parisiensem scribas, qua mihi præcipias ut tuo nomine tuum Platonem Parisiensibus nostris exhibeam, faciamque cuique illius transcribendi facultatem, ut omnis Scholæ Parisiensis posteritas tuam erga se benivolentiam in ipso Platonis tui vestibulo legat. Idque citissime confeceris; universæ namque Parisiensi Scholæ (quom in unum post has paschales ferias primum coierit) a me tuo nomine tuus Plato offeretur. Sumptum etiam aliquem nedum operam dabo ut ex isto mihi reddito interea complures ab impressoribus nostris Platones cudantur. In membranis quoque, si facultas tulerit, numerum aliquem imprimi faciam, quemadmodum et in Orationibus tuis feci, ut ævo longissimo publicis collegiorum nostrorum bibliothecis, quibus apponi faciam, opus tuum legatur. Est enim Scholæ nostræ (quæ nidus philosophorum dici solet) eius lectio fructuosa; quippe de Platonis et Aristotelis opinionibus quottidie disputantibus nihil opere tuo magis conducit.

Hæc habui, pater, quæ, ut primus quisque impetus tulit, litteris tuis responderem, non polite quidem nec terse, sed vix latine aut litteris quæ legi possint. Nihil enim fucatis opus habeo, quom ad eum scribo qui vel errata mea, ut indulgentiores parentes solent, virtutibus annumerat mirisque laudibus extollit. Vale et qui familiari meo ut ad te sæpius scriberem imposuisti, nunc, epistolæ longitudine fessus, neu posthac scribam e diverso tandem impone. Ex integro vale.

Ex ædibus Sorbonæ scriptum pridie nonas aprilis.

12

Reverendissimo Patri Bessarioni, etc. G. Fichetus, etc.

Plures ad te litteras cum ex regia curia tum ex hac civitate superioribus mensibus scripsi; easdem quoque multiplicatas emisi, ut ab uno tabellario vel altero tibi fiat litterarum legendarum potestas. Interea aucupatores disposui ut quo-

ciens se quisquam Romam iturus obtulerit, tociens ad te
denuo scribam. Nam ea ratione pares tuis præceptis, qui scribendi sæpe mihi munus per Anthonium meum imposuisti,
mihique solatio sum qui patrem meum, cuius videndi et reverenter amplectendi desyderio flagrabam, nunc saltem in
litterarum speculo contempler. Ita desperatio iam te videndi
priusquam in regno cœlorum in sublimi throno sedenti con-
gratuler, scribendi labore parumper levatur. Abeunt et iam
interea distortissima quidem tempora nostra, quæ nisi malorum omnium timorem nihil præ se ferre videntur. Itaque
tibi gratias ago qui scribendi voluptatem mihi unam imposuisti, qui sum aliis recreationibus expers.

Rescribo pontifici quemadmodum ipse cognosces. Si dignas
lectione Pontificis litteras iudicabis, obsignabis ut animus
fuerit illique reddi feceris. Sin, ut vere iudico, prorsus indignæ
Sanctitate illius tibi videbuntur, in cinerem iube mittantur.
Unum te rogatum volo, sis mihi semper qui pater fuisti. Ego
vero do tibi fidem nihil unquam me prætermissurum quod
honori clarissimi nominis tui conducturum sit.

Vis denique aliud te liberius efflagitem? Nempe ut cœpta
pro rei christianæ salute non patiaris te vivo tanquam som-
nium quoddam evanescere. Si pateris, nemo posthac rem
tantam obire curabit; sin pergis in sententia, pergis in exci-
tando pontifice, fortassis exaudieris tandem a domino, qui
tecum sit semper. Vale.

13

Sanctissimo domino nostro Papæ Sixto Guillermus
Fichetus, etc.

Rescribere tibi, pater sancte, nimirum vix audeo, qui sentio quam sit arduum tuis mihi redditis suavibus litteris respondere. Non enim agere tibi gracias æque possum ac volo
et debeo, qui non solum dignos tuis modestissimis oculis sed
etiam tua gravissima commendatione meos de ratione di-

cendi Commentarios iudicasti. Accessit facta præmiorum a
tua Sanctitate fides certa, spes vero longe certissima. Itaque
iam fruor revera quod promittis, nedum id te facturum mihi
persuasi. Sed cui firmissimam de te fidem fecisti, adhuc
quæso facias pro tua pietate quot et quæ potissimum velit ex
infinitis tuæ sedis beneficiis deligendi potestatem. Quot? duo
nempe duntaxat. Quæ? prius utique, neu tuis ecclesiasticis
muneribus ante afficiar quam de tua sede sim meritus quam
optime; alterum (de quo superioribus etiam litteris ad te
scripsi) ut Bohemum suis e sordibus, Turcum e finibus tuis
extrudas citissime. Si mihi posterius elargiris, prius etiam
elargiaris oportet. Non enim opperiar sive in suscipiendis adversus Bohemum laboribus, sive in obeundis adversus Turcum summis periculis, semel et iterum idem a te mandatum
mihi imponi. Quin evolabo de repente quo iusseris, dictoque
cicius facta præstabo. De quo fidem officiis et periculis meis
comprobatam aliquando maximus pater Bessario certiorem
te fecisset, si ut erat iampridem a tua Sanctitate designatus
ad Gallos tandem venisset. Cuius ego (quin amplius non
potui) gravissimas quidem in Turcum Orationes, tanquam
priorem in hostem aciem per Gallias, Germanias, Britannias-
que disposui, in pugnamque dispositas nunc litteris, nunc
voce concitavi. Et quidem magna Turci vincendi spe. Tanta
siquidem et sapientiæ et probitatis et auctoritatis opinio de
patre Bessarione circumfertur, et nostra etiam sive principum,
sive populorum animis infixa est, ut deus quidam visus sit
ad nos venturus, quom Bessario Galliarum nunciatur legatus.

Regi nostro (quom in reddendis Bessarionis Orationibus
apud Turonem verba de tuenda christianitate feci) de Bessarione magna sane erat expectatio; par, ne dicam longe maior,
omnibus regiæ familiæ principibus et item consulibus qui,
donati Bessarionis Orationibus, verbis etiam causam sunt a
me sæpius cohortati. At summam omnium sentenciæ Galliæ
pacandæ bellique contra Turcum adoriundi firmam spem in
Bessarionis adventu studioque collocabant. At vero nunc

audimus sanctissimi senis ætatem morbosque christianorum
saluti, nedum quieti Gallorum omnium, invidisse; neque
vero sine bonorum lachrimis hæc audimus : siquidem ut
mutuam pacem, bellumque contra Crucis hostem adventu
Bessarionis coibat Gallia; ita vero legationis audita depositio
iam studia plurimorum agit transverse, horrendisque fluc-
tibus et luctibus complentur omnia, quæ tanti patris speratus
adventus et nominis opinio cohibebat. Neque (ut nostrorum
unam omnium sententiam intelligas) alterum Bessarionem
rebus Gallicis profuturum facile invenias, utpote de quo non
dico par, sed ne longo quidem intervallo comparabilis isti sit
opinio. Quisquis enim profecturus legatus commode fuerit
in Gallias quædam non afferat, quædam afferat. Ne quam
favoris et graciæ partibus his aut illis afferat; ne quam sapienciæ, ne quam integritatis et sanctimoniæ, ne quam auctoritatis opinionem rumificationemque non afferat. Hæc de
Bessarione prædicant Galli, de quovis alio (quod equidem
audiverim) non opinantur, nedum non prædicant et quidem
quem sperent fore legatum. Complures huiusce generis se
vidisse plerique fabulantur, illius vero, post cardinalem
Sanctæ Crucis, neminem.

Hæc proinde nunc scribo, pater sancte, ut quid tibi facto
sit opus inde cognoscas : non ex mea quidem sententia, sed
ex populari quodam rumore, tritum illud tenes memoria :
Galli rumores pro re comperta habent. Quocirca si fortassis
alterum quempiam Bessarionem inveneris, hunc celeber-
rimo seni demum sufficito, Gallis et omnibus christianis
tantisper profuturum, dum senex, animus tuus individuus,
omnia domi consilio tecum disponet quæ geri foris oporteat.
Ita demum in tot et tantis 'discriminibus christianis tua
primum interest, pater sancte, in bene cœptis et expectatione,
quam vel in minoribus agens de te fecisti, nunc et in dies
magis persistere, neque pontificem committere ut Fratrum
Minorum generalis ministri præclara facinora labefactasse
videatur. Iandudum de te præsagium tui pontificatus hostis-

que vincendi passim audivimus, quom prioribus pontificibus Pio Pauloque [1] te Fratrumque numerum tuorum ingentissimum contra perfidum Turcum obtulisti. Et proinde pontifex (ut fama est) divinitus evasisti, facturus ipse quod, te cohortante, nequaquam illi fecerunt, cohortatorique longe præstantiori dimiserunt.

Deinde tua, pater sancte, non minus interest opera, cura, diligentia, difficultates prævenire atque superare. Impossibile namque deo non est, sed ne mortali quidem homini, negocium istud quod adoriris. Illi Camilli, Fabricii, Scipiones, Pompeii, Cæsares, profecto, si Romam nunc redirent, romanumque resumerent imperium, hosti nostro longe superbissimo vel ad temporis punctum non darent inducias, multo vero minus sanctissimi pontifices Urbanus, Innocencius, Eugenius, si denuo sedem tuam ascenderent. Quippe qui concitandorum Gallorum principum Germanorumque causa tum in Gallias sunt præsto quidem advecti, tum nomen hanc ob rem multo clarissimum, multoque longissimum inde sibi reportarunt. Tu fac quod illi, et tibi quod illis erit per æterna tempora nomen, Bessarioni tuo pariter erit. De quibus per divinationem illud iandudum prænunciatum existimo. Vidi viros coniunctos Sixtum pontificem maximum et Bessarionem cardinalem in restauratione christianitatis studio coniunctissimos, quos elegit dominus in caritate non ficta et dedit illis gloriam sempiternam. Neque feras ægerrime (quom sis sapientissimus et humanissimus) in eandem causam ab insipientissimo quidem et abieclissimo tuæ Sanctitatis mancipiolo denuo cohortari. Non enim te possum non diligere, multo vero deum minus; at non tuo consulit honori, sed ne dei quidem, qui nescius tuæ pietatis humanissimam tuam Sanctitatem ad ea subveretur hortari ad quæ meis supplicibus litteris te velim esse rogatum. Vale.

Ædibus Sorbonæ Parisii scriptum xviii kl. maias.

---

1. Pie II et Paul II.

14

Reverendissimo patri Bessarioni, etc., Rector
et Universitas Magistrorum Parisiensis.

Magnas vobis gracias debemus, reverendissime in Christo
pater, qui non solum iandudum Orationes vestras in Turcum
editas, sed nuper quoque vestros de Platonica philosophia
libros accepimus. Guillermus enim Fichetus, egregius theologus doctor alumnusque noster, hos atque illas vestro
nomine liberaliter nobis obtulit, fecitque omnibus operis
utriusque habendi legendique potestatem. Quin etiam Orationes vestras quoquo versus emisit, ut principes populique
christiani mutuæ pacis bellique contra Turcos gerendi necessitatem cognoscant. Opus utrumque, reverendissime pater,
cum verbis elegantissimum, tum sentenciis gravissimum
existimamus. Nos itaque non tantum hæc munera fructusque
vestrorum illustrium laborum animo gratissimo suscipimus,
sed posteros quoque nostros itidem facturos speramus, atque
inde futurum ut clarissimum tanti patris nomen et singularis
erga nostram Universitatem benivolentia ubique per nostros,
nedum Parisii, memoria celebretur sempiterna. Nos interea
summo pontifici ad ecclesiasticam mercedem (qua destituti
sumus) supplicamus ope vestra commendari. Valete, pater
præstantissime, cui sumus ad obsequia præstanda paratissimi.

Apud Sanctum Mathurinum, in nostra generali Congrega-
tione (quæ prima fuit post Pascha) scriptum quarto nonas
maias, anno secundo et septuagesimo quadringentesimoque
supra millesimum.

15

Reverendissimo in Christo patri ac domino præstantissimo Ioanni Rolino, episcopo Eduensi, tituli sancti Stephani in Cœlio monte presbitero cardinali, Guillermus Fichetus, Parisiensis theologus doctor, s. p. d. ac se ipsum offert humiliterque subiicit.

Quæ sit erga Bessarionem, Nicænum cardinalem, tua benivolentia, præstantissime pater, nequaquam sum nescius. Eas nanque laudes adhuc recenti memoria teneo, quibus cum mihi tanquam sapientium sæculi nostri facile principem prædicabas, quum Eduæ Lucenaique mutuos, pro tua facilitate, de doctis hominibus sermones miscebamus. Quo fit ut opus eius (quo tuam præstantiam illius nomine dono) non dubitem avidissime te lecturum atque tua sponte quæ monet ille facturum. Sunt enim elegantissimæ quas in Turcum Orationes edidit, quarum ad principes quidem nostros, religionum policiarumque rectores mittendarum mihi munus imposuit; et ea quidem ratione ut illi pacem inter se concilient, bellumque suscipiant adversus Turcorum gentem longe superbissimam atque cruentissimam. Neque fere quicquam ad rem unam vel alteram explicandam gerendamque posset inveniri quod Bessario gravissime luculentissimeque non consequatur. Quod tute quidem legendo cogitandoque iudicabis, facturus etiam, uti firmissime credo, quicquid vel ad sedandos principes populosque christianos vel ad evertendum Turcorum imperium pertinebit. Vale, studiorum meorum educator, et reliquorum (si quæ fortassis maiora succedent) excitator bonorum meorum magnificus.

Ædibus Sorbonæ Parisii scriptum viii kalendas maias.

16

Magnanimis principibus [1] *Ludovico* [2], *christianissimo Francorum regi* [3], *eiusque ditionis regibus* [4], *ducibus, comitibus,
marchionibus et viris omnibus* [5] *præclaris, Guillermus* [6]
*Fichetus, Parisiensis theologu*s *doctor* [7], *secundos optat
successus.*

Nunquam, rex inclyte vosque principes magnifici, brevius
quicquam vestræ serenitates legerunt, sed ne forte. quidem
audiverunt quod æque vobis ad rem et gloriam accederet
atque Bessarionis, Nicæni cardinalis, opus, quod ad vestrum
quenque non illius tantum nomine mitto, verum meis etiam
hisce litteris, perinde ac coram eloquerer, vos ad concordiam
bellumque foris gerendum precario cohortor.

Ille nanque peropportuno suopte [8] consilio, quod ad principes italos primum perscripsit, vestras quoque serenitates,
quarum est amantissimus, voluit esse participes ; et quod
vestra pro gloria constituit, mihi, superioribus mensibus,
exequendum imposuit, quod litteris eius ad me paulo post ad
verbum transcriptis ipsi facile pernoscetis. Quippe qui certis-
simam rationem excogitavit qua mutuis affectibus, mutuisque
beneficiis vestrum quisque quenque prosequi maxime possit :
omnes regere subditos sibi populos pacifice, deque crudelibus
nostri creatoris hostibus agere triumphos. Alterutra pacis ac
belli nobis omnibus, qui summopere vos colimus, optanda
res est ; nominis vestrique [9] christianique perfidis hostibus
apprime nocitura, vobis et præclaris quidem vestris familiis
memoriam multo celeberrimam multoque longissimam alla-

---

1. Cette lettre est, sauf les légères variantes signalées ci-après, identique à
celle que Fichet adressa au roi d'Angleterre, et qui figure en tête de l'édition
des *Orationes* publiée à Rome, en 1543 (in-4°).

2. *Eduuardo.* — 3. *inclytissimo Angliæ regi.* — 4. Ce mot manque dans la
lettre à Édouard IV. — 5. *omnibus viris.* — 6. *Guilielmus.* — 7. Ici, la lettre
à Édouard IV a de plus : *patria vero Sabaudus.* — 8. *suo.* — 9. *que* manque.

tura. Neque vestri maiores, quos tot et tantos oculis vestris quotidie debetis una quidem in re et altera proponere, vos rerum a se gestarum gloria superabunt; sed ne mihi quidem, quem is imposuit, vos id cohortandi reliquus est locus, si modo Bessarioni, dum vobis optime consulit, tantisper auscultatis, ut qui mellifluo sane quo fonte suo manat, vos intus, nedum in cute satis imbuet mirumque in modum delectabit. Vos igitur a me non pluribus [1] verbis, sed precibus tantum allecti, permoti gravissima Bessarionis auctoritate, vestra gloria, reque ipsa satis, ut arbitror, persuasi, quæ monet ille facietis, quæ vel maxime rogat, nedum legetis sæpius hæc, quibus profecto vobis secunda, hostibus adversa fata portenduntur. Valete, vobisque fausta sint omnia, sed multo quidem faustissima, si Bessarionem ad summam gloriam perducturum sequimini.

Nonis sextilibus, anno uno et septuagesimo quadringentesimoque supra millesimum Parisii scriptum ædibus Sorbonæ.

LUDOVICO [2] REGI.

Fausta futura tibi, rex, accipe Bessarionis
munera, quæ prosint et foris atque domi.
Disticon Fichetæum [3].

Cette lettre est imprimée en tête d'un exemplaire des *Orationes* conservé à la Bibliothèque nationale de Paris (J 1224, Réserve). Cet exemplaire, d'un prix inestimable, 'est celui-là même que Fichet offrit à l'infortuné Jacques d'Armagnac, duc de Nemours, décapité à Paris, le 4 août 1477. On y lit, à la dernière page :

Ce liure de Bessario contra Turcum est au duc de Nemours comte de la Marche.

JACQUES.

On a perdu la trace de l'exemplaire offert à Louis XI.

L'exemplaire offert à Édouard IV, roi d'Angleterre, est conservé

---

1. *plurimum.* — 2. *Eduuardo.* — 3. Ces deux mots manquent.

à la Bibliothèque vaticane, sous le n° 3586 du fonds des manuscrits latins. Il est imprimé sur très beau vélin. Le recto du premier feuillet est occupé par une fort belle miniature, dont voici la description : « Sur le plan principal, on voit un jeune roi vêtu en bleu avec le manteau royal violet clair doublé d'hermine. Derrière lui, se tient un personnage portant un costume semblable, et l'un et l'autre sont abrités sous un même dais. Dans le fond, divers personnages entrent par une porte. Un homme agenouillé, imberbe, tonsuré, portant un vêtement bleu, recouvert d'un manteau rose avec capuchon blanc (il représente G. Fichet en costume de docteur de Sorbonne) offre au roi un livre rose à fermoirs, avec les tranches dorées, les *Orationes*. Derrière lui, se tient debout un cardinal, qui le pousse de la main pour le présenter au monarque. Ce cardinal porte le froc noir et le chapeau rouge des dignitaires de son rang avec la bride rouge tombant sur la poitrine ; il tient en main une longue croix dorée ; sa figure, très remarquable, est ornée d'une belle barbe blanche : ce personnage représente incontestablement le cardinal Bessarion. Enfin, cette magnifique miniature allégorique est encadrée dans une rangée de losanges en or et en couleurs. Sur le verso du premier feuillet, on lit la rubrique manuscrite suivante :

Magnanimis principibus Eduuardo, inclytissimo Anglie regi, eiusque ditionis ducibus, comitibus, marchionibus, et omnibus viris præclaris, Guillermus Fichetus, Parisiensis theologus doctor, patria vero Sabaudus, secundos optat successus.

Suit le texte imprimé [1]. »

L'exemplaire offert à Frédéric III, empereur d'Allemagne, est à la bibliothèque impériale de Vienne. En tête, deux feuillets en vélin contiennent la dédicace à l'Empereur, laquelle est semblable, *mutatis mutandis*, à celle adressée aux rois Louis XI et Édouard IV. Après cette dédicace, on trouve les vers suivants, manuscrits :

1. Jules Philippe, *Origine de l'imprimerie à Paris* (Paris, 1885, in-4°), pp. 95-96.

IMPERATORI FREDERICO SEMPER AUGUSTO
EIUSDEM GUILLERMJ FICHETJ, PARISIENSIS THEOLOGI
DOCTORIS, PATRIA VERO SABAUDI, CARMINA.

Quos citat in Turchos acri Bessario cornu,
  Caesar et audentes sumite tela viri.
Graecia vos moneat dyro prostrata tyranno,
  Excitet et Christi iam prope lapsa fides.
Imminet Italiae, Latio parat arma, minatur
  Gadibus et Gallis, aequor et yle cupit.
Non iuga pyrenej, non invia saxa, nec alpes
  Obsistent tumido, mente rapit superos.
Dum vicina petit, dum vestra integra supersunt,
  Exaudite senem, vos legite et reliqui.

17

Magnanimo et excellentissimo principi Carolo, duci Burgun-
diæ, Guillermus Fichetus, Parisiensis theologus doctor, se-
cundos optat successus.

Non auderem, serenissime princeps, de pace domi et bello
foris amplectendo quicquam distortis temporibus istis ad te
scribere, nisi putarem hic et istic quod facio fore commo-
dissimum atque gratissimum, et deo pocius quam hominibus
esse mihi parendum gratumque faciendum. Is enim haud
quaquam iure reprehendi posset, qui pacem christianis principibus, ut ego facio, bellum et exitium Turco cupit, optat
atque præparat, conaturque hoc et illud pro Christianitate
deoque vero ac maximo, imitatus Iudam, Mathathiæ filium,
qui mori multo sacius existimavit quam suæ gentis suæque
religionis ruinam excidiaque pati. Ita, mea sentencia, faciendum est cuique qui cum Christo communionem sit habitu-
rus, contraque nomen odit profecto christianum et Mahume-
teo favet, qui vel amittendæ vitæ timore principem quempiam
adversus Turcum litteris, voce cohortari nequaquam aude-

bit, vel in ea re mihi suaserit esse silendum, præsertim qui scribo gravissimi Bessarionis auctoritate compulsus. Is nanque suis litteris (quarum ad verbum tibi faciam paulopost legendi potestatem) mihi præcepit ut concordiam nostris principibus et bellum adversus Turcum suaderem. Opus præterea misit verbis ornatissimum et sententiis gravissimum quod rem utranque complectitur divinitusque ostendit; quod avidissime quom ipse legissem, frustra mihi suadendi partes ab eo mandatas fuisse cognovi. Quippe quom Bessarionis verba cuique legenti quam me meaque audienti multo facilius una res et altera persuaderi possit; et tibi quidem imprimis qui sapientium virorum consilio (quorum princeps extat Bessario) libenter auscultas, qui pacem finitimis cum principibus non respuis, qui contra perfidos Crucis hostes bellum more maiorum semper optasti, semper etiam contendisti. Est enim fatale præcelsæ tuæ familiæ bella Turcis inferre. Nam (ut duobus duntaxat aut tribus ad summum recentissimis testimoniis agam) avus tuus Ioannes, Philippi patris sui iussu, copias in Hungariam pro Christo traiecit quam maximas, domumque victrices reportasset, nisi quorundam temeritas et invidia illius gravissimis consiliis impedimento tandem fuisset.

Philippus etiam Magnanimus sane tuus pater cum exercitum adversus Turcum instruxit ac misit, tum eo semel ac sæpius vel senex ire disposuit, in hostemque Christi vehementer exarsit. Tibi porro quam huic aut illi non minor (ne dicam longe maior) est animus; copiæ certe multo ampliores, sciencia rei militaris exquisitior, expetitio bellicæ laudis imprimis egregia, pugnandi necessitas quam maxima, quandoquidem Turcus in Italiam sedesque nostras quotidie magis atque magis irrepit et adversus deum nostrum superbius intumescit. Ille tibi vincendus a deo nostro reservatur, ille te victorem triumphatoremque reddet, ille quo pacto repelli, frangi, vincique possit et ante quadrigas tuas duci, Bessarionis opus (quod illius nomine missum a me suscipies) te facillime pulcherrimeque docebit, iterque tibi recludet, quo non solum avo tuo Ioanne aut Philippo patre superior in ea re fore possis, verum etiam Carolo Magno divoque Ludovico par, aut longe præstantior Godefrido, Boamundo, Ricardo, Tancredo et iis invictissimis bellatoribus, qui triumphos de Crucis hostibus egerunt; quos nulla unquam vel longissima sæculorum æternitas poterit oblivisci.

Vale, et iamiam Bessarionis consilia intentissime perlegeris.

18

Illustrissimis principibus Amedeo, Sabaudiæ duci, eiusque fratribus, Guillermus Fichetus, Parisiensis theologus doctor, patria vero Sabaudus, s. p. plurimo cum honore mittit[1].

Si, serenissimi principes, vestræ desyderatis excelsæ familiæ nomen in dies altius extollere, profecto vestram christianæque rei publicæ causam (quam huius opusculi suavissima lectio vos docebit) accingemini cognoscere, cognitamque tueri.

Bessario, Sabinensis episcopus, Constantinopolitanus patriarcha (quem vulgo Græcum Nicænumque, ut est, cardinalem appellant), operis sui (quod ipse nunc ad vos mitto) mihi iampridem iussit exemplar reddi, simulque præcepit ut apud christianissimum regem et principes alios christianæ defensionem religionis adversus immanissimum Turcum suaderem, quemadmodum paulopost illius ad me litteris cognoscetis. Interea, tantum illius fascem humeri fragiles mei initio recusabant, tamen vicit imprimis christianæ religionis amor et dignitas, in qua non tantum iniciatus sum ut cæteri, verum hanc etiam in doctoralis meæ professionis susceptione docturum me defensurumque posthabita morte spopondi. Vicit

---

1. L'exemplaire des *Orationes* en tête duquel figure cette longue épître à Amédée IX, duc de Savoie, et aux princes du sang, est conservé à la bibliothèque nationale de Turin.

etiam gravissima Bessarionis auctoritas, qui pro singulari sua
dignitate sanctissimoque desyderio defore labores meos non
patiar, sed ne vitæ quidem in tam oportuno negocio subire
recusabo discrimen. Vicit præterea quam inde futuram multo
maiorem excelsæ domus vestræ gloriam spero certissimeque
coniecto. Tantisper tamen exequi quæ iubebantur intermisi,
dum hic et istic domestici belli rumores compositos certo
cognoscerem. Nunc vero in tempore non committam, ut aut
parumper defuisse professioni meæ iure coarguar, aut Nicæno
patri pro virili mea parte non paruisse; aut quod opus cæteris Galliarum Germaniarumque principibus et aliis viris
præstantibus alias ipse coram exhibui dedique compluribus,
alias meis cum litteris misi, aliasve brevi missurus sum, vestris videar Serenitatibus occuluisse; præsertim quom bellum
quod ab omnibus christianis monet Bessario perfidis hostibus
inferri, nullius quam vestra magis intersit, quippe quibus
domestica iactura et illata familiæ contumelia, stimulus ad
hoc bellum esse debebit. Enimvero non recuperandi solum
Cyprici regni sed Armenici quoque et Hierosolimitani vobis
debiti, vobis erepti, reliqua nimirum ista certissima spes est.
Quin copiis vestris simulque christianorum omnium (quas
Bessario vestros in hostes ciet et armat) haud sane difficile
fuerit opulentissima vestra regna perfidis illis prædonibus
eripi, vobisque restitui. Neque vincendi facultas antehac fuit
maior, aut posthac vobis affutura est, utpote tot una domo
lectissimis fratribus sanguine natis præcelso, ætate florentis-
sima, magnanimis bellatoribus, domi forisque pace fruenti-
bus, summis ducibus, summis regibus, summis imperatoribus
fœdere, beneficio, stirpeque coniunctis, ecclesiæ sanctæ romanæ amicissimis, pontifice maximo non solum optimo et
sanctissimo sed et conterraneo et vestri generis amantissimo
et in hoc conficiendo bello duce socioque vobiscum affuturo.
Quin si pergitis arma capessere, mox omnem Germaniam,
Galliam, Hesperiam, Italiam, omnem denique animum christianum vestros in hostes incendetis, vestrum in amorem

tutclamque rapietis. Optimus bellator quisque signa vestra
subibit, tuebitur atque extollet. Crux ista candida per omnem
Græciam (unde quondam domum vestram se victricem extu-
lerat) hostes fidei effulminabit; e servitute, situ, squalore,
luctu, carceribus christianos dissolvet quam plurimos. Denuo
Macedones Amedeique vestri trophæa imponent sua græcis
limitibus. Vobis siquidem non modo genus antiquissimum a
Macedonibus est, verum etiam gentilibus vestris fatale fuit
Græciæ dominari. Etenim proavus ille vester Philippus armis
sibi suæque familiæ subiecit Græciam omnem. Alexander
eius filius, cum imperii ius a patre percepit, tum latissimum
terrarum orbem Macedonibus bello quæsivit; cuius splendi-
dissima prosapia quoquo postea se contulit, semper dominata
est. Nam in omni terrarum parte, nedum in Græcia, stirps
macedonica regna pulcherrime gessit. Quin etiam a Græcis
posteaque nomen imperii ad Germanos traiecit pontifex maximus Othonibus in Saxonum avita vestra domo longa quippe
successione sedem accepit. Et quod præcellentiori pontifex
merito postea voluit electionis iure mandari, tanquam hæreditaria Saxonibus præcellencia fuisset, multis sæculis assidua
imperii electio saxonicis ædibus hospitata est. Immo propemodum hæreditaria pocius facta; quandoquidem non a proa-
vis macedonibus (a quibus cœperat) eo se recepit, sed ob egregia quoquam miliciæ facinora splendorem alibi parem
postea non invenit. Nam Saxo principibus aliis ad tuendam
rempublicam chrystianam nedum privatam semper exemplo
proposuit. Quod etiam postea fuit ad hoc tempus a Sabaudis
principibus successionis iure possessum hoc est ut imperium
iusto bello sibi suisque pararent, publica continenter iusteque
regerent, aliena tuendo domesticas opes augerent, factis
famam extenderent longe lateque.

Hæc, serenissimi principes, quom legetis vel intente legen-
tem quempiam audietis, tum primorem quidem illum Sa-
baudæ caput familiæ Beroldum Saxonem coram oculis ponite,
quæso. Iste (quem summis digitis, ut aiunt, tantum attingam)

dum Arelatensibus regibus (ut erat bellator egregius) semel
et sæpius suppetias tulit, sedes interea futuræ tam amplæ
suæ familiæ mucrone clipeoque invenit, inventasque hostili
cruore iterum iterumque resparsit. Illa moriana tantæ funda-
mentum domus vestræ (quam terram ferro tociens penetra-
vit), illi Susani Saluciani marchiones comitesque Pedemon-
tani (quos bello tociens fudit), quid præter Beroldinum ensem
acre unquam senserunt? Nimirum hæc vel me tacente loquen-
tur illi, neque silebunt qua gloria militari Beroldi filius Hum-
bertus postea fuerit, aut Amedeus illius nepos, aut abnepos
Amedeus alter, aut pronepotes, quos longa serie præterco, qui
bellica quippe laude magnis regibus (etiam si maximis conferantur) impares fuerunt nequaquam. Atque nisi tales tantique
fuissent, neutiquam istas opes domi haberetis, neutiquam
istas urbes opulentissimas, neutiquam ad Helvecios Allobro-
ges trans Ararim transque Padum ad Insubres et Nitianum
æquoris portum vestrum tenderetur imperium, perpetuamque
imperii vicariam Sabauda domus non obtineret, ex comitibus
duces, ex ducibus reginas regesque non fudissent. Haudquaquam enim oscitantes (ut plerisque principibus vicio datur) aut
domesticis litibus impliciti vitam vixerunt. At vero partim
industria, labore, consilio, viribus, opera, diligentia, beneficio, iusto imperio, publicæ libertatis custodia, partim dimi-
cationibus, pugnis acerrimis, castra castris, urbibus urbes,
imperium imperio, brevi coniunxerunt; utpote quibus artibus amori subiectis, iisdem hosti semper fuissent. Equidem
si Sabauda tellus ipsa, quam vos ipsi quotidie conculcatis,
imbutum sanguinem essudare posset, profecto prædonum
cruore tota rubesceret totaque redundaret, quos illi cruentos
istinc eiecerunt, quosque repugnantes istic occiderunt. Quin
etiam si loqui daretur : Ego, diceret, principes Sabaudi, vestris ab istis maioribus opes, libertatem, quietem, splendorem,
famam gloriamque accepi, quæ nunc vos præter meum
morem principes una septem alo. Vereor ab armis ne desues-
catis. Sæpe dum unicum caput habui, victricia longe lateque

vexilla tuli; vereor ne fortassis dum vos ipsi domesticum
ocium pacemque (ne dicam molliciem) nimium amatis, effe-
minati, timidi, segnesque videamini, ne si diutius quæ turpiter sunt amissa repetitum iri cunctamini, quæ tenetis hostibus detis auferendi audaciam. Maioribus vestris, sive illis
Æacidibus, sive istis Saxonibus, sive mei Beroldi successori-
bus ne sitis aliquando tandem pudori non parum quidem
vereor ipsa. Quas quidem ob res aut aliquando dispudeat tam
clara sydera vestros maiores meminisse, aut quod illi vobis
iter ostendunt in Cyprum, in Armeniam, in Salomonis et
Christi regnum ocius præripite. Ensem vestrum Græcia moratur. Prædonum hostiumque thesauri opima vobis spolia futura
sunt; de vestris hostibus triumphus ducendus. Vos posterique
vestri ditissima regna perenni tempore possessuri estis. Iamiam a sedibus græcis tandiu extorres Philippi Alexandrique
fato suo reverti domum suam concupiscant; quibus nimirum,
si quis modo gentilitium suorum sensus est post mortem,
regnum Græcorum sibi restitutum iri videbitur, quom vos
decus sui generis gloriam reliquam sui nominis eo sentient
adventuros. Atque utinam iam nunc alteruter illuc alicunde
posset emergere; haudquaquam illic profecto stirpis suæ
nomen et auctoritatem obliterari silerive pateretur : quin ad
istas vestras usque Alpes iter a Græcia ferro vobis aperiret.
Neque vos Philippi aut Alexandri deterreat magnitudo, tanquam nequicquam conari debeatis quod illi confecerint.
Immo vero quam illis longe vobis commodior honestiorque
belli gerendi ratio est. Unus Philippus unusque Alexander,
alter Græciæ, alter orbis civitates omnes armaque constravit.
Vos septem, unum aut alterum aut tres ad summum prædo-
nes non extinguetis? Ab uno Philippo unoque Alexandro regna
quidem aliena nunc ab illo per Græciam, nunc ab hoc longe
per orbem quæsita sunt. A vobis vestra sine sanguine, sine
furore, sine reclamatione detrahentur? Uni Philippo unique
Alexandro milite macedonico quidem pauco parvaque sæpe
manu, utri Græcia (quæ tunc armis libertatem maxime tueba-

tur), utri vel extra terras patuit orbis; vestris et omnium christianorum armis illa propemodum inermis non parebit? De-
precantibus ac repugnantibus grave servitutis iugum imposuit
Philippus, imposuit Alexander. Expetentibus et imploranti-
bus suam Sabaudamque libertatem negabunt Sabaudi? Usque
nempe adeo nobis illa Græca natio, quæ nunc delitescit, servitutem semper exhorruit, præsertim a Christo abhorrentem.
ut quam mox suis perfidis tyrannis, a vobis aliisque christia-
nissimis principibus bellum parari coniectura capiet ad se
venturis pristinæ libertatis restauratoribus iter vel ferro vobis
recludet, alimenta, naves, portus, impedimenta, stipendia,
præsidia, sponte sua ministrabit, sese sua sponte quoquoversus signa verteritis, vestrum sub imperium mittet, paritura
veris piisque dominis; et eo quidem libentius quo tyrannis
invitius diutiusque servivit.

Ecquid ego privatus pro vestræ præstantis prosapiæ [com-
moditatibus], pro terreno requirendo imperio, pro repetendis
proavorum sedibus, vos longius pluribusve cohorter, quandoquidem vel istis omnibus posthabitis, ipsa quippe religionis
christianæ salus, eo vos quo princeps Bessario monet optimo
iure traducere debet. Hac nempe in parte nihil opus fore
cohortatione mea duxi, ne fortassis aut supervacuo labore
rem quæ se vobis abunde persuaserit, nunc ipse intendam aut
quam sibi divinus Bessario provinciam delegerit optimeque
gesserit, inermis ego post hunc gerere tuerique pergam. Nam
(ad vos causamque quod attinet) militaria quidem insignia
quibus enses, clypei, vexillaque vestra multo magis refulgent,
spolia sunt quæ christianam causam vobis persuadere verbis
facilius omnibus possunt. Quippe quæ quartus a Beroldo
vestræ domus princeps Amedeus Christi victis ab hostibus
domum reportavit; unde reportavit? Utique reportavit e Græcia. Quo (si nunc ore rotundo magnaque græco more sona-
turum Bessarionem attente placet audire) ibitis alacres, vic-
tores inde facile reversuri. Sed quas huic homunculo vestro
suoque mancipiolo litteras ille reddi iusserit, quid etiam

negocii mandaverit, iamiam animo propitio benivoloque per-
cipite.

SABAUDIS PRINCIPIBUS.

Vos pius et sane sancta gravitate, Sabaudi,
Bessario Turci tela cavere monet.
G. Fichetus.

19

Illustrissimo principi Ludovico, comiti palatino Rheni, supe-
rioris inferiorisque Bavariæ duci, Guillermus Fichetus,
Parisiensis artium et theologiæ doctor, salutem plurimam
plurimo cum honore mittit.

Si, serenissime princeps, meum ad te scribendi consilium
initio parumper attenderis, cum ipse probabis quod facio,
tum facies quod huius libri lectio te docebit. Superioribus
enim mensibus Bessario, Nicænus cardinalis (quo sapientio-
rem romana non habet ecclesia), ad me litteras scripsit quas
ipse leges paulopost transcriptas. Orationes etiam a se reipublicæ christianæ causa quam elegantissime scriptas pariter
emisit ut hic et istic domesticam concordiam unaque bellum
in Turcum principibus et quibusvis aliis quam maxime possem, suaderem. Recepi tandem id me esse facturum, et quæ
coram ipse eloqui non possum, ea meis litteris et Bessarionis
Orationibus tanquam loquantur impono. Id quod ego, mea
pro virili, per omnem pene Galliam confeci, perendinavi
autem tantisper ad tuam Serenitatem et cæteros illustres
Germaniæ principes eadem ipsa de re scribere unaque Bessarionis opus emittere, dum in agris iter esset pace reclusum,
seque nuntius fidelis alicunde mihi tandem offerret. Interea
mihi nuperrime forte fortuna regium palatium ingredienti
fit obvius Carolus Fromontus, artium legumque doctor, qui
propter cum doctrinam tum egregios suos mores est mihi
iamdudum summa familiaritate coniunctus. Hic (quem tem-

poris intercapedine non videram) a me rogatus ubinam dili-
tuisset, in Germania se docendarum legum causa fuisse respondit, eoque mox ad te velle reverti, a quo magna sponsa
mercede fuisset docendorum iurium causa conductus. Multa
quoque de tuis moribus enarravit, præsertim de singulari
quo doctos homines amore prosequeris, quorum causa publicam scholam (quam Universitatem appelant) Ingolstaviæ
nuper struxisti, eamque stipendium e fisco tuo facturis doctis
hominibus (quorum est imprimis Carolus noster) magnifice
refersisti.

Gavisus equidem sum deoque gratias egi, primum quidem
propter Carolum qui (ut est egregia quidem humanitate præditus) mox et ad te et ad Cæsarem, aliosque principes meas
litteras necnon et litteraria Bessarionis arma se libentissime
perlaturum obtulit, meisque propterea parumper precibus
irretitus serius ad te reverti potuit, deinde tuam ob excellen-
tissimam Serenitatem, quæ (quantum ipse coniectura colligo)
cum meis litteris tum Bessarionis optimo consilio perquam
libenter auscultabit.

Monet Bessario ut pacem inter se coeant principes christiani, ut armati Turchum versus intendant. Alterum tibi
confectum audio, qui concordia domi finitimisque cum principibus iamdudum perfrueris ; alterum ut assequaris tum ea
te possunt hortari quæ Nicænus cardinalis ornatissimis verbis
consequitur, tum avorum tuorum res gestæ, qui victricia
signa adversus christiani nominis hostes, nedum adversus
principes populosque Germanos sæpe contulerunt, tum mores
præclaraque tua facinora, qui Voerdeam, munitissimam Rhep-
tiæ urbem, armis cinxisti, cinctam obsessamque in deditio-
nem accepisti, omnium pene Germanorum principum, nedum
Imperatoris innumeras copias Geugenæ partim fugasti, partim fudisti, partim fluminis Prentei alveum frustra tentantes
delevisti. Satis superque satis egregia militaris tua virtus
Germanis spectata est ; celebrabuntur quidem longa sæculorum memoria quæ pace, quæ bello tanta gessisti. Ne tibi qui-

dem hoc satis est, quem audio principem esse præter cæteros
et magnanimum et gloriæ militaris amantissimum. Quid tum
facto, dicet tua Serenitas, opus habeo? Unum profecto tuæ
gloriæ tamen deesse video. Quid illud? inquies. Nempe ut
quem pro tuendis domesticis agris et firmandis tuis populis
ensem clipeumque sumpsisti, quas acies, quos exercitus in
finitimos quidem hostes armasti, reportastique domum victor
cum opimis spoliis, nunc eadem omnia pro Christo resumas,
qui te finxit, redemit, ornavit, auxit, tibique vincendi facultatem quam vix maiorem ulli suppeditavit. Quem adversus
hæc, inquies, denuo sumam? Verte, quæso, si placet, Orientem versus oculos. Videsne barbarum quidem illum Turchum, immo vero truculentam feram christiano sanguine
delibutam? Videsne ut in dies magis adversus deum nostrum
intumescit? Ut omnem Italiam, Germaniam, Galliam, Hes-
periamque magis sibi magisque sub iugum miseræ servitutis
mittere contendit? Ut delere nomen christianum omniaque
iura divina pariter et humana pergit? Hæc, hæc immanis
bellua te moratur, tuum ensem fortemque dexteram expectat.
Hæc tibi, deo tuo victima cædenda; hæc Bavarorum familiæ
unica deest victoria, quam ipse mox intelliges ex Bessarionis lectione tuæ fore Serenitati facillimam. Vale et a me
patiaris tuam observari colique præstantiam.

Parisii scriptum incitatissima quidem manu vixque latino
sermone, xii kalendas februarias, anno uno et septuagesimo
quadringentesimoque supra millesimum.

20

*Magnifico principi Carolo, marchioni Badensi, Guillermus
Fichetus, Parisiensis theologus doctor, salutem plurimam
dicit.*

Iamdudum ad te, serenissime princeps, opus misissem
quo nunc tuam Serenitatem dono, si quærenti mihi fidelis
tabellarius aliquando fuisset inventus. Ioannes vero Lapida-

nus [1], vir doctissimus atque gravissimus, eius mihi tabellarii copiam nuperrime fecit, de cuius erga te fide nequaquam sit mihi dubitandum. Quippe qui sit tuæ Serenitati non modo familiaris, sed multis quoque in rebus admodum spectatus. Huic itaque tibi reddendas Bessarionis, Nicæni cardinalis, editas in Turcum Orationes imposui ; quarum etiam Frederico imperatori, necnon Ludovico, Francorum regi, cæterisque Germaniarum, Galliarum Britanniarumque principibus feci paulo ante legendi potestatem. Et quidem ut Bessarionis Orationibus eorum quisque persuasus, ea pro Christianitate suscipiat ad quæ pater ille sanctissimus optimum quemque sapientissime cohortatur. Quibus de rebus non est nunc opus pluribus ad te scribamus, quandoquidem Bessario nihil ommisit quod amplius in his explicandis ornandisque possit cogitari. Et præterea tua Serenitas cum litteris excellit, tum animo maxima est, ut in his scrutandis et confinendis mea cohortatione non egeat. Bessarionis igitur verba aut ipse leges diligentius aut sapientissimas legenti tuas accommodabis attentius aures, illiusque consilium facto probabis. Vale.

Ædibus Sorbonæ Parisii scriptum xii kl. maias.

21

Illustrissimo principi patrique in Christo reverendo Georgio, Metensi episcopo, Guillermus Fichetus, Parisiensis theologus doctor, s. p. d.

Etsi Ioannes Lapidanus, litteris et moribus vir egregius, magna de te sæpius mihi narraverat, princeps ac pater præstantissime, quibus scribendi tibi desyderio vehementer eram affectus, non tamen ante suscipere tantam rem audebam quam Bessario, Nicænus cardinalis, iterum non ad te solum sed ad alios quoque præsules et principes fecit. Is enim,

---

1. Jean Heynlin, dit Lapierre. Voir sur lui Jules Philippe, *Origine de l'Imprimerie à Paris* (Paris, 1885, in-4°), pp. 14 et suiv.

superioribus mensibus, quas contra Turcum Orationes edidisset, ad me unum in Gallias primum misit, quod postea litteris eius ad me cognosces, mihique concitandorum in suam
sententiam prælatorum et principum Galliarum Germaniarumque munus imposuit. Ego vero (qui nullum pro tuenda
Christianitate periculum defugisse volo) suscepi quod impo-
nebatur me tandem esse facturum. Apud regem et principes
regiæ familiæ, mea pro virili, rem hanc omnem ipse coram
peroravi. Imperatori Friderico, necnon aliis Galliarum, Germaniarum et Britanniarum principibus feci quamprimum
Orationum Bessarionis legendi potestatem ; non enim adire
quenque fas fuisset. Itidem nunc quibus cæteros iisdem te
Bessarionis nomine dono ; id quod multo ante fecissem, si
mihi tabellarii non interea copia defuisset. Et ea quidem
ratione hoc facio ut tuam imprimis nobilem paternitatem,
tuumque fortissimum exercitum ad expugnandum everten-
dumque Crucis hostem celeriter accingas. Quod te facturum
nequaquam dubitaverim si sapientissimis Bessarionis consiliis (quæ illius hoc opus exponit) parumper auscultabis, quæ
tibi legenda cognoscendaque transmitto, Bessarionisque nomine iubeo reddi. Vale.

Ædibus Sorbonæ Parisii scriptum xii kls. maias.

GEORGIO, METENSI EPISCOPO.

Bessarionis opus, pater, accipe quod tibi reddo,
ut populus tecum perferat arma tuus.
Distichon Fichetea manu.

22

*Magna et excellenti dignitate patribus episcopo, priori, archi-
diaconis, singulisque Pampillonensis ecclesiæ canonicis
Guillermus Fichetus, Parisiensis theologus doctor, s. p. d.*

Non est opus, humanissimi patres, ea de re pluribus ad vos
scribam quæ persuadere cuique se ipsa abunde possit, præ-

sertim vobis qui Bessarionem, Nicænum cardinalem (cuius
nomine nunc ad vos scribo) summa quidem observantia pro-
sequimini. Is, superioribus mensibus, litteras ad me scripsit,
quemadmodum paulopost cognoscetis, ut nostris principibus
et quibusvis aliis calamitosum nostræ religionis casum expli-
carem, suaderemque quam maxime possem mutuam inter
illos pacem simul et bellum adversus perfidos Crucis hostes.
Opus etiam ad me pariter emisit in quo rem quidem unam
et alteram elegantissime nedum copiose scripsit ac reclusit.
Illud quom ego legissem, tum me profecto recepi utrumque pro viribus esse facturum, quandoquidem fore videbam
ut operis tam elegantis lectio cuivis rem utramque persuadere posset. Ego proinde transcriptum opus ad Ludovicum
regem et Fredericum imperatorem aliosque Galliarum Germaniarumque principes transmisi, capitibus quoque religionum et policiarum rectoribus eiusdem operis legendi feci
potestatem. Non enim quemquam tam segnem esse putaverim
qui non ad tuendam Christianitatem ex Bessarionis consilio
vehementer accendatur ; quippe qui nisi pacatis prius christianis principibus eam rem commode geri non posse satis
ostendit, quandoquidem domesticis litibus impediti liberam
faciunt opprimendæ Christianitatis Turco facultatem. Hinc
nostras quotidie magis ac magis debilitari vires, illius vero
confirmari augerique videmus, brevique defore christianum
imperium christianumque nomen, nisi coactis omnium viribus in hostem quam primum irruimus. Et vos quidem imprimis quibus adest hostis propinquior, quibusque quotidie
versantur in oculis præclara victricia signa Caroli quidem
Magni, Rolandi, Oliverii, cæterorumque fortium christianorum, quorum sunt trophæa cum in agris Pampillonensibus,
tum in ipsis ædibus vestris quam plurima ; atque tanto magis
ad ea tuenda debet quisque vestrum incendi quanto gloria
vestra maior inde quotidie crescit ; ad quæ profecto quisque
accuratius incendetur qui Bessarioni maxime auscultabit.

Eamque ob rem suavissimum opus quod in ea re conscripsit

18

canonico vestro meoque litteratissimo quidem auditori, Mi-
chaheli Artaxonano, vobis reddendum imposui, ut precibus
exhortationibusque vestris opem labenti Christianitati feratis,
neque patiamini vobis auferri quæ bellatores quidem illi
quorum meminimus suis armis, suo sanguine, sua morte,
vobis in manibus posuerunt. Valete, et me vestris gratiis
dignum iudicate.

Ædibus Sorbonæ Parisii scriptum pridie kalendas aprilis.

23

*Patri benignissimo plurimumque sapienti Himberto Martino,
Parisiensi theologo professori summoque ordinis Cisterciensis abbati, Guillermus Fichetus, itidem Parisiensis theologus doctor, s. p. d.*

Superioribus annis, reverende pater, quom ipse litteras
sacras in auditorio Cisterciensi quotidie tuos fratres in hac-
que urbe docebam, illi multa mihi singularibus de tuis studiis
narrare solebant, quibus ipse persuasus, te mirum in modum
amare cœpi, quem et eruditum et eloquentem et virum sanctissimum evasisse gaudebam ; tibique fuissem pro more meo
tum meis litteris gratulatus, nisi me quotidianum docendi
munus plurimum impedivisset, ut ne vix quidem inter pran-
dendum interque dormitandum aut manus a penna aut ocu-
lus a libris, aut lingua parumper a docendi munere laxaretur.
Eodem namque die (quod dixerim citra iactanciam) non
solum semel quotidie aut bis etiam plerumque theologam
lectionem in refertissima auditorum corona persolvebam, sed
et rhetoricam quoque (quam nunc ad te, tanquam auditorii tui
fructum aliquem, ipse mitto) simul et scribebam et transcri-
bentibus membratim proferebam, transcriptamque docebam.
Postea vero quam mensturnus ex improbo labore morbus
emersit qui meis necessarium immodestis laboribus vigiliis-
que modum imposuit, ad te scribendi fuit paulo quidem libe-
rior facta potestas : tantisper tamen silencio fuit consulendum,

dum Mars et Bellona conceptum furorem circumquaque
exhalarent. Interea forte fortuna, sive, ut christiane loquar,
ex mundi rectoris archano, nova mihi datur ad te scribendi
materia. Opus nanque Bessarionis, reverendissimi Nicæni
cardinalis, in ipso pene medio bellorum æstu, mihi cum
litteris fuit redditum. In quo flexanima tanti principis oratio,
tanquam Orphei, Amphyonis aut Tyrtæi foret, invicem sibi
discordes principes nostros ad concordiam, Turco pene dicam
concordes ad discordiam inferendaque cicius arma perpulchre
suadet. Initium sane faustum meis ad te litteris ea res satisfacere visa est. Quippe cum non gratulationis tantum optima
ratio sit oblata, sed nomine quoque Bessarionis ac iussu cum
offerendi muneris quiddam, tum imponendi tibi pro multorum
salute nonnihil gloriosi laboris. A Bessarione siquidem nedum
a me suscipies hæc (ut cætera nostrarum religionum atque policiarum capita) non aspernanda munuscula ; non tam ut mira
tanti principis et sapientia et eloquentia mentem auresque
reficias et lautissime pascas, quam ut circumfusis per orbem
tuis in Christo fratribus ac filiis, abbatibus, prioribus, sup-
prioribus, et cuique Cisterciensis miliciæ tyroni pro communi
Christianitatis discrimine precarium munus imponas. Istorum
etiam si qui forlassis in principum domibus obversantur, aut
in christianorum corona concionantur, utrisque utrosque cohortandi partes mandabis, quo tandem flectatur precibus,
flectatur labore, flectatur pænitencia, flectatur luctibus qui
sursum pater est piissimus, cui parato manusque porrigenti
nos peccati letargo penitus obruti non auscultamus, sed ne
compellenti quidem ad temporis punctum (quousque decet)
attendimus : ad me (siquidem ait) convertimini, mox ad vos et
ego convertar, tanquam ita loquatur, ego lacessitus pater a
filiis, princeps a servis, redemptor ab ingratis, ultro ignosco,
meam ab integro gratiam elargior, saturnia vobis in terris,
æterna tandem mecum in cœlis regna elargiar, at me saltem
temporis puncto suspicite, præsto sum vobis oculos, manus,
amplexus meos laxare.

Neque tu, pater optime, quom hæc lectitabis, tanquam impossibilia facta vel minime professioni tuæ imponenda cæteris negociis tuis posthabebis, nam et his sororia pontificis Urbani vidit ætas, qui cum accersita Claromontensi synodo, tum principibus christianis in arma coactis faucibus hostis Iherosolimam, Anthyochiam, regnaque per Orientem multa detraxit. Porro Bernardus, præclarum ordinis tui decus, apud Inzeliacum, verbis coram Ludovico rege factis Alienordeque regina et omnibus Franciæ principibus, copias fere pares in hostem armavit. Cuius præclari facinoris ad hoc tempus monumentum extat, quam Sanctæ Crucis ædem eo loco Pontius abbas exædificavit, quo tum Crucis insignia principes nostri cum rege reginaque sumpserunt, vexillumque Christi perfidos contra nostri nominis hostes devoverunt.

Interest igitur imprimis tuæ Cisterciensis miliciæ una quidem in re et altera Bessarioni gratum facere, ferre propediem ruituræ christianitati suppecias, Turcum, adversam nostris capitibus belluam, armis oppetere, iram nostri clementissimi patris, nominis eius defensitacione pacare, amorem illius nobis hac ratione conciliare sempiternum. Vale.

Parisii scriptum ædibus Sorbonæ, pridie kl. augusti.

> Arma parata tibi, Hymberte, accipe Bessarionis,
> firmes ut precibus pectora græca tuis.
> Disticon Ficheteum.

24

Præclaræ religionis et sapienciæ patri Nicolao Guiotello, præcellenti theologo professori, divinique Fratrum Minorum ordinis in regno Franciæ ministro provinciali, Guillermus Fichetus, Parisiensis theologus doctor, s. p. d.

Pervetus mea cum tuis fratribus necessitudo, reverende pater, familiarius ad te scribendi mihi facit fiduciam. Multorum enim fui tuorum fratrum auditor, multos ipse edocui, multis etiam argumentis ad te amandum colendumque adducor ; quippe quem omnium ora virum doctum optimumque prædicant. Hac itaque sæculari toga detracta, nihil aliquem inter Francisci filium meque scribentem interesse credideris, præsertim cum ea res inicium ad te scribendi mihi faciat, qua nihil magis provinciali tuo debetur officio.

Bessarionis siquidem illius, Nicæni cardinalis (quem reliquum sidus græco cœlo natum habet christianitas), mihi litteræ superioribus mensibus sunt redditæ necnon et Orationes, quas in modum Achillei clipei nobis ad tuendum dei nostri nomen fabricatus est. In illis (quod tute postea perlegeris) mihi munus imposuit ut huiusmodi suis armis nostrorum principum domesticas lites dissolverem, armaremque tandem adversus rabidos christiani nominis hostes. Ardua sane res mihi et quam acies suspicere possit longe sublimior, qui doctrina pene ieiunus, eloquentia ieiunior, auctoritate ieiunissimus, nihil tanta re dignum de memet sperare possum. Neque tamen dare manus non audeo, sed ne possum quidem, nisi velim christiano nomine videri prorsus indignus. Fuit ergo mihi parendum et eo quidem expedicius, quo quibusque sæculi nostri doctissimis hominibus Bessarionis doctrinam, Ciceronibus illius eloquentiam, summis viris auctoritatem fortius opposuerim, in re præsertim quam mihi mea religio, mea professio, mea devotio, mei creatoris metus facile persuasit. Quanquam de te, tuis fratibus et omnibus religiosis ac fortissimis animis minime desperavi, quin et assiduum fore ducem illum firmissime credo, qui pœnitenciam quotidie moratur nostram, exemploque meo quid cæteri sperare debeant coram ostendit, qui gravissimo mihi peccatori causam sui nominis (iter sane magnum pœnitenciæ) clementer proposuit. Qua quidem in re te rogo maioremque in modum per Francisci patris nomen obtestor, labenti mihi Christianitati præsto sis, hortareque fratres quibus præficeris ut pacem nostris principibus, perniciosum Turco bellum dies noctesque demitti cœlo precentur, atque partes quociens concionatoris

obibunt, tociens principes populumque christianum ad mutuam concordiam, bellumque fortiter adversus nostri nominis
hostem acuendum hortentur.

Non est hic opus te tuosque fratres rem omnem pluribus
edoceam, quibus doctrina, sanctitas, paterna quoque non
desunt exempla et, nescio si rectius dici possit, redundant.
Franciscus siquidem instar Christi vulnerabundus, Antonius,
Ludovicus, Bernardinus, aliique Francisci discipuli (quos vix
stellis pauciores cœlum iam excepit) ad nos si nunc remea-
rent, nullius profecto diri tyranni vultum pro tanta Christianitatis nedum Galliarum afflictione formidarent, arma quoque
litteraria, quibus te Bessarionis nomine dono, non modo per
omnes conventus, sed ad omnem etiam christianam familiam
quoquoversus transmitterent, prædicarent longum latumque
per orbem.

Tu (quem ad tantam suam vicariam illi quidem extulerunt)
hæc omnia feceris, quæso, quæ meis hisce litteris a te coram
imploro, postulat Bessario, deus noster exigit, mercedem
tibi tuis cum patribus (quorum meminimus) in excelsis cœli
sedibus multo tandem amplissima redditurus. Vale.

Parisii scriptum ædibus Sorbonæ idibus augusti.

Guiotello.

Hoc tibi Bessario munus mittit Guiotello,
principibus nostris optans bona, sed mala Turco.
G. Fichetus.

25

Excellentis religionis patri Claudio Burnoni, sacrarum litte-
rarum professori, sacrique Fratrum Prædicatorum ordinis
in regno Franciæ provinciali, Guillermus Fichetus, Pari-
siensis theologus doctor, s. p. d.

Nequaquam mirari paternitatem tuam oportet, si reverendissimi Nicæni cardinalis opus creditaque mihi pro catholica

fide mandata potissimum ad te mittere constitui. Ea namque
res est quam præ cæteris sacer tuus ordo debet amplecti.
Quippe cum christianis principibus populisque concordiam,
tum adversus immanem Turchum bellum suadere præcipuæ
sunt religionis tuæ partes, quæ circumferre Christi nomen
longe lateque consuevit. Ille magnus sane pater Domini-
cus et æque Dominiciani tui quidem omnes (quos innume-
ros instar equi troiani quoquoversus ille diffudit) hac ratione
clari per orbem celebrantur, ut qui posthabito mortis peri-
culo rigidos principum animos cum mites sæpe reddiderunt,
tum ad extinguendos christianæ religionis hostes mirum in
modum incenderunt. Quocirca tibi (quem audio virum esse
optimum) Nicæni cardinalis præclaras Orationes iubeo reddi;
primum ut pro negotii tam ardui tamque necessarii consum-
matione tuis fratribus ubique per Franciam offerendarum ad
Superos precum munus imponas; deinde ut in concionibus
quas isti vel ad principes nostros vel populum habent quam
plurimas, hanc his et illis pacis ac belli causam accuratius
persuadeant, quo tandem positis odiis pacem inter se concilient, armaque confestim adversus christiani nominis hostes
una convertant. Vale, et me, qui sacrum ordinem tuum semper excolui, tua benivolencia tuisque precibus dignum iudi-
cato.

Tercio nonas septembris, ædibus Sorbonæ Parisii scriptum
incitato vixque tolerabili stilo.

BURNONI.

Bessarionis opus tibi do, pater optime Burno,
quo flectas animos regum populique fidelis.
G. Fichetus.

26

Doctissimo patri Andreæ Belleto, Parisiensi theologo doctori,
heremitarum Aurelii Augustini in regno Franciæ provin-
ciali, Guillermus Fichetus, Pariensis theologus doctor, s. p. d.

Munus quod ad te, reverendissime pater, emitto, non dubito
tibi fore gratum atque iocundissimum ; quippe quod ad te
tuamque religionem usque adeo spectat. Bessarionis, Nicæni
cardinalis, est opus, quod admodum eleganter sapienterque
scripsit, eaque ratione mihi potissimum reddi curavit, ut
nostris principibus et cuique (cuius auctoritas in conciliandis
principum animis, tuendaque Christianitate plurimum posset)
rem utranque pacis ac belli suaderem ; imo vero Bessarionis
opus (tanquam absentis loquentis palam) his et illis hoc et
illud persuadeat ; non tamen commisi ut quoad mea fortassis
interesse putavi, suo fructu frustraretur Bessario, utpote
meas litteras cum Bessarionis Orationibus ad principes eorum-
que familias, nedum ad omnes religionum populique rectores
in Gallias et Germanias quoquoversus emisi ; quin et ea de
re quibusvis potui verba sæpius ac sæpius feci.

Ad te porro post cæteros fuit aliquando mittendi consilium, non qui cæteris ea re videreris indignior, sed qui tibi
tuisque fratribus certo sciebam multo quidem ante multoque
cicius quam cæteris Bessarionis consilium iri persuasum. Primum equidem ob ipsum Bessarionem, qui (ut dudum accepi)
tuæ religionis præcipuus est patronus, defensor atque protec-
tor, propter deinde tuum nomen, ut qui non religione tantum
aut sapientia ut ii qui gravissimum Bessarionem graves æmu-
lantur, sed etiam eloquentia (ut audio) plurimum ornaris,
qua quidem imprimis manat Bessarionis oratio, quaque
maiorem in modum iuvatur illius causa, et is etiam quisquis
nostratium ardentissimas inter se simultates sit extincturus
aut eorum algidiora Sabaudis nivibus corda sit ad Christi
redemptoris amandum tuendumque nomen incensurus.

Accedit Augustini paternarumque sedium turpiter amissarum recuperatio, quas in Africa iam olim amisimus, quasque perfidus hostis, qui nobis eripuit, impune tenet, qui tenet superbe calcat, qui calcat spurcissime fœdat; neque nisi unitis nostræ Christianitatis armis (ut divus Ludovicus suam parumper ante mortem probe cœperat) eas unquam possidebit Christianitas. Res pudenda sane, quam non dicere sed ne cogitare quidem absque stomachatione possum.

Quo putas animo nunc esse patrem Augustinum et illos quidem beatos he remitas, ordinis tui sydera, quom sacræ pœnitentiæ suæ loca, monasteria, statuas, busta, cineres (quæ tot prodiigis illorum causa deus olim insignivit) ex illustri suo cœli loco vident despici? Vident hostibus Christi ridiculum fieri? Quo tum eorum quemque putas non ægerrime ferre nesciri Christum ubi docuerunt? vituperari ubi laudarunt? affici contumeliis ubi religiosissime dies noctesque coluerunt? Præsto utique non modo nobis in Africa pugnaturis aderunt, sed ipsi quoque (quemadmodum pro Romanis Castor et Pollux, aut Apollo, Minerva Dianaque pro Delphis, aut pro Cappadocibus Mercurius miles, aut Mauricius et Victor pro Gallis hisce nostratibus) clipeis, ensibus, iaculisque pugnabunt et tantisper in hostes ferrum exacuent, dum Christo sibique per Africam nedum Ypone nomen denuo plene restaurent.

Properandum igitur mihi tibique, Bellete pater, ut dum ætas laboribus apta, dum tempus edax compendio salutem quærendam suadet, dum senex præit Bessario, dum Augustinus, Augustinique proles suas ulcisci properat iniurias; nos illis et deo nostro gratum faciamus! Tu quidem tuorum precibus fratrum et populi christiani cohortatione lapsæ propemodum Christianitati feras suffragium. Ego Bessarioni tibique labore, vigiliis, rerum corporisque discrimine geram interea morem.

Quæ quidem omnia si (ut fore confidimus) eo pervenerint quo senex Bessario magno nos animo cohortatur ac fere per-

duxit, nihil est profecto quod nobis ad cumulatissimam gloriam amplius defore aut accedere possit. Nihil est quod emori
postea sit formidandum, quod de cœlo tuarumque patrum et
dei nostri sempiterna societate sit dubitandum. In cœlum
nos rapit Augustinus, rapit deus, si industria nostra, labore,
cura, diligentia, sanguine, morte, sui nominis hostes male
mulctamus. Vale, magisque dolorem (quem labentis Christianitatis causa nequeo moderari) quam meum rusticulum
pene sermonem consideres.

Ædibus Sorbonæ quam celeberrimæ scriptum sexto kls.
ianuarias anno uno et septuagesimo quadringentesimoque
supra millesimum.

ANDREÆ BELLETO.

Hoc te Bessario Belletum munere donat,
arma precesque tuus frater ut omnis amet.
Disticon Ficheteum.

27

Doctissimo patri Ioanni Ambulatori, Parisiensi theologo doctori,
Fratrum ordinis beatæ Mariæ Carmeli Montis in regno pro-
vinciali, Guillermus. Fichetus, et ipse Parisiensis theologus
doctor, s. p. d.

Si Bessarionis, Nicæni cardinalis, opus (quod illius nomine tibi reddo) paulo diligentius perlegeris, doctissime
pater, existimo te libenter facturum quæ pro christianæ
reipublicæ dignitate tibi nunc imponam. Ea siquidem res
est quæ summopere Fratribus Montis Carmeli conducere
possit, quod ipse tute iudicabis, si rem omnem paucissimis
ante tibi reclusero. Ille nanque semel et sæpius michi per
epistolam imposuit ut principibus nostris religionum policiarumque rectoribus elegantissimas in Turcum a se scriptas Orationes offerrem. Et eaquidem ratione ut earum
lectione sua pericula principes cæterique cognoscant

cognitaque serpere longius prohibeant. Equidem, pro virili
mea parte, Bessarionis mandatis obedivi. Nam Galliarum
Germaniarumque principibus et aliis hominum cœtibus
præpositis feci ut esset legendarum Bessarionis Orationum
potestas. Atque postremo mihi fuit itidem apud te tuosque
Fratres merito faciendum. Quippe qui precibus popularibus-
que concionibus labenti Christianitati ferre præ cæteris opem
debetis : hac nanque ratione Montis Carmeli sedes (a quibus
vos hostis eiecit crudelitas) vobis profecto restituentur, necnon Helyæ sanctissima loca restaurari colique libere poterunt;
quandoquidem, nostris pacatis principibus, quivis inde facile
poterit hostis extrudi, nomenque christianum ibidem et ubique honori suo pristinoque restitui. Quocirca duo te rogo
maioremque in modum obtestor : unum ut tuis Fratribus ad
deum piissimum preces imponas, quo pios oculos in nos
nostraque deus convertat; alterum ut in excitandis principum populorumque cum mentibus tum animis dies noctesque
advigiles, quo tandem unanimes christiani crudelem suum
hostem expugnent funditusque evertant. Vale.

Ædibus Sorbonæ Parisii scriptum xii kl. decembres.

28

Præstanti religione patri Guillermo Romano, devotissimi
Cœlestinorum ordinis priori maiori, G. Fichetus, Parisiensis
theologus doctor, s. p. d.

Non ab re, sapientissime pater, scribendi partes nunc ad te
suscipio, ut qui de re tibi tuisque religiosissimis fratribus
maxime consentanea scribo. Bessario nanque, Nicænus cardinalis, unum vel maximum romanæ lumen ecclesiæ, superioribus mensibus, quas in Turcorum rabiem elegantissimas
Orationes gravissimasque composuit, ad me Lutetiam diligenter emisit, suisque litteris mihi munus imposuit ut principibus et religionum urbiumque rectoribus easdem per

Gallias ubique offerrem excitaremque, si quid scribendo di-
cendove possem, nunc hos nunc etiam illos ad suppetias
oppressæ quidem Christianitati ferendas. Quod munus non
minus erga te tuosque sanctissimos Fratres quam alios quos-
cunque fuit mihi persolvendum, quandoquidem assiduis precibus vestris non secus atque viribus et armis res eget quam
maxime. Hostilis quippe furor non nisi fulmine cœlesti repelli quatique posset, præsertim hoc tempore, quom domesticis litibus nedum finitimis bellis principes populique christiani supra modum implicantur, quod evenisse pro nostris
gravissimis sceleribus autumo divinaque duntaxat posse manu
sanari : quocirca precibus flectendus deus est, eiusque maiestas in nostram salutem hostilemque perniciem lachrimis
compellenda ; pater nanque deus piissimus est, nosque legi-
timi illius filii : quos si parumper commissorum fortasse
pœnituerit, nos quoque præveniet ingens illius miseratio.
Exemplo nobis Neemias vir sanctissimus est qui, miserendo
quidem cognito suæ civitatis occasu, non incassum ieiunavit
flevitque diebus quamplurimis. Exemplo quoque israheliticus
populus est qui, Achiore narrante quæ foret Holophernis
Assiriorumque omnium superba conspiratio, precibus, ieiu-
niis, fletibus, per viduam feminam Holophernis caput Assiriorumque fugam a domino tandem impetravit. Neque
pluribus in re tristissima testimoniis agam, quippe quem dies
quam exempla prius deficerent.

Si paternos itaque oculos illius principis dei nostri volumus
erga nos fore pronos propiciosque, si supplicium hostili de
superbia sumere, clamandum quidem cum omnibus tum tibi
tuisque Fratribus ad cœlestem dominum est, ut pacatis demum
nostris principibus populisque christianis, Turci superbia
(ceu quondam Anthiochi) cœlestibus armis brevi contun-
datur, et ipse per omnes terras tractusque maris rex noster
Iesus Christus, æterna mens, æternaque sapientia, cognos-
catur, cognitusque perreligiose prædicetur : quod fore confidimus si, perlecto Bessarionis opusculo, suppetias illi

reique christianæ precationibus vestris tuleritis. Vale, pater optime.

Ædibus Sorbonæ Parisii scriptum xii kl. octobres [1].

29

Religiosissimis patribus Ioanni Nomagiano, maiori Cartu-siensis ordinis priori, singulisque Cartusiensis ordinis patri-bus G. Fichetus, Parisiensis theologus doctor, s. p. d.

Quæ sit, pater humanissime, divinæ Cartusiensis profes-sionis dignitas opinioque sanctimoniæ neminem sane latere opinor. Inter primores namque dei nostri maximi quidem et optimi famulos ubique Cartusienses tui nominantur : quo fit ut tociens ad eorum preces revertamur, quociens præsidii quiddam fuerit divinitus impetrandum, sed nunc quidem maxime, quom in eam rem gerendam accingimur, qua non commodior christianis, sed ne Turco quidem incommodior inveniri possit.

Bessarionis nanque, Nicæni cardinalis, multo quidem reli-giosissimi patris, litteræ mihi pariter atque Orationes, supe-rioribus mensibus, sunt redditæ. Illis mihi mandavit ut has quippe suas cohortationes quas in Turcum exædificasset cum omnibus offerrem, quos ipse fore præsidio collabenti Chris-tianitati putarem, tum etiam, mea pro virili, mutuam pacem, bellumque in Turcum nostris principibus suaderem. Ita vel invito mihi fuit parendum et hoc arduum sane munus obeun-dum, ut qui principibus per Gallias, Germanias et Britannias constitutis feci non solum Bessarionis opus, sed hortatrices quoque meas litteras pariter reddi, itemque compluribus archi-episcopis, episcopis, abbatibus, sanctarumque religionum rec-toribus ac ministris. Verum tu quidem tanto munere dignus

---

1. L'exemplaire des *Orationes* de Bessarion en tête duquel figure cette lettre appartient aujourd'hui à M. le prince Georges Maurocordato. Il faisait aupa-ravant partie de la bibliothèque d'Ambroise Firmin-Didot. La lettre est de la même main à qui est due la partie manuscrite de l'exemplaire ayant appartenu à Fichet (Biblioth. nat. de Paris, Z non porté, Réserve).

maxime videbaris, quippe quem cuiusque devotissimos Fratres afflictis rebus christianis plurimum opis ferre posse non dubito, omniaque libenter facturos quæ vel christianorum concordiæ vel bello foris gerendo conducere maxime videbuntur. Et proinde partes vestras imprimis res efflagitat, quandoquidem nisi duntaxat ope sanctorum hominum vestrique similium res tanta tamque desperata restaurari non posset. Sive namque rigidissimi principum animi flectendi fuerint, sive bellum in hostes dei movendum, ducibus sanctissimis opus habemus, quorum plurimum valeat et apud deum devocio et apud principes sanctitatis opinio. Etenim ut unam atque rem alteram uno quidem exemplo recludamus et altero, cardinalis Sanctæ Crucis, clarissimum Cartusiensis sanctimoniæ sidus, ad pacem concordiamque Galliarum principes in ipso medio bellorum æstu tanquam deus aliquis revocavit. Et quos tot civium, tot militum, tot principum quotidiana strages nequaquam poterant emollire, unius sanctissimi senis vox sanctimoniaque pacavit, mansuetosque reddidit. Petrus quoque (cui cognomento fuit Heremitæ, quique quondam in solitudine quadam Ambianensi admodum austere vixit) omnem fere Christianitatem in nostri nominis hostes, Urbani pontificis temporibus, excitavit, deoque iubente, Hierosolimam brevi traiecit, plusque pauperis solitarii tui similis nobis profuit, hostibusque obfuit sanctimonia quam ornatissimi pontificis amplitudo, aut ducum regumque omnium fastus exercitusque immensus.

Hanc igitur Bessarionis nomine curam, diligentiam tibi tuisque debitam suscipias et ita suscipias ut preces imprimis et quæcunque saluti Christianitatis conducent Turcosque maxime mulctabunt dies noctesque cogites, iuvarique precibus tuis tuorumque Fratrum facias. Vale.

Ædibus Sorbonæ Parisii scriptum quarto nonas septembres, anno uno et septuagesimo quadringentesimoque supra millesimum [1].

---

1. L'exemplaire en tête duquel figure cette lettre est conservé à la Biblioth. nationale de Paris (J 1226, Réserve). L'écriture est identique à celle de la lettre précédente.

30

Religiosissimis patribus abbati singulisque Cluniacensis ordinis
professis G. Fichetus, Parisiensis theologus doctor, s. p. d.

Non ideo litteris ad offerendas pro Christianitate preces vos
adhortor, patres modestissimi, quom vestra devocio sæculari
cohortatore parumper indigeat. Esset enim torridissimum
æstum hiemalibus algoribus velle succendere. Duntaxat vero
Bessarionis, Nicæni cardinalis, monachi quidem sanctissimi,
consilium vobis exponam, ut ipsi vobiscum de ferenda principibus populisque christianis ope postea statuatis. Ille superioribus mensibus, lucubrationes quas christianæ salutis causa
per Italiam edidisset, ad me diligenter in Gallias misit, litte-
ratorieque mandavit ut principibus et aliis qui christianis
prodesse, obesse Turco precibus armisve possint, earum foret
legendarum opera mea potestas. Etenim de mutua concordia,
qua nihil utilius principibus populisque nostratibus esse
posset, deque bello contra barbarum Crucis hostem obeundo,
quod summopere saluti nostræ conducit, pereleganter in his
gravissimeque disputat, et utriusque rei conficiendæ viam
rationemque ostendit, quemadmodum operis lectione, quod
ad vos illius nomine mitto, per vosmetipsos abunde cognoscetis. Quas ob res si Bessarioni dicentique Christianitati gratum facere volueritis, non modo sæpius in manibus et oculis
hoc illius opus versabitis, sed assiduis quoque precibus, suspi-
riis, lachrimis, afflictionibusque vestris desolatam Christianitatem oculis divìnæ pietatis imprimis reddetis commendatam.
Atque cum hæc suscipietis, ea vos facturos memineritis quæ
nequaquam a vobis et vestris maioribus abhorreant. Odo
namque, Odillo, Maiolus, Hugo, Morandus, et quos immensum numerare foret, tum eadem fecerunt, quom isto claustri
silentio cœlestem vitam vixerunt, tum in lucidissimis cœli
sedibus, vel nunc coram deo hæc faciunt, tum et multo
quidem devotissimas preces pro christianis susciperent, si

denuo vitam eandem claustrumque pariter vobiscum resumerent, tum denique, si cœlitibus miscere vobiscum sermones liceret, ad eadem ipsa quæ Bessario scribit et sapientissime monet, illi vestrum quemque cum hortarentur, tum
incenderent. Valete.

Ædibus Sorbonæ Parisii scriptum sexto nonas octobres,
anno uno et septuagesimo quadringentesimoque supra millesimum [1].

31

*Clarissimis patribus decano singulisque Lugdunensis ecclesiæ
canonicis Guillermus Fichetus, Parisiensis theologus doctor,
s. p. d.*

Non fuit mihi consilium, patres gravissimi, vos vestram-
que multo clariorem coronam eo munere frustratum iri quod
Bessarionis, Nicæni cardinalis, iussu per omnes Gallias,
Germanias et Britannias longe lateque disparsi. Est enim
opus quod ab illo suavissimo gravissimoque græco fonte
contra nostri nominis hostem manavit et ad me missum fuit
ea ratione in Gallias ut quoquoversus ad excitandos principes populosque christianos mitteretur, emissumque quam intentissime legeretur. Ad me quod attinebat, pro mea tenuitate
fere percepi, ut qui nostratibus externisque principibus et
populis ut esset earum legendarum potestas feci; hortatrices etiam meas litteras ad unum eorum quemque per-
scripsi. Quibus nequaquam erga præstantias vestras opus
habeo, utpote quos ipse crediderim singula Bessarionis lectione multo quam meis litteris abundancius aperciusque sibi
persuasuros. Accedit singularis quædam in Petri successores
Bessarionemque legatum vestra fides. Præ ceteris nanque
vestra Lugdunensis ecclesia fuit Christi vicariis illorumque
legatis multo semper obsequentior. Quam quidem ob rem

---

1. L'exemplaire en tête duquel on lit cette lettre est conservé à la Biblioth.
nationale de Paris (J 1225, Réserve). L'écriture est identique à celle des deux
lettres précédentes.

pontifices quoque plurimi sæpe Lugduni universam synodum coegerunt, ceu Innocentius pontifex huius nominis quartus, Gregoriusque duodecimus. Vos itaque, more maiorum, vestram erga Bessarionis mandata fidem observantiamque monstrabitis ; precibus adhortationibusque cum vestris tum populi labentibus rebus christianis opem suppeciasque feretis. Valete.

Ædibus Sorbonæ Parisii scriptum quarto nonas apriles, anno secundo et septuagesimo qua[dringentesimoque supra millesimum].

32

Magnificis viris dominis Prioribus
et communi civitatis Senensis
amicis nostris carissimis.

B. episcopus Sabinensis, card. Nicenus, patriarcha Constantinopolitanus, Sedis apostolicæ legatus.

Magnifici viri, amici nostri carissimi, quom ex itinere nostro in Galliam Bononie essemus, vidimus legatum Domini Magnæ Rusciæ qui ad Urbem se conferebat, ut nepotem Imperatoris Græcorum pro Domino suo desponsaret. Res est nostræ curæ et sollicitudinis. Nam principum Græciæ relliquias ex tanta calamitate servatas cum benivolentia et misericordia semper sumus prosecuti, tum patriæ ac gentis communi quodam necessitudinis vinculo, omni tempore adiuvandas censuimus. Nunc, si hic legatus sponsam ducet facietque iter per fines vestros, vos rogamus et obtestamur ut eius adventum honore aliquo celebretis curetisque humaniter omnes accipiendos, ut, quom apud Dominum suum fuerint, argumenta aliqua afferre valeant amoris populorum Italiæ erga hanc puellam. Quod magnam ei gratiam, vobis laudem comparabit ; nobis vero tanti benefitii loco erit, ut pro eo vobis perpetuo debere velimus. Bene valete.

Bononiæ, die x maij M.CCCC.LXXII [1].

---

1. Archives d'État de Sienne, *Concistoro, Lettere ad annum.* Communiquée par le R. P. Pierling, S. J.

LETTRES INÉDITES

DE

JEAN EUGÉNICOS

1

JEAN EUGÉNICOS A GEORGES GÉMISTE

Τῷ Γεμιστῷ [1].

Πανάριστέ μοι πάντων ἀνδρῶν ὡς ἀληθῶς καὶ σοφώτατε, μὴ ὤφελον, τῇ κοινῇ τῶν χριστιανῶν θλίψει καὶ κακοδαιμονίᾳ κατασεισθεὶς καὶ τῆς περὶ τὰ αὐτόσε τῶν πραγμάτων ἑξῆς ἀσφαλείας ἀπογνούς, ἀπορραγῆναι μὲν τῶν ἐν τῇ νήσῳ καλῶν, τῶν τε ἄλλων καὶ τῆς σῆς ἔστιν ὅτε θέας καὶ συνουσίας, προσδραμεῖν δὲ τῇ πατρίδι, ὡς ἐπιμελησόμενος τῶν οἰκείων; Ἐνταῦθά τε γὰρ οὐδὲν ὁρῶ χρηστόν, οὔτε κοινόν, οὔτε ἴδιον, ὅτι μὴ καὶ ἅπαν δεινόν · μᾶλλον δ' ἀπὸ τοῦ διεστράφθαι τὰ κοινὰ τῶν πραγμάτων καὶ τὰ οἰκεῖα κακῶς ἔχοντα · καὶ πρὸς τὰ αὐτόσε πάλιν ἀφορῶ, καὶ πέπονθα δὴ παραπλήσιον οἷον ἂν εἴ τις χειμῶνι καὶ τρικυμίᾳ συχνῇ περιπεσὼν ἐπὶ νεὼς καὶ ἰλίγγῳ πολλῷ τεταραγμένος, εἶτα καὶ περὶ τῇ ζωῇ δεδιὼς δεινῶς διαποροίη καὶ μεταπίπτοι ἔνθεν μὲν ἐπὶ τὴν ἐφολκίδα, κἀκεῖθεν αὖθις ἐξ ἀμηχανίας ἐπὶ τὴν ναῦν καὶ ταύτης ἐπὶ πολλὰ μέρη καὶ πάντως τοῖς αὐτοῖς ἐντυγχάνοι. Τοιοῦτον δή τι καὶ τὸ ἡμέτερον, οὐκ οἶδ' εἴτε τῇ τῶν πραγμάτων φύσει καὶ τῷ σφοδρῷ τοῦ κλύδωνος, εἴτε μάλιστα τῇ

1. Parisinus grec 2075, f. 302 recto.

ἐμῇ περὶ τὴν ζάλην ῥαθυμίᾳ καὶ ἀπειρίᾳ καὶ τῇ ἔνδον ἀνωμαλίᾳ καὶ ταραχῇ.

Σὺ δ' εἶ μακάριος ἀληθῶς, εἴπερ τις, καὶ μακαρίως ζῶν καὶ εὐδαιμόνως καὶ μετ' ἀγαθῶν τῶν ἐλπίδων, κατὰ τὸν εἰπόντα περὶ αὐτοῦ σοφόν, ὥσπερ ἐν ἱερῷ περιβόλῳ τῷ κόσμῳ, πνευμάτων ἐκβολαῖς καὶ προσρήξεσι ποταμῶν καὶ πᾶσι πειρασμοῖς, ὡς ἐπὶ τὴν στερεὰν πέτραν τῆς ἀληθινῆς σοφίας τεθεμελιωμένος πύργος, ἀρραγὴς καὶ ἀκλόνητος. Σύναξαι δὲ καὶ ἡμᾶς, ὦ θαυμάσιε, πατρικὴν στοργὴν καὶ φίλτρον ἡμῖν ἐπιδεδειγμένος, ἐν συναισθήσει ἑαυτῶν ὀψέ ποτε γεγονότας τῆς μὲν περὶ τὴν ὕλην τοῦ βίου τύρβης ἐκ ψυχῆς ἀποσχέσθαι, γυμνοὺς δὲ καὶ κούφους καὶ εὐζώνους πρὸς τοὺς ὑπὲρ ἀρετῆς καὶ τῆς φιλοσοφίας πόνους παρεσκευάσθαι, πάντα τὰ ἐν μέσῳ παρ' οὐδὲν τιθεμένους, καὶ τούτους μόνους ῥαστώνην καὶ φῶς τῇ ψυχῇ καὶ ζωὴν καὶ χαρὰν καὶ πᾶν ὅ,τι καλὸν καὶ τίμιον εἶναι πεπεῖσθαι. Πρόσθες δὲ καὶ ἑτέραν χάριν, μέχρις οὗ τῆς κατ' ὄψιν ξυντυχίας ὁ βαρὺς ἀποστερεῖ χρόνος, σοφωτάτων ἡμᾶς ἀξιῶσαι γραμμάτων, βραχέων μὲν, ὡς ἔθος σοι, καὶ λακωνικῶν ἢ μᾶλλον ἡρωϊκῶν τε καὶ τῶν ἀρχαίων μεγίστων σοφῶν, ἡμῖν δὲ τὰ πάντα μεγάλων καὶ τιμίων καὶ τοῦ παντὸς ἀξίων καὶ πολύ τι δυνησομένων. Εἴης τῷ βίῳ παρὼν καὶ ὑγιαίνων ἐκ θεοῦ, κοινὸς τῷ γένει κόσμος καὶ λυσιτέλεια.

2

JEAN EUGÉNICOS A BESSARION

Τῷ Βησσαρίωνι, πρὸ τοῦ λατινισμοῦ [1].

Τοῦτο ἐκεῖνο σαφῶς ἡμῖν ἐφάνη τὸ τοῖς σοφοῖς λεγόμενον ὅτι παραπεπήγασι ταῖς λύπαις αἱ ἡδοναί, ἅτε μηδενὸς τῶν παρόντων μένειν πεφυκότος ἐν ταὐτῷ · ἐπὶ μὲν γὰρ τοῦ μέλλοντος αἰῶνος ἀτελευτήτου γε ὄντος εἰκότως ἥ τε χαρὰ τοῖς ἀξίοις καὶ ἡ λύπη τοῖς μὴ δικαίοις παραπλήσια. Διηνεκὴς δηλαδὴ καὶ ἀτελεύτητος ἀκολούθως καὶ αὐτὴ τοῖς δ' ἔτι τῷ ῥευστῷ τούτῳ καὶ μετὰ μικρὸν οὐκ ἐσομένῳ κόσμῳ καὶ βίῳ συγκεκληρωμένοις · ὥσπερ καὶ ἄλλα συχνὰ τῶν ἐναντίων ἐπισυμβαίνει, τροχοῦ δίκην τῶν ἀνθρωπίνων πραγμάτων ἄλλοτε

---

1. *Parisinus grec 2075*, f. 306 verso.

ἄλλως ὑπαλλασσομένων τε καὶ περιφερομένων, οὕτω δὴ καὶ εὐφροσύνη καὶ λύπη τὰ ἐναντιούμενα πρὸς ἄλληλα. Ταύτης οὐδ' ὅσης
εἰπεῖν ἔπλησας ἡμᾶς τῆς εὐφροσύνης, ἀρίστη καὶ τριπόθητέ μοι
κεφαλή, μετὰ πολλὰ πολλαχόθεν δυσχερῆ, τοῖς καλοῖς καὶ σοφωτά-
τοις σου γράμμασιν, οἷόν τινα δρόσου γλυκασμὸν ἐπιχέας ἀθυμούσῃ
τῇ ἡμετέρα ψυχῇ, καὶ παραμυθίας ἐπιθεὶς φάρμακα. Τάδε ἦν οὐχὶ
τὸ πολὺ φίλτρον μόνον καὶ ὁ περὶ ἡμᾶς σου τῆς ψυχῆς πόθος καὶ ἡ
εἰλικρινὴς ἀγάπη καὶ ὅλως ἡ ἐπιφαινομένη καὶ πάλαι ποτὲ πρότερον
καὶ νῦν μάλιστα πρὸς ἡμᾶς ἀγαθή σου γνώμη καὶ διάθεσις, προσέτι
δὲ καὶ ἡ ἐπανθοῦσα τοῖς σοῖς γράμμασι χάρις καὶ τέχνη · ἀλλὰ καὶ
ἡ ἐν βραχέσι ῥήμασιν ἀποχρῶσα νουθεσία καὶ παράκλησις εὐχα-
ριστίας πρὸς θεὸν ἐπὶ τῇ τῶν φιλτάτων ἀποβολῇ. Τοσοῦτο παρ' ἡμῖν
δεδύνηται τὰ σὰ γράμματα, οὕτω καὶ ποθοῦνται διαφερόντως καὶ
ὀφθέντα τιμῶνται καὶ κατασπάζονται · καὶ δὴ, κατὰ τὸ εἰκὸς καὶ τὰς
τῶν ἱερῶν διδασκάλων καὶ σὰς ὑποθήκας, τῷ καὶ δόντι καὶ προσλαβο-
μένῳ θεῷ ἀλλοπρεπῶς εὐχαριστοῦμεν, καθόσον ἔνεστιν, ἐκ ψυχῆς καὶ
δεόμεθα ταῖς σαῖς εὐχαῖς καὶ τῶν κατὰ σὲ φιλούντων ἡμᾶς, μᾶλλον
δὲ πρὸ ἡμῶν φίλων θεοῦ φυλαχθῆναι καὶ ἔτι περιλειπόμενα τῶν
παίδων καὶ αὐξηθῆναι κατὰ τὴν ἀποδοχὴν αὐτοῦ. Οὕτως οὖν ᾗπερ
ἔφην μετὰ τὰς θλίψεις ἡμῖν καὶ χαρὰ ἔκ τε ἄλλων καὶ τῶν σοφῶν σου
γραμμάτων οὐχ ἥκιστα, μηδενός τε τῶν καλῶν καὶ τιμίων ἀτεχνῶς
ἐστερημένων καὶ μάλιστα πρὸς οἷς εἶχον ἀγαθοῖς, καὶ μετὰ γενναίου
διακομιστοῦ φανέντος ἡμῖν, τοῦ πάντ' ἀρίστου καὶ ὑπερηδίστου μοι
τοῦ καλοῦ κἀγαθοῦ Γαβριήλ, ὃς ἐπὶ τοσοῦτον ἡμῶν τὰ ὦτα τοῖς περὶ
σὲ. συχνοῖς ἐπαίνοις κατήντλησεν ὡς, σφοδροῦ καὶ ἀκμάζοντος ὄντος
τοῦ τῆς ψυχῆς ἡμῶν πρὸς σὲ πόθου, ἔτι καὶ μᾶλλον ἐπαυξῆσαι καὶ
ἀκμαιότερον παρασκευάσαι.

Καὶ ταῦτα μὲν τὰ τῆς χαρᾶς ἀπὸ σοῦ καὶ τῶν σῶν. Ἐν ταὐτῷ δὲ
καὶ λύπη πάλιν εὐθὺς ὁμοῦ μεταξύ, καὶ αὐτὴ βαρεῖά τις ἐμοὶ καὶ
μεγίστη ὡς καὶ τὴν ἀπὸ τῶν γραμμάτων ἰσχῦσαι χάριν ἀναταράξαι
τε δεινῶς καὶ συγχέαι · ἥδε ἦν ὅτι μὴ τὰς ἡμετέρας ἐπιστολάς, τήν
τε μακρὰν καὶ προτέραν καὶ τὴν μετ' ἐκείνην, ῥᾳθυμίᾳ τῶν κομιζόν-
των, ἐδέξω · καὶ τοσούτῳ πλέον τὸ τῆς πληγῆς, ὅτι καὶ τῶν φίλων
οἱ γνησιώτατοι, οἷς ἐπιστεύθη τὰ γράμματα, γεγένηνται. Οἵδε ἦσαν
ὅ τε καλὸς Φραγγόπουλος ὁ μέγας στρατοπεδάρχης τὴν μακρὰν ἐκεί-

νην δεξάμενος, καὶ μετ' ἐκεῖνον ὁ Λάσκαρις Ἀλέξιος μετὰ τῶν πρὸς
σὲ γραμμάτων τοῦ πνευματικοῦ πατρὸς Ἰσιδώρου. Εἰ μὲν οὖν μέχρι
τοῦ νῦν τὰ τούτων ἀναγκαιότερα, τάδ' ἦν τὰ μετὰ τοῦ μεγάλου στρα-
τοπεδάρχου, ταῖν σαῖν χεροῖν ἐπεδόθη, θεῷ τε κάκείνῳ μὴ ῥαθυμή-
σαντι πρὸς τοὺς φίλους χάρις. Εἰ δὲ μὴ τοῦτο, παρακάλεσον αὐτὸν
ἐπιμελῶς περισκοπῆσαι τὸ κιβώτιον ἢ τοὺς οἰκειοτέρους αὐτῷ ·
φανήσονται γάρ ποθεν ἴσως. Εἰ δὲ μηδ' οὕτω, ἔστω καὶ τοῦτο τῆς
ἐμῆς ἀτυχίας καὶ τῶν πολλῶν ἀνιαρῶν.

3

JEAN EUGÉNICOS A ISIDORE DE RUSSIE

Ἰσιδώρῳ [1].

Ὑγιαίνοις μοι, σεβάσμιε δέσποτα, ὡς ἂν ὑγιάζῃς καὶ τοὺς ἄλλους
καὶ ταῦτα διπλῶς καὶ κατὰ τὸν ἐκτὸς ἄνθρωπον, τρόπον τῶν θείων
Ἀναργύρων καὶ πρὸ αὐτῶν τῶν ἱερῶν μαθητῶν τοῦ Χριστοῦ δωρεὰν
λαβὼν καὶ δωρεὰν ἀκολούθως διδούς, καὶ πολλῷ μᾶλλον πρὸ τούτου κατὰ τὸν ἐντὸς καὶ νοούμενον καὶ κυρίως ἄνθρωπον, ἧς ἤκουσας
παρὰ τῶν θείων λογίων φωνῆς, ἣν ἐδιδάχθης παρὰ τῶν ἁγίων πατέρων, ἣν πολλάκις ἐδίδαξας ταύτην κατὰ πάντα καιρὸν ὁμοίως διδά-
σκων, οὐ συμμορφούμενος τοῖς καιροῖς, οὐδ' οἰκονομῶν ἔνθα κρημνὸς
ἡ οἰκονομία καὶ μέγας ὁ κίνδυνος, ὃ νῦν παρεχώρησεν ὁ θεὸς διὰ τὰς
ἐμὰς ἁμαρτίας καὶ ταῦτα νεύειν δίκαιον καὶ μὴ ἐκκλίνειν δεξιὰ, μηδὲ
εἰς τὰ ἀριστερὰ τοὺς λόγῳ τροφίμους τοῦ λόγου διδάσκοντος, ὡς τὸ
αὐτὸ καὶ περὶ δικαιοσύνης καὶ περὶ σοφίας πάθος ἡ θεολόγος καὶ γρή-
γορος γλῶττά φησι θερμοτέρα περὶ πρᾶξιν καὶ λόγον ἔξω τοῦ καλοῦ
καὶ τῆς ἀρετῆς δι' ὑπερβολῆς πίπτουσα, ἢ καὶ τὸ ἐνδέον καὶ τὸ
ὑπερβάλλον ὁμοίως λυμαίνεται, ὥσπερ καὶ τῷ κανόνι πρόσθεσις ἢ
ἀφαίρεσις. Ἀλλ' ἐπειδὴ νῦν μάλιστα ἡ ἀπάτη σαφῶς ἔκδηλος, καὶ
διὰ τοῦτο ἐσιώπων ἐς τόδε καὶ ἐγενόμην μεγαλοψυχότερος ἵνα παρ-
ρησιάζωμαι λαμπρότερον καὶ ὀνειδίσω θερμότερον, εἰ καὶ μετὰ τῆς
αὐτῆς ὅμως ἀγάπης καὶ εὐλαβείας, μεθ' ἧς παρεκαλοῦμεν πρότερον
καὶ οὐχ ὑπηκούσατε, καὶ σύμμαχον ἅμα καὶ πρόμαχον σὺν θεῷ καὶ

---

1. *Parisinus grec 2075*, f. 319 recto.

μετὰ θεὸν ἔχετε τὴν γενναίαν τοῦ Γενναδίου ψυχήν, καὶ λοιπὸν παρακαλοῦμεν πάντες, δέσποτά μου ἁγιασμένε καὶ μεγάλων ἁγίων πατέρων καὶ φωστήρων ζηλωτὰ καὶ διάδοχε, μηκέτι διὰ τὴν ἐντολὴν τοῦ θεοῦ τὰ ἀνθρώπινα τοῖς θείοις παραμιγνύωμεν, μηκέτι τοῖς ἀκινήτοις τὰ πρόσκαιρα, μηκέτι ὡς κάλαμος ὑπ' ἀνέμου σαλευόμενος, ἡ διάνοια.

Οὐ μικρὸν γὰρ καὶ τὸ δοκοῦν μικρὸν ἐν τοιούτοις καιροῖς. Τίς συμφώνησις Χριστῷ πρὸς Βελίαρ; Ὁρᾷς ὅ,τι ποθοῦσιν οἱ τρισάθλιοι, ποθοῦσι καὶ ζητοῦσιν ἔτι ποιμένα τὸν ἀποστάτην, ποθοῦσι τὸν λύκον, τὸν ὄλεθρον, τὸν ἐν Μεθώνῃ ἢ Ἀχαΐᾳ, ἢ οὐκ οἶδ' ἐν ὁποίοις κρημνοῖς ἢ βαράθροις περιαλλόμενον, ζητοῦντα τίνα καταπίῃ. Πόσος ὁ κίνδυνος; πόσα προσεκτέον ἀεὶ μὴ τῷ οὐραίῳ αὐτοῦ καταστρέψῃ τὸ τρίτον μέρος τῶν ἄστρων τοῦ οὐρανοῦ ὡς ὁ πρῶτος ἀποστάτης δράκων, ὃ δὴ καὶ πολλάκις, φασίν, ὁ κακοδαίμων ἐκαυχήσατο ὡς ἔχει τοὺς πλείους ἢ καὶ πᾶσαν σχεδὸν τὴν σύγκλητον φίλους καὶ φιλενωτὰς καὶ ζηλωτὰς καὶ κουμπάρους αὐτοῦ δή τινας μιτροθήρας καὶ μυθικοὺς διφυεῖς, τὰς παρὰ τῷ Ἠσαΐᾳ γυναῖκας ἀπὸ θεοῦ ἐρχομένας. Ἔχει καὶ τὸν δῆμον ἀρτίως τοῦ γένους, τὸ τοῦ λαοῦ πλεῖστον, λαὸν μωρὸν καὶ οὐχὶ σοφόν, τὸ γραφικὸν εἰπεῖν, τὴν ἐν μέρει δή τινι προδοσίαν τῆς οἰκείας πίστεως ἑτοίμως οἴμοι καταδεχομένους δι' ἀνθρώπινα, ὃ μηδ' ἐν τοῖς ἔθνεσιν ὅλως ὑπολογίζεται, καὶ διὰ τοῦτο τῆς θείας προνοίας ἑαυτοὺς ἀπαλλοτριοῦντας.

Πόσα δάκρυα, τίνες Ἱερεμίου δή τινος θρῆνοι ἢ ἄλλου φιλοπενθοῦς τοῖς καθ' ἡμᾶς κακοῖς ἐξαρκέσουσιν; ὅτι διεπάσθημεν ἀθλίως ἢ ἀλόγως ἐμερίσθημεν καὶ εἰς οὐδὲν πᾶσιν ἐλογίσθημέν τε καὶ λογιζόμεθα, καὶ διεσκορπίσθη τὰ ὀστᾶ ἡμῶν παρὰ τὸν ᾅδην. Τὸ δ' αἴτιον οἶμαι νῦν, εἴπερ τι καὶ ἄλλο, ὡς ὅπη μὲν ἔχει περὶ ὧν ἡ ἀλήθεια καὶ ὁ λόγος ἢ οὐ φροντίζομεν, οὐδ' ἀπαθῶς κρίνομεν · ὅπως δὲ ἃ αὐτοὶ ἐθέμεθα ταῦτα δόξει τοῖς παροῦσι, ταῦτα προθυμούμεθα καὶ ὅπως διὰ τέλους ἐμμενοῦμεν τοῖς δεδογμένοις, ἀλλ' οὐκ εἴ τι ἀνθρώπινον πτῶμα δι' ἐπιστροφῆς ἐπαινουμένης σπεύδειν ἐπανορθώσασθαι, ἀλλὰ μηκέτι ταῦτα, μηκέτι, δέσποτά μου, διὰ τὸν κύριον, μηκέτι φόβος τις, μηκέτι δειλία δι' ἀνθρώπινα, μηκέτι εὔκολος πρὸς μεταβολὴν ἡ διάνοια, μᾶλλον δὲ ἀπὸ μὲν τῶν προσηκόντων καὶ μάλα, ἀπὸ δὲ τῶν δεόντων καὶ τῶν ὀφειλομένων τῷ θεῷ καὶ τῇ ἐκκλησίᾳ παντάπασιν

ἀμετάβλητος κἂν ὅτι δέῃ παθεῖν ἀμετάπειστος, ὃ δὴ καὶ ἐλπίζομεν
καὶ εὐχόμεθα κατὰ τὸ ἐξ ἀρχῆς σου σχῆμα καὶ τὴν σὴν ἀρετὴν καὶ
εὐσέβειαν, ἔτι δὲ σοφίαν καὶ σύνεσιν, ᾗ καὶ ὀφείλεις πολὺ θεῷ, ὡς
παρ' αὐτοῦ πολὺ λαβών, εἴπερ τις.

4

JEAN EUGÉNICOS A DAVID COMNÈNE

Δαβὶδ δεσπότῃ [1].

Ὥσπερ οὐκ ὀλίγα πρότερον τὰ τὴν σιγὴν προξενοῦντα, ἀνωμαλία
τε τῶν καθ' ἡμᾶς καὶ πατρίδος ὑπερόριος διατριβή, καὶ λύπη καὶ
πληγὴ καιρία διπλῆ, ἥ τε κοινὴ καὶ ἡ οἰκεία μικρῷ πρὸ αὐτῆς, μᾶλλον δὲ καὶ αὐτὴ κοινὴ (κοινὸς γὰρ φωστὴρ καὶ καθηγεμὼν καὶ πατὴρ
καὶ πρόμαχος ὁ ἐξ ἡμῶν πρὸς θεὸν μεταστὰς [2]), οὕτως ἤδη πολλὰ καὶ
νῦν τὰ πρὸς τὸ γράφειν παρακαλοῦντα καὶ τὸν πόθον ἀφοσιοῦν καὶ τὸ
πρὸς τὸν θαυμαστὸν δεσπότην παλαιὸν χρέος ἐπιδεικνύναι.

Δέχου δή, σοφώτατε δεσποτῶν, εὐμενῶς νῦν μὲν ἐν γράμμασι,
μικρὸν δὲ ὕστερον ἴσως, θεοῦ βουλομένου, καὶ αὐτῇ θέᾳ καὶ δουλικῇ
προσκυνήσει, φίλον τε ἅμα θερμὸν καὶ οἰκέτην πολλαχόθεν πάλαι σοι
καθάπαξ προσῳκειωμένον, καὶ προθυμίαν ἡμῶν καὶ σκοπὸν καὶ τὴν
τῆς ψυχῆς εὔνοιαν καὶ τὸ μηδὲν τῶν ἐνόντων προῃρῆσθαι παραλιπεῖν
ἀποδέχου. Ὑπόδεξαι δὲ καὶ αὐτὸς τὸν ἐπιτάφιον λόγον, ὃν ἐπὶ τῷ
μακαριωτάτῳ ἐκείνῳ τοῦ θεοῦ ἀρχιερεῖ τηνικαῦτα διὰ τὸ πρὸς αὐτὸν
χρέος ἡμῶν συγγράψαντες, νῦν, καιροῦ τυχόντες, πρὸς τὸν θειότατον
αὐτόσε πεμπόμενον βασιλέα, τὸν σὸν ὁμαίμονα, εἰ δὲ πρὸς τοῦτον
πάντως καὶ πρὸς τὸν πάντα ἄριστόν μοι καὶ φιλοσοφώτατον δεσπότην,
τά τε ἄλλα γνήσιον ἀδελφὸν αὐτοῦ πεφυκότα, ἀλλὰ μὴ καθ' αἷμα
μόνον, καὶ δὴ καὶ τὸν πρὸς τὸν ἀεὶ ἐπεῖνον πόθον καὶ ζῆλον ἀδελφόν
τε καὶ σύμφρονα, καὶ γράμμασι τιμίοις χαρίζου καὶ τέρπε τόν σε
καὶ τὰ σὰ ποθοῦντα καὶ πνέοντα, καὶ ὅλον τῶν σῶν ἐξηρτημένον
καλῶν.

1. *Parisinus grec 2075*, f. 302 verso.
2. Son frère MARC EUGÉNICOS, métropolitain d'Éphèse.

5

JEAN EUGÉNICOS A DAVID COMNÈNE

Δαβὶδ δεσπότῃ [1].

Τῷ σοφῷ καὶ φιλολόγῳ λόγος, τῷ λαμπρῷ καὶ τιμίῳ δεσπότῃ τῶν ἐπὶ γῆς τὸ κάλλιστον καὶ τιμιώτατον · εἰ δὲ καὶ παρ' εὐγνώμονος δούλου καὶ φίλου ὁπόσον! εἰ δὲ καὶ πατρίδος ἐγκώμιον καὶ τοιαύτης πατρίδος ἡλίκον [2]! Σὸν οὖν ἂν εἴη καὶ τῆς σῆς εὐμενείας καὶ καλοκἀγαθίας ἀντὶ δώρου τινὸς καὶ πρὸ δώρου παντὸς καὶ ἀπαρχῆς ἡδίστης προσδέξασθαί τε καὶ ἀποδέξασθαι.

6

JEAN EUGÉNICOS AU PRINCE NICÉPHORE

Νικηφόρῳ τῷ πρίγκιπι [3].

Μακραῖς ἐπὶ μακρὸν ἤδη χρόνον πλάναις καὶ ταλαιπωρίαις ἠπειρώτισί τε καὶ θαλαττίοις περιαλόμενος, οὐδέποθ' ὅμως σου καὶ τῆς σῆς ἀγάπης ἐπελαθόμην, σεμνὴ καὶ φιλτάτη μοι κεφαλή. Πρῶτον γὰρ ἂν ἐμαυτοῦ ἤ σου καὶ τῶν σῶν καλῶν οὕτω καθάπαξ ἑαλωκὼς ἔχεις εὐθὺς ἐξ ἀρχῆς, ἡνίκα τῆς σῆς ἀπηλαύσαμεν θέας καὶ συνουσίας, καὶ τὴν σὴν φιλίαν παραψυχὴν ἔσχομεν τῶν ἐν τῇ ὑπερορίῳ διατριβῇ δυσχερῶν. Ἀλλὰ τίς ἡμῖν ἡ ἐπὶ πολὺ σιγή, καὶ ταῦτα πρὸς σέ, ᾦ πλέον τῶν ἄλλων ὀφείλομεν, καὶ τί τὸ αἴτιον; Τί γε ἄλλο ἢ τὸ περιάγεσθαι τῇδε κἀκεῖσε, καὶ μακροῖς διαστήμασι καὶ κόποις προσταλαιπωρεῖν, καὶ μήτε ῥᾳδίως διακομιστῶν εὐπορεῖν, μήτ' ἄλλως ἔχειν τὸ χρέος ἐκπληροῦν. Ὅτι γὰρ οὐκ ἀγνωμοσύνη τις, οὐδὲ λήθη, οὐδὲ τῆς ἐξ ἀρχῆς ἀγάπης ἀμνημοσύνη, μάρτυς μὲν Θεὸς καὶ τὸ ἡμέτερον συνειδός · μάρτυς δὲ καὶ αὐτός, ἄριστέ μοι καὶ φιλόκαλε, καὶ ἄνευ γραμμάτων τοὺς φιλοῦντας φιλῶν, καὶ τῷ τῶν περιστοιχούντων πραγμάτων ὄχλῳ καὶ τῇ περὶ τὰ κοινὰ φροντίδι πρὸς τὸ πυκνῶς γράφειν ἐμποδιζόμενος, ὅμως καὶ οὕτω γνησίως φιλῶν καὶ

1. *Parisinus grec 2075*, f. 324 recto.
2. Il lui envoie son *Éloge de Trébizonde*.
3. *Parisinus grec 2075*, f. 320 recto.

ποθῶν καὶ πάντα τοῖς φίλοις γινόμενος, εἰδὼς, ὡς ἔστι, καὶ ἄνευ
γραμμάτων, ὥσπερ δὴ καὶ χωρὶς τοῦ συνεῖναι φιλεῖν, καὶ τῷ κρείτ-
τονι μέρει τοῖς νοεροῖς ὀφθαλμοῖς τῆς ἀγάπης συγγίνεσθαι, καὶ γυμνῇ
τῇ ψυχῇ, δυνάμει τοῦ νοῦ, συνευφραίνεσθαι. Ταῦτα καὶ ἡμᾶς πείθει
τῇ τελειότητι τῆς χρηστῆς ἀγάπης ἀρχεῖσθαι καὶ μὴ σφοδρῶς τοῖς
εἰδώλοις προστετηχέναι, μηδ' ὅτε μὴ ῥάδιον ἀδημονεῖν, μηδὲ πάντα
σκιᾷ καὶ ὕλῃ καὶ τοῖς ἔξω πίστευσον, ἀλλὰ φιλοσοφώτερον τῇ τῆς
ψυχῆς μνήμῃ τοῖς σοῖς ἐπεντρυφᾶν καλοῖς καὶ συσκιρτᾶν τῷ τῶν ἀρετῶν χορῷ, αἷς ἐκοσμήθης παρὰ θεοῦ, καὶ τῶν σῶν χαρίτων παραπο-
λαύειν κἂν τοῖς οὕτω μακροῖς διαστήμασι. Γράφε δ' οὖν ὅμως, ἡνίκα
ῥάδιον, ὥσπερ δὴ καὶ ἡμεῖς · γράφε λακωνικῶς, εἴ σοι φίλον, ὁ τῶν
Λακώνων κόσμος καὶ τέρπνον ἄνθος καὶ καύχημα · γράφε βραχέα
μὲν, ἀλλ' ἐμοὶ πολλῶν καὶ μακρῶν ἄλλων φίλτερά τε καὶ τιμιώτερα,
κἂν τούτῳ τὸν πόθον δεικνὺς καὶ τὴν ἐξ ἀρχῆς πρὸς ἡμᾶς εἰλικρινε-
στάτην διάθεσιν.

7

JEAN EUGÉNICOS AU PRINCE NICÉPHORE

Νικηφόρῳ τῷ πρίγκιπι [1].

Ἔμαθον ἀπὸ τῶν αὐτόθι πρός τινος, σοῦ μὲν πολίτου καὶ ἐπαινέ-
του θερμοῦ, παιδὸς δ' ἐμοῦ καὶ καλοῦ τῶν ὁμιλητῶν ἑνός, ὅτι σού
τινες ἐκ τῶν δεῦρο χαιρέκακοι τὰς χρηστὰς καὶ σοφὰς ἐξετάραξαν
ἀκοὰς οὐκ ἀληθῆ τινα ἀπαγγείλαντες ὡς δὴ κατειπόντος ἐμοῦ σου
πολλὰ πολλάκις καὶ ἐν πολλοῖς, καίτοι πᾶν τοὐναντίον ὂν μᾶλλον τῇ
τοῦ θεοῦ χάριτι, καὶ τοῦτο σφόδρα εὐλόγως καὶ ἀκολούθως. Αὐτός
τε γὰρ εἰ σὺν θεῷ τῶν ἐπαινουμένων καὶ ἡμεῖς οὐ τῶν φιλολοιδόρων·
ὅθεν καὶ πλέον ἐθαύμασά σε τοῖς τοιούτοις καὶ ὁπωσοῦν πιστεύσαντα,
εἰ δὴ καὶ ἄρα πεπίστευκας ἢ τοὺς τοιαῦτα συμπλάσαντας καθ' ἡμῶν ·
τοὺς μὲν γὰρ τοιούσδε συχνοὺς ὁ παρὼν βίος καὶ κόσμος τρέφει, καὶ
νῦν μάλιστα, ἄλλους τε καὶ τοὺς τὴν ἐκκλησιαστικὴν καινοτομίαν
παραδεχομένους καὶ πρὸς τὸν λατινισμὸν διεφθαρμένους οἳ τὸ συνει-
δὸς ἐν τοῖς ἔργοις προδιαφθείραντες ἀδόκιμοι νῦν καὶ περὶ τὴν πίστιν

1. *Parisinus grec 2075*, f. 307 verso.

ἐγένοντο ἑαυτοῖς τε διαστασιάζοντες καὶ τοῖς ἄλλοις πέτρα σκανδάλου πειρώμενοι φαίνεσθαι · σὲ δ' εἰκὸς σοφὸν ὄντα τὸν περὶ τὰ τοιαῦτα τῶν σοφῶν τρόπον μιμεῖσθαι, καὶ μὴ ὅτι δάκνεσθαι ἢ καὶ ὁπωσοῦν πιστεύειν ταῖς τῶν συκοφαντῶν καὶ φιλολοιδόρων ψευδολογίαις, ἀλλὰ καὶ παιδεύειν αὐτοὺς ταῖς σοφαῖς ἀποκρίσεσι καὶ τῷ περιόντι τῆς μετριοφροσύνης συστέλλειν καὶ τῆς δεινῆς φορᾶς ἀνακόπτειν · εἰ μὲν σοί φησιν ἄλλος εἴρηκε, μὴ πίστευε · εἰ δὲ σὺ λέγεις ἀκηκοέναι, ἐγώ σοι οὐ πιστεύω, καὶ τυπτέτω με μὴ παρόντα, καὶ ἠγνόει τὰ προσόντα μοι κακὰ ἐπεὶ οὐκ ἂν ταῦτα μόνα ἔλεγε καὶ συχνὰ τούτοις παραπλήσια, μᾶλλον δὲ πρό γε πάντων τὰ τῶν ἡμετέρων, οἷον τὸ θεολογικὸν γρηγόρειον, εἰ μὲν ψευδὴς ὁ κακηγορῶν, οὐκ ἐμοῦ μᾶλλον ὁ λόγος ἢ ἐκείνου τὸ λεγόμενον ἅπτεται, κἂν ἐμὲ ὀνόματι βλασφημῇ · εἰ δ' ἀληθὴς, ἐμαυτὸν μᾶλλον ἢ τὸν λέγοντα αἰτιάσομαι · παρ' ἐμοῦ γὰρ ἐκείνῳ τὸ λέγειν, οὐκ ἐμοὶ τὸ εἶναι τοιούτῳ παρὰ τοῦ λέγοντος, καὶ παραδραμὼν τὰς φωνὰς ὡς οὐδὲν οὔσας ἐμαυτοῦ γενήσομαι. Ἀλλὰ ταῦτα μὲν καὶ ποιεῖς καὶ λέγεις, καὶ διδάσκοις ἂν εὖ εἰδὼς πρὸς ἑτέρους · οὐδὲ γὰρ παιδείας, οὐδ' ὑπομνήσεως χάριν, ἀλλ' ἐξ ἀγάπης καὶ θάρρους καὶ τῷ θερμῷ τοῦ περὶ σὲ πόθου καὶ ἡμῖν εἴρηται. Ἡγοῦ δὲ ἡμᾶς, ὦ τοῦ θεοῦ ἄνθρωπε καὶ μυρίοις κεκοσμημένε χαρίσμασιν, καὶ βεβαιότατα πίστευε φίλους σοι γνησίους καὶ ὁμοψύχους καὶ τῶν σῶν καλῶν ἐπαινέτας καὶ πρὶν καὶ νῦν ἤδη μάλιστα καὶ διὰ βίου παντὸς καὶ τοὺς λάθρα τοῦ πλησίον καταλαλοῦντας, καὶ ὃ ὁρῶσιν αὐτοὶ τοῦτ' ἄλλοις περιάπτειν πειρωμένους, τούτους, κατὰ Δαβὶδ, ἐκδίωκε, ἀσινῆ τὴν γνώμην τοῖς φίλοις καθάπαξ διατηρῶν.

8

JEAN EUGÉNICOS AU PRINCE NICÉPHORE

Τῷ πρίγκιπι [1].

Διττά σοι καὶ νῦν αὖθις, ἄριστε, γράμματα, πτηνὰ φίλης ὄψεως καὶ συνουσίας εἴδωλα παρὰ τῶν μηδὲν μηδ' ὁτιοῦν δεξαμένων · καὶ ἡμεῖς μὲν εἰκότως οὐ δεδέγμεθα τῇδε κἀκεῖσε περιιόντες, καὶ ἄλλην ἐξ ἄλλης συνεχῶς μεταμείβοντες, καὶ μακραῖς ὑπερορίαις καὶ περιό-

1. *Parisinus grec 2075*, f. 323 verso.

δοις περιαλόμενοι, μηδ' ὅποι, μηδ' ἡνίκα τὰς διατριβὰς ποιούμεθα ῥᾳδίως διαγινώσκειν τοῖς φίλοις παρεχόμενοι. Τοῦτό σοι πρὸ πάντων τῆς μακρᾶς σιγῆς ὑπεραπολογία · καὶ ἡμεῖς εὐγνωμόνως καὶ τοῦτο καὶ πάντα τὰ σὰ δεχόμενοί τε καὶ ἀποδεχόμενοι καὶ τὸ ἐνδεχόμενον οὐκ ἀρνούμενοι, γράφομέν τε ὡς ἀντεπιστέλλοντι καὶ γνησίως κατα- σπαζόμεθα ὡς παρόντι καὶ βλεπομένῳ, τοσοῦτον οἱ τῆς ἀγάπης ὀφθαλ- μοὶ δύνανται, καὶ οὕτως ἐκ μακροῦ διαστήματος παντὸς λυγκέως ὀξύτερον διορῶσι, καὶ γυμνῇ τῇ ψυχῇ συγγίνεσθαι τοῖς ποθουμένοις χαρίζονται, ὃ καί σε τὸν καλὸν ἀδελφὸν καὶ πιστὸν φίλον καὶ Πυλάδου παντὸς θερμότερον τηρεῖν εἰς ἡμᾶς οἶδα, καὶ ποθεῖν μὲν ἀπόντας ὥσπερ παρόντας φιλεῖν, καὶ μέλειν μὲν ἡμῶν, ἐν λόγῳ δὲ τίθεσθαι τὰ καθ' ἡμᾶς, μέλειν δὲ δι' ἡμᾶς καὶ τῶν ἡμετέρων ἁπάντων.

Σὺ δὲ σὺν τοῖς πρὸς σὲ τούτοις γράμμασι καὶ τὸ ἐπὶ Τραπεζοῦντι τῇ καλῇ δέχου πόνημα, οἷόν τι νεογνὸν φίλου καὶ καρπὸν ὑπερό- ριον, ἵνα λογισθῇ συναπολαύσεως ἡμῖν τῶν τῇδε καλῶν ὁ σοφὸς καὶ φιλόκαλος καὶ λόγῳ τρόφιμος εἴπερ τις. Οὐ μὴν ἀλλ' εἴ που ταῖς κοι- ναῖς φροντίσι καὶ τῇ περὶ τὰ μείζω καταπήξει τῆς τῶν καθ' ἡμᾶς ἐπισκέψεως ἐπὶ βραχὺ σεαυτὸν ἀπέστησας, ὃ συμβαίνειν ἤδη καὶ ἀέκοντί γε θυμῷ τοῖς περὶ πολλὰ καὶ μεγάλα περισπωμένοις ὡς τὰ πολλὰ πέφυκε · σὺ δ' ἄλλα τοῖς ἄρτι σοι παροῦσιν ἡμῶν γράμμασι τῆς θερμῆς κοινῆς ἀγάπης ἀναμνησθεὶς καὶ τῶν περὶ σὲ λαμπρῶν ἐκείνων ἡμῶν ἐλπίδων καὶ ὅσα μὲν ἀνεθήκαμεν ὑπὲρ τοῦ παιδὸς ἐξιόντες, ὅσα δὲ ἡμῖν ἐπηγγείλω, ὅσα δὲ καὶ πρώην τοῖς πρὸ τούτων γράμμασιν ἠξιώσαμεν ὅλον σαυτὸν καὶ τὴν σὴν ἐπιστασίαν, ἐπίδος ἡμῖν περὶ τὰ αὐτόσε τῶν καθ' ἡμᾶς. Ὅ τε γὰρ παῖς Γεώργιος συχνῆς δεῖται τῆς βοηθείας ἥ τε κώμη σὺν αὐτῷ · ὅθεν τὸ ἀποζῆν τούτῳ τε καὶ ἡμῖν ἦρος ἀφιξομένοις σὺν θεῷ · κώμη πολλαχόθεν τε πολιορ- κουμένη καὶ τοῖς ἔγγιστα λύκοις διορυττομένη · οἷς ἄρα τίς ἂν μᾶλλον σωφρονιστής, τίς ἀμείνων βοηθὸς ἡμῖν γένοιτο, εἰ μὴ πρὸ πάντων αὐτός, ὁδηγηθεὶς ἐκ θεοῦ;

9

JEAN EUGÉNICOS A NIL, GRAND PROTOSYNCELLE

Νείλῳ μεγάλῳ πρωτοσυγκέλλῳ [1].

Ὁ λαμπρὸς ἀθηναῖος καὶ φιλολάκων καὶ φιλολόγος καὶ φιλόκαλος, δέχου βραχέα καὶ νῦν φίλα σοι προσφθέγματα, ὁ τῇ πατρίδι δίκοσμος καὶ ὑπερόριος ἐκ τῶν μακραῖς περιόδοις καὶ πλάναις προσταλαιπωρουμένων καὶ φυγάδων καὶ συνυπεροριῶν σοι, καὶ σὺν θεῷ μετὰ μικρὸν ἦρος ἡμᾶς ἐκδέχου καθάπαξ ἀπογνόντας τὰ δεῦρο, καὶ ὅλον σαυτὸν ἡμῖν, ἀρίστη καὶ σεμνὴ κεφαλή, καὶ τὴν σὴν ἀγάπην ἑτοίμασον φιλοφρονήσων συνήθως καὶ ὑποδεξόμενος.

10

JEAN EUGÉNICOS A GEORGES SCHOLARIUS

Τῷ Σχολαρίῳ [2].

Ὦ τῆς ἐμῆς ἀπάτης, ὦ τῶν σῶν, ἄριστε, λογισμῶν, μᾶλλον δὲ φεῦ τῆς κοινῆς τῷ γένει κακοδαιμονίας ἐν ἅπασι, καὶ νῦν εἴπερ ποτὲ μάλιστα, ἡνίκα καὶ αὐτὸς τοιάσδε παρὰ μὲν τοῦ γένους καὶ τῆς πατρίδος ἀμοιβὰς ἔχεις, ἢ ἴσως παρὰ μὲν τοῦ γένους καὶ τῶν ὡς ἀληθῶς ἀξίων τῆς πατρίδος οὐδὲν εἰ μὴ ὅ,τι γε χρηστὸν καὶ γενναῖον ἅπαν · παρὰ λυμεώνων δὲ καὶ μαγείρων ἀντιποιμένων καὶ οἵων ἀξίως ἐστηλίτευνται · πιστεύω δ' ὅτι καὶ στηλογραφήσονται παρὰ σοῦ τῆς καλλίστης καὶ σοφωτάτης γλώττης. Ἀλλὰ γὰρ τὰ περὶ σὲ νῦν, εὖ ἴσθι, δυσί με πάθεσιν ἐναντιωτάτοις παραδεδώκασι, λύπῃ τε ὑπερφυεῖ καὶ σχεδὸν τοσαύτῃ χαρᾷ · λύπῃ μὲν, διά τε τὸ γένος καὶ τὴν πατρίδα, οἵου δὴ καὶ σου μετὰ τῶν ἄλλων καλῶν ζῶντος στέρεται ; ἐπ' ἄλλῳ μὲν οὐδενί, ἔγκλημα δὲ τὴν σὴν ἀρετὴν τῶν φθορέων πεποιημένων · χαρᾷ δὲ, ὅτι σε συνεκδημοῦντά μοι καὶ ξυνδιατρίψαντα καὶ συνυπερόριον ἔξω τὸν καλὸν ἀδελφὸν καὶ φίλον καὶ ἥλικα μετὰ τὸν κοινὸν ἀδελφὸν καὶ πατέρα καὶ καθηγεμόνα, ὃν ἔδει με τοιοῦτον

---

1. *Parisinus grec 2075*, f. 324 recto.
2. *Parisinus grec 2075*. f. 304 recto.

ἡγούμενον καὶ τὴν χρηστὴν ἐκείνην τηρῆσαι βουλήν, καὶ τῶν μὲν ἐν Πελοποννήσῳ καλῶν ἄπριξ, ὥσπερ ἱερᾶς τινος ἀγκύρας, ἔχεσθαι καὶ μάζαν μεμαγμένην ἀεὶ τὰ ἐκεῖσε καὶ ὅσα μοι καλῶς ἡ χρηστὴ τηνικαῦτα διεξῆλθε καὶ φιλαλήθης γλῶττα, τὰ δ' ἐνταῦθα λῆρον καὶ κενὴν ἀπάτην καὶ κούφην σκιὰν καὶ τὰ τοιαῦτα ποιεῖσθαι.

Νῦν δὲ ματαιωθεὶς καὶ τοῖς τοῦ καλοῦ κἀγαθοῦ Νοταρᾶ γράμμασι καὶ ταῖς ἐπαγγελίαις κακῶς ὑπαχθείς, μᾶλλον δὲ τὸ πλέον τῇ ἐκεῖσε κοινῇ συμφορᾷ καὶ θλίψει κατασεισθεὶς καὶ τῶν ἐν τῇ νήσῳ καλῶν καὶ τῆς ἑξῆς ἀσφαλείας ὥσπερ ἀπογνούς, προσῆλθον, ὡς μὴ ὤφελε, τῇ πατρίδι καὶ τῇ οἰκίᾳ, ἣν αὖθίς με πλανώμενον καὶ περιφερόμενον καὶ αὐτὸν δεῖ μεταθεῖναι κἀκεῖσε συναπαγαγεῖν. Ἀλλ' ὁ πρὸς τὸ κρεῖττον οἰκονομῶν πάντα θεός, κἂν εἰ μὴ τοὺς λόγους ἑκάστου τῶν γινομένων ἡμεῖς οἴδαμεν, καὶ τὰ καθ' ἡμᾶς κοινῇ καὶ ἀμφοῖν ἐπί τι χρηστὸν καὶ λυσιτελὲς πέρας ἀποβῆναι, καὶ διὰ τῶν μεταξὺ δυσχερῶν, εὐδοκήσειεν!

11

JEAN EUGÉNICOS A GEORGES SCHOLARIUS

Τῷ Σχολαρίῳ [1].

Ἐδεξάμην σου καὶ αὖθις τὰ γράμματα, τὰ χρυσᾶ τῷ ὄντι καὶ χρυσοῦ παντὸς ἔμοιγε τιμιώτερα · καὶ γὰρ δὴ καὶ ἀτεχνῶς ἠδίκηντο ὅτι μὴ χρυσῷ τινι τοιάδε πεφυκότα γεγράφαται. Ἐδεξάμην δέ, ἄκουε γὰρ φιλαληθῶς, ὃ ξυνηνέχθη ἀρίστου σχεδὸν καὶ τῆς εὐωχίας ἤδη παρασκευασθείσης, ὃ παρ' ἡμῖν οὕτω τηνικαῦτα ξυμβὰν οὐ μεσημβρίας, ᾗπερ εἴθιστο, ἀλλὰ δείλης ἦν ἢ πρὸ δείλης τι μικρόν, ἡ τοίνυν φύσις καὶ ὁ τῶν φιλτάτων θροῦς διὰ τὸ τῆς ὥρας ἐξίτηλον πρὸς εὐωχίαν ἐκίνει, τὸ δὲ τῆς ἐπιστολῆς κάλλος ἀνθεῖλκε, καὶ δὶς καὶ τρὶς παρεβιάζετο καὶ πολλάκις ἐπεξιέναι καὶ τοσούτῳ δεινότερον καταγοητεῦσαι καὶ ὅλον με πρὸς αὐτὴν μεταστῆσαι, ὡς, εἰ καὶ Σύβαρις προὔκειτο καὶ μυρίων καρυκευμάτων ἑσμός, μηδ' ὁπωσοῦν αὐτῶν ἐπησθῆσθαι, οὕτως ἑαλώκειν καθάπαξ καὶ πάντα εἶχεν ὁμοῦ ἔκπληξις, θαῦμα, χαρά. Ἐκπεπλήγμην τοῦ γένους τὴν ἀπόνοιαν, οἷος ὢν οἷα

παρὰ τῶν τῆς πατρίδος ἡγεμόνων, μᾶλλον δὲ ὀλέθρων, ἔχεις. Ἐθαύμαζον τὴν τῶν νοημάτων ὥραν καὶ χάριν καὶ δεινότητα καὶ τὰς ἀμά-
χους τῆς τέχνης ἴυγγας, καὶ ὅπως τὸ πρὸς θεοῦ σοι δοθὲν τῆς εὐφυΐας
δῶρον, ὥς τι τάλαντον πιστὸς καὶ φρόνιμος οἰκονόμος ἀμέτρῳ σπουδῇ
καὶ φερεπονίᾳ πολλαπλάσιον ἐπεξεργασάμενος εἰς τοσόνδε σοφίας καὶ
τῆς ἐν λόγοις δυνάμεως ἥκεις · ἔχαιρον ἔχειν σε δοκῶν ἐν τοῖς γράμμασιν καὶ προσφθεγγόμενον καὶ πάντα μοι τὸ εἰωθὸς δὴ τοῦτο τοῖς
φίλοις καὶ ὁμοψύχοις σοι χαριζόμενον · καὶ ταῦτα μὲν ἐν ψυχῇ. Τὼ
δὲ χεῖρε κρότος εἶχε λαμπρός, καὶ τὸ πρόσωπον ἐμφανὲς μειδίαμα,
ἴσως που καὶ τὼ πόδε σκίρτημα παρὰ τὸ εἰωθός, τήν τε γλῶτταν
εὐφημία περὶ σοῦ καὶ τῶν σῶν καλῶν. Οὐ γὰρ ἠνείχετο τὰ τοῦ
σώματος μὴ οὐχὶ τὴν τῆς ψυχῆς πανήγυριν ἐκδηλοῦν. Ὁ δὲ τῆς
χαρμονῆς τὸ κεφάλαιον, ὅτι τὸν καλὸν ἡμῖν παῖδα, τὸ τῆς φύσεως
ἄνθος, τὸν χρηστὸν Θεόδωρον, τοῦ λοιμοῦ καθάπαξ ἀπαλλαγέντα, ἐν
ἀκραιφνεῖ σὺν θεῷ καθεστηκέναι τῇ ὑγείᾳ δηλοῖς, καὶ τῆς προτέρας
περὶ λόγους σπουδῆς ἔχεσθαι. Τούτου δὲ οὐχ ἧττον εἰς ἡδονὴν καὶ τὸ
παρακμάζειν ὅλως καὶ λωφᾶν ἐκ τῆς πόλεως τὸ δεινόν, καὶ τῷ ὄντι
ταύτην ἔδει πρῶτον τὴν τερπνὴν ἀγγελίαν παρὰ σοῦ μαθεῖν τῆς φίλης
μοι κεφαλῆς.

12

JEAN EUGÉNICOS A GEORGES AMIROUTZÈS

Τῷ Ἀμοιρούτζῃ [1].

Χρύσεέ μοι ἀδελφέ, οὔπω ἐκεῖνο τὸ ἐπηγγελμένον αὔριον, κἀνταῦθα
ἡ συνήθης τῷ γένει πικρὰ ἀναβολὴ καὶ ἀεὶ τὸ αὔριον. Εἰ καὶ ἀπὸ τοῦ
νῦν τοιαῦτα, τὰ ἑξῆς ὁποῖα; Τὴν γοῦν περὶ ἡμᾶς συχνὴν ἀμέλειαν
ὁρῶν, ὅλος αὖθις μᾶλλον πρὸς τὴν ἐκδημίαν ἀφορῶ · ἀλλ' ἴσως ἐντυχὼν βραχύ τι χρόνου τῷ βασιλεῖ, τοῦτο δὴ τὸ πάλαι ποθούμενον καὶ
ζητούμενον, τηνικαῦτα μάλιστα ἂν διαγνῶναι τὸ ποιητέον ἔχοιμι ·
θεὸς δὲ τὸ κρεῖττον οἰκονομήσειεν! Ἀλλὰ σὺν αὐτῷ δὴ καὶ αὐτός, ὡς
ἄλλος αὐτός, ἡ σοφὴ καὶ φίλη μοι κεφαλή, πρὸς τὰ καθ' ἡμᾶς ἐπιμελῶς ἀπιδών, οἶδας γὰρ ἀκριβῶς καὶ εἰδὼς ἐν Χριστῷ γνησίως

1. *Parisinus grec 2075*, f. 324 recto.

σπλαγχνίζῃ, τὸ δοκοῦν τῷ κρατοῦντι καί σοι καθαρῶς ἡμῖν δήλωσον, ἵνα δι' ἡμῶν, ἢ μενόντων δεῦρο ἢ ἐπιστάντων ἐκεῖσε, προνοίας τινὸς τὰ οἴκοι τύχοι.

13

JEAN EUGÉNICOS A GEORGES AMIROUTZÈS

Τῷ Ἀμοιρούτζῃ [1].

Ἀδελφὲ τριπόθητε καὶ σοφώτατε, τίμιόν μοι καὶ ἐράσμιον καὶ πρᾶγμα καὶ ὄνομα, λόγῳ μόγις καὶ γράμμασιν εὐμενῶς ἡμᾶς δέχου ἄρτι μετὰ διπλῆν ζημίαν καὶ συμφοράν, τήν τε κοινὴν καὶ πρὸ αὐτῆς τὴν ἰδίαν, μᾶλλον δὲ καὶ ταύτην τῷ ὄντι κοινήν, ἐπανελθόντας ἐκ τῆς τοῦ Πέλοπος, καὶ τοῖς ἴσοις ἀμείβου, εἰ μή τινος ἄλλου, σαυτοῦ γοῦν καὶ τῆς οἰκείας χρηστῆς μεμνημένος γνώμης καὶ ἑαυτῷ σύμφωνον ἐπιδείκνυσθαι πρὸς σοφοῦ παντὸς εἰδώς. Δέχου δὲ ὁμοίως καὶ ὃν ἐπιτάφιον μετὰ τὴν πληγὴν ἐκεῖσε συγγεγράφαμεν λόγον ἐπὶ τῷ μακαριωτάτῳ ἐκείνῳ πατρὶ καὶ κοινῷ καθηγεμόνι [2] · ὃς, εἰ καὶ διὰ τὸν πρὸς αὐτὸν πόθον καὶ τὸ χρέος καὶ δι' ἀνθρωπίνην ἴσως που χάριν καὶ μοῖραν πρὸς τὸν χρηστὸν καὶ εὐσεβῆ βασιλέα παρ' ἡμῶν πέμπεται, ἀλλ' οὐδὲν ἧττον καὶ πρὸς σέ, τὸν λόγων ἐραστὴν καὶ κριτὴν καὶ πρὸς τῆς πατρίδος ἁπάσης φιλόσοφον εὐλόγως ὀνομαζόμενον, εἰ μὴ καὶ πρὸ ἐκείνου μᾶλλον διὰ τὴν ἐν τοῖς λόγοις συγγένειαν. Τούτῳ μὲν γὰρ ἂν χαριοίμεθα φιλοκάλῳ τε πεφυκότι καὶ ζηλωτῇ καὶ ἐπαινέτῃ τῶν ἐκείνου καλῶν, σοὶ δὲ ταὐτό τε τοῦτο οὐδὲν ἧττον καὶ προσέτι καὶ ὁμοτέχνῳ. Ἐλπίζω γὰρ ἤδη πάλαι καὶ ὁμοδόξῳ, καὶ οὐ πάνυ τοῖς τἀναντία λέγουσι πείθομαι κἂν εἰ φειδοῖ τοῦ γένους κἂν οἰκονομίας χάριν, κἂν λόγοις οἷς ἂν αὐτὸς κρεῖττον εἰδείης τὴν ψευδώνυμον ἕνωσιν καὶ τὴν κατεσχηματισμένην εἰρήνην παρηκολούθηκας, μᾶλλον δὲ παρηκολουθηκέναι καὶ συνηγορεῖν ἔδοξας · ἀλλά σε τῆς ἀληθείας ὄντα φίλον τε ἅμα καὶ δοκιμαστὴν ἀκριβῆ, οὐ τοσοῦτον εἰκὸς σε περὶ τὴν ὀρθὴν καὶ πατροπαράδοτον πίστιν ἀπατηθῆναι, καὶ τὰ μὲν ὑγιῆ καὶ ἀναμφήριστα τῶν τῆς ἐκκλησίας δογμάτων ἐκλιπεῖν, πρὸς

---

1. *Parisinus grec 2075*, f. 303 recto.
2. L'oraison funèbre de son frère, MARC EUGÉNICOS, métropolitain d'Éphèse.

δὲ σύστασιν τῆς καινοτομίας ἀπιδεῖν· μὴ γένοιτο! μὴ οὕτω ποτὲ ἡ
χρηστὴ καὶ φιλόπονος ἅμα καὶ φιλόσοφος τοὐμοῦ Γεωργίου ψυχή,
ἣν καὶ ἐμὴν ψυχὴν καὶ πνοὴν καὶ νοῦν καὶ φῶς καὶ ζωὴν διὰ τὴν
παλαιὰν ἀγάπην καὶ συμφυΐαν καὶ οἰκειότητα πιστεύω τε εἶναι καὶ
βούλομαι καὶ εὔχομαι. Δεῦρο δὴ οὖν, δεῖξόν μοι σεαυτόν, ἄριστε
φιλόσοφε καὶ σοφέ, ἐπίδειξον τὸ τῆς ψυχῆς μεγαλοπρεπές τε καὶ ἐλευθέριον, καὶ τὸν περὶ ἡμᾶς σου σφοδρὸν ἐκεῖνον πόθον ἀναζωπύρησον
καὶ γράμμασιν εὔφραινε οἷς ἂν αὐτὸς βουληθείης, μόνον μὴ σιγὴν
τὴν δίκην ἐπιθῇς. Πάντα πάντως οἴσει φιλία, τὸ δὴ λεγόμενον, καὶ
πάσχουσα καὶ ἀκούουσα, καὶ οὐκ οἴσει μόνον ἡ ἐμή, ἀλλὰ καὶ τὰς
μεγίστας λογίσεται χάριτας. Οὐδὲν γὰρ ὅτι μὴ παρὰ φίλου καὶ ταῦτα
τοιούτου καλὸν καὶ τερπνόν.

14

JEAN EUGÉNICOS A ANTOINE MALASPINA

Τῷ Μαλασπίνᾳ κυρῷ Ἀντωνίῳ [1].

Τίς ἡμῖν ἡ συχνὴ σιγὴ πρὸ τῆς ἐσομένης μακρᾶς σιωπῆς; ἵνα τί
μὴ ἀλλήλους οἷς ἔχομεν τέρπομεν εἰδώλοις γοῦν ποθουμένοις καὶ κατὰ
δεύτερον, ὅ φασι, πλοῦν, ἐπειδὴ τὸν ἐξ οὐρίας οὐκ ἔχομεν; Ἐμοὶ
μὲν γὰρ τὰ τῆς ἀποδημίας καὶ τὰ ἐκεῖσε δυσχερῆ, καὶ ἡ τοῦ μεγάλου
πατρὸς καὶ καθηγεμόνος στέρησις, καὶ ἡ τῶν κοινῶν καὶ τῶν ἰδίων
ἀνωμαλία, πρόφασις τοῦ σιγᾶν ἱκανή. Σοὶ δὲ παρὰ τοῖς οἰκείοις ὡς
τὰ πολλὰ τὴν διατριβὴν ποιουμένῳ, καὶ ὡς οἷόν τε ἐν τοῖς κατὰ τὸν
βίον εὐμαρέσι καὶ ῥάστοις, τί ποτ' ἂν εἴη τὸ μὴ γράφειν παρασκευά-
σαν, μᾶλλον δ' ἀντιγράψαι μετὰ τὴν ἡμετέραν ἐπιδημίαν εἰς τὴν
πατρίδα ἢ τὰ πάλαι προσάντη ἔτι τῆς σιγῆς αἴτια; Ἀλλ' ἐγὼ τὴν
χρηστὴν καὶ γενναίαν ψυχὴν καὶ γνώμην τοῦ ἐμοῦ Ἀντωνίου καὶ
τὴν περὶ ἡμᾶς διάθεσιν οὕτως εὖ οἶδα τὴν αὐτὴν εἶναι καὶ σιγῶσαν
καὶ φθεγγομένην, ὡς ἂν εἰ, τὰς τῆς καρδίας τῆς σῆς πτυχὰς ἀναπε-
τάσας ὑπερφυεῖ ποθεν δυνάμει, τὰ ἔνδον ἑώρων καὶ κατεσκόπουν ἀκριβῶς. Οὕτω περὶ σοῦ καὶ τῆς σῆς, ἄριστε, γνώμης οὐκ ἀμφιγνοῶ,
οὐδ' ἐπιλήσεσθαί σε τῆς πρὸς ἀλλήλους ἀγάπης καὶ τῶν ὑπεσχημέ-

1. *Parisinus grec 2075*, f. 309 verso.

νων νομίζω, ἀλλ' ὥσπερ ἐμαυτὸν οἶδα φιλοῦντα καὶ ποθοῦντά σε διαφερόντως καὶ μονονοῦ πνέοντα καὶ ὥσπερ ἄγαλμα τῆς ψυχῆς περιφέροντα κἂν μὴ ἐπιστέλλω πολλάκις, οὕτω καί σε τοῦ γράφειν ἔστιν ὅτε μὴ ἐχόμενον ἀλλὰ τοῦ φιλεῖν ἔχεσθαι πάντως καὶ πολλοῦ τινος τὰ ἡμέτερα ποιεῖσθαι, ἀλλὰ καλὸν γὰρ καὶ τῶν ἀναγκαιοτάτων ἐμοὶ καὶ τὰ σὰ τριπόθητα γράμματα μέχρις οὗ τῆς κατὰ πρόσωπον συνουσίας ἀπολελαυκέναι τῆς χρυσῆς ἐμοὶ καὶ μελιρρύτου καὶ τοῦ παντὸς ἀξίας. Ὁ θεὸς παράσχοι.

Le manuscrit grec *B. 23* de la bibliothèque municipale de Brême (*Sophocle*, etc., etc.) porte en tête, au verso du troisième feuillet de garde, l'*ex-libris* suivant :

† Σὺν θεῷ κτῆμα ἡ παροῦσα βίβλος
Ἀντωνίου Μαλασπίνα τοῦ Φωκαέως.

C'est un bombycin in-4° de 239 feuillets, écrit au xivᵉ siècle. Voir Henri Omont, *Catalogue des manuscrits grecs des bibliothèques des villes hanséatiques Hambourg, Brême et Lübeck* (Leipzig, 1890, in-8°), p. 22.

15

JEAN EUGÉNICOS A CANABOUTZÈS

Τῷ Καναβούτζῃ [1].

Εἴ τί μοι καὶ ἄλλο τῶν ἐν βίῳ θλιβερῶν συχνὰ διὰ τούτων ἡμῖν ὁ παρὼν καιρὸς ἐπήνεγκεν, ἐν τούτων ὡς ἀληθῶς, ἀρίστη μοι καὶ σοφὴ καὶ τριπόθητε κεφαλή, μὴ γραμμάτων σῶν διὰ μακροῦ χρόνου τυχεῖν · καίτοι τοῖς πόθῳ κάμνουσιν οὐ μικρὸν εἰς ἀνίαν τῶν πρώτων καλῶν ἁμαρτῆσαι καὶ τῆς κατὰ πρόσωπον συνουσίας μὴ ἀπολαύειν, ἀλλὰ τοῖς εἰδώλοις μόνοις ψυχαγωγεῖσθαι καταναγκάζεσθαι · τὸ δὲ καὶ τούτων ἀποτυγχάνειν καὶ ζῶντας τοὺς ποθουμένους μονονοῦ τὰ τῶν ἀποιχομένων πάσχειν, καὶ μόνῳ τῷ σπινθῆρι τῆς περὶ τὴν ἀρχαίαν ἀγάπην μνήμης ἀρχεῖσθαι· τοῦτο δὲ πάσης ἐμοὶ δυσπραγίας καὶ συμφορᾶς βαρύτερον καὶ τῶν ἀρτίως ἡμῖν ἐπενηνεγμένων συμ-

1. *Parisinus grec 2075*, f. 309 recto.

πτωμάτων οὐδὲν ἔλαττον. Μίαν μόνην τῆς σου καὶ τῶν σῶν καλῶν
ἀποτυχίας παραμυθίαν χρόνον οὐκ ὀλίγον ἔσχομεν τὸν κοινὸν ἡμῖν
ἀδελφὸν καὶ φίλον, τὸν πάντα καλὸν κἀγαθὸν σὸν ὁμαίμονα, ὃν ἤδη
καὶ αὐτὸν ζημιούμενοι, διακομιστὴν τῶν πρὸς σὲ γραμμάτων πλου-
τοῦμεν, οὐ μόνον δέ, ἀλλὰ δὴ καὶ τῆς ἡμῶν πρὸς σὲ διαθέσεως ἀκριβῆ
μηνυτήν · συνάμα δὲ καὶ πρὸς τὸν καλὸν ἡμῶν καὶ γνήσιον φίλον
καὶ ἀδελφὸν τὸν πάντ' ἄριστον Ἀντώνιον, ᾧ πλείστας ὀφείλειν ὁμολογῶ χάριτας τῆς πρὸς ἡμᾶς ἀρχαίας αὐτοῦ θερμῆς ἀγάπης καὶ
φιλίας εἰλικρινοῦς · καὶ οὔποτε παύσομαι θαυμάζων καὶ ἐπαινῶν τὸ
τῆς γνώμης αὐτοῦ προσηνὲς καὶ ἐλευθέριον, καὶ τὸ φιλολόγον αὐτοῦ
καὶ φιλόκαλον. Τοῦτο οὖν καὶ αὐτὸς αὐτῷ πληροφόρει, παρακαλῶ,
σύμφρων ὢν καὶ ἑταῖρος τούτῳ καὶ ὁμόψυχος · καὶ πρὸς τὸ ἐπιστέλλειν ἡμῖν συνεχῶς, ὥσπερ εἴθιστο, παρακάλει, τοῦτο σαυτὸν πολλῷ
πρότερον ἐκείνου παρακαλῶν.

16

JEAN EUGÉNICOS A PÉPAGOMÉNOS

Τῷ Πεπαγωμένῳ [1].

Εἰ πάντα τρόπον, ἄριστέ μοι καὶ σπουδαιότατε, πάντα, φασί, λίθον
ἐκίνεις ὅπως ἂν αὐτὸς τὰ σαυτοῦ τιμῶν φιλαλήθως ἐπαινέσαις τὰ σὰ
γράμματα, οὐκ ἂν ποτ' ἄλλως ἐποίεις ἢ οὕτω τὰ ἡμέτερα τετιμηκὼς
καὶ τοιαῦτα περὶ ἡμῶν ψηφιζόμενος · ἃ γὰρ ἦν εἰκός σε μᾶλλον παρ'
ἡμῶν ἀκούειν, ὡς ἐν μέσῳ χειμῶνι καὶ τούτῳ παντοδαπῷ λαμπρὸν
καὶ τερπνὸν ἔαρ καὶ λειμὼν εὐανθής, ἢ ἀνθέων τὸ χαριέστατον, καὶ
ὡς φίλια, ἀκεσώδυνα, παντὸς οὑτινοσοῦν τοῦ λυποῦντος ἀλεξίκακα,
τὰ χρηστὰ ἡμῖν ἐπιλάμπει γράμματα, καὶ εἴ τι τοιοῦτον προσετίθης
ἁπλῶς, ταῦτα πάντα προλαβὼν αὐτὸς φῄς, καὶ λέγων τὰ μὲν καθ'
ἡμᾶς ἅπαντα περὶ πολλοῦ ποιῇ καὶ διαφερόντως θαυμάζεις · τὰ δὲ
σαυτοῦ μετριάζων καὶ τὴν θεάρεστόν ἐπιδεικνὺς ταπείνωσιν, ἐξευτε-
λίζεις · εἴ γε μὴν τοσοῦτον ἰσχύει παρὰ σοὶ τἀμὰ γράμματα, ὁπόσον
τὰ σὰ παρ' ἡμῖν! Πείθομαι δὲ τῷ τῆς ἀγάπης λόγῳ, θεῷ τε καὶ σοὶ
χάρις · τῷ μὲν ὡς πάντων αἰτίῳ καὶ χορηγῷ τῶν καλῶν · σοὶ δὲ τῆς

1. *Parisinus grec 2075*, f. 47 recto.

ἡμέρου καὶ προσηνοῦς γνώμης καὶ τῆς ἐξ ἀρχῆς χρηστῆς σου περὶ
ἡμᾶς διαθέσεως, ὑπὲρ ἧς τοσοῦτον ἡμᾶς ὀφειλέτας σοι κατέστησας,
ὡς εἰ καὶ ἀπέκαμες ἀπαριθμεῖσθαι συχνῶς τρίτην καὶ τετάρτην καὶ
πέμπτην καὶ πολλοστὴν ἐπιστολήν, καθ' ἡμέραν ἡμέτερα δεχόμενος
γράμματα, κἂν εἰ τὴν ἐν σπλάγχνοις καὶ τῇ καρδίᾳ σοφίαν ἀποδρύ-
ψαντες εἰ οἷόν τ' ἦν αὐθημερὸν τοῖς παισὶν ἐνεβάλλομεν ἀμηγέπη,
κἂν ὁτιοῦν πρὸς σὴν θεραπείαν ἐπενοήσαμεν καὶ ἔργοις αὐτοῖς διεπρατ-
τόμεθα οὐκ ἂν οὐδ' οὕτω τι τῶν σῶν καλῶν ἄξιον ᾠήθημεν ἐπιδείκνυσθαι καὶ ταῖς παρὰ σοῦ τι προσῆκον χάρισιν, οὕτω καθάπαξ ἡμᾶς
ἔχεις ἑαλωκώς, ἄνθρωπε τοῦ θεοῦ, καὶ νῦν μάλιστα, τοιόσδε μὲν τῷ
κοινῷ, τοιοῦτος δὲ ἡμῖν τοῖς φίλοις φανείς, ὡς ὀφείλειν μέν σοι καὶ
ὁντινοῦν τὰς μεγίστας χάριτας καὶ ἄνευ τῶν ἰδίων ὑπὲρ τῶν κοινῇ τῷ
γένει πόνων καὶ τῶν ἀνδραγαθημάτων, ὀφείλειν δὲ ὑπὲρ τῶν οἰκείων
τὰ μέγιστα κἀκείνων χωρίς. Τίς ἄρα τοίνυν, τίς παρ' ἡμῶν ἀμοιβή
σοι καὶ χάρις προσήκουσα, ἢ πάλιν ὑπὲρ ἡμῶν γε πάντως αὐτῶν
ἱκεσία πρὸς θεὸν ἐπὶ κοινῷ τε καὶ ἰδίῳ καλῷ φυλάττεσθαί σε παρ'
αὐτοῦ ἐν ἡλίοις μακροῖς καὶ τὴν ἡμέραν ἐκείνην ἰδεῖν εὔχεσθαι ἐν ᾗ
συνεσόμεθά τε, ὡς αὐτὸς φής, καὶ ἀλλήλοις ἀφοσιωσόμεθα τὰ προσήκοντα; ἀλλά, μέχρις ἂν τοῦτο δοίη θεός, γράφων συχνῶς εὔφραινε
τοὺς ποθοῦντας ἡμᾶς, συμπαραίνει δὲ τῶν ἄλλων τέως ἀμελεῖν καὶ
προὔργου τὰ περὶ λόγους ποιεῖσθαι, μὴ τὴν τῶν παίδων ἡμῖν μόνον
χρηστὴν δυάδα, καὶ μάλιστα τὸν καλὸν Νικόλαον περί τινα τῶν οἴκοι
κατεπειγόντων διὰ τὴν σὴν ἀπουσίαν τυρβαζόμενον καὶ προφάσεις ἐν
ἀμελείαις προφασιζόμενον, ἀλλὰ καὶ τὴν σφῶν τιμίαν μητέρα, τὴν
σολομώντειον ἀνδρείαν γυναῖκα, τὴν σὴν ἀρίστην καὶ θαυμασίαν
ὁμόζυγα καὶ ὁμότροπον· πολύ τι γὰρ ὥσπερ τὸ ἐν τούτοις ἡμᾶς αὐτὸς
φὴς κατανεῦσαι, οὕτω καὶ ἡ ταύτης ἰσχύει δεῦρο, φαμὲν ἡμεῖς,
κατάνευσις καὶ παράκλησις.

17

JEAN EUGÉNICOS A PÉPAGOMÉNOS

Τῷ Πεπαγωμένῳ [1].

Ἰδοὺ πάλιν καὶ δὶς, φασί, καὶ τρὶς τὰ καλά, καλὰ παρὰ καλοῦ τῷ

1. *Parisinus grec 2075*, f. 303 verso.

ὄντι καὶ χρηστοῦ καὶ γενναίου καὶ παντὶ τρόπῳ τοῖς φίλοις ἀεὶ χαρί-
ζεσθαι προῃρημένου · ἰδοὺ καὶ χάρις ἦρος αὖθις ἐν μέσῳ χειμῶνι
καὶ τούτῳ διττῷ, καὶ ἡμέρα λαμπρὰ καὶ ὑπὲρ τὰς ἀλκυωνίτιδας καὶ
χαρὰ καὶ γαλήνη καὶ θυμηδία καὶ λιμὴν εὔδιος καὶ πανήγυρις ἀτεχνῶς ἱερὰ, καὶ πᾶν εἴ τι τῶν καλῶν καὶ τιμίων, ὡς ἀληθῶς. Οὕτως
ἡμῖν ἔχουσιν ὤφθη τοιάδε πεφυκότα τὰ σὰ γράμματα, τίνος μὲν οὐ
θέλξοντα νοῦν καὶ ψυχὴν, ὁποίαν δὲ καρδίαν οὐ κινήσοντα; Καὶ δὴ
τὸν τῶν ὁμιλητῶν χορὸν περιστησάμενος, ὧν ὁ καλὸς ἡμῖν ἐξάρχει
Νικόλαος, καί που καὶ τῶν ἑταίρων ἐνίους προσκαλεσάμενος, καὶ δὶς
καὶ τρὶς σὺν χαρμονῇ καὶ θαύματι καὶ συχνοῖς ἐγκωμίοις διεξῄειν.
Οὐ γὰρ ἠνεσχόμην μὴ καὶ αὐτοὺς μερίτας προσλαβέσθαι τῆς ἡδονῆς ·
οἱ δὲ καὶ αὐτοὶ ταῖν χεροῖν ἀναλαβόμενοι καὶ κατασπασάμενοι πολλάκις ἐπεξιέναι προεθυμοῦντο, οὕτω καθάπαξ ἦσαν ἑαλωκότες. Τῆς
μὲν οὖν σῆς ἀρετῆς καὶ καλοκἀγαθίας θεῷ τε καὶ σοὶ χάρις · τῆς δὲ
περὶ ἡμᾶς, ὦ πάντ' ἄριστε, διαθέσεως καὶ τοῦ σφοδροῦ καὶ ἀκμαίου
πόθου καὶ τῶν ἐπαίνων, τίς ποτε γένοιτο παρ' ἡμῶν ἀμοιβή; ποῖα
μὲν ἄρα καὶ ἡλίκα τοῖς γράμμασι γράμματα; τίνες δὲ τοῖς ἐπαίνοις
ἔπαινοι; καὶ ποῖαι μὲν δωρεαὶ ταῖς παρὰ σοῦ χάρισι; πόσαι δὲ φιλο-
τιμίαι ταῖς ἀπὸ τῆς σῆς ἐλευθερίου δεξιᾶς καὶ ψυχῆς δεξιώσεσιν ἐξαρκέσουσιν, ἢ πάντως οὐκ ἄλλο τι τῶν ἁπάντων ἡμῶν περιλείπεται ἢ
πρὸς θεὸν τὸν μόνον ἄξιον ὀφειλέτην λοιπὸν καταφεύγειν καὶ τὰ πρὸς
δύναμιν εἰς τὴν χρηστὴν τῶν παίδων ἡμῖν δυάδα προθύμως ἐκπληροῦν; Θεῷ γὰρ, ἀλλὰ [1] καί σοι καὶ ἑαυτοῖς τὸ προσῆκον εἴημεν ἀφο-
σιωμένοι.

18

JEAN EUGÉNICOS A ASAN

Τῷ Ἀσάνῃ [2].

Ὁ πάντα λαμπρὸς καὶ μεγαλοπρεπὴς καὶ περίβλεπτος καὶ φιλότι-
μος τῶν καλῶν ἐπαινέτης καὶ πρόθυμος, ὁ πᾶσαν μὲν γλῶτταν καὶ
ψυχὴν καὶ διάνοιαν ἐπὶ τοὺς σοὺς ἐπαίνους καὶ κρότους συγκινῶν,

---

1. ἄλλα se trouve dans l'interligne, au-dessus de οὕτω qu'il remplace.
2. *Parisinus grec 2075*, f. 324 recto.

πάντας δὲ κατόπιν τῆς σῆς ἀρετῆς φαίνεσθαι παρασκευάζων, δέχου καὶ νῦν βραχύ τι φίλιον πρόσφθεγμα παρ' εὐτελῶν καὶ μικρῶν, ὁ καὶ τοῖς μικροῖς συγκατιὼν, καὶ συμμετριάζων τοῖς ταπεινοῖς, καὶ τὰ τῶν ἀδυνάτων συμμεριζόμενος, ἐν τῷ ὕψει μένων τῆς γενναίας καὶ ὑπερφυοῦς καταστάσεως. Τί γὰρ ἄν ποτε μέγα καὶ λόγου τινὸς ἄξιον ἡμῖν γένοιτο τοῖς μακραῖς περιόδοις καὶ πλάναις προσταλαιπωρουμένοις, καὶ συχνὸν ἤδη χρόνον τῇδε κἀκεῖσε περινοστοῦσι καὶ πάντα ποιοῦσι καὶ πάσχουσι, καὶ ἀνατολῇ καὶ δύσει τῷ πολεμεῖν καὶ πολεμεῖσθαι γνωριζομένοις ; Ἓν μόνον ἤδη τοῖς εὐγνωμονεστέροις τῶν φίλων ἡμῖν περιλείπεται, εὐχαῖς ὑπὲρ ἡμῶν γνησίως ἱλεοῦν τὸ θεῖον, ὡς ἂν εἰ παύσαιντο οἱ διώκοντες ἢ τάχα συγχωρηθέντες παρὰ θεοῦ παύσωσιν ἡμᾶς διώκεσθαι, ἐπισχόντες τῆς ἐπὶ πολὺ ταλαιπωρίας τε καὶ περιπλανήσεως, ἧς μόνη παραψυχὴ, μόνον παραμύθιον ἡ σὴ, θαυμάσιέ μοι, χρυσῆ καὶ τριπόθητος ὄψις καὶ συνουσία, ἣν εὑρεῖν ἦρος ἐλπίζω σὺν θεῷ καὶ ἀπολαύειν διηνεκῶς, ἐπειδὴ νῦν, τῷ καιρῷ τε καὶ τῷ χρηστῷ βασιλεῖ παραβιασθέντες, ἐνθάδε παραχειμάσαι δεῖν ἔγνωμεν · καὶ γένοιτό μοι τυχεῖν τῆς σῆς θέας τάχιον, ἧς ἄνευ καὶ τῶν ἐπὶ γῆς τὸ κάλλιστον δεύτερος, φασὶ, πλοῦς.

LETTRE INÉDITE

DE MATTHIEU CAMARIOTE

A

DÉMÉTRIUS RAOUL CABACÈS

Τῷ [1] ἐνδοξοτάτῳ καὶ εὐμενεστάτῳ ἄρχοντι ἡμετέρῳ αὐθέντῃ κυρίῳ Δημητρίῳ Ῥαοὺλ τῷ Καβάκῃ.

Ἄσμενος ἐκπεπλήρωκά σου τοὐπίταγμα. Τί γὰρ οὐκ ἔμελλον, ὃς τῆς καλοκἀγαθίας πολλὰς ὀφείλω σοι χάριτας; Καὶ ἔδει μὲν τῇ ὑπουργίᾳ προσθεῖναι καὶ τάχος · τοῦ καιροῦ δὲ μὴ ἐπιτετραφότος, ἔστω συγγνώμη. Τοῦτο δὲ πάντως ἔσται, εἰ μὴ πρὸς τὸ βραχὺ τοῦ πράγματος τὴν κρίσιν, ἀλλὰ πρὸς τὸ ἐνόν μοι τῶν ποικίλων φροντί- δων καὶ τὴν περὶ σὲ προθυμίαν ποιήσαιο, ὡς ἔγωγε πάνθ᾽ ὅσ᾽ ἂν τὸ σὸν προστάξειε μεγαλοπρεπὲς ἑτοίμως ἔχω πληροῦν, καὶ μεθ᾽ ὅσης ἄν τις φαίη τῆς προθυμίας. Τῷ δὲ νῦν ὑπῆν τις καὶ δυσκολία, ἥτις (οὐ γὰρ ἀποκρύψομαι τἀληθὲς πρὸς σὲ τὸν λόγον ποιούμενος) μάχην οὐ μικρὰν τοῖς λογισμοῖς ἐνεποίει καὶ ταραχήν. Ἐπέταττες μὲν γὰρ αὐτὸς καὶ τὸ βιβλίον ἐζήτεις, καὶ οὐκ ἦν ἀπειθεῖν · ἐμὲ δ᾽ ὑποσχέσεις ἕτεραι πρὸς ἑαυτὰς ἀνθεῖλκον καὶ παρ᾽ ἐμαυτῷ κατέχειν ἀνέπειθον μή που περὶ τὸν εὐεργέτην ἀγνώμόν τι δόξω πεποιηκέναι. Οἶδας ὅ φημι, καὶ οὐ δεῖ τι πλέον περὶ τούτων προσθεῖναι · ἀλλ᾽ ὅπως ἅπερ ἐπηγ- γείλω τηρήσεις, καὶ παρὰ σαυτῷ τὸ βιβλίον καθέξεις, ὡς κἀγὼ παρ᾽

---

1. *Mutinensis II. E, 11*, f. 175. Copie exécutée par Joseph Vandelli, profes- seur au gymnase de Modène, et communiquée par Joseph Müller, professeur à l'université de Turin.

ἐμαυτῷ τὸ ἐμὸν, οὐ τῆς ὀφελείας ἑτέροις φθονῶν, μὴ οὕτω μανείην ·
οἶδεν ὁ πάντ' ἐφορῶν · ἀλλὰ συνθήκας τηρῶν ἃς οὐκ ἐπὶ τούτῳ μὲν
ἰδίᾳ, κοινῶς δ' ἐπὶ πᾶσι τοῖς παρὰ τοῦ καθηγητοῦ πρὸς ἐμὲ συνεθέ-
μεθα ἐγώ τε καὶ καθηγητὴς ὁ ἐμός. Σκόπει οὖν μὴ τὸ τοιοῦτον ζημίοις
ἐν ἄλλοις ἐμοὶ προξενήσῃ καὶ φαῦλος νομισθείη, καὶ θαρρεῖν οὐκ ἀτί-
μως περὶ οὐδενὸς ἐθελήσῃ · τοῦτο δ' ἐμοὶ πάντων βαρύτατον νομι-
σθήσεται καὶ δύσνουν ἀντ' εὔνου δοκεῖν εἶναι παρασκευάσαι, καὶ
προδότην ὥνπερ ὁ καθηγητὴς ὑποτίθησιν. Τούτων μὲν οὖν τῇ μεγαλοπρεπείᾳ μελήσει τῇ σῇ. Ἐγὼ δέ σοι χάριν οἶδα τῆς ὠφελείας, τὸ
περὶ ἀρετὰς ἀνεγνωκὼς τοῦ σοφοῦ Γεμιστοῦ σύγγραμμα, μικροῦ καὶ
αὐτὸν ἐφανταζόμην τὸν ἄνδρα ὁρᾶν, καί με πόθος εἰσῄει καὶ ἐπ' ἀληθείας τὸν ἄνδρα θεάσασθαι, καὶ ζῶσαν ὡσπερεὶ καὶ ἔμψυχον ἐν αὐτῷ
τὴν ἀρετὴν κατιδεῖν. Τοιαῦτα γὰρ τὸ βιβλίον φαντάζεσθαι δίδωσι.
Εἰ δὲ μήπω τοῦτο ῥᾴδιον, πείθομαι τῷ καιρῷ καὶ ἀπολαύω τῆς
τύχης καὶ μένω κατὰ χώραν ἐν ᾗ τέταγμαι, πολλὰ τῆς ἀβελτηρίας
μεμφόμενος ἐμαυτῷ. Σὺ δὲ μὴ παύσαιο φιλῶν τε ἡμᾶς καὶ ἐπιτάττων ὅσα σοι τὸ πρὸς ἡμᾶς καθυποβάλλει διατιθέμενον ὡς οὐκ ἔσθ'
ὅπως οὐ σπουδαίως ὑφ' ὑμῶν καὶ ὡς δύναμις πάνθ' ὅσ' ἂν ἐπιτάξειας
ἔσται γεγενημένα.

   † ὁ σὸς κατὰ πάντα Ματθαῖος ὁ Καμαριώτης. †

LETTRE INÉDITE

DE GEORGES SCHOLARIUS

A

DÉMÉTRIUS RAOUL CABACÈS

Τῷ [1] αὐθέντῃ τῷ ἀδελφῷ μου κυρίῳ Δημητρίῳ Ῥαοὺλ τῷ Καβάκῃ Γεώργιος ὁ Σχολάριος.

Αὐθέντη μου, ἀδελφέ μου, τοῦ θεοῦ δέομαι ὑγιαίνειν τὴν ἀντιλ. καὶ ἐν πᾶσιν εὐτυχῶς ἔχειν ὡς οἷόν τε καὶ κατὰ γνώμην τὴν σήν, ὑγιαίνων καὶ αὐτὸς τῇ αὐτοῦ χάριτι καὶ εὐτυχῶν τὰ ἄλλα πλὴν ἑνός, ὅτι καὶ τὴν ἐκ τοῦ ἰδιοπραγμονεῖν ἡδονὴν συγχέουσιν ἡμῖν αἱ τῶν φίλων ἢ ὅλως τῶν πλησιαζόντων ἀνίαι. Οὐ γὰρ οἷόν τέ ἐστιν ἢ τὰς θύρας ἀποκλείειν αὐτοῖς ἢ μὴ συνανιᾶσθαι ἀνιωμένοις. Οὕτω δὲ ἔχει τὰ τῶν δυστυχῶν Ῥωμαίων πράγματα πανταχόθεν, ὥστε καὶ λύπης ὑπόθεσιν τὰ παρόντα καὶ φόβου πολλοῦ περὶ τῶν μελλόντων τοῖς τε κοινωνοῦσιν αὐτῶν τῶν πραγμάτων, τοῖς τε ἐξετάζουσι γίνεσθαι. Ἀλλ' ἰατρεύσειεν ὁ μόνος ἰατρὸς τῶν τοιούτων.

Εὐφράνθην πολλὰ τὴν αὐτόθι γενομένην εἰρήνην μαθών, καὶ εὐχαριστῶν οὐ παύομαι τοῖς πανευτυχεστάτοις αὐθένταις, τῷ τε δεσπότῃ καὶ τῇ βασιλίσσῃ, ὅτι πολλὴν ἐντεῦθεν εὐφημίαν ἑαυτοῖς προὐξένησαν ἔργοις πολλοῖς πρότερον ἀγαθοῖς καὶ νῦν ἑνὶ τούτῳ μεγίστῳ, τῇ πρὸς τὴν εἰρήνην συγκαταβάσει, μαρτυρήσαντες ἡμῖν τοῖς ἐπαινέταις

---

1. *Mutinensis II. E. 11*, f. 175. Copie exécutée par Joseph Vandelli, professeur au gymnase de Modène, et communiquée par Joseph Müller, professeur à l'université de Turin.

αὐτῶν καὶ τὰ τῶν ἐχθρῶν ἐμφράξαντες στόματα. Γενήσεται δὲ αὐτοῖς ἀναμφιβόλως καὶ μεγάλη τῆς τοιαύτης ἀρετῆς ἀμοιβὴ ἐν κυρίῳ, καὶ τοῖς τῶν χριστιανῶν πράγμασι πᾶσιν ὠφέλειά τις ἀναγκαίως παρέψεται διὰ τὴν τοιαύτην εἰρήνην. Στοχάζεσθαι δὲ τοῦ κοινῇ συμφέροντος, εἴπερ ποτὲ καὶ νῦν, αὐτούς τε ἀνάγκη καὶ πάντας τοὺς Ῥωμαίων ἄρχοντας καὶ συνάρχοντας, ὅτι ἐν μεγάλῳ δέει τὰ ἡμέτερα, ὡς ἄν τις πολλαχόθεν εἰκάσειεν, ἐστίν.

Ὁ Γεμιστὸς ἔγραψεν ἡμῖν φιλικῶς, καὶ εὐχαριστήσαμεν αὐτῷ καὶ τῇ ἀντιλ. Τοῦτο γὰρ ἐν ἡμῖν δεῖ γίνεσθαι, τὰ δὲ ἄλλα οὐδὲν διοίσει, ὅπως ἂν ὑπό τε αὐτοῦ καὶ ἡμῶν κρίνοιτο ἢ ὑπὸ τῶν ἀκουόντων, καὶ εἴ τε σοφῶν καὶ τούτων ὅπως ποτὲ ἐχόντων, εἴ τε ἰδιωτῶν ἀπέδοξα μηδὲ αὐτοῦ πάνυ, καὶ ὅτι τῷ φλυαρήματι ἐκείνῳ τῷ λατινικῷ ἀντέστη καλῶς · ἐπευχαριστοῦντες αὐτῷ γράφομεν πλατύτερον, ὅτι τε οὐ καταφρονήσας ἀντεῖπεν, καὶ ὅτι καλῶς. Εἰ γάρ τινας καὶ ἔχοι τοῖς ἐναντίοις λαβάς, ἀλλ' ἡμεῖς τοῦ σκοποῦ αὐτοῦ, ὡς δὴ εὐσεβεστάτου, δραξάμενοι, ἅμα μὲν ὡς συνηγορηκότος τῇ ἀληθείᾳ, ἅμα δὲ καὶ ὡς φίλου, ἀεί τε καὶ νῦν μάλιστα, ὑπεραγωνιούμεθα πρὸς τοὺς ἀντιλέγοντας · καὶ τὰ δοκοῦντα τοῖς ἐναντίοις μὴ εἰρῆσθαι ἀναγκαίως ἡμεῖς πρὸς τὸν εὐσεβέστερον νοῦν ἕλκοντες, καὶ αὐτὰ πρὸς τοῖς ἄλλοις σοφῶς τε εἰρῆσθαι καὶ ἀναγκαίως δείξομεν, καὶ ὅλως ἐπιτροπεύσομεν αὐτῷ τοῦ συγγράμματος φιλικῶς οὕτω καὶ πολλῶν εἵνεκα χρὴ καὶ ἡμεῖς ἔνερθε τῶν τοιούτων ἐλπίδων μάλιστα αὐτῷ χαίρομεν. Ἔστι καὶ ἡμῖν ἐνδοξότερος ὁ ἀγὼν φίλου συγγράμματι καὶ ἀληθεῖ καὶ σοφῷ συνδικεῖν, ὁπόταν δέῃ, ἢ ἄλλων φλυαρήμασι μάχεσθαι. Ἀξιώσομεν γὰρ καὶ ἄλλης τῆς προσηκούσης τιμῆς, ἅμα τῷ τοῦ φίλου κατ' αὐτῶν συγγράμματι συναγορεύοντες. Γίνωσκε δὲ ὅτι οὐδὲ ἔδειξαν ἡμῖν ἐκεῖνο τὸ φλυάρημα οἱ λαβόντες · ἀλλὰ κρυφίως πρὸς τὸν Γεμιστὸν ἔπεμψαν, τὴν αὐτοῦ ψῆφον καθ' ἡμῶν ἁρπάσειν οἰόμενοι, λεπτοὶ πολλά · ἀλλ' ὕστερον ἰδόντες ἐγελάσαμεν. Ἔνιοι δὲ ἀντιλέγουσιν ἀντιγράφοντα τῶν ἡμετέρων ὁμιλητῶν, ὡς ἀκούω, ἐπειδὴ ταῖς αὐτῶν χερσὶν ἐμπέπτωκεν · ἐμοὶ οὖν τῶν τοιούτων πάνυ μέλει.

Ἀξιῶ ἵνα πάντοτε γράφῃς ἡμῖν μετὰ πληροφορίας ὁρίζων καὶ εἴτι ἀποδέχεσθαι τῶν ἐνταῦθα, ὡς καὶ ἡμεῖς ποιήσομεν. Πολλὰ τὰ ἔτη σου.

Τῷ αὐθέντῃ μου τῷ ἀδελφῷ κυρίῳ
Δημητρίῳ Ῥαοὺλ τῷ Καβάκῃ.

LETTRES INÉDITES

DE

GEORGES DE TRÉBIZONDE

―――

1

GEORGES DE TRÉBIZONDE A ANTOINE PANORMITA.

Georgius [1] Trapezuntius Ant. Panhormite salutem.

Quoniam humanitas tua, domine Antoni, sponte se obtulit intercedere pro negotiis meis ad Maiestatem regiam, ut tandem, quantum possibile sit, ad optatum finem perveniamus, idcirco placuit breviter, sicut iussisti, ac summatim scribere ad te quibus rationibus res mea possit facilius optineri. Primum igitur ostende non mei magis quam glorie causa regie te moveri, pro qua vigilas et studes summopere; ac ideo cogeris dicere pro re mea, quum putas gloriam illi non parvam hinc futuram, si fortunas meas recuperaverit; et contra si neglexerit, invidos et hostes suos in contrarium rem deducturos. Deinde quod hoc non parve sibi glorie futurum sit, approbare poterit prudentia tua multis, quod fortuna eorum sive secunda, sive adversa fuerit (eorum dico quorum scripta sive traducta remanent), semper predicatur quousque libri extant. A Trapezuntio tuo multa scripta esse, plurima traducta : liber Rhetoricorum meorum, Eusebius, Crysostomus

1. *Cod. Vatic. lat. 3372*, ff. 94 verso à 95 verso.

super Matheum, Cyrillus super Ioannem, de Animalibus
Aristotelis liber divinus, Almaiestus Ptolomei, liber Cyrilli
de thesauris, Aristotelis opera multa, liber Rhetoricorum
suorum, phisicus auditus, de anima, de meteoris, et alii
nonnulli libelli, quorum aliqui iam editi sunt in nomine
Maiestatis sue ad perpetuam gloriam suam : Eusebius, liber
Rhetoricorum Aristotelis, oratio Demosthenis pro Corona,
liber Rhetoricorum meorum, Centiloquium Ptolomei cum
commento. Unde sequitur fortunas meas una cum nomine
Maiestatis sue, quousque libri extent (qui extabunt quousque
lingua latina extet), perpetuas futuras. Quarum si secunde
erunt, gloriam; sin contra, contrarium facient. Ad hec
exempla poterit tua singularis proferre doctrina, et inter
alia quod Ptolomeus, rex Egipti, propter traductionem scri-
pture quam ex hebraico in grecum per LXX fecit, gloriosis-
simus princeps predicatur ; et si hoc non fecisset, nullum
esset nomen suum. Iustinianus, imperator Romanorum,
quamvis multa preclara fecerit facinora, nulla tamen re
magis gloria sua predicatur quam legum vel collectione, vel
ordinatione. Hec, ut vides, mihi nunc plurimum et omnibus
qui litteras profitentur, communiter conferunt.

Demum facile provideri posse ut pecunia mihi mea resti-
tuatur et sine damno fisci, hoc modo persuadebitur : Ioannes
Moner debet mihi principaliter ducat. de camera MLXXVI,
in quibus et obligatur Baldassar Torella, quibus Maiestas sua
debet multo maiorem pecuniam. Quare potest Maiestas sua
iure optimo propter gloriam suam ex illa pecunia quam
illis debet solvere mihi integraliter et quamprimum, quum
quinque millia ducatorum que Ioannes Moner debuit habuisse
a rege in mense augusti proxime preterito sint sequestrata
et arrestata in manibus thesaurarii. Beltramus autem Crescellis debet mihi duc. de camera III^m LX, i. e. 3060, cuius
bona omnia, hoc est alberana, ducatorum plusquam trecen-
torum millium sunt retenta a Maiestate regia, quum ipse
Crescellis defecerit et non dederit pannos M. ut tenebatur per   .

totum mensem iulium. Si ergo fiscus crescit in plusquam trecentis millibus ducatorum, propter defectum Crescellis, quum pecunia mea in hac ipsa connumerari videatur, potest sua Maiestas misericorditer propter gloriam suam dare pecuniam debitam mihi a Crescellis, presertim cum Crescellis habeat et alia bona que occultat, ut habetur pro notorio, vasa argentea plusquam duorum millium ducatorum et zoglias. Nec est dubium quin hec omnia possint facile in manus regias pervenire, dum ipse rex creditor eius in summa remanserit et voluerit inquirere.

Hec scripsi ut rem meam quomodo se habeat scias, domine Antoni. Ceterum plura et meliora tu invenies, si rem ex animo et ardenter aggredieris, nec dubito quin perficias. Quod si erit, polliceor me tibi quousque vixero non minus obedientem futurum quam filium. Res ipsa per se clara erit et gloriosa tibi; sed ego quoque gratus ero, predicando, scribendo et quecunque volumina tu ipse volueris e greco nomini tuo transeundo, ut quemadmodum singulare tuum erit beneficium, ita etiam per me in perpetuum scriptis predicetur. Vale.

Ad hec omnia si videbitur etiam de provisione verbum facere, ut interea saltem quotidianus mihi victus detur, tui iudicii sit.

2

GEORGES DE TRÉBIZONDE A SON FILS ANDRÉ.

Naples, 1er juin 1454.

De litteris Turchorum regis, ut dicebatur, ad papam Nicolaum, quod non ab eo rege, sed a Poġio Florentino scripte sunt [1].

Georgius Trapezuntius Andreæ filio salutem.

Si unquam, fili carissime, patuit quam scelestus est ingratus animus, quam durus atque perniciosus, quam denique in

---

1. *Cod. Vatic. lat. 2926*, ff. 90 recto à 98 recto.

bene meritos crudelis et pestifer : his quoque temporibus cuilibet meas recensenti fortunas planum aptumque esse potest.
Nemo enim pene ignorat quot quantaque mea in Florentinum Pogium merita extiterint. Universa enim apostolica
Cancellaria testis est quotidianis laboribus meis tum Xeno-
phuntiam *Cyri disciplinam,* tum Diodori *Ægyptiam historiam* e greco in latinum vel vertisse illum, vel pervertisse :
illud quod institutionibus meis factum est quantum fieri quinquennio spacio potuit, hoc, quia durum atque agrestem animum, ne in tam longo quidem temporis spacio, ad meliora
reducere potui. Nec fui unquam ignarus malam illum mentem,
malum animum habere, sed papæ Nicolao quinto roganti
atque adeo iubenti obtemperare volui : non enim eram nescius tanto magis iubere principes quanto vehementius rogant.
Sperabam, quod si etiam Pogius per ingratitudinem aliquando in furorem verteretur, potestate tamen illius qui iussit
innocentiam meam facile posse defendi. Quorsum hec? aut
quid tamen tibi vis, quispiam dicet, qui, biennio iam trans-
acto, post illius in te furorem quereris? Queror, queror,
inquam, fili, de fortunis nostris, quia tanto tempore illius
ingrati atque improbi hominis insania non cessavit, sed quia
certior est quovis falso in nos ficto crimine, indicta causa,
extrema nobis imminere pericula; non potest atrox leniri
animus, sed fingit, ut solet, crimina, nec summis parcit ut
me solum capiat. Nam cum audisset redeundi Romam mihi
animum esse, nec verisimile aliquid posset exagitare quo me
neci traderet, vide quo eius prorumpit improbitas! Litteras
sane turpes summo pontifici nefandeque contumelie plenas
quasi a rege Turcorum ad Pontificem ipsum missas composuit; eas sic conscripsit ut nemo sit mentis compos qui non
intelligat non ab illo rege, sed a christiano aliquo fuisse con-
fictas. Quare sic? Ut, cum vi litterarum et sensu ficte, non
vere Turchi littere videantur, in Georgium id totum inferat
crimen. Quod ita esse illi et hac racione factum ante oculos
ponam, si ordine per quedam capita quasi per limites per-

gam. Veritati enim omnia, ut ait Aristoteles, consonant; falso
autem cito dissonat verum. Tria ergo mihi docenda confir-
mandaque sunt : primum, quod huiusmodi littere non sunt a
rege Turcorum conscripte ; alterum, quod Pogius scripsit et
Iohannes Aurispa edidit (d'abord *Neapolim misit*); tertium,
quod hec omnia ut ipse opprimar conficta sunt.

Quod igitur eæ littere quarum unæ *Admirabei Porphy-*
rogenitus, altere *Cum de Alexandro audito Quinto Curtio*
incipiunt a rege Turcorum scripte non sunt, non solum mul-
titudo verborum et sententiarum vanitas, a quibus Turcorum genus longe abest, ostendit, verum etiam tamen necessario comprobatur quod Iovem Martemque deos esse vel
putat, vel fingit qui scripsit, et quod deos multos ac deas
sepe invocat, quod Turcorum aliquis non diceret, etsi centies sibi esset moriendum. Hec ratio ita firma stabilisque est
ut nullo modo labefactari queat. Nam si levi quadam sus-
picione sic dictum vel scriptum a rege suo Turcorum populi
resciverint, tanto ardore omnes undique in eum ruent, ut
nec etas, nec sexus, nec valitudo, nec fortuna quemquam
remoretur; sed alii igne, alii ferro, alii lignis, alii lapidibus,
alii pulvere, alii quibuscumque forte poterint armati, summo
impetu ipsum invadant, non ut interficiant solum , sed ut
sanguinem ebibant et corpus dentibus lacerent. Quis ergo sic
amens erit ut animum inducat ab aliquo Turcorum tales litteras
esse conscriptas? Profecto nemo. Mihi vero solum illud sufficit quod rex ille vel minoribus quam summus pontifex sit,
prudenter modesteque scribere solet. Imperatorem Constanti-
nopolitanum pater huius semper patrem appellabat. Sic certa
honorifice vel hostibus suis Turcis scribere consueverunt,
ut deridere magis quam adulari videantur. He vero littere
adeo et in Pontificem et in ipsum Turcum propter inconstan-
tiam et levitatem dicendi contumeliose sunt, ut aperte
videatur qui scripsit nullum aliud propositum habuisse, quam
ut utrumque pontificem, dico maximum et regem Turcorum,
summopere vituperaret. Quis ergo cum diligenter perlege-

rit, a rege Turcorum tam turpes etiam in se ipsum conscriptas litteras putabit?

Quod autem Iohannes Aurispa edidit, adest gravissimus
testis, vir integerrimus Alexius de Beveniano, qui Cave vicarius vulgo nuncupatur; cui litteras ipsas Iohannes Aurispa
Romae tradidit rogavitque ut Neapolim ferret, quique inter-
rogasse ait diligenter : « Unde huiusmodi litteras habuisti,
Aurispa? » Cui confestim ille a Noto respondit, urbe Sicilie
mediterranea, missas Romam sibi fuisse ; litterasque ait Aurispam ostendisse legisseque amici sui Notensis, qui litteras
regis Turcorum Notum delatas ad se miserit. Non est opus
hic pluribus; aperta res est clari hominis testimonio.

Pogium vero Florentinum scripsisse (id enim erat alterius
partis alterum membrum) quis non viderit qui aliquid eius
attente unquam perlegerit? Non enim est eius in dicendo
facultatis ut genera dicendi pro causa mutet. Eadem sibi est
semper oratio, idem stilus ; quodque apertiorem facit, eedem
facecie, eadem argumenta, clausule semper magne atque
turgentes; quibus omnibus quamvis latere studeat, tenetur
tamen, nec subterfugere potest. Sed clausulas et compositio-
nem unusquisque legendo consideret, conferatque cum aliis
eius ineptiis. Nam etsi latinum sermonem plerumque studio
fugiat ut latere possit, nec verba nominibus recte reddantur,
nec casus nominum inter se congruant, universa tamen com-
positionis sonoritas Pogiana est. Nos autem nonnulla breviter, quibus ipse delectatur, e dictis litteris excerpamus. Solet
etiam in sermone quottidiano poete Virgilii verba quedam
corrupte usurpare; poeticis enim maxime gaudet. Quid illud
in ipsis litteris Turci, ut ille fingit? *Dii deeque omnes que
celum terramque colitis*, et illud : *Tutissima iuvenum corpora*,
et illud ineptissimum : *Nos mandet leo, si te stygias non
precipitemus in undas*, et illud : *Per omne volubile evum*, et
illud : *Prestantes sanguine longo*, et illud : *Et ad que nefanda,
sacra pecunia, non mortalia pectora cogis?* Quid plura? Ita
composite littere ille sunt, ut vel ex hac poete maximi peritia.

nullo modo turquicam subolere eloquentiam videantur. Non
enim facile concesserim aliquem adeo latinis doctum litteris
apud Turcum reperiri ut latinos poetas apprime teneat, quamvis, ut Turcus videatur, studio pleraque depravet. Quid illa
Pogiana proverbia que in ore ille sic habet ut nemo sit paulu-
lum illi familiarior qui centies ab eo non audierit? Nonne
Pogii eas litteras esse, non Turqui alicuius, manifeste ostendunt? *Proverbium*, inquit, *sanctissimum rusticorum est :
planta plumbea ad rerum maximarum consilia deambulan-
dum esse,* et illud : *Deorum religiosissimo monitu.* Illud vero,
deus bone, Pogianam esse hanc fraudem non exclamat? *Et
quia tua magis reprehendi quam corrigi possunt.* Id enim a
Tito Livio de preteritis dictum adeo Liviano placuit Pogio, ut
quasi sigillum scriptorum suorum semper afferatur. Ita
quamvis delitescere cupiat, tamen vel quia latinitatis mendas
sufficere sibi ad hoc prudens homo putavit, vel quia pro ignorantia non vidit quot et que sint quibus hominem per scripta
sua tenemus undique se manifestat. Plura dicerem, verum
quoniam et que dicta sunt satis ad deprehendendum Pogium
faciunt, et littere ipse pre se ferunt quod non a rege Turcorum, sed a Pogio, sunt conscripte, quod ultimum proposui
iam aggrediar.

Scriptas huiusmodi litteras a Pogio, regique Turcorum falso
attributas et a Iohanne Aurispa editas, ut ipse opprimar, aio.
Unde id patet? Undique. A Noto, mediterranea Sicilie urbe,
Romam et Roma Neapolim venerunt littere. Primum gravissimus testis Alexius Bevinianensis audisse ab Aurispa testa-
tur ; alterum fecisse hic ipse fatetur. Quero igitur cur a Noto?
Illone rex Turcorum eas direxerat? Ad summum scribebat
pontificem et ad abditam in media Sicilia urbem, multis igno-
tam, et apud Turcos, ut arbitror, omnino innominatam, litteras mittebat? Non coherret mendacium ; res ipsa clamat
factam se ad opprimendum Georgium esse. An Notum quam
alias casu pervenerunt? Quo pacto id? Nam aut obsignatas
Turcorum rex misit, aut apertas. Si obsignatas pontifici pri-

mum Rome reddite, deinde per totam Italiam sparse, tandem Notum forsan pervenissent. Sin autem vel ille apertas miserit, vel casu aperte per iter fuerint et sic transcripte multis in locis, Notum etiam pervenerint? Nonne prius Venetias, aut Anconam, aut Tarentum, aut Neapolim, maritimas et claras Italie urbes, quam Notum in Sicilia pervenissent? Quod si in Siciliam prius, cur non Messenam, aut Siracusas, aut Panormum, antea quam Notum, mediterraneam et ignobilem Sicilie urbem? Profecto quia Iohannes Leonardus Notensis iuvenis mecum cupiditate discendi aliquo tempore commoratus est, idque Aurispe ipsi non erat ignotum. Mecum enim Leonardus erat, quando Neapolim Aurispa novissime venit. Ut ergo a Georgio turquice littere ficte scripteque in contemptum pontificis viderentur, ideo Noto Romam devolasse finguntur. Sed esto : ventis procellisque rapte Notum primo scanderunt. Cur inde non Neapolim prius quam Romam delapse sunt? Sic enim et navigationis ratio et locorum propinquitas et ordo ipse itineris flagitat. Nemo certe a Romana urbe Siciliam modo petit, nisi per Neapolim. He vero littere a Noto, Sicilie mediterranea urbe, Panormum necessario, et inde Romam ad Aurispam profecte, tandem Neapolim redierunt. Huc enim ipse per Alexium Bevinianensem misit. Quare sic? Ut cum omnes intelligant qui eas legunt non esse a rege Turcorum conscriptas, Georgius, qui Neapoli habitat, scripsisse criminaretur, et, indicta causa, vel furca vel perpetuis vinculis damnaretur. Unde id patet? Coniecerunt me biennio antea Aurispa et Pogius in vincula, et quidem indicta causa. Liberatus, ad optimum omnium regum Alfonsum Neapolim profugi. Redii Romam post decem et octo mensibus ad pedes summi pontificis, cui iubenti ut ad servicium redirem suum, spem dedi, si prospere hic negocia mea procederent, ad mensem martium rediturum. Id Rome publicum fuisse scio. Nec enim omnino ignotus sum. Pogius deinde scripsit turquicas huiusmodi litteras, et Aurispa edidit. Quando? Eodem ipso tempore quo ego Rome expectabar.

Cur? Ut, si Romam venissem, quod illi omnino credebant,
statim accusatus in vincula raperer. Nec dubitabant posse
hoc se calumnia facere, qui iam bis fallaciis me suis, indicta
causa, oppresserunt : primum, quando irruentem in me Pogium manu repuli; deinde cum me secretariata privassent.
Repetebat enim a me Aurispa aureos xiii, quos ego, absente
illo, in apostolica Cancellaria pro eo accepi. Cui ego respon-
debam et equum et non insuetum esse ut pro me signaret,
sicut ego pro illo feci; nihil profecto equius esse quam eo
modo recipere quo dedisti. « Sed tu iam privatus es », ille
obiiciebat. Cui ego actutum : « Nescis ergo conflicto fusoque
exercitu cuncta emerita esse stipendia, nec reddi quicquam;
nec in mentem venit non repeti onus navis ab eo qui nau-
fragium fecit? »

Veni postea ipse Neapolim, ac septingentorum ferme au-
reorum vina Romam misi; quæ omnia, una cum ipsa navi,
pro xiii suis aureis Aurispa octo diebus tenuit. O humanita-
tem hominis perpetua memoria celebrandam ! O fictionem
nescio invidine dicam an avari animi, aut, quod verius est,
utraque turbatione laborantis ! Non enim dubito quin iudici,
quisquis ille fuerit, misisse me pro domo mea vinum dixerit.
Iudex cum putaverit vegetem unam aut duas fuisse totum
iussit loco pignoris retineri. Meministi profecto, fili, non
fuisse tunc in hac te causa auditum, sed onustam vino navem
occupatam fuisse : que res fecit ut omnes adversus fortunas
insurgerent nostras. Nihil enim est iniustius homine nisi ti-
meat. Ita quia videbant nos indicta causa damnari, omnes
impunitatem sperantes nostra rapiebant. Que res impulit
matrem tuam citius istinc fugere quam constitueramus : ti-
muit enim, et merito, ne, manifesta iam impunitate omnium
qui nos vexabant, in ipsam quoque domum nostram impetus
inique fieret. Latius hec dixi ut aptum faciam iis duobus Pogium et Aurispam multum adhuc confidere; deinde quod
periculum fecerunt sepe nos fallaciis suis, indicta causa,
fuisse damnatos. Idcirco nunc Noto Romam et Roma Neapo-

lim littere ficte volant, ut ego, qui Neapoli sum quique Leonardum Notensem annum domi tenui, scripsisse videar. Non
enim poterit vere dicere ideo misisse Neapolim, quoniam
edere ipsas cupiebat. Nam si publicas facere voluisset, in
apostolica Cancellaria certe edidisset : nullus enim est locus
illo celebrior, nullus accommodatior editioni litterarum ; ab
omnibus Europe partibus homines ibi, et quidem clari, adsunt
qui litteras illico singuli ad patriam mitterent suam. Si edere
igitur cupiebat, cur in Cancellaria apostolica, vel cur omnino
Rome non edidit? Quia editionem hanc tunc fieri ad opprimendum Georgium opus erat, quando ipse adesset Rome.
Sed cur non Florentiam, non Mediolanum, non Venetias misit, quo Notenses littere nonnisi per Romam possunt deve-
nire? Neapolim vero misit quo credibile fuit illas prius appli-
cuisse quam Romam. Et certe ita factum fuisset, si littere ille
Notenses vere fuissent. Quottidie namque huc Notenses homines devehuntur, quorum pauci hinc Romam, Romam a
Noto prius et postea huc nemo devehitur. Sic enim ipse locorum situs atque distantia flagitat. Cur ergo Neapolim misit
quo eas iam devenisse, si a Noto misse fuissent, credibile
erat? Quia certior ipse est nunquam eas litteras Noti fuisse,
sed nec Neapoli nec alibi aut apud aliquem omnino hominum antea quam apud se, Neapolim misit. Id enim maxime
considerandum est cur fecit. Quia summopere fictioni sue ac
oppressioni Georgii conveniebat ut littere he a Neapoli, ubi
Georgius moram trahit, alio tran[s]funderentur, et sic turpium in pontificem litterarum conscriptio in Georgium redundaret. Sed sunt etiam alii in Neapoli, quispiam dicet, qui
scripsisse potuissent : quare non omnino ad te posset culpa
impingi. Hec profecto ratio Aurispam induxit ut primam originem litterarum Notensem fecerit, ubi nec aliquis est qui
eas posset componere, et quo misisse Notensis Leonardus, qui
mecum erat, aperte videri poterat. Quare si a Noto, unde
Leonardus est, qui mecum tunc morabatur, originem littere
traxisse, si Noto Romam antea quam Neapoli devenisse fin-

guntur, si Aurispe, qui Pogio semper in opprimendo Georgio
socius fuit atque affinis, tradite discuntur; si ab eo Neapolim
misse, ut hic antea quam Rome ederentur; si Rome non
adhuc edite quia Georgius Romam adhuc non petiit, quis
dubitabit ad opprimendum accusatione falsa Georgium, qui
turpes in pontificem litteras conscripserit, Pogio et Aurispe
omnia esse conficta? Nolo rem verbis ampliorem reddere :
satis ipsa per se ipsam intelligenti faciet, presertim cum usque a mense octobri, quando ipse Rome fui, hanc fallaciam
incusserint? Cardinalis enim scio qui, et quidem in consis-
torio, litteras a me accepisse retulit a Turcorum rege ad summum pontificem scriptas; sed reiecta res fuit, quoniam hinc
me Romam misisse illis diebus affirmabat, quibus ego Rome
eram. Id mihi cardinalis Sebastianus [1], vir omni virtutis numero excellens, romane curie decus et dignitate cardinalatus,
que summo sacerdotio proxima est, dignissimus, cum risu
simul et indignatione narravit. Illud non pretermittam, ne
quis miretur cur Aurispa nunquam a me lacessitus, Pogius
vero summis etiam meis ornatus meritis, ita me prose-
cuntur ut expleri nequeant. In vincula me suis artibus in-
truserunt, ex apostolica Cancellaria eiecerunt, fortunas nostras dirripi Rome fecerunt, Neapolim usque siccarios ad
occidendum me miserunt. Et nunc, si Romam venissem,
non dubito quin in perpetua me vincula per litteras Turci
fictas coniecissent. Cur igitur adeo furiunt, ut nullum preter figuram servent hominis vestigium? Aurispam nulla re
alia magis moveri credo quam invidia in me primum,
deinde affinitate mutua qua Pogio semper fui[t] se coniunc-
tum constat. Pogium vero quid vexat? Attende, queso : nam
opere precium est scire quibus 'rebus usque ad effundendum
bene de se meriti hominis sanguinem ingratus animus inci-
tatur. Multos certe fuisse huiusmodi homines historici nar-
rant, et nos Pogium modo re ipsa cognovimus.

1. En marge *quidam.* On a évidemment essayé de faire disparaître le nom.

Sed causas breviter aperiamus ut facilius cavere possis, quamvis ipse aut non potuerim omnino effugere aut nesciverim, qui hec non ignorabam. Tantum tamen mihi cavi ut adhuc vivam. Si ergo ad ingratitudinem magnitudo beneficii primo accedat, deinde talis collatio ut nullo pacto negari possit, hec tria, ingratitudo, magnitudo beneficii et aperta manifestaque collatio, si uno in animo coniunguntur, bene hominis sanguis semper, quousque uterque vivit, petetur, si condicio etiam eius qui contulit, minor aut equalis, vel certe non multo maior sit quam eius in quem collatum beneficium est. Ingratitudo enim ut nequeat animus ferre alicui non nimium maiori, sed aut minori aut fere equali valde obligatus videri. Magnitudo autem meriti nimium obligatum reddit. Quare si tantum est beneficium ut non possit quasi minimum flocci pendi, nullum ingrato refugium relinquitur, nisi negatio. Ubi hoc ille mihi? aut quando? Quod si res etiam sic manifesta est ut nullus celandi sit locus, tunc ingratus, quousque vivit ille, qui bene de se meritus est, imaginem quamdam ingratitudinis sue, et quidem vivam atque loquentem, circumferri arbitratur. Et ita omnes, qui benefactorem suum oculis cernant, de ingratitudine sua loqui opinatur, creditque subiectum se nimium esse obligatumque ei quem odio propter ingratitudinem animi maximo habeat. Hanc tantam ignominiam, summam enim putat minori aut equali nimium obligari, cum fugere cupiat, atrocior in dies fit, nec aliud crudelis eius animus cogitare potest quam quomodo vitam bene de se meriti eripiat. Hoc enim solummodo pacto nemini se subiectum putat, si nemo vivat cui debeat : a vita enim benefactoris turpitudinem ingratitudinis sue predicari estimat. Nolo hic exempla priscorum congerere, ne historiam contexere videar. Multa possem narrare que nostra memoria acciderunt; sed vereor ne aliquos ledam; satis mihi res ipsa per se facit. Nemo enim est qui nescit ingratos, cum impune possint, bene de se meritos ad interitum usque persequi, presertim si magnitudo beneficii

et manifesta, ut diximus, collatio concurrerint. Quid autem
maius excogitari potest quam quod nos opera nostra Pogio
contulimus? Ignarum litterarum grecarum hominem qui
nihil! latine preter turpissimas conscripserat fabulas [1] et
invectivas quasdam, quo quasi ad sentinam omnium turpium
verborum que melius re ipsa quam vocabulis novit, multi-
tudinem congessit, perpetuum nostris laboribus fecimus :
unde non parvam quoque pecuniam et gratiam consecutus
videtur. Opera nostra et labore quinquennio pene sic abusus
est, ut omnis id Romana curia sciat, ne ipse quidem summus
pontifex ignoret, primo Xenophontis *Pediam Cyri* pervertisse illum, deinde Diodori *Egyptiacam historiam,* singula
nobis verba illi sicuti puero ingerentibus. Is, impunitatem
maleficiorum suorum nactus, quiescet? Iusticia credo ani-
mique modestia movebitur. Estne hodie usquam iusticia, ubi
timor non sit? Priscis etiam temporibus, quot tu mihi recen-
sebis iustos fuisse, qui nullo timore id facerent? Perpauci,
perpauci, inquam, iusti propter ipsum equum et bonum
sunt, sed alii dedecus et infamiam, alii penas timent, nonnulli utrumque. Invidi autem nostri omnem semper in nos
peregrinos et habuerunt et habebunt impunitatem. Decus
vero esse putant non servare inopem et peregrinum, sed
opprimere atque conculcare; illum autem deiici, hoc magni
opinantur. Latius hec scripsi, quoniam, ut re ipsa video,
nimium te delectat habitatio romana. Alter iam annus
exactus est ex quo solus istic habitas sine tuis; timeo ne
inimici mei, cum rescierint previdisse me insidias suas, nec
animum ignorare, ideoque istuc nec rediisse nec rediturum,
timeo, inquam, ne in te omnem suum vertant furorem. Quid
facis? Eia age, rumpe moras; nec natus, nec educatus Rome
fuisti; non sumus omnino peregrini quando simul sumus;
malis pauper vivere cum tuis quam vitam cum alienis dives
trahere. Vale, carissime mi fili, et ab invidorum insidiis sic

1. Allusion aux *Facéties* de Pogge.

tibi cave ut omnem semper vindictam deo relinquas; domestica te ad id inducunt exempla, sicut tibi per alias meas significavi.

Ex Neapoli, kalendis iuniis 1454.

LETTRES INÉDITES

DE

THÉODORE GAZA

1

THÉODORE GAZA A SES FRÈRES GEORGES ET DÉMÉTRIUS

Rome, novembre 1451.

Θεόδωρος ὁ Γαζῆς Γεωργίῳ καὶ Δημητρίῳ τοῖς ἀδελφοῖς εὖ πράττειν [1].

Διανοουμένῳ μοι ἐπιστεῖλαι ὑμῖν ὅπως τὰ περὶ τὴν βασιλικὴν
πρεσβείαν διαπέπρακται, οὐδὲν οὕτως ἔδοξεν ἱκανὸν ὡς τὸ τὴν τοῦ
μεγάλου ἀρχιερέως ἀπόκρισιν μεταφράσαντι πέμψαι. Ἥδε γὰρ τά τε
ἄλλα πάντα εὖ μάλα δηλοῖ καὶ τὴν τοῦ ἀποκρινομένου αὐτοῦ γνώμην,
ἣν ἔχει περὶ τῶν ὅλων, φανερώτατα καθίστησι. Ταῦτα μὲν οὖν εἴσεσθε,
τὴν ἑρμηνευθεῖσαν τήνδε πρὸς τὸν βασιλέα ἐπιστολὴν ἀναγνόντες.
Ἐγὼ δὲ θαυμάζω τί δὴ παθόντες οἱ ἡμέτεροι σῴζειν μὲν τὰς ἑαυτῶν
πόλεις ἀπρονοήτως ἔχουσι, θεολογοῦντες δὲ καὶ διαφερόμενοι Ἰταλοῖς
πάντα τὸν χρόνον διατελοῦσι, καὶ ταῦτα ὑπὲρ δόγματος, οὗ χάριν
ἄμφω συνελθόντα τὰ μέρη καὶ διαλεξάμενα ἱκανῶς, διετάξατο ὅ,τι
δεῖ λέγειν τε καὶ δοξάζειν · ἢ τὰ περὶ τὰς πόλεις ἀκινδύνως ἔχειν
οἰόμενοι ἀπολαύειν τῆς παρούσης ἡσυχίας εἰς νεωτερισμὸν δόξης
τοιαύτης, καὶ θεωρίαν περιττοτέραν ἐθέλουσιν; Ἀλλὰ βουλοίμην μὲν

---

[1]. D'après une copie du xvıᵉ siècle qui se trouve en ma possession.

εἶναι ταῦτα, ἵν' εἰ καὶ πρὸς οὐδὲν ὄφελος θεολογοῦντες ἐτύγχανον, ἀκινδύνως γοῦν τὸ Πνεῦμα προσέχῃ τοῦ Πατρός. Δέδοικα δὲ μὴ ἐπὶ ἁλώσει πόλεων τῶν ὑπολοίπων αὐτῶν καὶ ἀνδραποδισμῷ γυναικῶν τε καὶ παίδων θεολογῶσι, καὶ τῇ Ῥωμαίων ἐκκλησίᾳ ὑπενάντια γράφωσιν. Ὁπότε γάρτοι βοήθειαν, ἣν μόνην παρὰ τῆς ἐκκλησίας καὶ τῶν περὶ αὐτὴν εὐρωπαίων γενῶν λαβεῖν ἔχουσιν, ἑκόντες διαφθείρουσί τε καὶ ἀποκρούονται, τί ἄλλο ἢ παντελῆ χρὴ ἀφανισμὸν προσδοκᾶν, ἤ τοι παρὰ τῶν ὁμόρων αὐτῶν βαρβάρων, ἐχθρῶν ἀεὶ ὄντων, ἢ παρὰ τῶν γενῶν τούτων, ἃ κοινὴν σφῶν ἀτιμίαν ἡγούμενα τὸ τοὺς Ἕλληνας μὴ ἐμμένειν οἷς ξυνέθεντό τε καὶ ὡμολόγησαν, δῆλον ὅτι ἐπὶ τοὺς ἀτιμάζοντας αὐτὰ κινηθήσεται; Ὃ δὴ καὶ ἡ τοῦ ἀρχιερέως ἐπιστολὴ γενήσεσθαι λέγει σαφῶς, εἰ μὴ μεταβαλόντες Ἕλληνες τὰ ἀμείνω προέλοιντο.

Ὑμεῖς οὖν διὰ ταῦτα, ᾗ δὴ τυγχάνετε ὀρθῶς περὶ τῶν τοιούτων λογιζόμενοι καὶ σκοποῦντες, ταύτῃ ἀεὶ λογίζεσθε, καὶ τοῖς ἄλλοις ἅπασι ξυμβουλεύετε παύσασθαι μὲν ἔριδος καὶ ἀχρησίμου θεολογίας, ὁμονοοῦντας δὲ τῇ Ῥωμαίων ἐκκλησίᾳ πράττειν ὅπως συμμαχίᾳ τοὺς βαρβάρους ἐξελάσαντες τὰς ἑαυτῶν ἀνακτήσωνται πόλεις. Νῦν γάρ, εἴπερ ποτέ, καιρὸς τοῦ τοιούτου · ἄρχει καὶ γὰρ τῆς ἐκκλησίας ἀνὴρ μέγα τι ἀεὶ διανοούμενός τε καὶ πράττων [1] · ὀξὺς δὲ τὰ δέοντα συνιδεῖν καὶ δεινὸς ἐξηγήσασθαι, ζηλωτὴς εὖ μάλα τῆς τῶν πάλαι Ῥωμαίων ἀρετῆς τε καὶ πράξεως · φιλέλλην οὕτως, ὡς ἐὰν μόνον τὰ περὶ θρησκείας ὡμονοηκότας θεάσηται, πάντα ποιήσει εὐθύς, ἐφ' ᾧ τὰς ἑλληνίδας πόλεις ἐλευθερῶσαι καὶ εὐτυχίαν τε καὶ ἀκμὴν παρασχέσθαι παντὶ τῷ ἑλληνικῷ · ὥστε ἢν μὴ τάχιστα βουλευσάμενοι ἄμεινον οἱ ἡμέτεροι τῷ βελτίστῳ τούτῳ μεγάλῳ ἀρχιερεῖ σφᾶς αὐτοὺς εὐπειθεῖς καὶ συμφωνοῦντας παράσχωσι, δικαιότατ' ἂν παρ' οὐδενὸς ἐλέου τυγχάνοιεν οὐδενός, ἐπειδὰν ὦσι τὰ δεινότατα πεπονθότες. Ἔρρωσθε.

Ἐν Ῥώμῃ, νοεμβρίῳ μηνὶ τοῦ αυνά ἔτους [2].

1. Nicolas V.
2. Pierre de Nolhac affirme (*Biblioth. de Fulvio Orsini*, p. 146, note 1) que l'original même de cette lettre se trouve dans le *Vatic. gr. 1393*, f. 40. Les copies n'en sont pas rares. Nous en avons indiqué deux dans notre *Bibliographie hellénique* (t. I, p. xlvi), auxquelles on peut ajouter encore celle qui figure dans le *Parisinus 196* du Supplément grec, f. 156.

2

THÉODORE GAZA AU CARDINAL MARC BARBO

[*Rome, entre 1467 et 1472.*]

Reverendissimo in Christo patri et
domino d. M. Barbo E. tituli sancti
Marci presbytero cardinali Vicen-
tino patrono meo sing^{mo}.

I. S. — Reverendissime in Christo pater et domine, post commendationem. Pridie cum essem cum reverendissimo domino Nicæno [1], dixit eius dominatio audivisse a vestra reverendissima dominatione ut cognomen cuculi quod ego tribui Georgio Trapezuntio, ille interpretetur quasi cornutum dixerim : quam interpretationem ego nunc primum audio, nec puto nomen cuculi ita accipi apud linguæ latinæ ullum autorem. Nam et Leonardus Aretinus [2], qui ante me eodem usus est nomine in suum inimicum, quem nominare necesse non est [3], non pro cornuto accipit, sed pro stulto et fatuo. Ille enim in quem invehitur Leonardus et cuculum vocat, ne uxorem quidem habebat eo tempore quo ita cognominatus est. Itaque ego iuro deum immortalem me non eo animo nomen cuculi dixisse ut tale quid significarem. Absit. Non enim quia Georgius erat inimicus et homo qui vituperari debuit, ideo eius uxorem ego vituperarem, quam esse pudicissimam novi [4]. Non ego sic puniendum Georgium censui, sed quum perinde ac bestia dat sine mente sonos, iccirco cuculum

---

1. Le cardinal Bessarion.
2. Léonard Bruni d'Arezzo.
3. Nous ne sommes pas tenu à la même réserve. Il a employé ce mot dans son invective contre Niccolò Niccoli, intitulée *Oratio in nebulonem maledicum*. Voir la *Vita Ambrosii Traversarii, generalis Camaldulensium*, de Laurent Mehus, en tête de son édition des Lettres de ce savant, p. 32.
4. Elle se nommait GALITIA, comme nous l'apprend l'inscription gravée sur la sépulture de famille que Georges de Trébizonde possédait dans l'église de Santa Maria sopra Minerva. La voici telle qu'elle est rapportée par Forcella

nominavi et sic nominandum iudicavi usque ad annum supe-
riorem, quo ipse per Andronicum, meum consanguineum [1],
me voluit salutare. Nunc vero si repetere easdem inimicitias
vult et interpretamenta fingit aliena a mea sentenlia, ego, ut
semper hominis eius inimicitias contempsi, ita et nunc con-
temno. Nec est quod eius timeam filios, quod ipse minatur,
nam et plures quoque ipse filios habeo, si ferro contenden-
dum est; et conscientia quod ea iniuria qua ipse interpretatur
non locutus sum, facit me animosiorem. Reliquum est ut
quum Georgius ferro minatur, reverendissima dominatio
vestra mihi impetret apud sanctissimum dominum nostrum
quo et mihi et meis hominibus liceat ferro armatos per urbem
incedere. Quod ita faciat oro. Me semper vestræ reverendis-
simæ dominationi commendo.

E. R. V. D.   Servitor THEODORUS GRÆCUS [2].

3

THÉODORE GAZA A ANTOINE PANORMITA

Rome, 14 mai [1469].

Theodorus [3] Græcus d. Antonio viro illustri s. p. d.

Idem nuntius et summo dolore me affecit, cum te graviter
ægrotasse dixisset, et meum animum recreavit lætumque

(*Iscrizioni delle chiese e d'altri edificii di Roma*, Rome, 1869, in-4°, t. Ier,
p. 451, n° 1747) :

GEORGIVS · TRAPEZVNTIVS · GALITIAE.
CONIVGI · ANTONIO · HIERONYMO · QVE ·
NEPOTIBVS · DVLCISSIMIS · POSTERIS ·
QVE · SVIS · VIVENS · FECIT ⁘

1. Andronic Calliste, qui était, en réalité, parent de Théodore Gaza.
2. Original dans le *Vaticanus latin 5641*, f. 56. Cette lettre est écrite de
Rome. La date est incertaine, mais se place entre 1467 et 1472 ; car Bessarion,
dont parle Gaza, mourut le 18 novembre 1472, et d'autre part la nomination
de Marco Barbo à l'évêché de Vicence et son élévation au cardinalat sont du
mois de septembre 1467 (Note communiquée par Pierre de Nolhac, à qui nous
devons également la copie de cette lettre).
3. *Cod. Vat. lat. 3372*, f. 61 verso.

mirifice reddidit, cum te et convaluisse addidisset et nunc
secura valetudine uti confirmasset : quod mihi tam gratum
est, ut nihil potius velim quam vel a deo immortali petere ut
bene valeas, vel te hortari ut tuam valetudinem cures.

Accepi præterea ex eodem te non solum iudicem sed etiam
defensorem esse Platonis adversus eos qui contendunt et
longe alterum laudant, alterum damnant, s. ne desit quod
homines inter se semper dissentiant. Laudandus profecto tu
es qui utrumque fuisse doctissimum iudicas, et utrumque
contra sectatores contentiosos defendis : et si quid Platoni
plus tribuis quod philosophiam civilius tractaverit, recte
facis.

Epistolam quam ad Cardinalem principem nostrum [1] dede-
ràs permulti legerunt, tuoque gravi iudicio probari Platonis
doctrinam et libros pro ea editos a nostro principe gaudent;
sed præter epistolam aliquid expectant quod a fonte tui
ingenii uberius profluat.

Ego Romæ inter multos ditissimos quidem sum, sed pauper
ita ut, si me philosophum vocas quia pauper sum, prorsus
inter primos philosophos me facile possis enumerare. Moveor
equidem interdum, ut vera fatear, et moleste fero pauper-
tatem; sed, quum senex et valitudinarius sum, me illud
consolatur quod non diu gravari possim hoc malo. Tu vive
felix. Litteras des ad me rogo, ad Cardinalem hortor : hic te
diligit, ego observo. Vale.

Ex Urbe, pridie idus maii [M. CCCC. LXIX] [2].

1. C'est-à-dire le cardinal Bessarion.
2. Nous conservons aux quatre lettres de Gaza à Panormita l'ordre qu'elles
ont dans le manuscrit, tout en faisant observer qu'elles n'y sont pas rangées
chronologiquement.

4

THÉODORE GAZA A ANTOINE PANORMITA

Policastro, 23 décembre.

Theodorus [1] Græcus Antonio Panhormitæ viro clarissimo s. p. d.

Legi tuas ornatissimas litteras et plenas amoris erga me tui; quibus mirifice delectatus sum; et primis iis litterarum solatiis mesticia solitudinis meæ lenitur et animus acquiescit. Semper enim non solum libris autorum veterum in hac mea solitudine carui, sed etiam litteris amicorum. Ita status iniquissimus horum temporum simul et meam et multorum operam abstulit. Nunc primum amici litteras lego, atque eius amici qui et doctrina præstat et amore. Nunc post multa fortunæ discrimina, veluti post maris vehementissimam tempestatem, lux sancta litterarum tuarum mihi apparet, et me consolatur et recreat. Ego vero quod statui ut Neapolim peterem, brevi deo iuvante faciam, cum primum negotia quædam necessaria fani religiosi cuius rem gero, expediero. Sed quum, ut vides, mea paupertas domicilium Neapolis minime patitur, non plus moræ in ea urbe trahere possum quam ut te amicum singularem amplectar et libros quosdam recipiam, qui meæ rusticæ vitæ aliquo solatio esse possunt et fortasse causæ ut aliqua in parte studiorum liberalium exerceam ingeniolum meum. Novi, mi Antoni, sedem istam longe esse honestiorem. Sed si nos fortuna non ad litteras et res graviores, sed ad rem rusticam ducit, resistendum ne est et vociferandum, an sequendum eodem quo ducimur et ferendum æquo animo sortis præsentis necessitatem? Te quidem res familiaris Neapoli tenet, quam reliquisse neque honestum neque utile est. At me nihil est quod meo cum commodo teneat. Immo his in locis etsi vitam ignobilem

---

1. *Cod. Vat. lat. 3372*, f. 62 recto.

agimus, tamen non rebus egemus necessariis. Neapoli vero,
hoc quidem tempore, unde res mihi necessariæ suppeditentur
non video. Quin tu humanissime amicissimeque, ut soles,
velis succurrere, non dubito; sed, si quod cupis efficere
nequis, frustra quod velis conaberis. Sines igitur me tamdiu
vitam hanc rusticam agere quamdiu per armorum istam
iniuriam litteras exulare necesse est. Sed, ne interea solatio
caream, ages ut cœpisti mecum elegantissimis litteris, non
tamen ita ut idem a me requiras. Id enim cum semper mihi
plus fuerit quam meæ vires attingere possent, tum longe
nunc difficilius est propter vitam quam ago incivilem et rusticam. Tu facile sermone amplissimo suavissimoque tuo allicis
unumquemque et tenes; atque ob eam rem si copiam episto-
larum a te requirimus, non quicquam temere agimus. Ego
satis officio fungar, si, quod præstari ab homine rustico
debet, id non videar neglexisse.

Franciscus Arretinus [1], vir præstanti ingenio, recte post
Phalaridis principis epistolas, Diogenis philosophi latine
interpretatus est. Illæ enim magnitudinem animi quam esse
in principe decet declarant, hæ magnitudinem animi quæ in
homine philosopho esse debet ostendunt. Summum utrumque
est, nec longe seiuncta hæc inter se sunt, ut vulgus opinatur;
sed alterum vicinum alteri est et contendens de maiestate.
Princeps enim hominibus imperat, philosophus viciis; alter
fortuna se effert, alter virtute. Macedo rex Alexander ille
summa fortuna virtuteque præditus dicere solebat : nisi rex
essem, Diogenes essem. Hic autem Diogenes est philosophus
ille pauper cuius epistolas laudas; ita præclarum utrumque
est rex et philosophus. Potissimum tamen cum vir idem rex
et philosophus est, tunc enim res felicissima illa contingit
quam a Platone atheniensi, viro doctissimo, scriptam legi-
mus : ut omnis calamitas urbium tolli possit, cum aut philosophus regnat aut rex philosophatur. Sed, si hæc ambo in

1. Le célèbre François Accolti d'Arezzo.

eodem esse non possunt, utrum optandum potius expetendumque est, non nunc scribere debeo; illud semper dicere licet principem secum philosophum, id est hominem doctum, habere oportere, ut sit id completum quod alter sine altero facere non potest. Sed de his alias.

Tu me vehementer oblectas, cum in tua eloquentissima epistola mentionem Iesu Christi, dei nostri et nostræ religionis autoris, atque eius discipulorum piissime facias. Quod enim sæpe molestissime tuli cum homines nostræ ætatis eloquentes parum nomen Iesu Christi suis scriptis insererent, id tu pulcherrime tollis, cum felicissimum illud in agendo nomen, ornatissimum in dicendo reddas auctoritate tua et eloquentia. Vita autem Diogenis illius philosophi cynici similis, ut scribis, vitæ apostolorum nostrorum est. Naturam enim ducem optimam secutus Diogenes est, apostoli deum immortalem naturæ autorem secuti sunt. Similitudinem autem inter ea quod oritur et a quo oritur aliquam esse necesse est. Ita fit ut philosophus ille antea quadringentis fere annis vitam apostolorum nostrorum repræsentet. Hinc Pythagoras quoque, samius vir, summæ doctrinæ ante Diogenem, frugibus naturæ contentus, a carnibus cibo abstinuit. Quin et ritum sacrificandi ex pane instituit, et ternarium in cerimoniis numerum coluit. Hinc virtus omnis veterum hominum, antequam filius dei immortalis se hominem faceret, imago quædam et simulacrum virtutis christianæ antecessit et extitit.

Philelphi rem etiam audivi attente, neque tuum consilium contra avaros principes improbo. Si iam actum est quicquam antea, agi oportet; agendum autem antea puto ut homines docti aperte suam adversam fortunam querantur, et sua incommoda reponant principibus, requirantque ab iis quod debent iure optinere; hortentur etiam principes benigno honestoque sermone ad virtutes et disciplinas; atque de litteris, doctrina et sapientia dicta illa divinitus sæpe referant : *Sinistra sunt arma foris, nisi sit consilium domi* et *Cedant*

arma togæ, concedat laurea linguæ. Addant etiam non sine
benivolentia ut principes suo honori, famæ et gloriæ consu-
lant, cum viros doctos suis beneficiis ornent, penes quos est
nomen, laus et perpetua memoria principum. Tamdiu enim
principes vivunt quamdiu nomen eorum in scriptis hominum
doctorum servatur et prædicatur. Rogari etiam, honorari et
laudari principes ab hominibus doctis officium est. Decet id
enim, si virtus in principe est; iuvat, si virtus desideratur;
aluntur namque honore ac laude non modo artes, verum
etiam ingenia, indoles et animi principum. Hæc si acta iam
sunt omnia, et tamen principes spernunt, negligunt, reii-
ciunt homines doctos, licet iam invehi in eos verius et
altero emendandi genere uti quo tunc uti solemus, cum
primo nihil efficere possumus. Duo enim sunt illa genera
emendandi, ut nosti : alterum in laudando positum, alterum
in reprehendendo. Fit enim sæpe ut homines dociliores et a
virtute non penitus abhorrentes, laudati emendentur, et
tales se reddere studeant quales laudantur. Quamobrem ab
hoc genere incipiendum est et satis in eo ipso immorandum,
ita enim sine molestia agitur. At vero si id non sufficit, ad
alterum deveniendum est genus, molestum quidem et vehe-
mens, sed iustum ac necessarium. Morbis enim extremis
medicamenta extrema adhibenda sunt; et ferrum ac ignem
tunc afferunt medici, cum cætera remedia omnia parum pro-
fuerint. Quod si Philelphus, vir eloquentissimus, ad hoc
genus accedit, cum iam sæpius primum illud adierit, ignoscendum est ei et probanda defendendaque est eius causa.
Quid enim fieri potest molestius, quid, per deum immortalem, iniquius quam si principes mimos, lenones atque homines nequam amplectuntur, homines autem doctos ac frugi
contemnunt atque despiciunt? Quid indignius quam si nullum redditur munus homini docto, cum principem laudat;
si nullus honor, cum viri boni officio fungitur? Quis tantam
æquo animo ferre potest iniuriam? Quis tam iniquum principem diutius patiatur? Quis non tandem erumpat, vindic-

tamque sibi petat et faciat? Equidem quotiens aliquem hominem doctum sperni audio, egre fero, et quamquam vulgarem
hunc montem incolo, solus ubi in silvis italis ignobilis ævum
exigo, more illius Hippolyti qui in fabula est, tamen moveor
ad maledicendum et iniuriam factam pati nequeo. Tu vero
aut Philelphus aut quisquam ex reliquis viris doctissimis
obmutescet, et tantam sibi illatam iniuriam patietur? An
principes tantum valent ut una cum pecuniis animi quoque
magnitudinem et facultatem dicendi eripere docto homini
valeant? Non tam hercle fortuna valet, non tanta vis principum est. Agellum tuum auferre ac tuis præclaris laboribus
nullum præmium reddere principes possunt; animum excel-
lentem et pene divinam eloquentiam tuam nequeunt auferre,
unde fit ut quem laudantem negligunt, ab eodem vituperante
puniantur. Quam rem si moleste ferunt, cur non magnifa-
ciunt laudem? Cur liberales non sunt cum doctis hominibus?
Si minus, cur se principes appellari postulant, non mancipia
dici paciuntur? Principis est enim expetere laudem, vitare
vituperationem; mancipii est parum curare sive laudetur.
sive vituperetur, modo impleat ventrem et sua obscena desideria expleat. Longius me egredi et loqui prolixius fortasse
quam tua velit epistola sentio; sed ignoscendum mihi profecto est, si una tecum et cum Philelfo nostro iniquo animo
fero iniuriam principum qua vos lacerari audio. Redeo ad
rem meam et finem in ea facio.

Ego tibi gratiam habeo magnam quod et litteris meam
calamitatem reddis leviorem, et opera quam humanissime
polliceris, facis ut te agnoscam eundem quem semper habui
autorem rerum mearum et fautorem. Sic autem agam ut, etsi
fortuna deest, tamen consilium non mihi deesse videatur.
Vale.

Ex Polycastro, x kalendas decembris.

5

THÉODORE GAZA A ANTOINE PANORMITA

Theodorus [1] Græcus Antonio Panhormitæ salutem.

Vir præclare, domine Antoni, accipe litteras illas regis ad
Demetrium despotam, quas sigillandas curabis et dandas ei
Græco, vel potius Hispano, qui redit Græciam. Addes etiam
nomen tuum aut quicquam in more est. Exemplar earumdem
litterarum et latinum et græcum habeo, et dabo cum venero.
Cur amplius moram hic traham, nullam equidem video causam. Hic enim neque quod comedam est. Si conclusum iam
est ut locum hunc habeamus, rem pecuniariam est aggre-
diendum. Si minus, ut celerius concludatur da operam. Omnino quid hactenus actum sit, certiorem me facias velim.
Vale.

6

THÉODORE GAZA A ANTOINE PANORMITA

Rome, 13 juin.

Theodorus [2] d. Antonio viro illustri s. p. d.

Secure iam valitudini restitutum te esse cum ex eodem
nuntio accepissem, delectatus sum vehementer, ut debui, et
servari in optima semper valitudine opto. Hoc tibi, illud mihi
accepisse gaudeo quod pro tuo in me amore dare operam
statueris ut fortunæ condicio melior mihi efficeretur. Sed
quamquam tuus animus mirifice me oblectat, tamen, quod
frustra postremæ ætati succurritur, nolim operam consumas.
Sentio enim reliquum tempus meæ vitæ perbreve iam esse,
nec tanti faciendum ut quid vel induam sollicitemur. Vestis,
quam nunc habeo, vel usque ad ultimum illum diem suffi-

---

1. *Cod. Vat. lat. 3372*, f. 65 verso.
2. *Cod. Vat. lat. 3372*, f. 65 verso.

ciet. Victum, quo tenui utor, libelli, quos nuper vendidi, suppeditabunt. Itaque nihil est quod meum ingenium, factum iam omnino inutile, commendare principibus debeamus. Nam, etsi liberales esse principes semper monuimus, tamen non etiam cuilibet homini pecunias impertire dicebamus : nisi aliquid officii quoque sit quod homo homini aut princeps cuiquam præstare homini debeat. Res ita se habet : valitudinarius sum ut et manu et oculis propemodum caream. Quis, quæso, hominem tam inutilem suis sumptibus habere apud se velit? Putaveras fortasse me a summo pontifice Pio secundo iniuria negligi [1], atque ita ad regem nostrum revocare voluisti. At vero, si quid utilitatis in me esset adhuc, non ita neglectus a summo pontifice viverem. Equidem quod hic homini inutili non dat, id a rege petendum non censeo. Æque enim peccat qui rem vel merito sibi non datam queritur, vel speratam immerito petit. Vale.

1. Cette lette a donc été écrite sous le pontificat de Pie II, c'est-à-dire entre 1458 et 1464.

LETTRE INÉDITE

D'ANNE NOTARAS

A LA RÉPUBLIQUE DE SIENNE

15 juin 1474.

Ad clarissimum et illustrissimum
dominium Senarum etc. *Senis detur.*
τὴν Σέναν.

Clarissimum et illustrissimum dominium Senarum etc.,
salute præmissa cum sinceræ dilectionis affectu.

Litteras vestræ claritudinis die xxii aprilis proxime elapsi
scriptas accepimus, nobis per nuntium nostrum redditas.
Quare de optima in nos vestra pietate atque benivolentia gratias agimus. Preterea ut suadetis quod negotium nostrum
maturemus, ita efficere contendimus. Nam celeriter destina-
bitur nobilis miles ac familiaris noster d. Franculius Servopulus, qui, quamquam convalescens videtur, tamen ut
viribus corporis melius confirmatus sit et ad iter exigendum
validior, aliquot dies commorari deliberavit, qui interim ad
votum exequendum cimba ad sanctam Mariam de Loreto per
mare vehitur. Regressus inde, iter Senas aggredietur. Valete.
Die xv iunii, [anno M.CCCC.LXXIV].

ANNA PALÆOLOGINA,
filia q. magni ducis Romeorum.

D'une autre main : *Præsentat. die* v *iulii.*

---

1. Archives d'État de Florence, *Carte Strozziane*, filza 107, fol. 134.

LETTRES INÉDITES

DE

JEAN ARGYROPOULOS

1

JEAN ARGYROPOULOS A LAURENT DE MÉDICIS

Rome, 3 avril 1472.

Nobilissimo et magnificentissimo viro
domino Laurentio Medici
suo [patrono observand]issimo.

IESUS. Iohannes Argyropylus magnifico Laurentio S.

Isacius [1] tuus ad illustrissimum ducem [2] nunc proficiscitur, atque cum sit inter illum et te summa benevolentia summusque amor, et nos omnia nostra ad tuam nobilissimam domum et te tuòsque referamus, rogo et obsecro ut licteris tuis ipsum tuum Isacium illustrissimo illi principi comendes non comendatione quadam vulgari, sed ea qua princeps ille nos tuos penitus esse cognoscat, tueque domui preclarissime deditos. Addatur et hoc beneficiis sine numero illis que a maioribus tuis atque abs te in nos liberalissime sunt collata. Nihil aliud nos profecto expetimus, nihil aliud affectamus

---

1. Isaac Argyropoulos. Voir sur lui le présent volume, p. 179.
2. Sans doute le duc de Milan.

nisi ut ille princeps ceterequc omnes gentes et nationes nos tuos esse, ut sumus, et tuo generi nobilissimo preclarissi-meque tue domui deditos omnino percipiant. Vale perpetuo felix atque beatus, et nobis ut tuis semper mandare velis pro honore tuo tuorumque semper paratis etiam negligere vitam.

Ex Urbe, III aprilis.

Cette lettre est ainsi endossée : *1472 da Roma, a di* VIIII *d'aprile* [1].

2

JEAN ARGYROPOULOS A LAURENT DE MÉDICIS

Rome, 11 février 1476.

Ioannes Argyropylus Laurentio suo salutem.

Antonius Rocca Pisanus, vir egregius et mihi familiaris-simus, meas ad te litteras iure amicitie impetravit, quibus te ad iusticiam servandam interfectique illius Petri Mastrani iura exequenda hortarer. Hortor itaque te, mi suavissime Laurenti, quem ut in ceteris bonis humanis, sic et in iusticia defendenda nemini tempestatis huiusce homini cedere certo scio, ut hac etiam in causa id agas quod et ¡in ceteris agere semper consuevisti. Quid enim aliud aut te facere, aut me te admonere hac in causa decet? Tu es equitatis amator. Ego sum utriusque amicus, atque ideo iura illius tuo maxime munere servari percupio. Si pater homicide conscius est cedis, cur non et homicida et ipse lueret penas? Illud igitur inquiratur iusticie lege, consciusque si fuerit inventus, obnoxius crimini iudicetur. Plusquam verisimile profecto esse videtur compulsu patris auctoritateque filium cedem egisse, si uterque, magisque pater, interfectum illum odio tanto persequebatur. At cum patrem, quem ita rem gessisse constaret, quis non asseruerit una cum filio et manus ad

1. Archives d'État de Florence, *Carte Strozziane*, CXXXVII, 86, Original.

idem scelus movisse, et mucronem eundem ad eandem necem strinxisse? Illum magis homicidam profecto quam filium, ratione sane primi principii, auctoramenti deliberationisque, omnes homines, si vera fateri velint, uno ore unaque sententia iudicarent. Tu, mi Laurenti, hac in causa ita agas velim, ut ab universis hominibus plus apud te societatis humane salus quam nonnullorum hominum valere gratia videatur. Vale perpetuo felix et me, ut soles, ama. Raptim.

Rome, tertio idus februarii.

Cette lettre est ainsi endossée : *1476. Domini Ioannis Argiropili, die xx februar.* L'original faisait partie de la collection d'autographes de feu le marquis de Saint-Hilaire, qui me l'avait obligeamment communiqué. Il a figuré à la vente de ces autographes, sous le nº 10 du Catalogue.

LETTRES INÉDITES

DE

DÉMÉTRIUS CHALCONDYLE

1

DÉMÉTRIUS CHALCONDYLE A LAURENT DE MÉDICIS

Milan, 28 décembre 1481.

> *Magnifico [1] viro Laurentio Medice*
> *domino suo ac benefactori*
> *singulari.*
>
> *Florentie.*

Magnifice Laurenti, quod ad te hactenus post discessum meum istinc non dederim licteras, id cause fuit que etiam presentem me deterrebat quo magnificentiam tuam minus crebro viserem. Nam quemadmodum presens verebar dum vellem officio erga te meo ac animi desiderio satisfacere ne importunus ac fastidiosus magis quam officiosus viderer, ita etiam nunc litteris meis te circa maiora occupatum interpellere non audebam. Sepe enim numero accidere videmus ut cum mens tam magnorum virorum quam philosophorum horum circa aliquam speculationem versetur, principum vero circa plura arduaque agenda distrahatur, amicorum visitatio non modo impediat, verum etiam offendat, nisi ex eorum numero fuerint qui utrisque in re de qua agitur aut conside-

---

1: Archives d'État de Florence, *Carte Strozziane*, CXXXVI, 137. Original.

ratur suggerere aliquid adiuvareque possint. Quo fit ut non
minus principes amicis prudentibus ac in rebus gerendis
peritis egeant quam veri philosophi consilio et adiumento sui
similium. Hinc illud Homeri tritum apud auctores gravissi-
simos σύν τε δύ᾽ ἐρχομένω, id est duo simul convenientes
tam in rebus excogitandis quam agendis plurimum se invicem adiuvant. Sed cum nos de istorum numero minime
simus, cavendum censemus, ut dixi, ne vel scribendo, vel
visendo, importunitatem incurramus : ita tamen ut nec in
alterum extremum, id est rusticitatem prolabamur : quod
cum difficile sit medium quoddam inter utrumque servare,
tua tamen benignitas ac mansuetudo tanta est ut sepius
importunitatem ac temeritatem quorumdam patienti atque
æquo animo ferat.

Itaque et ego fretus benignitate tua, etsi nihil habeam
quod ad te scribam et dignitate et prudentia dignum, non
tamen desistam interdum licteras ad magnificentiam tuam
dare : ut quo animo sim erga eam et esse debeam licteris
meis cognoscat. Non enim fugit, magnifice optimeque vir,
quanta me benivolentia et humanitate et presentem es prose-
cutus et absentem pollicitationibus amplis super meam fortunam et conditionem confirmasti et huc Mediolanum profec-
tum licteris tuis omni benivolentia et affectu plenis apud hos
principes comendasti atque ornasti. Quamobrem qualis quan-
tulusque sum tuum me totum ingenue ubique fateor fatebor-
que, nec unquam quantum tibi debeam satisfactum iri, etiam
si maxime possem, credidero. Tuum igitur erit mihi ut tuo
tibique maxime devincto quicquid ego valeam iubere, mihi
gratissimum non modo iussa tua exequi, verum loco beneficii ea venerari. Ceterum magnificus orator d. Io. Stephanus
si quid de me apud magnificentiam tuam locutus fuerit, eius
in me benivolentie tribuito.

Mediolani, die xxviii decembris M.CCCC.LXXXI.

Tuus servitor

Demetrius Chalcondyles.

2

DÉMÉTRIUS CHALCONDYLE A MARCEL-VIRGILE ADRIANI

Milan, 24 juin 1492.

Demetrius Marcello suo salutem.

Quod te dicis ἡττῆσθαι καὶ τὴν ἧτταν ὁμολογεῖν, non modo laudem mereris ex hoc quod in genere fateare, sed multo etiam maiorem quod amicis ultro cedit victoria : est enim hoc maioris admirationis atque prudentie quam victoria potiri : siquidem huius magnam partem ambitio sibi vindicat, illud non nisi constantia animi atque rectum iudicium assequitur, nec idcirco minus voluptatis ex hoc quam ex officio erga amicum capere debes, denique est addere, non demere. Quamobrem et tu recte fecisti amico gerere morem, et Cavacium nostrum diligentia esse usum in hoc non minus laudo. Ceterum te eo animo esse quo scribis erga me nec dubito et magnopere letor. Ego tua opera, ubi opus fuerit, libentissime utar ut amici sinceri meique studiosi ; tu nisi idem versa vice facias, pusillanimitatis te potius arguam quam diffidentie : utinam ea prestare possemus amicis que eis vellemus et cupimus. Sed de his hactenus.

Que ad me scribis istic accidisse, gratum sane fuit intelligere. Sed in hoc uno, ut equidem arbitror, falluntur qui existimant Robertum Salviatum Pici Mirandole precursorem esse. Ego enim puto Picum periodum circa religionem exegisse atque aliam denuo cogitare, mutationemque loci moliri. Ψυλλάνθρωπος autem, nam recte tali nomine cum notatis, preter ea volumina tam greca quam latina que hoc anno scribis cum percurrisse in facultate poetica, oratoria, dialectica et philosophie, cepisse etiam nuper ab elementis nostris, ut ais, magnaque et inaudita polliceri, per hec ominari sibi nescio quid mihi videtur, qui ex tam alto gradu ac spe

---

1. Archives d'État de Florence, *Carte Strozziane*, CXXXVI, 139. Original.

multo maiore administrandi que πρὸς σύστασιν τῆς πολιτείας οὐχ ἥκιστα τείνει ad licterariam professionem descenderit. Epistolam vero eius ciceronianam, quam iactitat huc ad Iacobum Antiquarium misisse, nos etiam vidimus : sed eam vos melius istic cuius sit integritatis iudicare poteritis. Ceterum principium ipsius et circa finem multaque alia que hinc inde interserit, mirifice eius ingenium exprimunt et doctrinam.

Ficinus recte facit suum vere Platonem minutim incidere, ac ne nauseam faciat frustatim degustandum prebere.

Marullum meum valere gaudeo, sed nollem cum tam longo et diuturno ocio inerte languere.

Io. Me. car. [1] rediisse in patriam cum honore et gaudio totius civitatis magnopere letor ; utinamque non tam ratione domus quam propriæ virtutis benignitatisque ametur atque colatur, que esse in eo atque longe maiora in posterum futura maxime spero, nisi quorumdam ingenia libidini et assentationi addicta eum depravarint.

Marinum nomine meo salutato, eique dicito Gregorium ante iam multos dies ad me scripsisse bene valere ac prope diem ad me venturum, qui tamen adhuc ad nos non venit. Credo eum Ferrarie esse, quamvis certus non sim.

Francisco Pandulphino plurimam salutem nomine meo dicito et Hieronymo nostro πρεσβυτέρῳ ceterisque amicis nostris.

Mediolani die XXIV iunii M.CCCC.LXXXXIJ.

Cum ad nos scribes, scribito de Petreio si adhuc istic moram trahit.

Ὁ σὸς Δημήτριος ὁ Χαλκονδύλης.

1. Très probablement : Ioannem Medicem cardinalem.

LETTRES INÉDITES

D'EMMANUEL ADRAMYTTENUS

PUBLIÉES D'APRÈS LES MINUTES AUTOGRAPHES DE L'AUTEUR

CONSERVÉES DANS LE *MONACENSIS GREC 321.*

1

EMMANUEL ADRAMYTTENUS [1] A ANGE POLITIEN

La Mirandole, 15 avril [1483].

Μανουὴλ ὁ Ἀδραμυττηνὸς Ἀγγέλῳ τῷ Πολιτιανῷ εὖ πράττειν.

Ἀπήλλαγμαι πραγμάτων, ἄριστε Πολιτιανέ. Οὗ μάλιστα τυχεῖν ἐπόθουν διὰ σὲ νῦν ἀπολαύειν ἐξόν μοι. Ἦν γάρ μοι σκοπός, οὐχ οἵῳ τε ὄντι εἰς ὄψιν σοι καὶ ὁμιλίαν ἐλθεῖν, διὰ γραμμάτων σοι συγγενέσθαι, καὶ τὴν διάθεσιν ἣν ἔχω περὶ σὲ δηλῶσαι. Ἀπώκνουν δὲ ἄρα εἰς πολλὴν καθιστάμενος ἀπορίαν εἰ, οὐδεπώποτέ σοι προστυχὴς γενόμενος μηδ' εὐλόγου πάνυ τοι ἐφ' ᾧ γράψαι σοι εὐπορῶν, ἐπιστέλλων δοκοίην εἰκῇ. Ἀλλ' αὐτός, ὦ δαιμόνιε, τὸ δοκοῦν ἄπορον λύεις, αἰτῶν γράμματα παρ' ἡμῶν. Ἀποδέχομαι δὴ ἄσμενος καθά

---

1. Il faut reconnaître que les Grecs du xv° siècle n'étaient pas toujours très sûrs de quelle façon s'orthographiait leur nom. Celui-ci, par exemple, signe tantôt Ἀτραμυττινός (souscription du *Parisinus 1761* de l'ancien fonds grec), tantôt Ἀδραμυττηνός (*Monacensis 321* du fonds grec). Cette double orthographe trouve, d'ailleurs, sa justification dans les formes Ἀτραμύττιον et Ἀδραμύττιον, mais on peut être sûr que notre homme ne s'appelait, en réalité, ni Ἀτραμυττινὸς ni Ἀδραμυττηνός. Comme tant d'autres Grecs, il devait avoir senti le besoin de répudier le nom de ses aïeux pour un autre nom qui eût une saveur plus hellénique ou, si l'on préfère, plus païenne.

με προτρέπεις τὸ σὸν ἐπίταγμα, καὶ τὸ ζητούμενόν σοι ἐκ τῶν ἐνόντων μοι ἐκπληρῶ, οὐ παύομαί τε τοῦ τεκμαίρεσθαι τὴν σὴν ἐπιείκειαν καὶ ἣν ἔχειν σε θαρροῦμεν εὔνοιαν περὶ ἡμᾶς. Ἔοικας γὰρ ἐντυχὼν ἐμοῖς γράμμασιν ἐπιθυμεῖν ἀντ' ἐμοῦ καὶ σμικροῦ τινος λόγου ἀξίοις οὖσιν ἡμῖν εὐνοεῖν, πάμμεγα καὶ τοῦτ' ἐπίδειγμα προτείνων φιλανθρωπίας τῆς σῆς. Ἐγὼ τοίνυν τούτου τε χάριτας ἔχω σοι, καὶ ὅτι χρηστὰς ἡμῖν ὑποφαίνεις ἐλπίδας πολυτιμήτῳ περιτυχεῖν θησαυρῷ· ᾧ κἂν ἐφ' ἡμῶν γενόμενος, εἰ οἷόν τ' ἦν, ὁ βοιωτὸς γέρων ἐντύχῃ, οὐκ ἂν καταφρονήσας παρέλθοι. Οὐδὲν δ' ἄλλο ἢ τὴν σὴν ἱερὰν φιλίαν αἰνίττομαι, ἢ καὶ θησαυροῦ μοι παντὸς τιμαλφεστέρα λογίζεταί τε καὶ λογισθήσεται, καὶ εἰκότως. Ὦ τρόφιμε Μουσῶν καὶ τῆς σοφίας ἐραστὰ γνήσιε, πολλάς γέ μοι προβάλλῃ τὰς ἀφορμὰς τοῦ φιλεῖν τέ σε καὶ περὶ πλείστου ποιεῖσθαι. Εὖ μὲν γὰρ ἠθῶν ἔχεις, εὐφυὴς δὲ ἐς τὰ μάλιστα εἶ καὶ παιδείᾳ προσκείμενος· ἐπιδίδως μὲν τὸ σῶμα τοῖς πόνοις αἰεί, ἅτε τρυφὴν ἡγούμενος τὸ σπουδάζειν. Μισθὸς δέ σοι τῶν πόνων ἡ βελτίωσις τῆς ψυχῆς, ἣ δή σε αὔξει καὶ εἰς εὐδαιμονίαν εἰσάγει. Τὸ δ' ἐννεᾶσαι σε καὶ ἐπιμόνως ἐγγυμνασθῆναι τοῖς τῶν Ἰταλῶν λόγοις, ὡς καὶ εἰς ἄκρον ἀφικέσθαι τῆς τέχνης, προσειληφέναι δέ γε καὶ τὰ ἡμέτερα, πόσον οἴει καὶ ἀγάλλειν σε καὶ λαμπρότερον ἀποφαίνειν τῶν Ὀλυμπίασι στεφανουμένων;

Τοιοῦτον ὄντα σε φιλῶν εὐφημῶ, καὶ χαίρω πολλοὺς ὁρῶν ἐπαινοῦντάς σε, μάλιστα δὲ τὸν σὸν Ἰωάννην τὸν ἐπιφανῆ κόμητα [1], τὸν ἐν λόγοις ἀριστέα, ὃς δὴ περιηχεῖ μου τὰ ὦτα τοῖς κατὰ σοῦ ἐγκωμίοις, οὐδὲ παύεται σχεδὸν ἑκάστης ἡμέρας τὴν γιγνομένην εὐφημίαν ὑφαίνων σοι. Τούτου συνεχῶς ἀκροώμενος ἡδέως τοῖς σοῖς ἐπαίνοις ἐνδιατρίβοντος, ἥδομαι ὡς εἰκός. Καὶ νῦν δ' ὅτι φίλος ἐγένου μοι, εἰς ἔσχατον σχεδὸν εὐδαιμονίας ἥκειν μοι δοκῶ εὔθυμος ὅλος ἀποφανθείς. Εἰ δ' ἔτι τὰ τῆς εὐφροσύνης ἐπιτεῖναί μοι διανοῇ, τὴν σὴν ὑγίειαν εὐαγγελίζου διὰ γραμμάτων ἡμῖν. Οἶσθα γὰρ ἡλίκην ἐντίθησι τὴν ἡδονὴν τοῖς εἰλικρινῶς εἰδόσι φιλεῖν τὸ χρηστόν τι περὶ τῶν φιλουμένων μανθάνειν. Ἐρρωμένως διαβίῴης.

Θαργηλιῶνος Π ἐπὶ Δ [2], ἐκ Μοιραδούλης [3].

---

1. Jean Pic de la Mirandole.
2. C'est-à-dire *quinze*, suivant l'ancienne numération grecque.
3. *Monacensis grec 321*, f. 10 verso. Le *Matritensis O. g.* contient aussi ·

2

EMMANUEL ADRAMYTTENUS A MANUEL CAPPADOKÈS

La Mirandole, 1er mai 1483.

Μανουὴλ ὁ Ἀδραμυττηνὸς Μανουὴλ τῷ Καππαδόκῃ χαίρειν.

Ἐκ πολλῶν μὲν καὶ ἄλλων σημείων τὴν τῆς καθ' ἡμᾶς εὐαγεστάτης θρησκείας ἀλήθειαν κατασημήνειεν ἄν τις, οὐχ ἧττον δὲ καὶ ἐκ τῶν χρησμῶν. Τὸ γὰρ ἐνθέους ἄνδρας παρ' Ἰουδαίοις οὐ τέσσαρας ἢ πέντε, πολλῷ δὲ πλείους, γυναῖκάς τε θεομάντεις παρ' Ἕλλησι, πολλοῖς ἄνωθεν χρόνοις τὰ μέλλοντα ὡς παρόντα συνεῖναι καὶ τὰ ὑπερφυᾶ μυστήρια τοῦ θεοῦ γνῶναι καὶ τρανῶς ἀπαγγεῖλαι τοῖς τε περιοῦσι τότε καὶ τοῖς ἐπιγιγνομένοις ἅπασι, πῶς οὐκ ἀψευδὲς καὶ ξένον καὶ τῆς τοῦ θεοῦ δυνάμεως ἔργον; Οὐ γὰρ ἀνθρώπινον ὅλως τὸ τοιοῦτον, φαίη τις ἂν τῶν καὶ ὅπως οὖν ἡκόντων φρονήσεως. Τοῦτο συνορῶντες ἔνιοι τῶν ἀνθρώπων καὶ πολλοὺς ἄλλους κατὰ νοῦν στρέφοντες λογισμοὺς οἷς τὸ κατὰ Χριστὸν μυστήριον βεβαιοῦται, καὶ θεῖον ἀλλ' οὐκ ἀνθρώπινον ἀποδείκνυται, πρὸς τὸν αἰθέρα τῇ διανοίᾳ πτεροῦνται καὶ τοῦ Χριστοῦ τὸ παράπαν ἐξέχονται προσδοκῶντες ἐλπίδι θαρσείᾳ τὰ ἐν ἐπαγγελίαις ἀποκείμενα ἀγαθὰ καὶ τὸ τῆς μακαριότητος βραβεῖον καὶ ἄθλον. Ὧν δὴ καὶ αὐτὸς εἷς ὢν τυγχάνεις, ἄριστε Μανουήλ, καὶ τὴν περὶ Χριστοῦ τοῦ σωτῆρος μνήμην ἐνδιαιτωμένην σεαυτῷ δαψιλῶς πλουτεῖς, δεισιδαιμονίαν μὲν ἀποτρεψάμενος, εὐλαβείας δ' ἐπ' ἄκρον ἐξικόμενος. Διὸ δὴ ζηλωτόν σε καὶ μακάριον ἥγημαι, καὶ ψυχὴν ἡρωϊκήν τε καὶ θείαν ἔχοντα, ὡς Ἀριστοτέλης ἔφησεν ἄν. Τῶν δ' ἄλλων ὅσοι γε ἤτοι περὶ τῆς ἀληθοῦς ἡμῶν θρησκείας ἀμφιγνοοῦσιν ἐλπίδα τε οὐκ εἰλικρινῆ [1] καὶ ἀγάπην οὐκ ἐντελῆ καὶ πίστιν ἄμορφον ἔχοντες, ἢ καὶ ὅσοι παντελῶς οὐκ ἐπιστρέφονται τοῦ τῆς πίστεως ἀχράντου καὶ ἱεροῦ

---

d'Emmanuel Adramyttenus une lettre à Ange Politien (nous ne savons si c'est l'une des deux que nous publions ici), une à Manuel Cappadokès, une à Caton et une à François Mariani, ces quatre dernières probablement identiques à celles que l'on va lire. Voir Emm. Miller, *Bibliothèque royale de Madrid, Catalogue des manuscrits grecs*, dans les *Notices et extraits*, t. XXXI, 2e partie, p. 63.

1. Il y a dans l'original : οὐχ εἰλικρινῆ.

χρήματος, τοὺς μὲν οὐκ ἀπεινότερον αἰτιῶμαι ὡς δέος ἀδεὲς δεδιότας κἂν σταθερᾷ μεσημβρίᾳ τῆς πίστεως, ἵν' οὕτως εἴπω, τὸ τῆς ἀληθείας φῶς ἀκριβῶς οὐχ ὁρῶντας, τοὺς δὲ φαῦλα τοῦ διαβόλου ἀνδράποδα νομίζω καὶ ὀνομάζω. Οὗτοι γάρ εἰσιν οἱ τὸν υἱὸν τοῦ θεοῦ καταπατήσαντες καὶ τὸ αἷμα τῆς διαθήκης κοινὸν ἡγησάμενοι, ἐν ᾧ ἡγιάσθησαν, καὶ τὸ πνεῦμα τῆς χάριτος ἐνυβρίσαντες · οἵ γε δὴ μεταβληθεῖεν εἰ μὴ πρὸ ὥρας ἀπόλοιντο, ἵνα μὴ τὸ κακὸν ἐπιμήκιστον διαρκέσῃ. Αὐτὸς δὲ ἔχου διὰ βίου τῆς θεόθεν ἐνεσπαρμένης σοι γνώμης περὶ θεοῦ, ἣν εὐδαιμονίαν ἐπονομάσας οὐκ ἂν ἁμάρτοιμι τοῦ προσήκοντος. Αὕτη γὰρ καὶ τὰ τοῦ παρόντος βίου δεινὰ πείθει φέρειν γενναίως, χρηστὰς ἐλπίδας προτείνουσα τοῖς μὴ ἀνθρωπίνων ὑψηλοτέροις παθῶν, κἂν τῷ μέλλοντι διηνεκεῖ βίῳ ἄρρητον ἀποδίδωσι γέρας. Καὶ τούτων μὲν ἅλις.

Νῦν δὲ δέξαι τοὺς σιβυλλείους χρησμοὺς ἐφ' οἷς σὺν παντὶ πιστῷ μεγαλαυχοῦ εἰς δόξαν Χριστοῦ, ὅτι κἀκ τῶν παρ' ἕλλησι μάντεων τὸ πιστὸν τῆς καθ' ἡμᾶς ἀναδείκνυται δόξης. Εἰσὶ δ' οὐ πάντες ἀλλ' ὅσοι περὶ Χριστοῦ θεολογεῖν ἐκ τοῦ προφανοῦς δοκοῦσιν · οὓς καὶ πάνυ τοι ἐφθορότας εὑρὼν ἐπηνωρθωσάμην, καὶ φύρδην τεθειμένους εἰς τάξιν τὸ κατὰ δύναμιν ἤγαγον, παραθεὶς καὶ τῶν προφητικῶν προρρήσεων αἳ συνάδειν δοκοῦσιν αὐτοῖς. Εἰ μὲν οὖν ἀρέσκει σοι τὸ βιβλίον, κοίνωσαι τοῦτο καὶ τοῖς Κρησίν · εἰ δ' οὔ, μενέτω παρὰ σοὶ καὶ κρυπτέσθω ὡς οἷόν τε, μὴ καὶ γέλωτα ὀφλήσω, τοῦ συγγράμματος εἰς ὄψιν καὶ ἄλλοις ἐλθόντος · ἐπεὶ μέχρις ἂν μόνῳ σοι γνώριμον ᾖ τὸ βιβλίον, οὐ δέδια τὸν ἐκ σοῦ ἔλεγχον · οὐ γὰρ ὡς ἐχθρὸς ἐξετάσεις τὸ δῶρον, οὐδ' ὡς ἔνιοι τῶν εἰς βάθος καὶ κατ' ἀκρίβειαν ἢ καὶ τῶν ἀφειδῶς καὶ περιέργως βασανιζόντων τοὺς λόγους. Εὐνοϊκῶς γὰρ ἔχεις περὶ ἡμᾶς, αἱ δ' εὔνοιαι δειναὶ δεκάσαι τὰς ψήφους · κἄν τι νόημα ἢ φωνὴ κίβδηλος ἀποφανθῇ, οὔτ' αἰτιάσῃ με καὶ συγγνοίης ἂν, καὶ τὰ οὐκ εὖ ἔχοντα, μηδ' ὡς τεχνικῶν ἀπαιτοῦσιν ὅροι τῇ τε νόσῳ τῇ ἐπενεχθείσῃ μοι προσλογίσῃ καὶ τῇ αὐτοσχεδίῳ ἐκδόσει, καὶ τὸ βιβλίον διερχόμενος συνεχῶς εὐφημήσεις καὶ διατελέσεις ἡμῶν μεμνημένος τῶν οὐ μετρίως στεργόντων σε. Ἐρρωμένος διαβιῴης καὶ θείας ἀπολαύοις χάριτος κἂν τῇ παρούσῃ ζωῇ.

αυπγ', σκιρροφοριῶνος νουμηνίᾳ, ἐν Μοιραδούλῃ [1].

---

1. *Monacensis grec 321*, f. 17 verso.

3

EMMANUEL ADRAMYTTENUS A CATON

Μανουὴλ Κάτωνι χαίρειν.

Εἰ αὐτὸς ὑγιαίνεις, ἔγωγε οὐ νοσῶ. Τὰ κατ' ἐμέ, φίλτατε Κάτων, οὐ κατ' ἐλπίδας χωρεῖ. Ὁ γὰρ τοῖς ἄλλοις εὐεξίας ὑπάρξας ἀὴρ χεῖρόν με διέθηκε τῇδε ἐλθόντα. Μελέτω σοι πρὸ πάντων τῆς ὑγιείας, μελέτω σοι καὶ τῶν φίλων. Ἐπυθόμην σε τυχεῖν εὐμενείας καὶ δωρεῶν, ὧν δι' οἰκείαν [1] ἀρετὴν οὐκ ἀνάξιος εἶ παρὰ τῆς μεγαλοπρεποῦς δεσποίνης Αἰκατερίνης, καὶ ἥσθην διαφερόντως. Εἴης τοίνυν οἷος εἶ ἐσαεί, καί σε βελτίω οὐκ ἂν εὐξαίμην ὑπάρξαι. Σῴζοιό μοι, ποθεινότατε φίλε, κἀμὲ ὡς εἴωθας φίλει [2].

4

EMMANUEL ADRAMYTTENUS A FRANÇOIS MARIANI

Μανουὴλ Ἀδραμυττηνὸς Φραγγίσκῳ τῷ Μαριανῷ χαίρειν.

Γλώττῃ μὲν τοῖς παροῦσι, γράμμασι δὲ τοῖς ἀποῦσι διαλεγόμεθα. Σὺ δὲ παρὼν ἐκ τοῦ ῥάστου μοι λαλεῖν γράφεις, ἤτοι τὴν ἐμὴν περὶ λόγους ἕξιν οἵα τίς ἐστι πειρώμενος γνῶναι ἢ σαυτὸν ἐπιδεικνύμενος οἷος εἶ περὶ τὸν ἕλληνα λόγον. Ἐγὼ δ' οὔθ' οἷός εἰμι, κἂν οὐκ εὖ ἥκω παιδείας, ἐν τῷ παρόντι δύναμαι δεῖξαι, τοῦ τε σώματος πονήρως ἔχων [3] καὶ φροντίδων ἔμπλεως ὤν, οὔθ' οὕτω βραχύν τινα χρόνον τῆς σῆς ἀπήλαυσα συνουσίας ὡς ἀγνοεῖν σε τῆς ἑλλάδος φωνῆς οὐχ ἅλις μόνον ἀλλὰ καὶ πάνυ τοι εὖ καὶ οὐχ ὡς λατῖνον ἐχρῆν μετασχόντα. Ὁ δὲ λέγεις οὐ δοκεῖν ἀγαθὸν ἀλλ' εἶναί με περὶ πλείστου ποιεῖσθαι οὐκ ἂν ἀρνησαίμην. Φεύγω γὰρ τὸ δοκεῖν ἀγαθός, ὡς μηδ' ὑπάρχων τῷ ὄντι [4]. Ἔρρωσο [5].

---

1. En marge : ἔμφυτον.
2. *Monacensis grec 321*, f. 89 recto.
3. En marge : τό τε σῶμα φαύλως διατεθείμενος.
4. Au-dessous : τῇ ἀληθείᾳ.
5. *Monacensis grec 321*, f. 89 verso.

5

EMMANUEL ADRAMYTTENUS A ANGE POLITIEN

La Mirandole, 4 juillet 1483.

Μανουὴλ ὁ Ἀδραμυττηνὸς Ἀγγέλῳ τῷ Πολιτιανῷ εὖ πράττειν. Ὅτι μὲν ὁ σὸς ἀδελφὸς κατέλυσε τὴν ζωὴν, διαφερόντως ἀλγῶ, ἐννοῶν ὡς ἀθυμοίης καὶ πενθικῶς πράττοις, οὗ τῇ φύσει πανηγύρεις καὶ τρυφὴ λόγων πρέπει. Εἰ δὲ δεινὸς ῥήτωρ ἔγωγε ἦν, σὺ δὲ μὴ οἷός τ᾽ ἦσθα παρηγορεῖν σεαυτόν, παραμυθητικὸν λόγον ὑφηνάμην ἂν πειρώμενος ἐλαφρύνοντά σοι τὴν συμφορὰν καὶ τὸ πάθος εὐπαραμύθητον ὡς οἷόν τε καθιστάντα · ἐπεὶ δ᾽ ἐγὼ μὲν καὶ περὶ τἄλλα πάντ᾽ οὐχ ἧττον δὲ καὶ περὶ τὸ τοιοῦτον εἶδος τῶν λόγων ἀδόκιμος, σὺ δὲ καὶ ἄλλους νουθετεῖν καὶ σωφρονίζειν ἱκανώτατος [1] εἶ, τό τε τῆς ἀθυμίας νέφος λοιπὸν διασκεδάσεις ἐκ τῆς ψυχῆς καὶ τὸ τῆς κατηφείας σκότος διαλύσεις τῷ τοῦ λόγου φωτί · κἄν σε τὸ δεινὸν ἐνοχλοῦν ἐκταράττῃ καὶ συνεχῶς βάλλῃ τὸν λογισμόν, ἀνώτερος στήσῃ τῶν τοιούτων κυμάτων, οὐκ ἀγνοῶν ὡς κοινὰ ταῦτα πᾶσι τὰ πάθη, καὶ οὔτε μόνῳ σοι λυπηρόν τι συνηνέχθη παθεῖν, οὔτε πρώτῳ. Πρὸς δὲ καὶ ἀκριβῶς ἐπιστάμενος τό τε ξυντυχὸν ἀνθρώπινον καὶ τὸ φέρειν ἀναγκαῖον, καὶ τὸ ἐς ὑπερβολὴν ἀλγεῖν ἀκερδές · τὸ δὲ γενναίως ὑπενεγκεῖν τὸ συμβὰν καὶ ἣν ὁ μακρὸς χρόνος παρηγορίαν χαρίσεται εὐθὺς εἰσφέρειν παρ᾽ ἑαυτοῦ, ἀνδρὸς ἐμβριθεστάτου τὸ ἦθος καὶ κρείττονος ἢ κατὰ τοὺς πολλούς, ὡς οὐκ ἐκδότου γινομένου τῷ πάθει, οὐδ᾽ ἐπεισοδιώδη [2] τὴν παραμυθίαν, ἀλλ᾽ οἴκοθεν καρπουμένου, οἷος δὴ καὶ αὐτὸς εἶ · γνώμης γὰρ ἔλαχες ἄκρως φιλοσόφου καὶ φύσεως γενναίας καὶ ὑψηλῆς. Διὸ καὶ τοῦ πάθους τὸ φάρμακον οὐκ ἔξωθέν ποθεν ἐπιζητήσεις, κατὰ τὸν βάρβαρον Δαρεῖον, οὐδὲ κατ᾽ ἐκεῖνον Δημοκρίτου δεήσῃ, ἀλλ᾽ αὐτὸς ἰάσῃ σαυτὸν καὶ τὰ ἐκ τῶν λόγων φάρμακα τῇ λύπῃ προσαγαγὼν σεαυτὸν κουφιεῖς, ἡμῖν τε οὐ μετρίως ἀθυμοῦσι διὰ σὲ οὐ τῆς τυχούσης παραμυθίας ὑπάρξεις, πυθομένοις μὴ δυσφορεῖν σε, μηδ᾽ ἄχθεσθαι. Μάλιστα δὲ πάντων παραμυθήσεται τὴν ἡμετέραν ψυχὴν ἣν πέμψεις ἐπιστολὴ πρὸς ἡμᾶς, τῇ μὲν ὅτι τὴν

---

1. Et en marge : ἐπιτήδειος.
2. Et en marge : ἐπείσακτον.

ένοχλοῦσάν σοι κατεκοίμισας ἀθυμίαν δηλῶν, τῇ δὲ τοῦ τῶν γραμμάτων μέλιτος γεύων ἡμᾶς, ὡς ἡμεῖς γε τὴν καλὴν ἐκείνην ἐπιστολήν σου διελθόντες ¹, εἰ καὶ συναλγοῦμέν σοι ἐπὶ τἀδελφῷ ἀποτίσαντι τὸ χρεών, ἀλλὰ καὶ συγχαίρομέν σοι τοῦ τῆς ἐπιστολῆς κάλλους συμμίκτῳ λύπῃ καὶ ἡδονῇ πάθει διατεθέντες, τῷ τε δι' αὐτῆς μαθεῖν τὴν ἐπενεχθεῖσάν σοι συμφοράν, καὶ τῷ λόγοις πολὺν ἔχουσι τὸν Ἑρμῆν σὺν Ἀφροδίτῃ καὶ Μούσαις καὶ Χάρισι θελχθῆναί τε τὰς ἀκοὰς καὶ τὴν ψυχὴν εὐφροσύνης πλησθῆναι · τῶν τε γὰρ νοημάτων τὸ γόνιμον οὐ μετρίως εὔφρανεν ἡμᾶς τῶν τε ὀνομάτων τὸ δόκιμον καὶ τὸ τῆς συνθήκης ἀκριβές τε καὶ εὔρυθμον ἐξέπληξέ τε καὶ θαυμάζειν ἐπῆρεν ἐνὸν ὁρᾶν ἐν Ἰταλίᾳ μέσῃ τὴν πολυθρύλλητον τῶν Ἀθηναίων ἀκμάζουσαν γλῶτταν, ἧς δεινὴν κατεσκέδασαν ἀμορφίαν Ἰσαάκιός τε καὶ ἄλλοι συχνοί, φιλοτιμούμενοι ὡς πορρώτατα τῶν συνήθων τι φθέγγεσθαι καὶ πλήττειν τὰ τῶν ἀκροατῶν ὦτα τῷ βαρεῖ κτύπῳ τῶν λέξεων, ἆθλον δὲ τὸν ἐν βασιλείοις κρότον ἀπέχειν · καὶ ταῦτ' ἐπὶ λόγοις κεχαραγμένων ὀνομάτων μεστοῖς καὶ κάλλους ἀρχαίου γυμνοῖς · ἀλλὰ σὺ τῷ σὺν ὥρᾳ καὶ χάριτι γράφειν, καὶ τὴν ἑλλάδα φωνὴν ἐς τὸ ἀκριβέστατον ἀποκεκαθάρθαι περιαιρεῖς τὴν ἀκοσμίαν ἐκείνην, τοιοῦτος ἐν λόγοις γενόμενος οἷον χρὴ εἶναι τὸν Ἑρμοῦ λογίου μαθητὴν καὶ ψυχῶν ἐλλόγιμον ἰατρὸν καὶ τροφέα · ὃς ἀφθόνως ἂν καὶ τὸ ἑλληνικὸν γένος τοῖς αὐτοῦ καλοῖς ἑστιῶν καὶ ἀμαθίαν νοσοῦν θεραπεύοι, ῥαθυμοῦν τε καὶ ἀναπεπτωκὸς Ἑρμοῦ ῥάβδῳ οὐχ ὕπνον, οὐδὲ ῥαστώνην, ἐγρήγορσιν δὲ καὶ προθυμίαν ἐνιείῃ, διεγείροι πρὸς ἀρετήν · οὔκουν δὴ ἐξ ἐμοῦ οὕτω παμμέγεθες ἀνδραγάθημα ἐλπίζειν σε χρή · τὰ γὰρ καθ' ἡμᾶς, εἰ χρὴ τἀληθῆ φάναι, φαῦλ' ἄττα καὶ ἥττω πολλῷ τῆς σῆς προσδοκωμένης ἐλπίδος.

Σὺ δὲ τῶν Ἑλλήνων ἐν τῷ παρόντι παιδείας ὀλιγωρούντων καὶ οὐκ ὄντων σχεδὸν οἷς τι τοῦ οὕτω θειοτάτου χρήματος μέλει, πρὸς δὲ καὶ Ἰταλῶν οὐ πάνυ τι πολλῶν λόγοις Ἕλλησι λιπαρῶς ἐγκειμένων, Ἕλλην ἤδη τέλειος τὴν φωνὴν ὢν καὶ κομιδῇ ἀττικός, τὰ μέγιστά τε τοὺς τῶν λόγων ἐραστὰς ὠφελήσεις, καὶ ζῆλον ἀρετῆς ἐνθήσεις τοῖς οὐκ ἐπιστρεφομένοις τῶν μουσῶν, μηδὲ σπουδαίοις τὸν τρόπον, ἀλλ' ἐκδεδιῃτημένοις τε καὶ ἀμαθίᾳ συζῶσι καὶ συζῆν χαί-

---

1. Et en marge : διεξιόντες.

ρουσιν. Ἐπεὶ μὲν αὐτὸς χρησταῖς ἐλπίσι τρεφόμενος τὰ τῶν καλῶν
ἐκείνων σου γραμμάτων ἀντίγραφα τοῖς ἐμοῖς ἔπεμψα πατριώταις,
θαρρῶν ἐντεῦθεν ἐνίους αὐτῶν ἐπὶ τοὺς ὑπὲρ τῶν λόγων ἱδρῶτας προ-
τρέψαι, καὶ πεποιθὼς μέγα τι διὰ σοῦ · ὁ γὰρ [1] τῆς ἀρετῆς ζῆλος
ἀπορρήτων αἴτιος ἀγαθῶν. Εἰ δ' οὐκέτι ἦν ἐντυχεῖν ἀτακτοῦντι Θε-
μιστοκλεῖ, οὐδ' ἐν πότοις καὶ γυναιξὶ καλινδουμένῳ μετὰ τὸ τοῦ
Μιλτιάδου κατὰ βαρβάρων ἐν Μαραθῶνι τρόπαιον, ἀλλὰ πρὸς τοὺς
θαυμάζοντας τὴν τοῦ βίου μεταβολὴν, οὐ δύνασθαι φλαύρως βιοῦν,
οὐδὲ ῥαθύμως ἔφη τὸν τὰ κατωρθωμένα τῷ Μιλτιάδῃ στρέφοντα κατὰ
νοῦν, τί θαυμαστὸν εἰ καί τινας ἐφ' ἡμῶν διαναστήσοι πρὸς ἀρετὴν τὸ
τοῦ Ἀγγέλου περὶ λόγους [2] τρόπαιον; ὅς γε λατῖνος τὸ γένος ὢν,
ἕλλην εἰλικρινής ἐστι τὴν φωνὴν καὶ τοῦ ἀττικοῦ ὅλος ἀποπνεῖ θύμου,
καὶ τὸν Ὑμηττὸν ἐν τῷ γράφειν ἔχει πολὺν, κἀντεῦθεν ἀρετῆς παράδειγμα τοῖς ἕλλησι πρόκειται, οἳ φεῦ ! κινδυνεύομεν ἀνθ' ἑλλήνων
βάρβαροι καὶ γενέσθαι καὶ λέγεσθαι. Ἀλλὰ μὴ παρίδῃς αὐτὸς τοιοῦτον χρῆμα τῶν λόγων ἐπὶ τρυτάνης μονονουχὶ ὂν, ἀλλὰ σωτὴρ τῆς
ἑλλάδος γλώττης γενοῦ καὶ τὸ τῶν λόγων θεῖον κάλλος ὠχριῶν, ὡς
εἰπεῖν, νῦν, μᾶλλον δὲ μαρανθῆναι καὶ καταγηρᾶναι δοκοῦν, ἀναμόρ-
φωσον ὡς εἰκός · διέγειρον δὲ πρὸς τὸν ἴδιον ἀγῶνα τοῦτον καὶ τὸν
Ἡρωδημήτριον, τὸν Ἑρμῆν τοῦ καθ' ἡμᾶς βίου · παρ' ἐμοῦ δὲ μηδὲν ἔλπιζε μέγα. Εἰ γὰρ κατ' ἐμὲ μύριοι εἶεν παρὰ πολὺ τῆς ἧς ἔχεις
περὶ ἡμᾶς ὑπολήψεως κατορθώσαιεν ἄν · διὸ εὖ ἂν ποιοίης, εἰ οὐδὲν,
ᾗ φασιν, ἱερὸν ἑλόντων καταδιαιτῶς ἡμῶν καὶ τοιαύτην χώραν
ἡμῖν ἐν τῷ τῶν σπουδαίων ἐπιδοίης κύκλῳ οἵας ὁ Θερσίτης ἐν τῇ
τῶν ἡρώων ἠξιοῦτο συνόδῳ. Σῴζοιό μοι, περιπόθητε.

Μεταγειτνιῶνος δ' ἱσταμένου, ἔτει αυπγ', ἀπὸ Μοιραδούλης [3].

1. Et en marge : εἴπερ ὁ.
2. Et en marge : ἐπὶ λόγοις.
3. *Monacensis grec 321*, f. 90 recto.

6

Ἐπίγραμμα οὐκ οἶδ' ὅτου εἰς τὸν
μακαρίτην Ἱερώνυμον τὸν ἐκ τοῦ Καστέλλου
μεταβληθὲν ἐκ τοῦ λατινικοῦ εἰς τὸ ἑλληνικὸν παρ' ἐμοῦ [1].

Οὗ δοκιμώτερος οὐδείς, οὗ στόματι λιγυφώνῳ
  πρὶν μέλι ἔνσταξαν κεκρόπιαι μέλισαι,
ᾧ παραγωγὸς ἀφορμὴν φύσις ἐσήμανεν ὄντων,
  καὶ ἀσκληπιάδων ὃς σάφ' ἔγνωκε τέχνην,
λεῖπεν ἅπαν γοερὸν θνήσκων Ἱερώνυμος ἄστυ ·
  τήνδε δ' ἔω πρόσθες, δῆμε, θεῶν ἀριθμῷ [2].

1. De même que les lettres précédentes, cette épigramme est de la main
d'Emmanuel Adramyttenus.
2. *Monacensis grec 321*, dernier f. (en parchemin) verso.

LETTRE INÉDITE

DE JANUS LASCARIS

A SERGIUS STISSUS

Florence, 3 septembre 1492.

Ἰωάννης [1] Λάσκαρις [2] Σεργίῳ Στίσῳ [3].

Εἴης μοι ὑγιαίνων, Σέργιε φίλτατε, πανοικὶ ὑγιαίνοντι καὶ αὐτῷ. Ἐπανήκομεν ἐκ τῆς Ἑλλάδος καὶ τῶν περὶ ἐκείνην τόπων, ἔνθα που πολὺν χρόνον πλανώμενοι διετελέσαμεν, πόνους καὶ κινδύνους ἐν τῇ περιηγήσει οὐ τοὺς τυχόντας ὑποστάντες, ἀλλ' ἐκ πάντων, θεοῦ γε σῴζοντος, διεγενόμεθα. Ἐκομίσαμεν δὲ καὶ βιβλία πλεῖστα τῶν πάνυ ἀναγκαίων, καί τινα ὧν οὐδὲ μνήμη τις ἦν ἐν τοῖς καθ' ἡμᾶς μέχρι τοῦδε. Πέμψομεν δέ σοι καὶ τὰ ὀνόματα, εἴτ' οὖν ἐπιγραφάς, τῶν σπανιωτέρων, ἔργον ἂν ἦν πάντων, ὅπως καὐτὸς εὐφραίνοιο πολλάκις διανοούμενος ὅσον ἡμῖν ἐκ τῆς περιηγήσεως ταύτης κέρδος περιεγένετο, οὐκ ἐν χρήμασιν ἢ φαύλοις, νὴ Δία, τοιούτοις τισίν, ἀλλ' ἐν τοῖς μάλιστα ἀναγκαίοις. Ταῦτα δ' εἰσὶ λόγοι τε καὶ σοφία, τὰ μόνα καὶ ἴδια τῶν Ἑλλήνων ἀγαθά, καὶ ἐξ ὧν τἆλλα ἤρτηται πάντα τὰ καλά τε κἀγαθά. Καὐτὸς γὰρ εὐφρανθήσῃ καὶ τοὺς ἄλλους τέρψεις πάντως, εἴ τινές που αὐτόθι τῶν ἑλληνικῶν λόγων ἐπαΐουσιν. Ἕξεις δὲ καὶ ὑμνεῖν τὸν μακαρίτην ἐκεῖνον, φημὶ δὴ τὸν μεγαλοπρεπῆ Λαυρέντιον τὸν Μηδικόν, ὅστις ἡμῖν τοῦ τοσούτου ἀγαθοῦ αἴτιος,

---

1. *Casanatensis* G. IV. 9. f. 12. Copie exécutée par T.-W. Allen.

2. Sur Janus Lascaris, consulter notre *Bibliographie hellénique des* xve *et* xvie *siècles*, t. I, pp. cxxxi et suiv.

3. Sur Sergius Stissus, consulter notre *Bibliographie hellénique des* xve *et* xvie *siècles*, t. I, pp. cxxxvi, 184 et 186.

μᾶλλόν τ', ἢν εἴπω κατὰ τὸν ποιητήν, δῶτορ ἑάων ἐγένετο. Θείας γάρ τι φύσεως ἔργον ἦν · ἀλλ' ἐκεῖνος μὲν οὐκ ἀπώνατο οὗπερ ἠράσθη ἀγαθοῦ, οὕτω δόξαν τοῖς κρείττοσι, μή τι καὐτὸς εἴπω νήπιον · ἡμῖν δὲ ἡμιτελῆ τὴν εὐεργεσίαν ἐποίησεν. Ἦν γὰρ ἐλπίζειν μέγα τι παρὰ τῆς μεγαλεπιβόλου καὶ γενναιοτάτης ἐκείνης φύσεως. Ἀλλὰ περὶ τούτων μὲν ἴσως περαιτέρω τοῦ δέοντος.

Ἐπανερχόμενος δ' εἰς τὴν Ἰταλίαν, οὐκ ἐπεραιώθην εἰς τὴν ὑμετέραν, ὡς αὐτός τε ἐβουλόμην καὶ ὑμεῖς προσεδέχεσθε · ἦν δέ τι τὸ κωλῦσαν, καίτοι οὐ μετρίως ἀχθόμενος, σήν τε καὶ ἐμὴν χάριν · ὑπερήσθημεν γὰρ ἂν ἀμφότεροι, ἐγὼ μὲν ἰδὼν ὑμᾶς ὥσπερ ηὐχόμην, σὺ δ' ἐπανεληλυθότα με σῶν μετὰ τοσούτων ἀνδρῶν ἤδη ἀπολωλότων. Ἀλλὰ ταῦτα μέν, φασί, θεῶν ἐν γούνασι κεῖται, εἴ που ὀψόμεθά τέ ποτε ἀλλήλους καὶ συνευφρανοῦμεν, ὥσπερ εἰκός.

Ὁ Γαβριὴλ δ' οὐκ οἶδ' ὅ,τι ἐποίησεν, εἴτε ἀντέγραψεν ὅσα παρηγγείλαμεν αὐτῷ, εἴτε μή · καὶ εἰ ἔλαβε τὸν μισθὸν αὐτοῦ παρὰ τοῦ προξένου εἴτ' οὖν συμβούλου τῶν Φλωρεντίνων, ὃν αὐτῷ ὑπέσχετο ἀποδώσειν. Γράφομεν δὲ κἀκείνῳ περὶ τούτου, καὶ γράψατε καὶ αὐτοὶ δηλοῦντες ὅσα τε ἀντέγραψεν καὶ ὅσον ὀφείλομεν πάντως ἀποδώσοντες.

Ἀπόδος δ', εἴ με φιλεῖς, τῷ συμβούλῳ τὰ βιβλία ἅπερ ἐχρήσω παρ' ἡμῶν (φημὶ δὴ τὸν Ἡφαιστίωνα, τὸν Διονύσιον, τοὺς Ἀττικισμοὺς τοῦ Μαγίστρου, καὶ τὰ σχόλια τὰ εἰς τὸν Ἀριστοφάνην), ὡς πέμψῃ ἡμῖν αὐτά · οὐ γὰρ ἔχομεν ἄλλα. Κἀγώ σοι πέμψω, διακομιστοῦ τυχὼν ἀσφαλοῦς, τὰς Ἐπιστολὰς τοῦ ἁγίου Παύλου, βιβλίον ἄριστον. Καὶ εἴ του ἄλλου δέῃ παρ' ἡμῶν, γράφε θαρρῶν. Ἔρρωσο σὺν τοῖς φιλτάτοις. Τὸν χρηστὸν Γαβριῆλον καὶ τοὺς ἑταίρους καὶ σοὺς φοιτητὰς πρόσειπε παρ' ἡμῶν.

Ἐν Φλωρεντίᾳ, μαιμακτηριῶνος τρίτῃ ἱσταμένου [αυϟϛ'].

Ἰωάννης Λάσκαρις ὁ Ῥεντακηνός.

LETTRE INÉDITE

DE SERGIUS STISSUS

A JANUS LASCARIS

1492.

Εἴης [1] μοι, φίλων ἄριστε, πράττων εὖ, καὶ μετ' ἀμείνονος ἀεὶ τῆς
προσθήκης, εὖ πράττοντι καὶ αὐτῷ. Ἧκεν ἡμῖν γράμματα σὰ καὶ
πλείστην ὅσην ἐνεποίησεν τέρψιν, καλά τε ὄντα καὶ ἀντὶ σοῦ γε
φανέντα. Διεξιόντι γάρ μοι ἐκεῖνα, αὐτὸν ἐν χεροῖν ἔχειν ἐδόκουν,
καὶ τοῦτο μὲν ὡς πρὸς παρόντα λόγους ποιεῖσθαι, τοῦτο δὲ καὶ
λέγοντος ἀκροᾶσθαι. Χάρις δ' ἂν εἴη θεῷ τῷ διασώσαντί σε ἐκ
τοσούτων καὶ τοιούτων κινδύνων καὶ ἀντὶ τοιούτου φόρτου ἐπανελθεῖν ἀξιώσαντι. Εἰ δὲ ἀρετῆς χάριν πυκνοῖς καὶ συνεχέσι δυσκόλοις
ἐνέτυχες, ποταμῶν δυσπεράντων κακότητι, ὀρῶν τε μεγάλων καὶ
πετρῶν δυσεκβάτων χαλεπότητι · περὶ δὲ τῶν ἐν θαλάττῃ κινδύνων
τί ἂν εἴποιμι; Καὶ πάντων, θεοῦ σῴζοντος, περιεγένου · νέον οὐδὲν,
σῴζει γὰρ τοὺς ἐλπίζοντας εἰς αὐτὸν ὁ κύριος. Μικροῦ με παρέ-
δραμεν ἡ τῶν βαρβάρων ἐκείνων ὠμότης · ἐν γὰρ τῷ κόσμῳ, ἔφησε
Χριστὸς ἡ αὐτοαλήθεια τοῖς αὐτοῦ ἀποστόλοις [2], θλῖψιν ἕξετε, ἀλλ'
ἡ λύπη ὑμῶν εἰς χαρὰν γενήσεται, γενναίως ἐνεγκόντων τὰς τοιαύτας
νιφάδας ἅτε βάσανον οὔσας ἀκριβῆ τῆς ἡμετέρας εὐδαιμονίας. Δοκεῖ
δέ μοι καὶ ὁ καρτερὸς Ἡρακλῆς διὰ τῆς ὑπὸ βελῶν ἀτρώτου λεοντῆς
ταῦτα περαίνειν, πείθων ἡμᾶς λέοντος δίκην ἀνθίστασθαι τοῖς δεινοῖς,
κατὰ Σιμοκάττα, ὅθεν ἡμῖν τὸ κατά τε λόγους καὶ σοφίαν περιγίνεται

---

1. *Casanatensis G. IV. 9*, ff. 133-134. Copie exécutée par T.-W. Allen.
2. Ces trois derniers mots sont soulignés dans le manuscrit.

κέρδος, τὸ μόνον ὄντως ἀγαθόν · τὸ γὰρ τὴν ψυχὴν ἄριστα ἔχειν
λόγῳ τε καὶ σοφίᾳ κεκοσμημένην, μόνον ἀληθῶς ἔμπεδόν ἐστιν ·
ὅθεν Σωκράτης ὁ Σωφρονίσκου τοῦ μεγάλου βασιλέως εὐδαιμονέ-
στερος ἦν · ὁ μὲν τὴν πάντων ἀντίρροπον ἀρετὴν μετερχόμενος, ὁ
δ' ἀστάτῳ μεγαλαυχούμενος πλούτῳ · χρήματα γάρτοι καὶ δυναστεῖαι
καὶ θρόνων ὑψηλοτάτων ἐπίτευξις καὶ πᾶς ὁ ταύτης τῆς φλυαρίας
ἑσμὸς ἄλλοτε ἄλλως ἔχων, καὶ νῦν μὲν τῇδε, νῦν δὲ τῇδε μεταφέρων
ἅπαντας τοὺς χρωμένους, φιλοσοφίας ἐστὶν ἀχλὺς, παίζουσα τοὺς
ἀνθρώπους ἑὸν κακὸν ἀμφαγαπῶντας, ᾗ φησιν ὁ δάφνην φαγών. Ἀλλὰ
περὶ τούτων μὲν ἴσως ἀρκούντως ἂν ἔχοι.

Περὶ δὲ τοῦ μεγαλοπρεποῦς καὶ ὄντως φιλοσόφου ἐκείνου ἀνδρός,
φημὶ δὴ Λαυρεντίου τοῦ Μηδικοῦ, τί ἂν ἄλλο εἴποιμι καὶ αὐτὸς καὶ
πᾶς ὅστις ἂν εὖ φρονῶν ἔχοι [1] ἢ ὅτι θείας τινὸς φύσεως ἔργῳ τοῦ
τοιούτου ἀγαθοῦ αἴτιος γέγονε. Τῆς γὰρ ἡμετέρας [2] καὶ μόνης ἀληθοῦς παιδείας [3] εἰς ἔσχατον ἀφανισμὸν ἤδη φθασάσης (τῶν [4] γὰρ κατ'
ἐκείνην βιβλίων ἄνω καὶ κάτω ἀμελῶς κυκωμένων, καὶ νῦν μὲν ἐν
ἐξουσίᾳ βαρβάρων τινῶν καὶ τῆς σοφίας ἐχθρῶν εὑρισκομένων, νῦν
δὲ ἐν χερσὶν ἀγροίκων καὶ φίλων τοῦ Μαμωνᾶ, καὶ οὕτω πολλοῖς διαύ-
λοις, φεῦ τῆς πηρώσεως, φορουμένων, κατ' Εὐριπίδην) μόνος αὐτὸς
ἀντὶ σωτηρίου λιμένος εὑρέθη κοινωφελὲς ἀγαθὸν καὶ μεγαλοψυχίας
ἑστία, καλοῦ παντὸς πρυτανεῖον καὶ τῆς ἀμείνονος τυχῆς κοινότατος,
ὡς εἰπεῖν, ποριστής, ὦ τῆς εὐεργεσίας. Συνάξας γὰρ τὸν οὕτως ἀμελῶς ἐσκορπισμένον καὶ μόνον [5] πλοῦτον, τὸν μόνον ἀληθῆ, οὐκ ἐν τοῖς
κόλποις τῆς γῆς τεθησαύρικεν, ἵν' οὕτως εἴπω κατὰ Φάλαριν, ἀλλ'
εἰς τοὺς φιλολόγους ἅπαντας, ὅθεν οὐ τὴν τυχοῦσαν αὐτῷ χάριν ἔχειν
ὀφείλομεν φιλοτιμίᾳ κοινῇ καὶ ὄφελος οἰκουμένης ἀναφανέντι καὶ
ψυχῇ τῶν πραγμάτων, ὥσπερ ἦν ὁ Πλάτων ἔφησε τοῦ παντός. Θαυ-
μαζόμενος γὰρ ὑφ' ἁπάντων ἐτύγχανε, κοσμῶν μὲν τοὺς συνόντας,
ἐραστὰς δὲ τοὺς οὐκ εἰδότας ἔχων, καὶ περὶ τοὺς κατ' ἐκεῖνον ἐπαίνους
οὕτω μανικῶς ἔχοντας, ὡς μὴ ὅτι γε τῶν Ὁμήρου στομάτων, ἀλλὰ
καὶ τῶν Περσέως δεῖσθαι πτερῶν, ἵν' ἔχωσι μετὰ τούτων ἑκασταχοῦ

---

1. ἔχει, et οι au-dessus de ει.
2. ἑλληνικῆς, et au-dessus γρ. ἡμετέρας.
3. σοφίας, et au-dessus γρ. παιδίας.
4. D'abord καὶ τῶν κατ' ἐκείνην, le mot γὰρ est dans l'interligne.
5. ἐκεῖνον, et au-dessus καὶ μόνον.

χωροῦντες τὴν ἐκείνου κηρύττειν μεγαλοπρέπειαν, δι' ἧς [1] Ἕλλησί τε καὶ Λατίνοις τοσαύτη εὐεργεσία περιεγένετο. Ὅτι γὰρ, θεοῦ καλέσαντος, καταλιπὼν τὰ ἐνθάδε ἡμιτελῆ, φεῦ τῆς βλάβης, τὴν εὐεργεσίαν ἐποίησεν, νέον οὐδέν. Πολλῶν γὰρ καὶ παντοδαπῶν ἀγαθῶν τὴν ψυχὴν παρασκευάσας ἑστίαν, καὶ μονονουχὶ τῆς αὐτοῦ ἀρετῆς τὴν οἰκουμένην ἅπασαν θέατρον ἔχων, οὐδὲν ἀπεικὸς πρός τισιν ἄλλοις καὶ τῇ τύχῃ γίνεσθαι ἐπίφθονον. Περὶ μὲν οὖν τῶν κατ' ἐκεῖνον ἐπὶ [2] τοσοῦτον.

Ὅτι δὲ οὐκ ἐπεραιώθης εἰς τὴν ἡμετέραν, ὡς ἀποδημῶν μάλα προθύμως ὑπέσχου, βαρέως φέρεις οὐκ ἀμφιβόλως ἔχω, οὐκ ἂν εἰπεῖν ἔχοις [3] ὅσον ἄχθομαι καὶ αὐτός. Ἐπεὶ δὲ ἀκριβῶς οἶδα ὅτι οὐκ ὀλιγωρῶν τῶν φίλων τοῦτο ἀπέβη, παραμυθοῦμαι [4] τὸ λυποῦν, εἴ με φιλεῖς, φίλτατε σύντεκνε.

Γράφε, πρὸς θεῶν, συνεχέστερον, ἵν' ἔχω καθ' ἑκάστην εὐφραίνεσθαι. Ἐπεὶ γὰρ φιλίας σημεῖον ἄριστον οὐχ ἡ τῶν ὀφθαλμῶν ὅρασις, ἀλλ' ἡ τῆς ψυχῆς διάθεσις μᾶλλον κρίνεται, καὶ μὴ ὁρῶντες ὁρῶμεν, καὶ ἀπόντες ὡς παρόντες σοι σύνεσμεν. Ὅθεν εὐδαίμων ἐκεῖνος καὶ τῷ ὄντι μακάριος, ὃς καὶ πόρρωθεν ὢν τοὺς φίλους ἔχει σαφεῖς, ὁποῖος σὺ καθέστηκας, παμφιλέστατε σύντεκνε · μακρόθεν γὰρ διατελῶν καὶ πολλῷ κεχωρισμένος τῷ διαστήματι, ἔχεις ἡμᾶς ἀγαπῶντας καὶ τὸν τῆς εἰλικρινοῦς φιλίας θεσμὸν φυλάττοντας.

Εὑρισκόμενοι δὲ ἐν τῇ γωνίᾳ ταύτῃ [5], τῇ ὑπὸ βαρβάρων καὶ τῆς σοφίας ἐχθρῶν οἰκουμένῃ, ἐν οὐκ ὀλίγῃ σπάνει βιβλίων τυγχάνομεν. Περιττὸν οὖν εἴη τὸ γράφειν τίνων λείπομεν. Ἐσμὲν γὰρ ὡς οἱ συνάγοντες, οἷά τις ἔφη θεῖος ἀνὴρ καλάμην ἐν ἀμητῷ καὶ ἐπιφυλλίδα ἐν τρυγητῷ, οὐχ ὑπάρχοντος βότρυος. Γράφομεν ὅμως τὰ ὀνόματα τῶν πάνυ ἀναγκαιοτέρων. Χρῄζομεν πάνυ πολλὰ τῶν τοῦ Εὐσταθίου ὑπομνημάτων εἰς τὰ τοῦ Ὁμήρου συγγράμματα, τῆς Ἐξηγήσεως τῆς

---

1. ἧς χάριν, et au-dessus γρ. δι' ἥν.
2. μέχρι, et au-dessus ἐπὶ.
3. ἔχεις, et au-dessus οι.
4. Ici τὸ πάθος biffé.
5. Sergius Stissus habitait Tarente, comme en fait foi la souscription du *Vaticanus grec 1354* (*Enlèvement d'Hélène* de Coluthus), copié, en 1498, par Constantin Lascaris : Τέλος τῆς ἁρπαγῆς Ἑλένης Κολούθου Θηβαίου τοῦ ἐποποιοῦ, ὃν ἔπεμψεν ὁ σπουδαῖος Σέργιος ἐκ Ταράντου Κωνσταντίνῳ τῷ Λασκάρει, etc. Cf. Pierre de Nolhac, *La bibliothèque de Fulvio Orsini* (Paris, 1887, in-8°), p. 153.

ἠθικῆς φιλοσοφίας Ἀριστοτέλους, τῶν ἠθικῶν τοῦ μεγάλου Βασι-
λείου, Εὐσεβίου τοῦ πολυμαθοῦς, Θεοδωρήτου περὶ θεῶν, ἐξηγήσεως
εἰς τὰ μετὰ τὰ φυσικά, καὶ πολλῶν ἄλλων ὅσα ὁ λόγος διὰ τὸ πλῆθος
παρῆκε. Μικροῦ με διέφυγεν ἡ τοῦ Πτολεμαίου πινακογραφία.

Μὴ θαύμαζε δὲ εἰ οὐκ ἔπεμψα τὰ σὰ βιβλία καιρῷ τῷ προσήκοντι.
Ἐπεὶ γὰρ ἀντέγραψαν αὐτὰ βάρβαροί τινες καὶ ὀλιγομαθεῖς, ἠναγ-
κάσθην ἐπιμελῶς διορθῶσαι, τά τε λείποντα προστιθέμενος καὶ τὰ
περιττὰ ἀφελόμενος. Ὅθεν συνέβη δὶς μεταγραφῆναι. Εἴ με φιλεῖς,
τὰς ἐπιγραφὰς τῶν βιβλίων ὧν ἤγαγες ἐκ τῆς Ἑλλάδος διάπεμψαι.
Ἀντὶ δὲ τῶν Ἐπιστολῶν τοῦ ἁγίου Παύλου πέμψον μοι νέον ἄλλο
τι καὶ ἀναγκαῖον.

Ἐπεὶ δὲ λίαν ἐπιθυμεῖς ἀκοῦσαι πῶς ἔχει τὰ καθ᾽ ἡμᾶς, γίνωσκε
ὅτι, θεοῦ χάριτι, ὑγιαίνομεν πανοικί, λίαν εὐφραινόμενοι πληροφο-
ρηθέντες ὅτι καλῶς ἔχει καὶ τὰ καθ᾽ ὑμᾶς, καὶ ὅτι μετὰ δόξης τοσαύτης
διδάσκετε δημόσια. Ἐγὼ δὲ εὑρισκόμενος ἐν τῇ γωνίᾳ ταύτῃ καὶ
τοιαύτῃ, οὔτε διδάσκω, οὔτε διδάσκομαι, ὅσαι ὧραι βαρβάροις τισὶ
καὶ ἀγροίκοις συναναστρεφόμενος, εἰ καὶ μὴ βούλομαι · οὕτω δοκεῖ
τῷ δαίμονι.

Ἀσπάζονται ὑμᾶς πάντες οἱ ὑμέτεροι φίλοι, πλέον δὲ πάντων
Γαβριὴλ ὁ ὅλος ὑμέτερος, προστιθέμενος ὅτι ἀντέγραψεν ὅσα παρήγ-
γειλας καὶ ὅτι ἀπέλαβε τὸν μισθὸν αὐτοῦ παρὰ τοῦ προξένου τῶν
Φλωρεντίνων. Ἔρρωσο.

INDEX DES DESTINATAIRES

DES CENT-DIX LETTRES GRECQUES

DE FRANÇOIS FILELFE

(Le chiffre indique le numéro d'ordre de la lettre.)

INDEX GÉNÉRAL

(Le chiffre indique la page.)

TABLE CHRONOLOGIQUE

DES LETTRES GRECQUES

DE

FRANÇOIS FILELFE

———

TABLE DES POÉSIES GRECQUES

DE

FRANÇOIS FILELFE

TABLE DES LETTRES DE L'APPENDICE

ADDITIONS ET CORRECTIONS

Page 21. Nous disions en cet endroit ne pas savoir s'il existe un document grec pouvant avec certitude être attribué à Cyriaque d'Ancône. Depuis lors, nous en avons trouvé un qui prouve que ce personnage ne possédait qu'une assez médiocre connaissance de la langue grecque. Nous ne pouvons entrer ici dans plus de détails, mais nous reviendrons ailleurs sur ce sujet.

Page 125, lettre 73, ligne 5, lire κλύδωσι.

Page 133, lettre 76, ligne 15, lire κλύδωνος.

Page 175, lettre 100, ligne 14, lire κλυδώνων.

Page 225 (note 1), au lieu de Richard Olivier, lire *Jean Geoffroi*.

Page 292, ligne 8, lire σύνευξαι.

Page 292, ligne 6 de la lettre 2, lire παραπλησία.

Page 293, ligne 16, au lieu de ἀλλοπρεπῶς, lire δουλοπρεπῶς, et ligne 18, au lieu de καὶ, lire τὰ.

Page 295, ligne 1, après τοῦ, ajouter θαυμαστοῦ.

Page 295, ligne 17, au lieu de θεοῦ, lire θέας.

Page 295, ligne 25, au lieu de ἤ, lire καὶ.

Page 296, lettre 4, ligne 17, au lieu de πεμπόμενον, lire πέμπομεν.

Page 296, lettre 4, ligne 20, au lieu de πρὸς τὸν ἀεὶ ἐπεῖνον, lire πρὸς τὸν ἅγιον ἐκεῖνον.

Page 297, lettre 6, ligne 5, après καθάπαξ, suppléer ἡμᾶς.

Page 298, ligne 7, au lieu de πίστευσον, lire πιστεύειν.

Page 298, lettre 7, ligne 6, au lieu de ὄν, lire ὅν.

Page 300, ligne 1, lire ποιοίμεθα.

Page 300, ligne 17, au lieu de καταπήξει, lire κατεπείξει.

Page 301, ligne 3, au lieu de πατρίδι δίκοσμος, lire πατρίδι κόσμος.

Page 301, lettre 10, ligne 7, au lieu de ὄίων, lire οἴων.

Page 302, lettre 11, ligne 2, répéter γράμματα avant τὰ χρυσᾶ.

Page 302, lettre 11, ligne 6, après παρασκευασθείσης, ajouter : καὶ αὐτῆς τῆς τραπέζης εὐτρεπισθείσης.

LE PUY-EN-VELAY. — IMPRIMERIE MARCHESSOU FILS

www.ingramcontent.com/pod-product-compliance
Lightning Source LLC
Chambersburg PA
CBHW050745030726
47505CB00002B/413